金女大图书馆人物传

朱茗——著

南京师范大学出版社
NANJING NORMAL UNIVERSITY PRESS

图书在版编目(CIP)数据

金女大图书馆人物传/朱茗著.--南京:南京师范大学出版社,2018.12

ISBN 978-7-5651-3729-7

Ⅰ.①金… Ⅱ.①朱… Ⅲ.①金陵女子文理学院—院校图书馆—图书馆员—列传 Ⅳ.①K825.41

中国版本图书馆CIP数据核字(2018)第105012号

书　　名	金女大图书馆人物传
作　　者	朱　茗
策划编辑	郑海燕
责任编辑	徐文娟
出版发行	南京师范大学出版社
地　　址	江苏省南京市玄武区后宰门西村9号(邮编:210016)
电　　话	(025)83598919(总编办)　83598412(营销部)　83598297(邮购部)
网　　址	http://www.njnup.com
电子信箱	nspzbb@163.com
印　　刷	扬州市文丰印刷制品有限公司
开　　本	880毫米×1230毫米　1/32
印　　张	11.875
字　　数	296千
版　　次	2018年12月第1版　2018年12月第1次印刷
书　　号	ISBN 978-7-5651-3729-7
定　　价	38.00元

出 版 人　彭志斌

前　言

金陵女子大学是民国时期著名的13所教会大学之一，1913年11月13日由美国长老会、美以美会、监理会、基督会、浸信会等在南京联合建立。原名长江流域女子联合大学，1914年4月17日更名为金陵女子大学(英文名为 Ginling College)[①]。第一任校长为美国传教士德本康夫人(Mrs. Lawrence Thurston，1875—1958)。1915年春季，学校租用位于南京主城区东南角的绣花巷李氏宅院(今南京市白下区绣花巷附近)为临时校址，开始招生办学。9月17日学校正式开学时，将一间阴暗的只能靠自然采光的房间设为图书室，藏书量不足40册。

1923年6月，学校开始迁入位于南京主城区西侧小仓山的陶谷新校址(今南京市鼓楼区宁海路西侧南京师范大学随园校区)。此时图书馆馆藏中外文图书已超过6 000册，同时搬迁入新校园文学楼(又称300号楼，今南京师范大学随园校区300号行政楼)内的过渡图书馆。1927年5月，民国政府收回教育权，徐亦蓁女士(1894—1981，1919年金陵女子大学第一届毕业生，著名妇女活动家、教育家)任学校董事会主席，吴贻芳博士(1893—1985，1919年金陵女子大学第一届毕业生，著名教育家、社会活动家)当选金陵女子大学第二任校长。1930年12月，按民国政府要求，学校改名为“金陵女子文理学院”。

---

① 耶鲁大学数字化档案编号 RG011-126-2611 第8页。

1934 年 4 月，图书馆兼行政办公大楼落成（即今南京师范大学随园校区华夏图书馆）。在全校师生的大力协助下，过渡图书馆的 20 000 多册馆藏图书顺利搬迁入新图书馆大楼。同年 11 月 4 日至 5 日，学校举行“十九周年成立纪念及大礼堂图书馆落成典礼”，孔祥熙、胡适等社会各界人士到场祝贺。

1937 年抗日战争爆发后，南京校园和学生安全得不到保障，9 月学校决定在上海、武汉、成都分设 3 个教学点，确保学生秋季学期的学业，3 个教学点均从图书馆挑选并带走了部分必备的教学参考书。后由于战争形势恶劣，武汉和上海的两个教学点被迫关闭，分别于 1938 年 1 月和 3 月相继西迁，集中至四川成都华西坝，借用华西协合大学校舍继续办学。学校在华西坝办学期间，建有一个自己的小型图书馆，初期图书来源于教学点随带的和南京校园留守人员辗转运送来的图书。华西协合大学图书馆向避难于此的所有学校的师生提供开放服务，弥补了学校图书馆资源与空间的不足。南京校园图书馆在校园留守人员的保护下，初期保存完好，还曾向校园内增办的女子中学的学生提供服务。后日军入侵校园，图书馆藏书被日军盗卖，损失惨重。

抗战胜利后，学校于 1946 年 4 月 16 日开始回迁，成都办学点累积的 10 000 多册图书到年底才运抵南京。同年 9 月，学校在南京校园复校开学。为保证学校的正常教学工作，学校在年初时已紧急招聘图书馆专业人才并扩大图书馆员工队伍，清理遗失的图书，以尽快恢复图书馆服务环境。经过两年的建设，图书馆馆藏总量才恢复到战前水平。

中华人民共和国成立后，根据中央人民政府的要求和统一部署，1951 年 8 月，私立金陵女子文理学院与私立金陵大学合并为公立金陵大学。1952 年全国高等院校院系进行调整，9 月在原金陵女子文理学院校址上建立南京师范学院。1984 年 2 月，学校更名为南京师范大学。在留存的历史档案中，金陵女子大学和金陵女子文理学院的英文名称均为Ginling College，简称有“金女大”“金陵女大”“Ginling”，本书后文中统一使用“金女大”。

从1915年9月至1951年8月，关于金女大36年的办学史，后世研究文献的内容主要集中于校史、办学思想、师生回忆录、口述历史和抗战时期的校园等，涉及图书馆的只有只言片语。2007年福建师范大学孟雪梅的博士学位论文《近代中国教会大学图书馆研究（1868—1952）》，虽然对金女大图书馆有一定的研究，但也只是基于13所教会大学图书馆比较研究的层面。南京师范大学平保兴研究馆员发表于《河南科技学院学报（社会科学版）》2015年第5期的《历史上的金陵女子大学图书馆：办馆特色与现实启迪》虽是对于金女大图书馆的专门研究，但由于期刊篇幅的限制，文章也仅从馆舍建设、馆藏文献、人事管理和服务理念等几个方面进行概述。目前还没有针对金女大图书馆全面、深层次的分析研究，更没有对该图书馆工作人员的深度挖掘和揭示。因此，作为未来金女大图书馆史研究的基础，或为他人研究相关内容提供帮助，非常有必要将曾工作于金女大图书馆的人员情况和与金女大图书馆相关的事项梳理清楚，并将金女大不同发展时期图书馆的建设历程进行梳理展示。

1915年至1951年的36年间，金女大校园经历过三次变迁，金女大图书馆也在不断的变迁中谋求自身建设发展之路，前后共经历了五个阶段四次馆舍的变动和文献大搬迁。

第一阶段是1915年9月至1923年6月，在原绣花巷校舍内规划、设置图书馆，并不断改善馆舍内部的阅览环境，经历了从无到有的书刊原始累积过程。

第二阶段是1923年6月至1934年4月，在陶谷新校址内设置过渡图书馆，经历了从原绣花巷图书馆至新校址过渡图书馆的第一次文献大搬迁。在一幢空间合用的教学楼内,原本只是临时过渡的图书馆经历了管理艰难的11年。

第三阶段是1934年4月至1937年9月,陶谷校园内落成新图书馆大楼,经历了从过渡图书馆至新图书馆的第二次文献大搬迁。图书馆在宽敞、明亮、温馨的新馆舍空间内蓬勃发展。然而,美好的时光只有短暂的3年,即被无情的战火打断。

第四阶段是1937年9月至1946年4月,金女大因战乱被迫西迁至成都华西坝,经历了将部分办学必需的文献进行长途转移的第三次文献大搬迁。学校在借用的空间内设置自己的图书馆,并与联合大学图书馆资源互补,坚守8年以保障正常教学工作。在此阶段,南京校园图书馆惨遭日军破坏。

第五阶段是1946年4月至1951年8月,抗战胜利后,学校由成都回迁南京,经历了从成都至南京的第四次文献大搬迁。南京复校后,图书馆花费了大量的人力物力收集、整理战争期间被日军贱卖和流失的文献。

在上述五个阶段的图书馆建设与发展过程中,究竟曾有过哪些工作人员,包括正式聘用的全职人员,以及兼职人员和学生工,因年代久远,恐怕现在已无法完全统计清楚。然而,有两个非常重要的机构较为完善地保存着金女大的历史档案,可以为我们今天还原史实,弄清楚金女大图书馆员工配备情况、工作环境与图书馆运行状态提供一些帮助。一处是耶鲁大学神学院图书馆特藏室(Yale University Divinity School Library Special Collections),它收藏的亚洲基督教高等教育联合董事会(United Board for Christian Higher Education in Asia)的全宗档案,有关金女大的共计426卷。另一处是位于南京的中国第二历史档案馆,藏有编号为六六八的"金陵女子文理学院"全宗档案,共计256卷。

为了理清历史上曾经在金女大图书馆工作过的教职员情况，本书以担任金女大首任校长的德本康夫人和长期担任化学系主任的蔡路得女士（Miss Ruth M. Chester）于 1955 年合作出版的 *Ginling College* 一书中呈现的中外教职员名录为参考，筛选出图书馆任职人员名单，得到一份列有 19 人信息的基础名单。经过多次到中国第二历史档案馆查档核实，对基础名单进行纠错、补充，同时利用耶鲁大学神学院图书馆提供的开放的数字化典藏资料，进一步查核、修正和补充，最终确定了在目前所能查阅的档案资料中有明确记载的于 1918 年至 1951 年间曾经在金女大图书馆工作过的 30 位人员的信息清单。本书对这 30 位图书馆前辈人物进行一一考证，将分散在世界各地的有关他们的零散信息进行整合揭示，目的是为金女大图书馆的前辈们保存一份相对完整的记忆，同时，也为今后金女大图书馆和南京师范大学图书馆馆史的研究提供信息。

由于年代久远，时事变迁，个人信息资料的收集很是不易，书中对历史人物的信息揭示可能会有诸多不完善，也有可能会有错误之处，以此抛砖引玉，期待获取更多的信息线索和指正帮助。

目　录

前言 …………………………………………………………………… 1

第一章　*Ginling college* 中的记载与溯源 ………………………… 1

一　图书馆在册员工考证名录的形成 ………………………… 3

二　关于人物信息描述的几点说明 ………………………… 7

三　主要档案资料和参考文献来源说明 ………………………… 8

第二章　**绣花巷校园图书馆时期(1915—1923)** ………………… 12

一　绣花巷校园图书馆 ……………………………………… 15

二　Miss Adelaide Gundlach[1918—1921] …………………… 31

三　Miss Narola E. Rivenburg[1921—1922] ………………… 42

四　Miss Marion J. Ewing[1922—1923] …………………… 50

五　透过数据看 1915—1923 年图书馆的发展 ………………… 59

第三章　**陶谷新校园过渡图书馆时期(1923—1933)** ………… 66

一　陶谷新校园与过渡图书馆 ………………………………… 73

二　Miss Anna R. Clark[1923—1925] ……………………… 80

三　Mrs. L. H. Caldwell[1925—1926] ……………………… 87

四　余舜芝(Yu Shwen-Dji,Mrs.Franklin Ho)[1926—1929] …… 92

五　张肖松(Chang Siao-sung,Djang siao-sung,Mrs. Chao)[1929—1930,1935—1936] …… 101

六　钱存训(Tsien Tswen-hsuin)[1930—1932] …… 113

七　Mrs. B. Burgoyne Chapman(贾溥萌夫人,Goucher 小姐)[1930—1932] …… 118

八　朱家治(Dju Chia-dji)[1931—1932] …… 130

九　沙鸥(Sha Ou)[1931—1933] …… 138

十　透过数据看 1923—1933 年过渡图书馆的发展 …… 151

第四章　陶谷校园新图书馆时期(1934—1937) …… 163

一　陶谷校园新图书馆 …… 167

二　吴光清(Wu Kuang-Ch'ing,Wu Kwang Tsing)[1932—1935] …… 172

三　吴元清(Wu Yuen-ching;Tung,Virginia Wu)[1933—1940] …… 187

四　刘椿年(Liu Chuen-nien)[1935—1937] …… 194

五　Alice Ellzey Morris(马爱丽)[1936—1937] …… 199

六　透过数据看 1934—1937 年图书馆快速发展时期 …… 205

第五章　抗战时期成都和南京图书馆(1938—1945) …… 215

一　成都华西坝五大学联合图书馆 …… 216

二　王仁慈(Wang Ren-Tsi)[1938—1939] …… 223

三 Mr. S. F. Liu[1939—1940] …… 229
四 孙雁征(Swen Yen-Djen, Jane Sun Yen-chen Hsu)[1940—1945] …… 232
五 袁競化(Yuen Gin-Hwa)[1940—1942] …… 242
六 沈荣锦(Shen Yung-Ging)[1942—1943] …… 245
七 刘恩萱(Liu En-HsÜen)[1942—1951] …… 246
八 透过数据看 1938—1945 年艰难中稳步前行的图书馆 …… 249

第六章 战后南京复校至合校前图书馆时期(1946—1951) …… 259
一 战后南京复校至合校前的图书馆 …… 259
二 刘华锦(Liu Hwa-Chin)[1946—1951] …… 262
三 张德顺(Chang The-hsuing,Chang Deh-Shwen,Mrs Ging)[1946—1951] …… 271
四 熊爱涟(Hsiung Ai-Lien)[1946—1947] …… 274
五 宋邱玉瑛(Sung Chiu Yu-Ying)[1946—1948] …… 275
六 陈德华(Chen Teh-Hwa)[1947—1948] …… 277
七 Mary C. Watson(玛丽・华特逊)[1948—1951] …… 278
八 常宝贞(Chang Bao-Cheng)[1948—1949] …… 283
九 杨效让(Yang Hsiao-Rang,倪夫人)[1948—1951] …… 286
十 郝映青(Hoh Ying-Tsing ,Phoebe Hoh)[1950—1951] …… 294
十一 透过数据看战后图书馆恢复过程 …… 304

第七章　金女大图书馆员工结构解析 …… 315
一　性别及教育程度 …… 317
二　专业教育背景 …… 319
三　图书馆主任情况 …… 335
四　中华图书馆协会会员 …… 336
五　没有记载在册的天使 …… 338
六　造就未来天使 …… 343

附录:金女大图书馆大事记 …… 348

| 第一章 |

Ginling college 中的记载与溯源

1955 年出版的 *Ginling college*（英文版）一书中，第 149 至 163 页记载着曾经在金女大工作过 1 年及以上时间的中西方教职员名录。名录信息包括姓名、职位和任职年度三个栏目，按英文姓名首字母顺序排列。其中，中国教职员 471 位（管理岗位 90 位，教师岗位 381 位），西方教职员 127 位。名录之前的声明文字说明了人名拼写来源于金女大的办公记录。早期档案记载中国教职员姓名用的是带方言的罗马拼音[①]，如“张”用“Djang”，“朱”用“Dju”；后来使用较常用的威妥玛式

① 罗马拼音（Romanization）是明末西洋传教士利玛窦来华传教时，为了学习汉字而尝试以拉丁字母作为拼注汉字声韵的符号。这是已知的最早用拉丁字母拼注汉字的开端。

拼音法[①]，如“张”用“Chang”，“朱”用“Chu”。因此，部分中方教职员的姓名有两种拼写记录。根据这份名录职位栏中与图书馆相关的信息，筛选出金女大从事图书馆工作的管理人员（administrative staff）18 位，从事图书馆学教学工作的教员（faculty）1 位，共计 19 位。这 19 位与图书馆事业相关的员工中，包括 15 位中国员工、4 位西方员工[②]。将这 19 位人员信息与从南京的中国第二历史档案馆各类资料中收集的金女大图书馆员工信息进行比对，将经过勘误后获得的人员信息制作成表 1－1。表 1－1 中的人名顺序为 *Ginling college* 一书名录中的出现顺序。

表 1－1　1955 年版 *Ginling College* 中的图书馆员工名单

序号	*Ginling college* 中威氏拼音名和英文名	工作年度	中国第二历史档案馆档案记载的中文名	备注及勘误信息
1	Chang Teh-hsuing, Miss	1946—1951	张德顺	中国员工
2	Chen Teh-hwa, Miss	1947—1948	陈德华	中国员工
3	Hsiung Ai-lien, Miss	1946—1947	熊爱涟	中国员工
4	Li Chuen-nien	1935—1936	刘椿年	中国员工，书中“Li”记载错误
5	Liu En-haÜen, Miss	1942—1951	刘恩萱	中国员工
6	Liu Hwa-chin, Miss	1946—1951	刘华锦	中国员工
7	Sha Ou, Miss	1931—1933	沙鸥	中国员工
8	Shen Yung-ging, Miss	1942—1943	沈荣锦	中国员工

① 威妥玛式拼音法（Wade-Giles Romanization）又称威妥玛－翟理斯式拼音，简称威氏拼音法或韦氏拼音法。它是由曾于 1871 年任英国驻华公使的英国人威妥玛以罗马字母为汉字注音而创立的。后来 H.A.Giles 稍加修订，因而它被称为 WG 威氏拼音法。它的最大优点是利用送气符号（‘）来表示送气的声母。该拼音法在民国时期普遍用于拼写中国的人名和地名。

② Lawrence Thurston, Ruth M Chester. Ginling College[M].New York: United Board for Christian Colleges in China.1955:149—163.

续表

序号	Ginling college 中威氏拼音名和英文名	工作年度	中国第二历史档案馆档案记载的中文名	备注及勘误信息
9	Sun, Chin yu-ying, Mrs. Sung Chiu Yu-ying, Mrs.	1946—1947 1947—1948	宋邱玉瑛	中国员工
10	Swen YÜ, Mr.	1940—1945	孙玉 （孙雁征）	中国员工，书中“Mr.”记载错误。孙玉即孙雁征，但书中未见孙雁征的威氏拼音名 Swen Yen-Djen
11	Tsien Tswen-hauin, Miss	1930—1932	钱存训	中国员工，书中“Miss”记载错误
12	Tung, Virginia Wu, Mrs. Wu Yuen-ching, Miss	1933—1937 1937—1940	吴元清	中国员工，童世纲夫人
13	YÜ Shwen-Dji (Mrs. Franklin Ho)	1926—1929	余舜芝	中国员工，何廉夫人
14	Yuen Gin-hwa	1940—1942	袁竸化	中国员工
15	Dju Chia-dji, Mr.	1931—1932	朱家治	中国员工，图书馆学教员
16	Caldwell, Mrs. L. H.	1925—1926	无	西方员工
17	Chapman, Mrs. B. Burgoyne (Goucher, Ellzabeth)	1930—1932	无	西方员工，查普曼夫人
18	Morris, Alice E.	1936—1937	马爱丽	西方员工
19	Watson, Mary C.	1948—1951	卫德生 （玛丽·华特逊）	西方员工，有两个中文翻译名

一　图书馆在册员工考证名录的形成

中国第二历史档案馆卷宗号为六六八的金陵女子文理学院 256 件案卷中，保存的多为金女大 1930 年至 1951 年时期的档案，而早期的档案较少。其中，编号分别为 32 号、33 号、34 号和 35 号的案卷专门收录了金女大教职员的情况信息。32 号案卷名为“私立金陵女子文理学院教职员名录(内有英文)”,档案中人员信息按春、秋季学期分别记录,可惜档案跨度时间仅为 1936 年至 1949 年,没有金女大从建校初期至 20 世纪 20 年代的人员情况。33 号案卷名为“私立金陵女子文理学院教员名册(英文)”,时间跨度为 1940 年 9 月至 1949 年 11 月。34 号和 35 号案卷名称均为“私立金陵女子文理学院教职工作人员简历及简历表(英文)”,时间跨度分别为 1948 年 8 月至 1950 年 10 月、1913 年 3 月至 1949 年 8 月。这些档案资料中的人物姓名有威氏拼音、英文和中文三种记录形式,但各年度同姓名的拼写存在差异,同一人物的中文名称还存在前后记载不一致的现象。因中国第二历史档案馆资料不能复制、拷贝和照相,每人一年限打印三十张,故无法对原档案资料中涉及图书馆的部分一一进行截图佐证。但这些档案中的信息可以用来对表1-1进行核对和补充,从而进一步完善金女大图书馆员工信息表。

美国耶鲁大学神学院图书馆数字化典藏了在华教会学校的档案资料,并于 2014 年 5 月 8 日至 2015 年 6 月 18 日陆续将数字化的金女大档案在互联网上提供开放获取(Open Access)服务。在“Ginling College”目录下,从编号 RG011-124-2589 至编号 RG011-159-3013 共计 426 个文件,包含了金女大自 1913 年筹建开始到 1951 年并校以前的档案资料(以下称作官方档案)。另外,在“Nanking, University of”目录下,从 2014 年 1 月 27 日至 2017 年 2 月 28 日数字化的金陵大学档案 614 卷宗得以发布。金女大初期建校时由金陵大学校务理事会统一管理,因此,在金陵大学的档案资料中有部分金女大早期办学的校务信息记载。为了进一步理清并完善金女大图书馆员工名录信息,笔者翻阅了耶鲁大学神学院图书馆数字化的金女大和金陵大学档案下的所有文档,寻找与金女大图书馆相关的点滴信息,特别是有关图书馆员工的记载,将分散在各个页面的跨越近四十年的信息聚合在一起，逐条进行比对、分析，最终形成官方档案记载的金女大图书馆在册人员考证名录一览表（如表 1－2 所示）。档案资料中与图书馆管理人员相关的信息记载始于 1918 年，到 1951 年官方档案记载中共有 30 位人员曾经工作于金女大图书馆或在金女大从事图书馆学教学工作，表 1－2 中的人名顺序按他们的在馆工作年度顺序排列。

表 1－2　1918—1951 年金女大图书馆在册员工考证名录一览表

序号	姓名	性别	在馆工作年度	图书馆职位
1	Miss Adelaide Gundlach	女	1918—1922	图书馆主任
2	Miss Narola E. Rivenburg	女	1921—1922	图书馆主任
3	Marion J. Ewing	女	1922—1923	图书馆主任
4	Anna R. Clark	女	1923—1925	图书馆代理主任、主任
5	Caldwell，Mrs.L.H.	女	1925—1926	图书馆主任
6	余舜芝	女	1926—1929	图书馆主任
7	张肖松	女	1929—1930、1935—1936	图书馆代理主任、主任
8	Mrs. B. Burgoyne Chapman（Goucher 小姐）	女	1930—1932	图书馆代理主任
9	钱存训	男	1930—1932	助理馆员、图书馆代理主任（兼职）
10	朱家治	男	1931—1932	图书学教员（兼职）
11	沙鸥	女	1931—1933	助理馆员
12	吴光清	男	1932—1935	图书馆主任
13	吴元清	女	1933—1940	助理馆员、图书馆主任
14	刘椿年	男	1935—1937	助理馆员
15	Alice Ellzey Morris（马爱丽）	女	1936—1937	图书馆主任
16	王仁慈	女	1938	图书馆代理主任

续表

序号	姓名	性别	在馆工作年度	图书馆职位
17	Mr. S.F.Liu	男	1939—1940	图书馆主任
18	孙雁征	女	1940—1946	图书馆主任
19	袁巍化	女	1940—1942	助理馆员
20	沈荣锦	女	1942—1943	助理馆员
21	刘恩萱	女	1942—1951	职员
22	刘华锦	女	1946—1951	助理馆员、图书馆主任
23	张德顺	女	1946—1951	职员
24	熊爱涟	女	1946—1947	临时工
25	宋邱玉瑛	女	1946—1948	临时工
26	陈德华	女	1947—1948	职员
27	常宝贞	女	1948—1949	职员
28	Miss Mary C.Watson(卫德生)	女	1948—1951	图书馆主任
29	杨效让	女	1948—1951	职员
30	郝映青	女	1923,1950—1951	馆员(兼职)

注:目前现有的档案文献中均没有建校初期 1915—1917 年绣花巷校园图书馆管理者的记载信息。根据 1918 年时任学校注册主任、秘书兼任图书馆主任的 Adelaide Gundlach 小姐推测,之前的图书馆管理者可能是同样担任学校秘书工作且是最早一批进校的伊丽莎白·埃·高切尔小姐(Miss Elizabeth Ellsworth Goucher,即 Mrs. B. Burgoyne Chapman),她于 1930—1932 年担任金女大图书馆代理主任。

表 1-2 中的 30 位人员名单及信息仅为目前可查的官方档案资料中记载在册的图书馆人员信息,可能会有各种遗漏,如那些在金女大图书馆有过短暂工作经历却没有被记录在案的人员,也有后面将提及的几位曾兼职帮助过图书馆采选、分类编目中外文图书的教职员,因他们的信息在官方档案中未有与图书馆职位关联的记载,故未将他们列入表 1-2。本书只对表 1-2 中涉及的 30 位人员在金女大的履职信息进行考证和探讨,错误和遗漏之处期待以后在获取到更多的信息和资料时再加

以勘误和弥补。

二 关于人物信息描述的几点说明

第一是人物姓氏名称如何描述的部分。现今留存的大部分金女大管理档案是英文文档，与中国教职员相关的人名、地名、学校和机构名称均使用的是威氏拼音，而在后世的各类文献资料中，对中方教职员的威氏拼音名称和西方教职员英文名称的中文名称翻译存在诸多差异。中国第二历史档案馆保存的资料中有部分中文信息，有的是当年的原始记载，有的是后来档案整理者的标注，对于同一人名，存档资料中前后的写法常常不统一。为了统一规范人物名称的著录，本书人物的中文名称均以档案中的原始记载为准，辅以其他资料中的通用说法进行修正，形成表1-1、表1-2中的中文人名信息。另外对于女性人物的姓名，一般婚前是以其本姓的名称记载，婚后则是冠以夫姓的名称记载，然而有些档案资料中只记载了她们夫姓的简单称呼，给人物身份的辨别带来了困难。如 Yang Hsiao-Rang，耶鲁大学神学院图书馆数字化档案中是以"Yang Hsiao-Rang"和"Mrs. Ni"前后两种不同的名称记载的，中国第二历史档案馆档案中则有三种记录：一是"杨效让"，二是"杨孝兰女士"，三是"Mrs. Ni（倪夫人）"。本书整合人名信息，统一以"杨效让（Yang Hsiao-Rang，倪夫人）"的方式记载。另外，也有人物婚前婚后的两个姓名是完全没有关联的，需要经过多方查检比对才能确定两者所对应人物的具体信息。如后世有关金女大的著作中，有"高切尔小姐"和"贾溥萌夫人"两种称呼的中文翻译，而对应人物的名称在金女大档案中分别记载为"Miss Elizabeth E. Goucher(Elizabeth Ellsworth Goucher)"和"Mrs. B. Burgoyne Chapman"，初始看到这两个名字时以为是两个人，后来随着资料查检的深入，才能明白原来两者是同一人。因本书是对图书馆员工信息的考证，故著录人物信息时以其在图书馆任职时的名字为主导，融合其本名和中文翻译名称信息，记录为“Mrs. B. Burgoyne Chapman（贾溥萌夫人，Goucher 小姐）”。

第二是人物在图书馆的职位的译名部分。Librarian 一词，我们现在称为图书馆馆员，是指具有正高级图书情报专业技术职称的专业人士。然而在相当一段时间内，该词代表的是图书馆馆长职务，特别是在北美高校图书馆。因此，曾在金女大图书馆工作过的 librarian 或 acting librarian，后世不少资料中都称为“图书馆馆长”或“图书馆代理馆长”。从金女大的行政组织结构关系看，图书馆长期隶属于教务处，对图书馆主要管理者均称为“主任”，因此本书中，所有涉及 Librarian 或 Acting Librarian 职位的，一律译成“图书馆主任”或“图书馆代理主任”。

第三是人物在图书馆工作时间的标注部分。耶鲁大学神学院图书馆数字化档案中，教职员姓名后常常会标注“Full Time”“Part Time”“F”和“P”。对于图书馆员工，不管他们是同时从事学校的其他工作还是在校学习，所有标注“Part Time”（或“P”）的，本书只针对图书馆职位全都译成“兼职”，以示与“Full Time”（或“F”）“全职”的区别。另外，本书介绍人物时，如第二章第二节“Miss Adelaide Gundlach［1918—1921］”和“Adelaide Gundlach（1890—1987）”所示，人物名字后面用中括号标注的是他们在图书馆的工作时间，用小括号标注的是他们的生卒年。

三　主要档案资料和参考文献来源说明

考证历史人物离不开档案资料的佐证和参考文献中研究成果的帮助。本书涉及的史料和参考文献的主要来源有以下六处，均为大众可以便捷获取利用的途径。

第一处是位于南京市中山东路 309 号的中国第二历史档案馆。它是国家档案局所属的国家级档案馆，集中保管了1912年至1949年民国时期各个中央政权机关及其直属机构的档案。金陵女子文理学院的档案卷宗号为六六八，共计有256件卷宗，与金女大密切相关的金陵大学卷宗号为六四九，共计有2 787件卷宗。两校的档案主要集中于20世纪30年代至1951年并校前，30年代之前的档案甚少。目前，该馆可向查档者提供缩微胶卷、电子文档和部分档案专题汇编出版物的在馆查阅服务。

第二处是耶鲁大学神学院图书馆数字档案平台（http://divinity-adhoc.library.yale.edu/UnitedBoard/）和中国基督教学院与大学图片数据库（China Christian Colleges and Universities Image Database）。档案平台最后更新于2015年12月15日，数字化展示了亚洲基督教高等教育联合委员会在中国的早期档案，主要包括Fukien Christian University福建协和大学、Ginling College金陵女子大学、Hangchow Christian University之江大学、Huachung Christian University华中大学、Hwa Nan College华南女子大学、Lingnan University岭南大学、Nanking, University of金陵大学、Shanghai, University of沪江大学、Shantung Christian University齐鲁大学、St. John's University圣约翰大学、Soochow University东吴大学、West China Union University华西协合大学、Yenching University燕京大学等13所他们所建大学的历史档案，档案的最早时间为1882年。其中在“Ginling College”文件夹下，共有426个PDF文档，保存的金女大档案最早为1913年。另外在“Nanking, University of”文件夹中，也有两校早期校董事会纪事和会议纪要等共同的档案资料。图片数据库建于2002年，包括美国亚洲基督教高等教育委员会（UBCHEA）和岭南大学的图像档案。在“Source within the UBCHEA collection”（来源于UBCHEA的收藏）中选择“Ginling

College”,共匹配 1 636 个结果,该库收藏有1 000多张与金女大相关的历史图片资料。本书中引用了部分与图书馆及图书馆员工信息相关的图片。目前,档案和图片两个平台均提供免费开放获取服务。

第三处是三个收藏民国时期主要报刊出版物的数据库。一是“晚清和民国期刊全文数据库”,该库由上海图书馆制作发行,分为“晚清期刊全文数据库(1833—1911)”和“民国时期期刊全文数据库(1911—1949)”两个全文数据库。“晚清期刊全文数据库(1833—1911)”收录了 1833 年至 1911 年间出版的 302 种期刊,共收录文章 287 361 篇,是研究晚清时期历史、文化、教育、思想、人物等领域的史料库。“民国时期期刊全文数据库(1911—1949)”收录了民国时期出版的 25 000 余种期刊,共收录文章 1 500 万篇,集中反映了这一时期的政治、军事、外交、经济、教育、思想文化、宗教等各方面的情况。目前该库已推出 10 辑全文数据,便于查检与历史人物相关的著作文献和历史事件。二是“大成老旧刊全文数据库”,收录了自清末有期刊以来到 1949 年以前,中国出版的 7 000 多种期刊,共 14 万多期,300 余万篇文章及 8 082 种图书。它收录的文献与“晚清和民国期刊全文数据库”有重合,但也有一部分特有资源。三是“瀚堂近代报刊数据库”,完整收录《益世报》《申报》等 300 多种近代期刊报纸。三个数据库的资源可以互补利用,对获取民国时期报刊上刊载的人物、机构和学术的信息极为有助。“晚清和民国期刊全文数据库”收录的《金陵女子大学校刊》《金陵女子文理学院校刊》《武昌文华图书科季刊》《中华图书馆协会会报》等刊物按年、卷、期呈现的全文信息对本书的研究参考提供了极大帮助。

第四处是“读秀中文学术搜索”平台。该平台对图书全文信息进行解析,提供全文检索功能,方便查检图书中记载的人物和事件信息。该平台是目前检索中文图书全文信息最为全面和便捷的平台。

第五处是“谷歌搜索”平台。该平台的图片搜索功能特别强大，“姓名＋机构（或其他检索点）”的人物图像匹配查准率及图片的高清晰度呈现结果令人佩服。

第六处是两个收藏有大量大学和中学老旧年鉴的网站，它们是检索确认外国教职员和留学生毕业院校信息并获取他们在校毕业照片的主要途径。一个是基地设在以色列的家谱网站 MyHeritage（https://www.myheritage.cn/），它可提供部分学校老旧年鉴的免费阅览。另一个是美国电子年鉴网（http://www.e-yearbook.com/），它可以用于免费检索各校的年鉴并浏览缩小版的页面，但如需放大看清信息，须注册缴费账号，在每年缴纳 19.95 美元费用成为年度会员（annual membership）后，可以很方便地获得所需的信息。

当然，还有不少资料来源于已出版的学术文献和互联网社交网站，来源于诸多学者的研究成果和社会人士的无私奉献，本书将在后续的章节中以参考文献脚注的方式著录揭示。

第二章

绣花巷校园图书馆时期

(1915—1923)

20 世纪初，教会在中国所办女子中学的注册学生人数越来越多。然而在中学之外，这些学校的毕业生们没有更高层次的女子学校可以继续深造，有抱负且有经济资助的女生只能选择出国留学。

1911 年至 1913 年，在中国从事多年教会中学教育及管理的外国传教士深感有必要在这个国度创建女子高等教育学院。他们在上海举行了一系列会议，经过多次磋商，决定在长江流域建立一所女子大学，并向在该地区工作的教会组织发出了倡议。初期有 8 个教会组织响应并派出代表参加会议。这些代表来自 8 所教会女子学校，他们希望能把自己的毕业生送入大学深造，同时也希望大学能将接受过高等教育的中国妇女输送到他们的学校任教。随后，长江流域另有 15 所以上的中学也表示希望他们的毕业生能获得进一步学习的机会。1913 年 10 月，教会组织在苏州集会，在此次会议上，与会者一致认为有必要建立正式的董事会以尽快落实女子大学的筹备工作。

于是,1913 年 11 月美国长老会(American Presbyterian Misson)、美以美会(Methodist Episcopal Mission)、监理会(Methodist Episcopal Church, South)、基督会(Foreign Christian Missionary Society)和浸信会(Baptist Foreign Missionary Society)等 5 个教会组织在南京成立学校董事会。随后,董事会发布一系列重要决策,确定南京为设校地点,校名初期定为"The Yangtse Valley Women's College"(长江流域女子联合大学,档案中记载的名称还有"The Union College for Women in the Yangtze Valley"和"The Yangtze Valley College for Women")(见图 2-1),后于 1914 年 4 月 17 日正式定名为 Ginling College,中文名"金陵女子大学"(Gin Ling Nu Dzi Da Hsioh)②。董事会决定每个教会组织各承担学校开办费 10 000 美元(Gold),用于购置校舍和仪器设备,另外,每个教会组织还需派遣一位教

1913

TENTATIVE CONSTITUTION
FOR THE
PROPOSED
WOMEN'S COLLEGE
IN THE
Yangtse Valley, China.

ARTICLE I.

NAME:—The institution shall be known as the Yangtse Valley Women's College. 长江流域女子联合大学

ARTICLE II.

LOCATION:—The institution shall be located in Nanking, China. 位于中国南京

ARTICLE III.

1. AIM:—To give thorough instruction, under Christian influence, in high grade college work (as in American "A" grade colleges) in he Liberal Arts, Sciences, Medicine, Music, Kindergarten, Domestic Science, and Normal Training.

图 2-1　1913 年董事会会议纪要中办校地点和校名的记载①

① 图片来源:耶鲁大学神学院图书馆数字档案 RG011-124—2589 第 17 页。

② 见耶鲁大学神学院图书馆数字档案 RG011-126-2611 第 8 页。

职员,并每年资助不少于 600 美元用于一般开支的经费。董事会公推曾经在湖南长沙教会中学任教过的德本康夫人(Mrs. Lawrence Thurston)担任校长,具体负责学校的建设事宜。

德本康夫人走马上任后,立即在南京物色校址。1915 年春季,最终在南京城东南角的绣花巷租赁到李鸿章家族宅地,并于 4 月开始对其进行改造,以适合校舍利用的需求。该地有 100 多间厢房可作学生宿舍、教室、礼堂及办公室等,还有球场、菜地和大花园,房屋之间有月形洞门且以曲径回廊相连。花园里小桥流水,鸟语花香,风景十分幽美。人们形象地称此校园为“百屋房”。耶鲁大学神学院图书馆数字档案编号为 RG011-155-2966 的文档中汇集了 1916—1918 年金女大的对外宣传册,在 1916 年的宣传册中有一张手绘的绣花巷校园平面布局规划图,其中编号 D 为图书馆(Library),正对着学校大门,编号 H 为教材室(Book Room)(见图 2-2)。

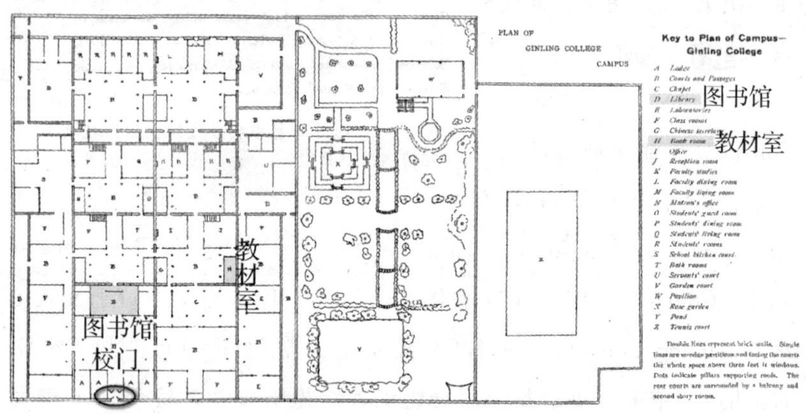

图 2-2　1916 年金女大宣传册中的绣花巷校园平面布局规划图①

1921 年 11 月 18 日,全校学生曾在绣花巷校园图书馆门前拍摄了一

① 图片来源:耶鲁大学神学院图书馆数字档案 RG011-155-2966 第 21 页。

张集体合影照(见图 2－3),透过这张保存于耶鲁大学神学院的数字化的老照片,可以清晰地看到 90 多年前金女大图书馆的馆舍外貌:古朴典雅的中式廊柱与花格门窗,映衬着里面一个宁静祥和的书香世界。

图 2－3　1921 年拍摄于金女大绣花巷校园图书馆门前的学生合影①

一　绣花巷校园图书馆

耶鲁大学神学院图书馆数字化图片档案库(http://divdl.library.yale.edu/ydlchina/Default.aspx)中保存了 1 636 条与金女大相关的图片信息。其中,对于 1915—1923 年绣花巷校园办学时期的金女大,图片库中特别用了"Old Ginling"一词来著录,以示与后来搬迁至新校园之后的办学时期的区别。这样的著录方式大大地方便了检索者获取金女大早期办学的相关信息。以"Old Ginling"进行检索,共计有 173 条记录,从

① 图片来源:http://divdl.library.yale.edu/ydlchina/viewdetail.aspx? id=912。

中摘编几张图片整合再现百年前的金女大绣花巷校园面貌(见图 2-4)。

校外远眺校园　学校大门

礼堂外景　图书馆内景

校园内花园　1915 年第一届学生

图 2-4　百年前金女大绣花巷校园组图①

① 图片来源:http://divdl.library.yale.edu/ydlchina/Default.aspx。

从1916年金女大宣传册中的校园平面布局规划图中可知，1915—1923年金女大在绣花巷校址办学时期的图书馆设在学校大门内的正对面，与*Ginling College*中记载的图书馆和教室设在校舍西部的前院①的描述一致。关于当时图书馆馆舍内的状况，张连红所著的《金陵女子大学校史》中有这样一段描述："图书馆只有一大间，位于学校大门左侧，与门房相连，对面为教室，另设一小间馆长室，隔壁是一间教室。馆里的木板墙面起初被刷成暗褐色(见图2-5)，学生们在灰暗的室内看书只能靠自然采光(见图2-6)，后来又刷上白色用来反射从天窗透过来的少量光线，以使房间显得亮堂些(如图2-7)。墙上的大裂缝足够让外面的气流顺畅通过，使得整个房间在冬天即使用校内最大的火炉加热也冰冷无比。只因图书馆拥有赋予人们科学、历史、宗教、社会和生物等方面的知识书籍，此处便成为全体师生的珍爱之所。"②孙海英编著的《金陵百屋

图2-5　绣花巷校园图书馆内初期褐色木板墙面及内景③

① 德本康夫人，蔡路得.金陵女子大学[M].杨天宏，译.珠海：珠海出版社，1999：8.

② 张连红.金陵女子大学校史[M].南京：江苏人民出版社，2005：21—22，25.

③ 图片来源：http://divdl.library.yale.edu/ydlchina/viewdetail.aspx? id=958。

房——金陵女子大学》的大事年表中记载着，当时图书馆内的图书主要是《大英百科全书》，总馆藏不超过四十册。想必图 2－5 中的那书架上摆放的就是当时图书馆的所有馆藏。然而只有几十册图书的图书馆是难以满足师生需求的，当时的金女大是如何解决问题的呢？

图 2－6　绣花巷校园图书馆内学生坐在窗边靠自然采光学习①

图 2－7　学生们在墙面刷上白色后相对明亮的图书馆内学习（摄于 1919 年 3 月）②

（1）共享金陵大学图书馆资源，解决文献资源短缺问题

金女大筹建期间，学校董事会就已意识到图书馆作为学校教学基础

① 图片来源：http://divdl.library.yale.edu/ydlchina/viewdetail.aspx? id=2183、2163。

② 图片来源：http://divdl.library.yale.edu/ydlchina/viewdetail.aspx? id=959。

保障的重要性,决定必须解决好图书资源问题。然而对于一所刚刚建立的大学,虽然有参建教会每家投入的建设基金,校务管理与执行委员会会议决议中也有专门的图书馆年度经费预算计划,然而图书馆馆藏的扩大不是一蹴而就的,需要经过一段时间的采选累积,才能逐步形成既有收藏质量又有一定数量规模的图书。因此,为了确保学校教学工作的正常开展,早在金女大筹建期间的 1914 年 4 月 16 日至 17 日,学校便召开了校务管理与执行委员会会议,在 17 日发布的会议通报中,第一项会议表决通过的学校政策就是共享利用金陵大学教堂和图书馆(That there first be a discussion on point of policy with regard to use in common with the University of Nanking of Church and Library)(见图 2-8)。利

BOARD OF CONTROL OF GINLING COLLEGE.

NANKING, November 16th-17th, 1914.

The Board of Control of Ginling College met on November 16th, 1914, at 9 a.m. Present: Mesdames Thurston, Stafford, and Jones, Misses Cogdal, Pyle, Merrill, Kelly, Atkinson, White, Loomis, Dale, and Nourse, Messrs. Bowen and Proctor; alternates, Mrs. Mattox and Mrs. Sarvis.

The meeting was called to order by the chairman, Mrs. Lawrence Thurston. Devotional service was led by Miss Merrill.

The minutes of the previous meeting were read and approved.

The report of the Executive Committee was read as follows:

EXECUTIVE COMMITTEE REPORT.

Meeting of April 17th, 1914.

The Executive and Land Committees met in joint session on April 17th, at the home of Miss Lyon in Nanking. Mrs. Thurston was in the chair and Miss Pyle was elected secretary. Miss Lyon as chairman presented the report of the Land Committee.

Voted: That there first be a discussion on point of policy with regard to use in common with the University of Nanking of Church and Library. 第一项决议是共享利用金陵大学教堂和图书馆

Voted: That on account of the desirability of the Mohammedan graveyard and Temple Hill sites, we first consider these two only, in our present discussion.

图 2-8　1914 年 4 月 17 日校务管理与执行委员会报告中的第一项决议①

① 图片来源:耶鲁大学神学院图书馆数字档案 RG011-126-2611 第 8 页。

用金陵大学图书馆丰富的馆藏来弥补本校图书馆资源的不足，是金女大建校之初学校管理层确立的校际合作与资源共享策略之一，这一策略的实施促使金女大图书馆和金陵大学图书馆结成友好联盟。两校图书馆的联盟模式成为20世纪早期中国高校图书馆馆际协作的典范。

现存的档案资料中收藏了一份金陵大学和金女大于1922年签订的合作协议（Agreement on Cooperation Between the University of Nanking and Ginling College）。该协议确定了两校的合作领域和相关组织形式，包括行政管理（General Administration）、学术管理（Academic Adminstration）、教学项目（Teaching Program）、联合规划和图书馆设施共享（Joint Planning and Sharing of Library Facilities）、经营管理（Business Administration）等。协议中设立的图书馆委员会（Library Committee）由两校的两位图书馆主任/馆长和每校各两位教师代表共计六人组成[①]，图书馆主任/馆长是该委员会的当然主席。图书馆委员会的职责包括四个方面：一是结合效率与经济建立和维护图书馆管理规则；二是根据图书馆的既定目标分配使用图书馆经费；三是协调不同系科发送的书刊订单以避免重复采购；四是制订图书馆预算方案（见图2-9）。根据上述职责条款可知，两校非常重视图书馆的运行效率，并相互约定统筹使用图书馆经费，协调采购两校的学科资源，避免重复浪费。这样的联盟运作机制，在20世纪20年代初期中国图书馆界是走在前列的。

关于建校初期金女大师生利用金陵大学图书馆的情况，1915年的*Bulletin of Ginling College*（《金女大年度公报》）第30页的“Library and Laboratories”（图书馆和实验室）一节中有相关记载。内容编译如下："此时，金女大教学特殊需求的设备，承蒙金陵大学的好意，可以使用他

---

① 见耶鲁大学神学院图书馆数字档案RG011-127-2630第37—38页。

Library Committee

It shall be the duty of this Committee:

(1) To establish and maintain rules for the administration of the Library, combining efficiency with economy.

(2) To apportion the funds available for all Library purposes.

(3) To correlate the orders sent in by the different departments that duplication may be prevented.

(4) To prepare a budget for the Library.

The Librarian is ex-officio chairman of this Committee.

(1) 结合效率与经济建立和维护图书馆管理规则;
(2) 根据图书馆的既定目标分配使用图书馆经费;
(3) 协调不同系科发送的书刊订单以避免重复采购;
(4) 制订图书馆预算方案。

图书馆主任/馆长是该委员会的当然主席

- 5 -

图 2-9 1922 年金陵大学和金女大图书馆委员会职责①

们的图书馆和实验室。金陵大学图书馆除小册子和期刊外,藏有 4 585 册英文书和 800 册中文书,还有一间藏有大量杂志和期刊的阅览室可提供给金女大教职员使用。金女大图书馆是金陵大学图书馆的分馆,学生因特殊需求使用的图书可以存放于金女大阅览室内。金女大藏有纽约 Bleeker Van Wagenen 先生捐赠的 22 卷《新国际百科全书》。”(见图 2-10)。

1910 年,美国教会合并汇文书院(Nanking University,建于 1888 年)、宏育书院(Union Christian College,1907 年由南京的基督书院和益智书院合并而成),成立金陵大学堂(University of Nanking,1915 年改名为金陵大学)。大学部校舍始设于干河沿汇文书院院址(今南京金陵中学),于 1910 年春季学期开始招生。学校图书馆设于基督教青年会堂

① 图片来源:耶鲁大学神学院图书馆数字档案 RG011-127-2630 第 41 页。

30 GINLING COLLEGE.

service each Sunday and such weekly services as may be arranged by the Cabinet. The Association emphasizes mission study, and missionary giving, and provides opportunity for training for Christian leadership both in the college and in evangelistic work in the city.

Library and Laboratories.

Until such time as the work of the college demands special equipment we have by courtesy of the University of Nanking the use of their equipment in library and laboratories.

The library contains 4,585 volumes in English, 800 volumes in Chinese, besides pamphlets and periodicals. There is also a community reading room containing a large number of magazines and periodicals to which the faculty members of the college have access. Ginling College library is a branch of the University library and books for special use of students can be kept in our reading room. The college has received as a gift from Mr. Bleeker Van Wagenen of New York, The New International Encyclopedia of 22 volumes. 22卷《新国际百科全书》

图 2－10　金女大 1915 年《金女大年度公报》中有关师生利用金陵大学图书馆的情况①

(又名 Cooper Hall,今南京金陵中学图书馆)第二层,初期占两间房,发展扩建后占据了整个第二层,直至 1917 年夏季迁入位于鼓楼西南坡的新校舍内(今南京大学鼓楼校区北园)。

自 1910 年至 1917 年,金陵大学图书馆相继有四任馆长,首任馆长刘靖夫先生(Liu Ching-fu,1886—1944)是金陵大学 1911 年春季毕业的,他于 1910—1911 学年负责管理图书馆。第二任馆长 Henke 博士(Frederick Goodrich Henke,1876—1963),德裔美国人,芝加哥大学哲学

① 图片来源:耶鲁大学神学院图书馆数字档案 RG011-128-2632 第 21 页。

博士,是金陵大学哲学与心理学教授及系主任,于1911—1913年管理图书馆。第三任馆长恒谟先生(William Frederick Hummel,1861—1884)是金陵大学宗教学教授,于1913—1914学年代理图书馆事务。1914年9月开始,金陵大学外文系主任克乃文先生(Harry Clemons,1879—1968)接任图书馆馆长一职,直至1927年离开中国。

1914—1915学年金陵大学公报中记载:金陵大学图书馆馆长是Harry Clemons(克乃文),文学硕士;副馆长是刘靖邦,文学学士。此时的金陵大学图书馆已占据干河沿校园青年会堂的第二层。周一至周五每天从早到晚共计开放10小时40分钟,周六从早到晚开放8小时,周日下午阅览室开放2小时。至1914年6月13日,图书馆馆藏英文图书4 585册、外文小册子200本和中文书约800册。报刊和参考书存放在阅览室内,提供在室阅览服务。在青年会堂楼内还有一间独立的期刊阅览室,由在南京的中方和外方教员负责管理运作,该室藏有丰富的外文杂志和出版物,每天对外开放①。到了1915年6月,金陵大学图书馆馆藏英文图书5 484册,中文图书3 190册,还有3 162册外文小册子和几千册未装订的期刊。平常开放时间未变,但增加了假期开放时间,除周日,假期中每天均开放6小时。馆内所有图书和期刊均可预约在室阅览,且借出的书刊如被预约,馆员有权在读者借出一周后进行催还。非本校读者可借出超过一册图书或期刊一段时间②。因此,1915年9月17日金女大正式开学后,为金女大师生提供图书资源利用服务的是克乃文馆长管理下的金陵大学图书馆。

---

① University of Nanking. The University of Nanking Bulletin 1914—1915[EB/OL]. http://divinity-adhoc.library.yale.edu/UnitedBoard/University_of_Nanking/RG011-197-3384.pdf.2015-12-17/2017-7-30.

② University of Nanking.Bulletin 1915—1916[EB/OL].http://divinity-adhoc.library.yale.edu/UnitedBoard/University_of_Nanking/RG011-197-3385.pdf.2015-12-17/2017-7-30.

但令人好奇的是，1915年的金女大绣花巷校园位于南京城东南角，而此时的金陵大学校园则位于汇文书院1888年建校的干河沿校址，地处南京城区中心位置，从金女大到金陵大学的直线距离按照现今百度地图上的距离测量有2.3公里，金女大师生去金陵大学图书馆，即使走直线，往返至少也得走近5公里的路程。在交通不发达的年代，每天得走5公里路去图书馆看书、查资料，很是辛苦。新浪博客上有一位名为“空愁士的博客”①的博主收集了160张南京老地图，其中有两张分别绘制于1911年(见图2-11)和1919年(见图2-12)。1919年绘制的那张地图

图2-11　1911年南京古迹图中标注的绣花巷(右下方方框)和干河沿(左上方圆圈)②

① 见 http://blog.sina.com.cn/s/blog_406290f50102durg.html。

② 图片来源：http://blog.sina.com.cn/s/blog_406290f50102w72x.html。

上,已经有金陵大学和金女大校园的标识信息。两张地图中已经分别圈标出金女大和金陵大学的地理位置,可以看出两校校园之间有明显的距离,因此从往返交通方面来看,金女大师生利用金陵大学图书馆是件不容易的事。而且这个困难一直持续到 1923 年,金女大搬迁至与金陵大学校园相隔不到 1 公里的陶谷新校园为止。1923 年后两校的地理位置详见 1928 年由南京共和书局出版的《最新首都城市全图》中的标注(见图 2-13)。

图 2-12　1919 年南京地图中标注的金女大(右下方方框)和金陵大学(左上方圆圈)①

(2) 在有限的空间内精选扩充馆舍,增加中外文图书采购量

虽然 1916 年金女大绣花巷校园平面布局规划图中已经确定好图书馆馆舍的位置,但在金女大的档案文字记载中,最早记录馆舍设置情况的是 1919 年的校务委员会纪要,其中有一条是对当时临时图书馆馆舍设置的记录:

① 图片来源:http://blog.sina.com.cn/s/blog_406290f50102w6wh.html。

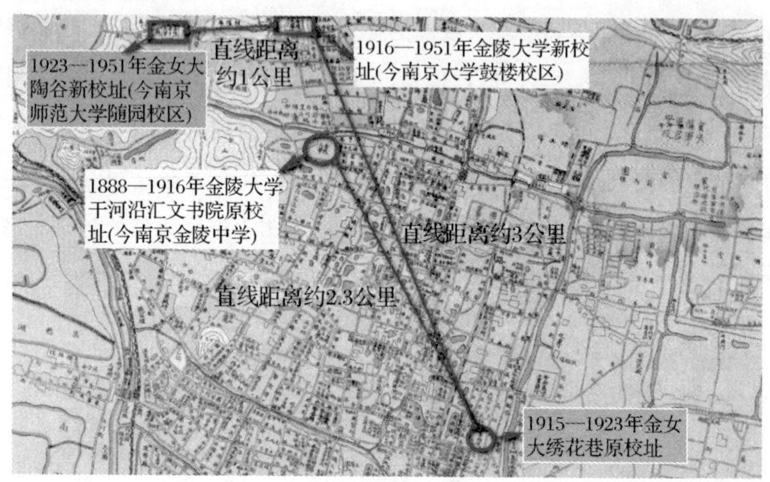

图 2－13　1928 年南京地图上标注的金女大和金陵大学(左上角两方框处)①

Temporary Library. The alcoves in the Social Room are especially well adapted for library uses, leaving the central portion free for use as a temporary chapel.(临时图书馆。活动室内的一间偏房特别适合做图书馆使用，中间区域留作临时教堂)(见图 2－14)

临时图书馆——活动室内的一间偏房特别适合做图书馆使用

-4-

B- Temporary Library. The alcoves in the Social Room are especially well adapted for Library uses, leaving the central portion free for use as a temporary Chapel.

C- Temporary Administration Offices. This building is most centrally located for this purpose; and during the early stages of the College a room could be spared to provide, satisfactorily, for these offices.

D- Temporary Classrooms and Studies for Music. It would be much better to include these in the Social and Athletic Building, than in the Dormitories or Science Building.

图 2－14　1919 年金女大校务委员会员纪要中有关临时图书馆馆舍设置的讨论②

① 图片来源：http://bbs.godeyes.cn/showtopic-376995.aspx。

② 图片来源：耶鲁大学神学院图书馆数字档案 RG011-124-2590 第 19 页。

从1915年9月招生开学到1919年,经过4年的建设与发展,金女大图书馆的馆舍空间同学生宿舍和教室一样,已不能满足需求。当然,临时图书馆的设置只能解燃眉之急,长久之计是整个校园的重新选择与定位。

1915年金女大建校初期,接受了第一笔图书捐赠,获得一套22卷册的英文百科全书,这套书成为图书馆最初的馆藏。到了1919年,金女大图书馆的馆藏中外文图书已累积有1 700多册。金女大1919年度公报中设置了"图书馆和实验室"(Library and Laboratories)栏目,介绍了当时的图书馆和实验室建设情况,信息记载如下:

> The college has a carefully selected library of over twelve hundred volumes in English and over five hundred in Chinese which is increased annually as the work calls for more books. We also have access to the library and reading room of the University of Nanking.[①](学校拥有精心挑选的图书馆馆舍,馆藏超1 200册英文图书和500册中文图书,且每年根据教学需求不断地增加图书。我们还可以使用金陵大学的图书馆和阅览室)

(3) 运用美国图书馆分类体系,规范流通服务管理细则

1918—1919学年金女大学生手册第5至6页中,有一段关于图书馆借阅规则(Library Regulations,如图2-15、图2-16)的描述[②]。

规则1中说明了上午和晚上各有15分钟处理图书借还事务,相较于我们现在图书馆的借还服务,这样的时间确实很短,但对于只有二三十位在校学生和一位兼职图书馆管理员的情况下,能提供如此的图书外借服务已足够了。

---

① 见耶鲁大学神学院图书馆数字档案RG011-128-2632第41—42页。

② 见耶鲁大学神学院图书馆数字档案RG011-128-2636第4—5页。

Library Regulations

1. Books may be borrowed from and returned to the library during the following hours:

7.45—8.00 a.m.
9.15—9.30 p.m.

2. Books of fiction or biography may be borrowed for one month unless they are needed for reference by one of the departments. At the end of one month they may be renewed or checked by the librarian. In case of the Chinese books, those not regularly used by Chinese classes may be borrowed.

A fine of fifteen cents for the first day and ten for every day after will be charged for books not returned at the proper time.

3. No "Reference Shelf" book may be borrowed from the library except by special permission of the librarian who may grant the privilege of borrowing these books from 10.00 p.m. to 7.00 a.m., and they should be checked by the librarian at the regular time.

4. "Reference" books may be put back on the Reference Shelf by the student. All other books must be left on the librarian's table (except dictionaries or encyclopedias, see No 5).

5. No dictionaries or encyclopedias may be removed from the library. They should be returned to the shelves after using.

6. Magazines should not be taken from the library except by special permission of the librarian.

图 2-15　1918—1919 学年金女大学生手册(1)

图书馆的图书是按照大多数美国图书馆使用的分类体系进行分类的，学生须学会使用书目系统并能查找到自己需要的图书。

6

7. Books lost or injured shall be paid for by the borrower.

8. Chairs should be returned to their places at the tables and left in proper order. No private property should be left anywhere in the library.

9. The books in the library are classified according to the system used in most of the American libraries. The students are urged to learn to use the catalogue and to find their own books.

Health Regulations

图 2-16　1918—1919 学年金女大学生手册(2)

规则 2 说明除系科留作参考资料之外，文学作品和传记类图书可外借一个月，与我们当下大多数高校图书馆本科生的借阅周期一样。此规则中还说明了因文学课可能需要不定期地使用中文图书，故图书的续借(renew)事务需由图书馆主任负责处理。

规则3是有关参考书的借还(check)规则,只有那些经图书馆主任特别许可的参考书方可在晚上10点至第二天早晨7点间借出使用,且需在规定的时间内由图书馆主任亲自办理手续。开放深夜到清晨的工具书借还服务,既避开了常规的在室阅览的时间,又能使特殊需求的读者有效利用,但却给管理者带来了麻烦。我们今天大多数图书馆的工具书还是只能在室阅览,不外借。就此一点,图书馆前辈们真正的以读者为本的服务理念值得我们学习。

规则4是有关的图书上架事宜,规定参考书须由学生直接归位于参考书架上,除字典和百科全书以外,其他图书阅览后须放到图书馆主任办公桌(librarian's table)上。想必是因开架阅览,这种方式可方便图书馆管理者对学生每天阅览的图书进行统计吧。

规则5则说明字典和百科全书不得拿出馆外,且用后须及时归架。这项规定和我们现在的图书馆的规定一样,现在的图书馆也实行在室阅览服务。

规则6强调杂志未经图书馆主任特别许可不能拿出馆外。

规则7规定图书遗失或损坏赔偿责任。

规则8是阅览环境保持的要求,规定移动过的阅览座椅须回位到阅览桌边且须自左侧依次摆放,个人物品不得滞留在馆内。阅览座椅的归位要求是一个管理细节,有利于培养读者自觉维护公共场所秩序的习惯,这一点值得我们现在的图书馆借鉴。

规则9则说明了馆藏图书是按照大多数美国图书馆使用的分类体系进行分类的(即杜威十进制分类法),要求学生须学会使用书目系统,以便能查找到自己需要的图书。

这份有关图书馆规则的记载再现了1918—1919学年金女大图书馆

实体空间内的运行管理情况。图书馆主任(librarian)全权负责馆内书刊的流通服务事务,但其处理各项事务在时间上有着严格的规定。为什么会这样呢?金女大建校初期,教职员严重短缺,不可能在图书馆设置专职管理岗位。图书馆主任一般由学校某位教职员兼职承担,她既要忙于学校的行政管理,或从事教学工作,又要抽出时间管理图书馆,只能见缝插针,因此对图书的借还时间才有着如此限制。1919 年底,金女大图书馆已拥有 1 700 册馆藏图书,其中大部分为外文图书,有 1 200 册,且已采用杜威十进制分类法进行了分类排放。这表明极有可能是一位从美国来的西方教职员兼职管理着图书馆。那么她会是谁呢?金女大 1915—1919 年的校务报告中给出了答案。

金女大 1915—1919 年校务报告第 15 页有一份教职员名单,13 位员工列表中,Adelaide Gundlach 小姐的职位是办公室秘书和图书馆主任(Office Secretary and Librarian)(见图 2-17)。在目前所能查找到的档案中,这是将图书馆职位标注于教职员名下的最早记载。也就是说,Adelaide Gundlach 小姐是有官方档案记载的最早出

Faculty Members

MRS. LAWRENCE THURSTON................*President*
Holyoke College, B.S.

MISS ELIZABETH GOUCHER.....*Sociology and Economics*
Goucher College, A.B., Columbia University, M.A.

MISS FREDERICA R. MEAD..................*English*
Smith College, A.B., Columbia University, M.A.

MISS NAROLA E. RIVENBURG...............*Religion*
Vassar College, A.B., Hartford School of Theology, B.D.

DR. CORA D. REEVES.....................*Biology*
University of Michigan, Ph.D.

MISS LYDIA B. BROWN.......................*Music*
Oberlin College, B.M.

MISS RUTH M. CHESTER........*Chemistry and Physics*
Smith College, A.B. and M.A.

MISS MARY BOYD SHIPLEY...*History, Psychology, Latin*
Bryn Mawr College, A.B.

DR. DJANG..........................*Chinese Classics*
Second Degree Chinese Scholar

DR. LIU..............................*Mathematics*
Columbia University, M.A.

DR. LUELLA MERROW.*Hygiene and Physical Supervision*
University of Michigan, M.D.

MISS ~~GERTRUDE~~ Adelaide GUNDLACH.*Office Secretary and Librarian*
Oberlin College, A.B. Adelaide Gundlach小姐,办公室秘书和图书馆主任,欧柏林学院文学学士

MRS. DJANG.................*Matron of Dormitories*

图 2-17 金女大 1915—1919 年校务报告中的员工名单①

① 图片来源:耶鲁大学神学院图书馆数字档案 RG011-155-2967 第 19 页。

现在金女大图书馆岗位的教职员。虽然是兼职任图书馆主任，但从此时开始，后续的档案资料中均可在全校的教职员名录中找到图书馆人员的信息。由此，可以追溯金女大图书馆三十多年建设发展的历程。

二　Miss Adelaide Gundlach [1918—1921]

图 2-18　Adelaide Gundlach 小姐 1937 年在伯里亚学院的工作照①

Adelaide Gundlach (1890—1987)，女，1890 年 6 月 28 日出生于美国纽约州罗切斯特市一个德国归正教牧师家庭。父亲出生于德国，1884 年加入美国国籍，母亲出生于美国。她中学就读于纽约州克拉伦斯(Clarence)的公园高中(Park High School)。1907 年毕业于水牛城(Buffalo)的主园学校(Master Park School)。1908 年在布莱恩斯特拉顿商学院(Bryant & Stratton Bussiness College)学习并加入基督教女青年会，毕业后担任各商业机构的秘书和办公助理六年，其中包括西方电子公司(The Western Electric Company)。1914 年，她进入欧柏林学院(Oberlin College)②学习，担任基督教女青年会宗教事务委员会主席两年，1918 年从该校毕业并获得

① 图片来源于 http://www.e-yearbook.com/sp/eybb? school=950&year=1937&up=2&startpage=18，从 1937 年伯里亚学院年鉴中的教职员信息可知，Adelaide Gundlach 时为该校注册主管。

② 欧柏林学院(Oberlin College)始建于 1833 年，位于美国俄亥俄州克里夫兰市，是一所著名的男女合校私立文理学院。该校曾资助校友孔祥熙先生于 1907 年在山西省太谷县创办了一所私立学校——铭贤学堂，即今山西农业大学前身。

文学学士学位。她会法语和德语，掌握簿记学[①]。同年，她来到中国南京，工作于金女大，任学校注册主任和办公室秘书，1919—1921 年还兼职管理图书馆事务。她是 1919—1920 年时任金女大代理校长华群小姐(即明妮·魏特琳，Minnie Vantrin，1886—1941)的得力助手。她在金女大服务了四年，于 1923 年春季学期结束后返回美国。回国后，她一直在肯塔基州伯里亚学院(Berea College)担任注册主管，直至 1955 年退休。1987 年她在美国去世，享年 97 岁。

1919 年金女大年度公报中有一份学校教职员名录，其中 Adelaide Gundlach 小姐名下标注的信息为“注册主任和秘书，1918 年毕业于欧柏林学院，获得文学学士学位(Bachelor of Arts)；1918 年到达中国”(如图 2-19)。虽然在这份列有 13 位人员信息的教职员名录中未见有图书馆管理者的标注，在 Gundlach 小姐名下也未标注她的图书馆职位，但在金女大 1915—1919 年校务报告中的员工名单中已清楚地记载了她任职图书馆主任的信息(见图 2-17)。

耶鲁大学神学院图书馆网站收藏的历史人物个人资料目录中，有 16 卷档案描述了 Adelaide Gundlach 小姐自 1919 年至 1987 年间的有关信息，其中附有一段她的生平简介(如图 2-20)，记录她自 1918 年开始在南京金女大工作了四年。

“E-yearbook.com”是一个数字化收藏美国中学和大学年鉴的商业网站，在伯里亚学院 1955 年的学校年鉴中，有一张 Adelaide Gundlach 小姐在该校注册办公室工作时与同事的珍贵合影(图 2-21)。

① 见耶鲁大学神学院图书馆数字档案 RG011-133-2685 第 23 页。

WU GIA-GAO, ***Mathematics.***

University of Illinois, B.A., 1913; Columbia University, 1913-1914; Teacher of Physics and Mathematics, Kiangsu Government Schools, 1914-1915; Teacher of Mathematics, Government Teachers' College, Nanking, 1915—.

MISS LLEWELLA M. MERROW, ***College Physician and Physical Director.***

Michigan University, M.D., 1905; General medical practice, 1906-1917; arrived in China 1917.

MISS ADELAIDE GUNDLACH, ***Registrar and Secretary.***

Oberlin College, B.A., 1918; arrived in China, 1918.

Adelaide Gundlach小姐，注册员和秘书。1918年毕业于欧柏林学院，获文学学士学位；1918年到达中国。

图 2－19　1919 年度公报中的 Adelaide Gundlach 小姐个人信息①

Gundlach, Adelaide

Biog. info.: Gundlach (1890-1987) was born in Rochester, NY, daughter of a minister in the German Reformed Church. Following attendance at a business college and involvement with the YWCA, she entered Oberlin College in 1914. She went to Ginling College, Nanking, in 1918 and worked as Secretary of the college for four years before returning to the U.S. From 1923-1955 she served as Registrar, with expanded responsibilities, at Berea College in Kentucky.

Letters to family members in the U.S. documenting Gundlach's life and work at Ginling College　1919 Jan-1921 Dec, n.d.

Folder 7 contains a CD with scanned versions of the letters as well as the photographs found in folders 14-16.

图 2－20　Adelaide Gundlach 小姐生平简介②

① 图片来源：耶鲁大学神学院图书馆数字档案 RG011-128-2632 第 30 页。

② 图片来源：http://drs.library.yale.edu/HLTransformer/HLTransServlet? stylename = yul. ead2002. xhtml. xsl&pid = divinity: 008&query = united% 20states% 20relocation&clear-stylesheet-cache = yes&hlon = yes&big = &adv = &filter = &hitPageStart=51&sortFields=&view=c01_1。

图 2－21　1955 年伯里亚学院注册办公室人员合影(左二为 Adelaide Gundlach)①

1918 年 8 月，已经 28 岁的 Adelaide Gundlach 小姐接受教会派遣，孤身远涉重洋来到中国，服务于教会组织在南京刚刚创办的一所女子大学，而且在此工作了四年。她是官方档案记载的第一位金女大图书馆主任。在她 1918 年的应聘资料中，有一段评价她的推介信息记载：

> Of her personality they say that she is strong, sure, dependable, plain but pleasing and genuine; is a woman of refinement, cheerful, energetic, accomplishes what she undertakes, works well with others and is without petty jealousies, of tactful and of even temper; has good qualities of leadership but is not domineering. One reference rates her intellectual ability as high, others say above the average, not brilliant, but faithful and clear headed. In business she is

① 图片来源：http://www.e-yearbook.com，Berea College—Chimes Yearbook（Berea, KY)—Class of 1955 第 20 页。

excellent, far above the average; is examplary and conscientious, with well developed christian character.[①](他们说她个性坚强、自信、可靠,平淡而悦目;是一个细心、开朗、精力充沛的女人,能完成承担的工作,与他人友好协作,不小心眼,委婉且有脾性;具有良好的领导素质,但不霸道。有一个参考评价是她的智力水平高,有人说高于平均水平;她并非才华横溢,但忠诚且头脑清醒。她在商务方面很优秀,远高于平均水平;是具备完美基督徒品性的典范)

正是这样一位有能力、有个性、充满活力的外籍职员走进了金女大,走上了金女大图书馆管理的舞台。在她的有效管理下,金女大图书馆起步发展。她本人也对这所自己奉献了四年青春的学校始终不忘。下面透过历史档案和影像资料,重拾记忆,解析尘封的历史人物,探寻图书馆发展的轨迹。

图 2－22　1919 年金女大外教合影中的 Adelaide Gundlach 小姐(二排左二)[②]

1. 金女大工作时的珍贵照片

“吴贻芳网上纪念馆”(http://ptr.chaoxing.com/course/529744.html? edit=true)上有一张 1919 年金女大外籍教员的合影照,其下方标注了照片中的人物姓名,自左向右,第一排——Chester, Reeves;第二排——Shipley, Gundlach, Mead, Rivenburg;第三排——

① 见耶鲁大学神学院图书馆数字档案 RG011-133-2685 第 23 页。

② 图片来源:http://ptr.chaoxing.com/course/529744.html? edit=true。

Marrow，Thurston，Goucher（见图 2－22）。在这张历史老照片中，Adelaide Gundlach 小姐位列第二排左侧第二位，比照之前从伯里亚学院年鉴上获得的她中年时期的照片，Adelaide Gundlach 小姐那较为特别的脸形和体型让人能一下子轻松地将她辨认。在这张标注了姓名的珍贵历史照片中，还有后面章节将要介绍的 Rivenburg 小姐（第二排右一）和 Goucher 小姐（第三排右一）。“吴贻芳网上纪念馆”上对老照片的著录信息为辨识其他照片中的相关人物提供了帮助。

在耶鲁大学神学院图书馆数字图片库中，可以检索到多张当时工作于金女大的教职员的合影照，其中有一张与上图同时期拍摄的照片，只是人员的位置不同，上面标注的人物包括 Mary Boyd Shipley，Dr. Merrow，Lydia Brown，A. Gundiach，N. Rivenburg，R. Chester，Mrs. Thurston，Frederica Mead，Cora，D. Reeves，虽然该数据库记录的元数据没有对人名和照片中的人物进行一一对应的描述，但根据之前已辨别出的 Adelaide Gundlach 小姐那较为特别的脸形和体型，很容易就能识别出在这张照片中她是站在后排右二的位置上（见图 2－23）。

两张拍摄于 1919 年的合影照是目前留存的 Adelaide Gundlach 小姐在 1918 年进入金女大工作期间的珍贵照片，也是目前所能找到的有关她的最早照片。

2. 在她之前谁曾管理过图书馆

Adelaide Gundlach 小姐 1918 年进入金女大，按照学校一个学年中的学期推算，她应是从 1918 年秋季学期开始兼职管理图书馆事务。因此，前面叙述的 1918—1919 学年金女大学生手册中图书馆规则（见图 2－15、图 2－16）里提及的图书馆主任应该就是这位 Adelaide Gundlach 小姐。此时的她身兼数职，既是学校的注册主任，又担任办公室秘书，同时

图 2－23　1919 年外籍教职员合影中的 Adelaide Gundlach 小姐(后排右二)①

还要兼职管理图书馆事务。*Ginling College* 中德本康夫人称赞她是华群代理校长的出色私人秘书。

那么,1918 年秋季学期之前,又是哪位教职员在兼职管理着图书馆呢?翻阅耶鲁大学神学院图书馆数字档案中自 1915 年至 1918 年的所有管理文档,未能找到这段时期与图书馆人员有关联的信息。根据记载,虽然建校初期的在校学生主要是共享利用金陵大学图书馆的资源,但毕竟两校校园之间有相当远的一段距离,往返比较花费时间,且初期受赠的 22 卷百科全书也需要有人进行管理。另外,根据 1919 年底统计的 1 200 册外文图书和 500 册中文图书的馆藏量推测,1915—1918 年间,金女大图书馆每年应该都有一定量的新采购图书。是谁负责采购新书,又是谁负责将新书按杜威十进制分类法进行分类管理呢?从 1915

① 照片来源:http://divdl.library.yale.edu/ydlchina/viewdetail.aspx? id=1862。

年 9 月开始招生办学至 1918 年春季这三年间，金女大绣花巷校园内的图书馆，应该有一位教职员兼职负责它的管理和运行。

1915 年 9 月，学校成立后首次招生开学时，学校在册的教职员只有八位，分别为 Mrs. Lawrence Thurston、Miss Mary A. Nourse、Mrs. Guy W. Sarvis、Miss Elizabeth Goucher、Miss Mabel Cordelia Stone、Miss Frederic R. Mead、Tsao Li-Yuin、Mrs. Djang Ching-Hai①，其中六位是西方人员，两位是中方人员。这八位人员中，哪一位最有可能兼职管理图书馆呢？根据担任注册主任和办公室秘书的 Adelaide Gundlach 小姐兼管图书馆来推断，1915 年到 1918 年间，很可能也是担任职务的某位教职员兼职管理图书馆。另外，这八位员工中的 Elizabeth Goucher 小姐（高切尔小姐）1920 年离校后，于 1930 年至 1932 年间又曾应金女大邀请，再度回到学校工作，担任图书馆代理主任。其时，她使用了婚后姓名 Mrs. B. Burgoyne Chapman（贾溥萌夫人）。根据这个信息推断，作为 1914 年最早进入学校的三位员工之一的 Goucher 小姐极有可能在 1915 年到 1918 年间，在担任学校秘书和教授英文的同时，兼职管理图书馆事务。

3. 在她之后谁将管理图书馆

1920 年金女大宣传手册中专门列有教职员建设项目（Faculty Program），该项目明确了未来五年学校各学科教职员的配备计划。该计划中明确学校教职员总人数将从 1920 年的 14 位增长到 1925 年的 46 位，其中特别列出了图书馆人员的配备数，即从 1920 年无专职人员到 1925 年配备 2 名专职人员（见图 2 - 24）。金女大在发展过程中，一直重视学校师资队伍的建设，同时也很注重保障学校教学的图书馆专业人员的配备。虽然在 1920 年学校还只有兼职图书馆管理者 Adelaide

---

① 见耶鲁大学神学院图书馆数字档案 RG011-128-2632 第 9 页。

Gundlach小姐,但在学校五年规划蓝图的指导下,图书馆经费预算与支出、文献采购与馆藏量、馆员状态情况开始被列入学校的年度行政文档中。因此,在Adelaide Gundlach小姐之后,按照学校的理想目标,图书馆应该配有2位专职管理人员。

waiting to welcome you at Ginling. Will you not consider our needs and let us count you as a candidate?

金女大教职员建设项目

Faculty Program

Our Ideal 1925 1925年的目标

Administration 5; Biology 4; Chemistry 4; Chinese 4; Education 3; English 6; History 1; Library 2; Latin and Modern Languages 1; Mathematics 1; Music 4; Physical Education 4; Physics 2; Psychology and Philosophy 1; Religion 2; Sociology 2.

到1925年,图书馆配备2名员工　**Total 46.**

Present Staff 1920

Administration 2; Biology 1; Chemistry and Physics 2; Chinese 1; Education 1; English and History 2; Music 2; Physical Education 1; Religion 1; Sociology 1.

Total 14.

图2-24　1920年金女大宣传手册中的教职员建设项目①

4. 她管理下的金女大图书馆模样

图2-7是1919年3月拍摄的图书馆内景,此时正是Adelaide Gundlach小姐管理下的图书馆,学生们在明亮、整洁的图书馆内安静地阅览和自习,给人一种温馨、祥和的感觉。

---

① 图片来源:耶鲁大学神学院图书馆数字档案RG011-155-2967第24页。

从1918年进校的秋季学期开始到1920年秋季学期结束，Adelaide Gundlach小姐管理下的金女大图书馆是怎样的情况呢？1920年学校年度公报有关“图书馆和实验室”(Library and Laboratories)的情况记载如下：

> The college has a carefully selected library of over sixteen hundred volumes in English and over thirteen hundred in Chinese which is increased annually as the work calls for more books. We also have access to the library and reading room of the University of Nanking. Over thirty-five magazines and periodicals are provided for the use of faculty and students, covering educational, sociological, religious, scientific, and general fields.①[学院拥有一个精心挑选的图书馆，馆藏英文图书超过1 600册(比1919年增加400册)，馆藏中文图书1 300册(比1919年增加800册)，每年根据学校教学需求不断地增加图书。我们还可以利用金陵大学的图书馆和阅览室。我们提供给师生使用的杂志和期刊超过35种，覆盖教育、社会、宗教、科学和综合等学科]

此信息说明，金女大管理层非常注重图书馆对教学的保障，重视图书馆馆舍和文献资源的建设。在绣花巷校园有限的空间内为图书馆精心选择适用的馆舍，不断改善阅览环境，加大年度中外文图书和期刊的采购量，以丰富馆藏。在1915年学校年度公报中，图书馆的藏书只有Bleeker Van Wagenen先生捐赠的22卷《新国际百科全书》，到了1920年，文献总量已达2 900册，且中文文献的馆藏突飞猛进，1920年一年就新增了800册。馆舍运行的管理、新增图书的采选、入藏新书的分类和目录建立、馆藏文献的流通服务管理等事务是图书馆的日常工作，随着

① 见耶鲁大学神学院图书馆数字档案RG011-128-2632第54—55页。

师生人数和文献量的不断增长,这些工作将变得越来越繁重。Adelaide Gundlach 小姐在从事学校注册主任和秘书工作的同时,还要兼职完成图书馆繁杂的事务,确实不易。

5. 她的金女大情结

Adelaide Gundlach 小姐在金女大四年服务期满回国后,一直关注着金女大的发展。她在 1940 年 12 月 13 日写给 Mrs. T. D. Macmillan 的一封信中,表达了自己为金女大在战争年代继续前行而欣慰,为金女大学生取得的成绩而高兴①。在 1943 年和 1948 年她写给金女大美国委员会成员的两封信(图 2-25、图 2-26)中,她不但密切关注金女大资金募集的情况,还表示会亲自捐赠一笔费用,以表达自己的一份心意。

Jan. 6, 1943.

My dear Mrs. Mills:

It was good of you to send me the material which you did for our Union Church committee. For the present nothing in the way of an additional pledge has come of it, but the $50.00 which has been going was voted again for this year for the work at Ginling. I have tried to do what I can at this time, myself, and am enclosing my check for $30.00 which I trust will help just a little. I am so proud of the part that Ginling College has played, and is still playing in the long-time, constructive program for China .

The letter from Dr. Wu was splendid, and I am happy to have it, with all the news. It seems incredible that they can accomplish so much in spite of the many handicaps. I am sorry Dr. Wu did not feel that she could come at this time.

With all good wishes to you and the work.

Sincerely yours,

Adelaide Gundlach

图 2-25　1943 年 1 月 Adelaide Gundlach 小姐写给 Mills 女士的信②

---

① 见耶鲁大学神学院图书馆数字档案 RG011-137-2753 第 9 页。

② 图片来源:耶鲁大学神学院图书馆数字档案 RG011-137-2753 第 10 页。

BEREA COLLEGE • BEREA • KENTUCKY
OFFICE OF THE REGISTRAR

Feb. 15, 1948

Ginling College Committee,
New York

Dear Friends:

While this personal contribution for the work of Ginling is late, I have been working for the cause here. This fall, we were able to get a special appropriation from our Union Church benevolence fund to be sent to the United Board for Christian Colleges in China, as well as keeping up the annual pledge of $50.00 for Ginling College specifically.

Anything that you can send directly to the pastor of Union Church here, or to the Benevolence Committee chairman will help to keep up the interest of the congregation in the work and needs of Ginling. The question is often raised as to why we should continue that appropriation rather than helping in some new area of need. A presentation of the need, sent in September from your committee direct, will mean more than a reminder from myself or others here who may have a personal interest in the college.

With pride in the work you are doing, and every good wish,

Sincerely,

Adelaide Gundlach

图 2 - 26　1948 年 2 月 Adelaide Gundlach 小姐写给金女大美国委员会成员的信①

三　Miss Narola E. Rivenburg [1921—1922]

RIVENBURG, NAROLA ELIZABETH
Care of Rev. M. G. Evans
Crozer Seminary, Chester, Pa.

图 2 - 27　Narola E. Rivenburg1913 年瓦瑟学院毕业照②

① 图片来源：耶鲁大学神学院图书馆数字档案 RG011-137-2753 第 11 页。

② 图片来源于 http://www.e-yearbook.com/sp/eybb? school＝130015&year＝1913&up＝1&startpage＝78，从 1913 年 Vassar College 年鉴毕业生信息可知，Narola E. Rivenburg 为该校 1913 年毕业生。

Narola E. Rivenburg(Narola Elizabeth Rivenburg,1888—1942),女,出生于印度的一个著名传教士家庭,曾在家乡教会高中教书,后到美国求学。1913年毕业于瓦瑟学院(Vassar College)①,获文学学士学位。1916年获得哈特福得神学院(Hartford Theological Seminary)②神学学士学位。同年来到金女大,受聘于宗教系,并担任宗教系主任。在金女大从事了5年宗教教学和管理工作(1916年秋季至1922年春季),并于1921—1922年兼职管理图书馆。1922年回国后,她获得协和神学院(Union Theological Seminary)的硕士学位和哥伦比亚大学(Columbia University)的博士学位。1927年之后,她一直在费城浸信会基督教学院从事教学工作。1941年她为父母出版传记《那加丘陵之星》(*The Star of the Naga Hills*)③。1942年10月14日,Narola E. Rivenburg在美国宾夕法尼亚州费城去世,享年54岁。

继Adelaide Gundlach小姐之后,1921—1922年官方档案记载中,出现在图书馆职位的是正在休假的Narola E. Rivenburg小姐(见图2-28),而此时的Narola E. Rivenburg小姐已在金女大执教五年,并担任金女大宗教系主任(见图2-29)。

Miss Narola E. Rivenburg的名字最早出现在1916年6月6日(星期二)金女大董事会讨论应聘者情况的会议纪要中。在一份金女大应聘教员的评测记录中,记载着应聘时已28岁的Rivenburg小姐出生于印度,曾在印度的一所教会高级中学从事过两年教学工作,健康状况良好(Good),性格和能力测试结果为优秀(Excellent)(见图2-30)。

---

① 瓦瑟学院建于1861年,是一所美国高等私立文理学院,位于美国纽约州波基普西市。

② 哈特福得神学院建于1833年,是一所著名的神学院,位于美国康涅狄格州。

③ 那加丘陵是印度东北部的丘陵,是印度、缅甸边境复杂山系的一部分,为阿拉干山脉向北突出的部分。

FACULTY OF GINLING COLLEGE

Mrs. Lawrence Thurston	...	President
Miss Alice L. Butler ...	...	Psychology
Miss Ruth M. Chester ...	...	Chemistry
Mr. Djang Dzi-tsi ...	...	Chinese
Miss Ada Grabill† ...	...	Music
Miss Rebecca W. Griest...	...	English
Miss Adelaide Gundlach	...	Secretary and Treasurer
Miss Ella M. Hanawalt ...	...	Education
Miss Helen Y. McCoy ...	...	Physics
Miss Frederica R. Mead...	...	English
Dr. Liewella M. Merrow	...	College Physician
Miss Katharine R. Rawles	...	Physical Education
Dr. Cora D. Reeves ...	...	Biology
Miss Narpla E. Rivenburg*	...	Library
Miss Lilliath Robbins ...	...	English
Miss Minnie Vautrin ...	...	Education
Mr. Wang Beh-han ...	...	Chinese
Miss Janie H. Watkins ...	...	History
Miss Helen B. Wilson ...	...	Music

* On Furlough, 1921-1922　1921-1922年休假中

† Under appointment for fall of 1922

图 2-28　1921 年金女大教职员名单中 Rivenburg 在图书馆任职的信息①

图 2-29　1921 年金女大教职员合影中的 Rivenburg(右侧左二)②

① 图片来源：耶鲁大学神学院图书馆数字档案 RG011-126-2611 第 79 页。

② 图片来源：http://divdl.library.yale.edu/ydlchina/images/ubc908.jpg。

Tuesday, June 6th 1916.
1916年6月6日，星期二

A meeting of the Ginling College Committee was held Tuesday, June 6th 1916, at 4:30 p m at the Prince George Hotel. There were present the following:

Dr Robert E Speer, Chairman

Miss Elizabeth R Bender, Secretary

Mrs Oliver R Williamson, of Chicago, substituting for Miss Margaret E Hodge.

The meeting was opened with prayer by Dr Speer. The reading of the minutes was omitted as they had been read and approved at the meeting of the Board of Trustees which preceded the meeting of the Ginling College Committee.

The name of Miss Narola E Rivenburg was presented as a candidate for appointment to Ginling College:
金女大职位应聘者Narola E. Rivenburg的情况

Full name: Miss Narola E Rivenburg
Age: 28 years 年龄：28岁（推测出生于1888年）
Born in Assam, India 出生地：阿萨姆邦（印度最东北的邦）
Parentage: Father and Mother missionaries of the Baptist Board in Assam
Education: Peddie Institute, Hightstown, N J Graduated 1907
Vassar College " 1913
Hartford Theological Seminary " 1916
Specialities: Bible, English and Pedagogy 在中学教学
Experience: Y W C A work Peddie Institute. Taught two years in Kohima Mission School, Assam. Spent two summers in work at Maverick Church, East Boston.
Health: Good 健康状况：良好
Testimonials as to character and ability: Excellent 性格和能力测试：优秀

图 2-30　1916 年 6 月 Narola E. Rivenburg 应聘金女大的记录①

1917 年金女大教职员名录中有关 Narola E. Rivenburg 小姐的个人信息记载：1913 年获得瓦瑟学院文学学士学位；1916 年获得哈特福得神学院神学学士学位；1908—1910 年在印度阿萨姆邦一所教会高中教书；1914 年和 1915 年的夏天，在美国马萨诸塞州的波士顿市做传教士；1916 年来到中国(见图 2-31)。

MISS NAROLA E. RIVENBURG.

Vassar College, B.A., 1913; Hartford Theological Seminary, B.D. 1916; Teacher in Mission High School, Kohima, Assam, India 1908-1910; substituting for city missionary, summers of 1914, 1915 East Boston, Mass; arrived in China, 1916.

图 2-31　1917 年金女大教员简介中的 Miss Narola E. Rivenburg 信息②

① 图片来源：耶鲁大学神学院图书馆数字档案 RG011-124-2590 第 7 页。
② 图片来源：耶鲁大学神学院图书馆数字档案 RG011-155-2966 第 29 页。

耶鲁大学神学院图书馆数字档案 RG011-133-2692 第 38 页，保存着一份 1940 年 12 月 Narola E. Rivenburg 小姐填写的履历表。其中记载了 Narola E. Rivenburg 小姐 1916—1921 年在金女大工作时，除从事宗教教学外，还曾担任图书馆主任。1921 年离开金女大回美国后，于 1922 年获得位于纽约州的协和神学院硕士学位，1932 年又获得哥伦比亚大学博士学位。1923—1924 年曾任纽约州特洛伊市的教育主管并从事宗教教学工作。1927 年后一直在宾夕法尼亚州费城的浸信会工作（见图 2－32）。

Miss Narola E. Rivenburg
1421-29 Snyder Avenue
Philadelphia Pennsylvania

Name (maiden or married) by which you were known at Ginling Narola Elizabeth Rivenburg

1916-1921 at Ginling. Work: Teaching Bible. Librarian

1916-1921年工作于金女大，从事宗教教学，担任图书馆主任

B.A. or B.S. Year 1913 School Vassar College

M.A. or M.S.T. Year 1922 School Union Theological Seminary - N.Y.C

Ph.D. Year 1932 School Columbia University N.Y.C.

Other degrees B.D. Year 1916 School Hartford Theological Seminary Hartford - Conn.

Year School

Date of Marriage Husband's name

Work and Travel (other than at Ginling)

Year(s) 1923-4 Position Educational Secretary, Troy, N.Y.

Place Teaching Bible, Religious Education

Year(s) 1927-now Position Baptist Institute, Philadelphia, Pa.

图 2－32　Miss Narola E. Rivenburg 履历表①

在 *Ginling college* 中的西方员工名录中，记载有“Rivenburg, Narola E., Religion, 1916—1921”，说明应聘到金女大的 Narola E. Rivenburg 小

① 图片来源：耶鲁大学神学院图书馆数字档案 RG011-133-2692 第 38 页。

姐主要从事的还是宗教教学工作。那么,她是从 1916 年开始就一直兼职管理图书馆呢,还是只在某一段时间担任图书馆主任?目前,没有查到官方档案的确切记载,只有图 2 - 28 中记载于 1921 年 11 月的金女大教职员名单中的她与图书馆关联的信息:Miss Narola E. Rivenburg 1921—1922 年在休假中。由此,可以明确的是 1921—1922 学年金女大图书馆事务由 Narola E. Rivenburg 小姐负责。而这一学年也正是她的休假期。金女大在建校初期,教会大学办学的特色突显,外文教学占优势。当时,学生们使用的外文教材和参考的外文图书远多于中文图书,因而图书馆外文图书的一部分采选工作由那些回国休假的西方教员承担。因此可以推测,在 Narola E. Rivenburg 小姐离开金女大后,图书馆事务暂由 Narola E. Rivenburg 小姐代理。

前面一节中曾猜测,1918 年 Adelaide Gundlach 小姐管理图书馆之前有其他人员管理过图书馆。关于 1918 年之前是谁负责图书馆事务,之前推测的可能是 Goucher 小姐。但从图2 - 32 Rivenburg 小姐后来的履历表记录中的信息看,也许是这位 Rivenburg 小姐,她极有可能自 1916 年进校后,在从事宗教教学的同时,还兼职管理着图书馆,只是未见官方档案记载而已。

1927 年 12 月出版的第 9 期《金陵女子大学校刊》中刊载了 Narola E. Rivenburg 小姐在美国的信息,此时她的身体状况已非常差,但她还在准备到哥伦比亚大学继续深造。为了找到更多有关 Narola E. Rivenburg 小姐的资料,外文搜索功能强大的谷歌提供了帮助。1943 年美国浸信会外交使团协会第一百二十九次年度报告及妇女协会第七十二年度报告中刊载着一份她的讣告及生平简介(见图 2 - 33)。由此可知,她是一位活力四射的基督徒(radiant christian),她将自己的一生奉献给了宗教事业。

Miss Narola E. Rivenburg

Miss Narola E. Rivenburg, who ably served the Woman's Board on the Curriculum Committee of the Council on Christian Education, died in Philadelphia, Pa., on October 14, 1942. While not an official appointee of the Society, she had served as a teacher of Bible history for five years in Ginling College, Nanking, China. She was the daughter of Dr. and Mrs. Sidney W. Rivenburg, pioneer missionaries among the Nagas in Kohima, Assam. She came to America for her education and lived in the home with her uncle, Dr. Milton G. Evans, of Crozer Theological Seminary. She was graduated from Vassar College in 1913 and from Hartford Theological Seminary in 1916. Graduate study at Union Theological Seminary and Columbia University earned her a Ph.D. degree. In 1927 she joined the teaching staff of the Baptist Institute for Christian Workers, Philadelphia, and continued there until her death. *The Star of the Naga Hills*, which she wrote and published in 1941, is the biography of her parents. She was a radiant Christian and a devoted friend.

图 2－33　Miss Narola E. Rivenburg 个人资料①

在耶鲁大学图书馆数字馆藏图片库中找到一张标注为"Old Ginling-Home Mail：Narola Rivenbury"的照片，照片上的地点正是金女大绣花巷校园的大门前，照片中头戴礼帽的女士正是 Narola E. Rivenburg 小姐，她正在往一辆由马牵引着的邮车邮箱中投寄信件(见图 2－34)。

图 2－34　Narola Rivenburg 在金女大原绣花巷校址大门前②

① 图片来源：http://imageserver.library.yale.edu/digcoll:19399/500.pdf 第 64 页。

② 图片来源：http://divdl.library.yale.edu/ydlchina/viewdetail.aspx? id＝2210。

“吴贻芳网上纪念馆”网站上有两张珍贵的老照片。一张上面标注着“左起:Rivenburg 宗教系主任;Brown 音乐系主任;Reeves 生物系主任,遗嘱将遗产为金陵建立基金;Thurston 校长;Chester 化学系主任,后兼教务长;Goucher 英语教员;Shipley”(见图 2-35)。由此信息可知,Narola E. Rivenburg 小姐应聘到金女大从事宗教教学工作,并担任宗教系主任。

图 2-35　担任宗教系主任时期的 Rivenburg(图中左一)

另一张照片上标注着“最早来到绣花巷的外籍教师:Mead,Chester,Merrow,Reeves,Shiflay,Brown,Thurston,Rivenbury,Gundlach”,Narola E. Rivenburg 小姐坐在前排左四位置上(见图2-36),她的旁边是 Adelaide Gundlach 小姐(前排右一)。

图 2-36 绣花巷校园外籍教师合影中的 Rivenburg(前排左四)

四 Miss Marion J. Ewing [1922—1923]

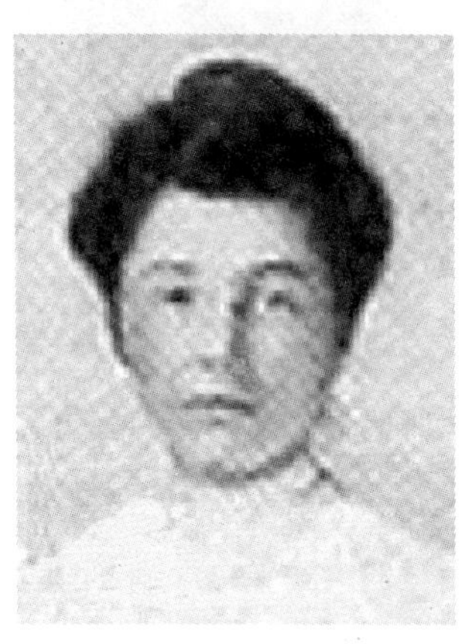

图 2-37 Marion J. Ewing1907 年奥立佛学院校友社团合影照剪影①

Marion J. Ewing (Marion Jeanette Ewing,1885—1957),女,公理会(Congregational Church)教徒。1885 年 4 月 15 日出生于美国北达科他州(North Dakota)。1899—1903 年在密歇根州兰辛高中(Lansing High School, Mich)学习;1903 年进入密歇根州奥立佛学院(Olivet College),1906 年获得该校文学学士学位;1908 年在马萨诸塞州威克费

① 图片来源:http://www.e-yearbook.com/sp/eybb? school=63265&year=1907&up=1&startpage=43。

尔德公共学校(Wakefield Public School,Mass)当了三个月的教员;1909年进入马萨诸塞州西蒙斯学院图书馆学专业学习,1910年获得理学学士学位;1910年在马萨诸塞州牛顿公共图书馆(Newton Public Library)从事图书馆一般性事务工作六个月;1910—1911年在哈佛大学神学院图书馆(Andover-Harvard Theological Library)做编目员;1911—1916年在加利福尼亚州波莫纳学院图书馆(Pomona College Library)任助理馆员;1916年进入马萨诸塞州波士顿大学英语文学专业学习,翌年获得文学硕士学位。1922年,她37岁,接受教会派遣来到南京,管理金女大图书馆并兼职教学工作,一年期满后返回美国,继续在波莫纳学院图书馆工作。她是美国图书馆协会会员,曾任波莫纳学院图书馆代理馆长[①],加利福尼亚州圣安东尼奥图书馆俱乐部(San Antonio Library Club)秘书[②]。1957年7月26日,她在加利福尼亚州克莱蒙特市去世,享年72岁。

1922—1923学年的金女大教职员名单中,位列于图书馆职位的是Marion J. Ewing小姐(见图2-38),她是金女大图书馆有史以来聘请的第一位有图书馆学教育背景的专业人员,也是金女大图书馆第一位全职管理人员。按照金女大1920—1925年教职员队伍五年建设计划,她的到任是图书馆人员配备目标计划初步落实的体现。

关于Marion J. Ewing小姐的个人信息,在以下几处可以获取点滴。一是耶鲁大学神学院图书馆数字档案RG011-133-2685案卷第20页,保存着一份Marion J. Ewing小姐的个人履历表,上面有其出生、住址、学历、工作经历和宗教信仰等信息(见图2-39)。二是编号为RG011-154-

① 见"Recommendations Adopted by Conference on International Cultural, Educational, and Scientific Exchanges, Princeton, N.J., NOV. 26, 1946"中的Appointment部分。

② 见1920年出版的*Bulletin of the American Library Association*第404页。

FACULTY OF GINLING COLLEGE
1922-1923

Name	Department
Mrs. Lawrence Thurston	President
Alice L. Butler	Psychology
Ruth M. Chester	Chemistry
Djang Dzi-tsi	Chinese
Marion J. Ewing	Library
Ada A. Grabill	Music
*Rebecca W. Griest	English
*Adelaide Gundlach	Registrar
†Ella M. Hanawalt	Education
Helen Y. McCoy	Physics
*Frederica R. Mead	Executive Secretary
*Llewella M. Merrow	College Physician
Katharine R. Rawles	Physical Education
Cora D. Reeves	Biology
Lilliath Robbins	English
Dorothy E. Stendel	English
Minnie Vautrin	Education
Wang Beh-han	Chinese
Janie H. Watkins	History

* On Furlough 1922-1923.
† Absent for Language Study.

图 2－38　1922—1923 学年金女大的教职员名单①

SUMMARY.

Name: Miss Marion J. Ewing.

Born: April 15, 1885. 1885年4月15日出生

Address: Claremont, California.

Preparation:
1899-1903 Lansing High School, Lansing, Mich.
1903-1908 Olivet College, Olivet, Mich. A.B.
(absent 1905-6) 1909-1910，西蒙斯学院，图书馆学，理学学士
图书馆学专业教育
1909-1910 Simmons College, Boston, Mass. Library course B.S.
1916-1917 Boston University English Literature A.M.

Experience:
1906 (3 mos) Wakefield Public School, Wakefield, Mass. Teaching
入校前的图书馆工作经历
1910 (6 mos) Newton Public Library. General Library work
1910-11 Andover-Harvard Theol. Library, Cambridge, Mass. Cataloguer
1912-date Pomona College Library (absent 1916-17) Assistant Librarian

图 2－39　Marion J. Ewing 个人简历②

① 图片来源：耶鲁大学神学院图书馆数字档案 RG011-126-2611 第 93 页。
② 图片来源：耶鲁大学神学院图书馆数字档案 RG011-133-2685 第 20 页。

2958的案卷,它是一份1958年金女大美国联盟的时事通讯,在其第7页的教职员信息通报中,有关于Marion J. Ewing于前一年去世的信息(见图2-40)。三是在互联网档案馆(archive.org)上的"News notes of California libraries"中保存有几则关于Marion J. Ewing的消息。

** We heard from Mrs. New again at the end of November. She spent Thanksgiving with Mrs. W. A. McCurdy and Miss Adelaide Gundlach who arranged for her "a most blessed 3-day program" at Berea, Kentucky. Mrs. New visited Dr. Dorothy Ma at Louisville, Ky. again after that.

** Miss Marion J. Ewing, who taught in Ginling in 1922-1923, died in Claremont, California last July 26. 1957年7月26日在加州去世

** Miss Marguarite S. Warfield, who was on the Ginling faculty briefly in 1916, died May 14, 1956. Although she did not find any of her former students or acquaintances in the New York group, she had attended the meetings in New York many times.

** The Frederick Kaos (Lin Chung-ying 1947) are back again after a visit to Formosa last year. They are now living at: 1004 Bryant Avenue, New Hyde Park, N. Y.

图2-40　1958年金女大美国联盟时事通讯中刊载的Ewing去世的信息①

1923年春季学期结束时,已满一年服务期的Marion J. Ewing小姐回到美国。1924年出版的《加利福尼亚图书馆新闻札记》(*News notes of California libraries*)第19卷第1期上刊载了Marion J. Ewing小姐回国的信息:

> Miss Marion J. Ewing, Assistant Librarian, has returned from an interesting year in China where she acted as Librarian and did some teaching in Ginling College, Nanking, China.②(Marion J. Ewing小姐,助理馆员,已返回美国。之前,她在中国南京的金女大担任图书馆主任并从事一些教学工作,度过有趣的一年)

---

① 图片来源:耶鲁大学神学院图书馆数字档案RG011-154-2958第7页。

② News notes of California libraries [OL]. https://archive.org/stream/newsnotesofcalif19cali/newsnotesofcalif19cali_djvu.txt.

Marion J. Ewing 小姐回国后继续在加利福尼亚州波莫纳学院图书馆任助理馆员。她曾于 1924 年 1 月 26 日出席加利福尼亚州图书馆协会第六区在阿罕布拉市(Alhambra)举行的会议,并在会议上做了一个富有启发性的有关中国图书馆及相关事件的报告,内容包括:中国图书馆自孔子时代产生雏形后两千多年来文献保存的艰难历程;清王朝工程浩大的《四库全书》编撰成果最终的留世结果;已使用了六百多年的经史子集四部分类法已不能满足中国图书馆界的业务发展需求;外国教会及传教士对中国图书馆事业的影响力;南京公共图书馆[①]仅对学者开放服务的文献的保存与利用情况;韦棣华女士(Mary Elizabeth Wood)创办文华图书馆学专科学校;留美回国的洪有丰馆长管理下的政府图书馆(即 1921—1923 年南京高等师范学校和"国立东南大学"并行时期的图书馆)运行状况;令人印象深刻的苏州图书馆建筑;等等。她在报告结语部分提出虽然中国的图书馆和图书馆教育还处于模仿西方国家的阶段,但中国人善于去粕存精、推陈出新,中国必将对未来的世界文化做出贡献[②]。

根据 Marion J. Ewing 小姐履历表中 1910 年毕业于西蒙斯学院的信息,在美国电子年鉴网上找到了 1910 年西蒙斯学院年鉴[*Simmons College - Microcosm Yearbook* (*Boston*, *MA*), *Class of 1910*],遗憾的是在当年毕业生个人照片集里没有找到 Marion J. Ewing 的肖像,该年鉴第 50—51 页上有一空缺面,也许正是遗漏点。在此,只能将西蒙斯学院 1910 年毕业班合影这张珍贵的老照片展示出来,期待未来有人能直接

① 创立于 1907 年的江南图书馆,现为南京图书馆古籍部馆,位于南京清凉山下的虎踞路 85 号。

② News notes of California libraries[OL]. https://archive.org/stream/newsnotesofcalif19cali/newsnotesofcalif19cali_djvu.txt.

或借助识别技术从中辨认出 Marion J. Ewing 小姐。

图 2-41 西蒙斯学院 1910 年毕业班合影①

另外,根据 Marion J. Ewing 小姐履历表中 1903—1906 年曾在奥立佛学院(Olivet College)②学习且获得文学学士的信息,虽未找到奥立佛学院 1906 年的年鉴,但在该学院 1907 年的年鉴第 43 页的"Theta Delta"校友社团中找到 Marion J. Ewing 小姐为其成员的信息及其 9 位成员的合影照(见图 2-42)。如果照片顺序与照片下附注的名字顺序一致的话,那么从左侧起第 5 位应该就是 Marion J. Ewing 小姐。

Marion J. Ewing 小姐毕业于美国图书馆学著名学府西蒙斯学院,她在 1922 年来到金女大之前,已有过多年美国公共图书馆和高校图书馆的工作经历,是图书馆业务的熟手。金女大聘请她来专职管理图书馆,一则表明金女大在发展过程中对图书馆建设的重视,二则说明金女大图书馆自身发展迫切需要专业人员来引领与推动。

---

① 图片来源于美国电子年鉴网站中的《1910 年西蒙斯学院年览》第 32 页。

② 奥立佛学院建于 1844 年,位于美国密西根州的奥利弗市,是一所综合性学科研究类私立学院。

1907年Olivet College校友"Theta Delta "社团9位成员：
1Mary Martha Smith,2Grace Louise Scott,3Mary Julia Simons,
4Ruby Carlton,5Marion Ewing,6Helen Mclennan,7Muriel Ewing,
8Georgia Ely,9Cora Laverne Hoppough

图 2－42　1907 年奥立佛学院 1907 年年鉴中校友"Theta Delta"社团 9 位成员合影照①

1. 金女大对图书馆专业人员的渴望

虽然 Marion J. Ewing 小姐只在金女大图书馆工作了一年，但因其是图书馆学专业科班出身，又曾有过图书馆工作的经历，她对于发展中的金女大图书馆来说是非常合适的专业人选。因此，在 1924 年 10 月 30 日的金女大校务顾问委员会会议纪要中，顾问委员会认为图书馆的发展需要配备全职的馆员，他们推荐 Marion J. Ewing 小姐继续担任图书馆主任（如图 2－43）。然而遗憾的是在后续的金女大教职员名录中没有再见到这位 Marion J. Ewing 小姐的名字。

耶鲁大学神学院图书馆数字档案 RG011-126-2611 中收录的是 1914—1922 年金女大校务管理委员会年度报告，在一份 1922 年制定的 1923—1924 学年学校经费预算方案中，第一次单独列出了图书馆主任的薪酬为 M.＄1 500 美元。将此数额与其他教职员薪酬相比较可知，这笔预算费用不是一位图书馆主任的工资，而是两位图书馆专业馆员的工资额度。由此可见，金女大管理者很希望有两位像 Marion J. Ewing 小

① 图片来源于美国电子年鉴网站中的《奥立佛学院 1907 年年鉴》第 43 页。

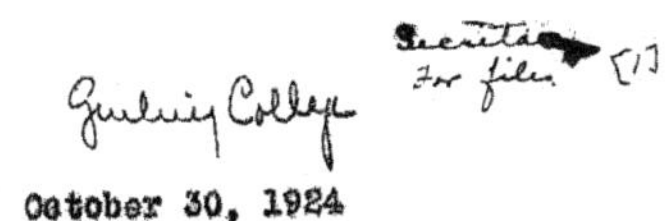

October 30, 1924

The Advisory Committee submits the following recommendations to the Executive Committee and the Board of Control:

1. That the necessity for filling the vacancies in the administration for the second semester, January - June 1925, be brought to the serious consideration of the Executive Committee and the Board of Control.

2. That Miss Thayer have expressed to her appreciation of her work for the household and that she be urged to remain at the college.

3. That Mrs. Tsen be asked to return as superintendent of the dormitories.

4. We feel that the college library has developed to the place where it needs a full time librarian. We recommend for this position Miss Marion Ewing of Pomona College, California.

我们认为图书馆的发展需要配备一位全职馆员，推荐来自加州波莫纳学院的Marion Ewing小姐任职此岗。

图 2-43　1924 年 10 月 Marion J. Ewing 作为馆员人选被校顾问委员会推荐①

姐这样的专业人员任职于图书馆。这个希望的落实与之前学校制定的到 1925 年图书馆配备两位专职人员的目标是一致的。

2. Marion J. Ewing 小姐的金女大情结

回到美国后的 Marion J. Ewing 小姐一直关注着金女大的发展和图书馆的建设。耶鲁大学神学院图书馆数字档案 RG011-136-2742 中，保存着 1936—1947 年 Marion J. Ewing 小姐与金女大的往来信件。在 1936 年 5 月 6 日金女大委员会委员通告信中，特别提到学校已成功申请到 Marion J. Ewing 小姐推荐的"Georgia Grace Thomas Memorial Book Fund"基金资助项目，这笔额外的基金可支持图书馆用于每年参考书的采购(见图 2-44)。

1936 年 12 月 14 日 Marion J. Ewing 小姐在写给金女大委员会的信中，不仅推荐金女大申请"Georgia Grace Thomas Memorial Book

① 图片来源：耶鲁大学神学院图书馆数字档案 RG011-126-2614 第 2 页。

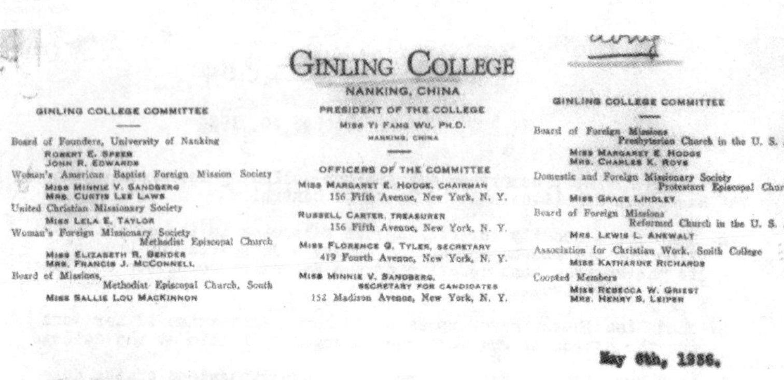

GINLING COLLEGE
NANKING, CHINA

PRESIDENT OF THE COLLEGE
MISS YI FANG WU, PH.D.
NANKING, CHINA

OFFICERS OF THE COMMITTEE
MISS MARGARET E. HODGE, CHAIRMAN
156 Fifth Avenue, New York, N. Y.
RUSSELL CARTER, TREASURER
156 Fifth Avenue, New York, N. Y.
MISS FLORENCE G. TYLER, SECRETARY
419 Fourth Avenue, New York, N. Y.
MISS MINNIE V. SANDBERG,
SECRETARY FOR CANDIDATES
152 Madison Avenue, New York, N. Y.

GINLING COLLEGE COMMITTEE
Board of Founders, University of Nanking
ROBERT E. SPEER
JOHN R. EDWARDS
Woman's American Baptist Foreign Mission Society
MISS MINNIE V. SANDBERG
MRS. CURTIS LEE LAWS
United Christian Missionary Society
MISS LELA E. TAYLOR
Woman's Foreign Missionary Society
Methodist Episcopal Church
MISS ELIZABETH R. BENDER
MRS. FRANCIS J. MCCONNELL
Board of Missions,
Methodist Episcopal Church, South
MISS SALLIE LOU MACKINNON

GINLING COLLEGE COMMITTEE
Board of Foreign Missions
Presbyterian Church in the U. S. A.
MISS MARGARET E. HODGE
MRS. CHARLES K. ROYS
Domestic and Foreign Missionary Society
Protestant Episcopal Church
MISS GRACE LINDLEY
Board of Foreign Missions
Reformed Church in the U. S. A.
MRS. LEWIS L. ANEWALT
Association for Christian Work, Smith College
MISS KATHARINE RICHARDS
Coopted Members
MISS REBECCA W. GRIEST
MRS. HENRY S. LEIPER

May 6th, 1936.

Miss Margaret E. Hodge,
Miss Florence G. Tyler,
Mrs. T. D. Macmillan,
Miss Elsie M. Priest.

Dear Friends:

You will be very glad to learn from the attached copy of letter from Miss Marion J. Ewing, Acting Librarian of Pomona College Library, that we have received the first set of checks establishing the Georgia Grace Thomas Memorial Book Fund, the interest only to be used each year for Reference books at Ginling.

图 2－44　金女大成功申请到 Marion J. Ewing 小姐推荐的图书基金①

Fund”，还积极承诺为其募集资金，并慷慨捐赠 50 美元，完成了她的承诺，并帮助金女大获得“Georgia Grace Thomas Memorial Book Fund”永久基础基金 475 美元（见图 2－45）。从 1937 年 2 月 10 日金女大委员会给 Marion J. Ewing 小姐的回信可知，Marion J. Ewing 小姐后来又捐赠了 25 美元，使基础基金在圣诞节后达到了她期望的 500 美元。

1947 年 5 月 12 日，已离开金女大校园 24 年的 Marion J. Ewing 小姐在写给纽约金女大委员会的信中，还在为金女大的一份宣传杂志的编辑出谋划策，其对金女大深厚的情感溢于言表。信中她还表达了自己希望能为金女大多做些事的愿望。

---

① 图片来源：耶鲁大学神学院图书馆数字档案 RG011-136-2742 第 7 页。

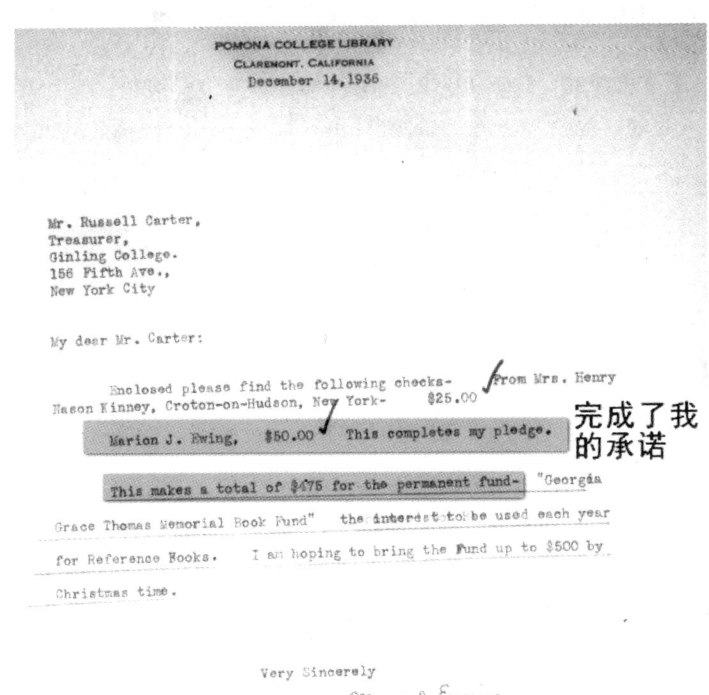
POMONA COLLEGE LIBRARY
CLAREMONT, CALIFORNIA
December 14,1936

Mr. Russell Carter,
Treasurer,
Ginling College.
156 Fifth Ave.,
New York City

My dear Mr. Carter:

Enclosed please find the following checks- from Mrs. Henry Nason Kinney, Croton-on-Hudson, New York- $25.00
Marion J. Ewing, $50.00 This completes my pledge.

This makes a total of $475 for the permanent fund- "Georgia Grace Thomas Memorial Book Fund" the interest to be used each year for Reference Books. I am hoping to bring the Fund up to $500 by Christmas time.

Very Sincerely
Marion J. Ewing

图 2-45　从 Marion J. Ewing 写给金女大委员会的信中得知其完成了募集资金的承诺①

五　透过数据看 1915—1923 年图书馆的发展

1919 年金女大第一届五位毕业生合作编写了一本书，名为《先驱者》(*The Pioneer*，又译名《拓荒者》)，由当时设在上海的长老会出版社(Presbyterian Mission Press)印制发行。耶鲁大学神学院图书馆数字档案 RG011-151-2946 中有该书的完整收藏。书中有一段关于学校初期办

① 图片来源：耶鲁大学神学院图书馆数字档案 RG011-136-2742 第 8 页。

学时的图书馆印象的记录：

We were very much surprised when we found the college without even a small library. The total number of books we had the first year was not more than forty, including a set of encyclopedia. One bookcase was sufficient to hold them all. The social room was used both for recreation and study.（当发现这个学院甚至连一个小型图书馆都没有时，我们很是惊讶。我们第一年的书籍总共不超过四十册，包括一套百科全书，一个书架就足以容纳。社会活动室用作交流和学习）

由此说明，1915 年 9 月，金女大办学初期，只有一间放置了一个装有不超过四十册图书的橱柜的房间。该房间既是学习阅览的场所，又是交流娱乐的场所，几乎不能够被称作图书馆。那么从 1915 年 9 月至 1923 年 6 月，金女大早期在绣花巷校园八年的发展阶段中，图书馆如何从无到有，从那昏暗阴冷只有几十册藏书的小阅览室，发展成为当时校园内最值钱的两间屋子之一的图书馆（另一间是小教堂）①，且成为全体师生珍爱之所的呢？

耶鲁大学神学院图书馆数字档案 RG011-126-2611 和 RG011-126-2612 中收录记载了 1914—1927 年金女大管理委员会年度报告，RG011-128-2632 和 RG011-128-2633 收录记载的则是 1915—1931 年金女大年度公报，综合这四卷档案，可以整理出 1915—1923 年金女大图书馆年度预算费用（见表 2－1）、图书馆年度支出费用（见表 2－2）和图书馆年度馆藏文献总量（见表 2－3）。从这些与图书馆建设发展密切相关的数据表中，我们可以了解金女大在建校初期对图书馆人力、财力、物力投入的变

① 张连红.金陵女子大学校史[M].南京：江苏人民出版社，2005：21.

化过程,探索发现“百屋房”图书馆在八年苦乐岁月里的前行足迹。

1. 1915—1923 年学校预算中有关图书馆的部分

1915—1923 年金女大年度预算中均有一项或多项涉及图书馆,包括图书、期刊、设备、家具、薪酬等单项预算情况。但学校早期预算方案中,关于图书馆项目的记载常常不统一,有的年度单独设立项目,有的年度则合在一起立项,因而各年度预算经费无法按项目进行比对(见表 2-1)。另外,早期的经费计量单位有 G.$(Gold,美元)、M.$(Mexican Dollar,墨西哥银圆,俗称鹰洋)等,且年度相互换算率还有波动,为了相对统一,本节经费单位均使用 M.$。

表 2-1 1915—1923 年学校预算中有关图书馆的部分(单位:M.$)

学年	薪酬	图书	办公+期刊	设备	家具	合计
1915—1916	—	—	400	—		400
1916—1917	—	—	1075	—		1 075
1917—1918	—	500	100	—		600
1918—1919	—	500	—	—		500
1919—1920	—	—	140	—		140
1920—1921	—	—	200	—		200
1921—1922	—	—	250	—		250
1922—1923	—	—	400	—		400
1923—1924	1 500	330	550	200	261	2 841

从表 2-1 可知,金女大自 1915 年正式招生办学起,每学年学校预算方案中均列有图书馆的经费预算项目,且在第二学年(1916—1917 学年),图书馆预算经费额度达到了 M.$1 075,占当年学校总预算经费 M.$43 423的 2.4%,是第一学年预算经费的 2.68 倍。之后的 1917—1918 学年和 1918—1919 学年,单独以图书名目立项的经费预算连续两年保持在每年 M.$500。后来是三年的经费预算短缺期,到 1922—1923

学年才有所增长。而1923—1924学年的图书馆经费预算方案则是完全不一样的呈现方式，不但预算总额度剧增，且预算明细，这是怎么回事呢？

金女大1923—1924学年全校经费预算方案中，特别指出了图书馆的预算是由图书馆提交的。在这份由图书馆提交的预算中，首次将图书馆馆员薪酬预算单独列出，同时还将图书馆事业发展所需的保障经费按图书、办公和期刊、设备、家具等进行分项预算。金女大行政管理委员会采纳了这份预算方案，并将其列入学校年度预算总体方案中。1923—1924学年全校经费预算方案主要分为四部分：第一部分是管理部门(Administration)的薪酬和支出，合计M.＄11 225；第二部分为教学部门(Instruction)的薪酬和支出，合计M.＄33 740，其中包括图书馆馆员薪酬预算额M.＄1 500和办公支出预算额M.＄550；第三部分为学校运行费(Maintenance)，计M.＄3 000；第四部分为预计的100名学生宿食费用(Boarding Department，100 students)预算额M.＄5 460。图书馆两项预算占当年四部分预算总金额M.＄56 150的3.6%。另外在全校家具、仪器设备的单独预算方案中包括了图书馆的图书M.＄300、设备M.＄200和家具M.＄261的预算，占该方案总预算M.＄23 830的3.4%。1923年正是有着图书馆学专业背景的Marion J. Ewing小姐任职于图书馆，因此，1923—1924年度图书馆的这个预算方案应该是由她制订的。

2. 1915—1923年图书馆年度支出情况

1915年第一个办学年，金女大档案记载中用于图书馆实际支出的费用只有购买图书的部分，共计M.＄492.33。1916年第二个办学年，用于图书购置的实际支出费用猛增至M.＄1 170.25，首次突破千元。1917—1920年的四年中，每年的图书购置费用大多维持由四百多增至八百多，逐年递增。1921年图书购置费用再次突破千元，到了1923年，图书购置费用达到了M.＄1 536.83。从1916年开始，学校每年的支出费用中还列出了图书馆的办公费用,包括家具、设备和行政运行等支出项目,且每年逐步增长,图书馆的运行环境有了资金的保障,可以逐步得到改善。1923 年图书馆文献采购和运行费用总支出 M.$2 226.14,占金女大该年度全校总支出费用 M.$41 724.58 的 5.3%,远远超过了当年预算占学校总预算 3.6%的比例。

表 2-2 1915—1923 年图书馆年度支出情况(单位:M.$)

年度	图书	办公	合计
1915 年	492.33	—	492.33
1916 年	1 170.25	21.8	1 192.05
1917 年	407.65	77.93	485.58
1918 年	466.12	133.88	600.00
1919 年	648.79	277.18	925.97
1920 年	812.6	225.57	1 038.17
1921 年	1 171.41	370.69	1 542.10
1922 年	957.93	441.98	1 399.91
1923 年	1 536.83	689.31	2 226.14

3. 1915—1923 年图书馆馆藏文献总量情况

目前可查阅的官方档案资料中关于图书馆馆藏情况的记载,于 1915—1923 年间的只有四个年度的信息,如表 2-3 中的"图书总藏量"和"期刊/杂志订阅量"栏目数据。1930 年 12 月 1 日出版的《金陵女子文理学院校刊》上刊载的《本校图书馆概况》①一文中,有建馆初期至 1930 年历年馆藏增长数据的统计,可对信息进行补充,如表中的"1930 年 12 月校刊刊文中的数据"。虽然数据都不完整,但根据这些数据我们可以看到金女大图书馆早期馆藏文献建设发展的增长趋势。

① 钱存训.本校图书馆概况[J].金陵女子文理学院校刊,1930:41—48.

表 2-3　1915—1923 年图书馆馆藏文献情况

年度	图书总藏量(册)	1930 年 12 月校刊刊文中的数据	期刊/杂志订阅量(种)
1915 年	初期少于 40 册	西文书 176 册	—
1916 年	—	西文书 176 册	—
1917 年	—	西文书 716 册	—
1918 年	—	西文书 1261 册	—
1919 年	1 200(英文)+500(中文)	西文书 1 502 册	25
1920 年	1 600(英文)+1 300(中文)	西文书 2 030 册	35
1921 年	—	西文书 2 342 册	—
1922 年	3 088(英文)+2 850(中文)	西文书 2 905 册	65
1923 年	—	西文书 3 967 册	—

建校初期,金女大图书资源紧缺,学校 1915 年的年度报告中关于图书馆部分记载的是对金陵大学图书馆慷慨相助的感谢,直到 1919 年,年度报告中依然记载着感恩于金陵大学图书馆。因此,1919 年之前的四年中,满足金女大师生文献需求的方式主要是以共享利用金陵大学图书馆为主。然而从表 2-3 可知,金女大图书馆的馆藏文献从 1915 年的不足 40 册,到了 1919 年已增长至 1 700 册,从表 2-2 图书购买支出情况看,这一千多册的中英文图书不是 1919 年突击采购的,而是依靠每年稳定的图书经费逐步采购累积而成。另外,学校从 1919 年开始有图书馆管理者的在册信息记载,虽然是兼职管理。同时,学校年度报告中对图书馆馆藏资源的描述已分为中文和英文两种,以及图书和期刊两种文献类型。

金女大是外国教会创办的学校,建校初期教会办学色彩浓重,师生均使用英文教材,学校图书馆采购的外文图书远多于中文图书。从表 2-3中可知,到了 1919 年,图书馆英文图书入藏量是中文图书的 2.4 倍。随着学校本地化教学的深入,对中文图书的需求不断增长,1920 年中文图书年度新增量为 800 册,开始超过英文图书 400 册的年度新增量。到了 1922 年,中文图书馆藏量增长至 2 850 册,已接近 3 088 册的英文图书馆藏量。另外,期刊/杂志的订阅品种量也增长至 65 种。

4. 1915—1923 年图书馆读者量

根据《金陵女子大学校史》书中统计的金女大历年在校生数可知,1922 年金女大在校生为 81 人[①],当年金女大图书馆收藏的中英文图书已达 5 938 册(见表 2-3),按照今天的生均图书保有量计算,1922 年金女大图书馆生均图书为 73 册/生。虽然与当今本科院校生均纸本图书要达到 100 册/生的"基本办学条件指标"相比还有差距,但与其 1919 年的生均量只有 32 册/生相比,已有很大的进步。

表 2-4　1915—1923 年图书馆读者量

学年	教职员工(人)	在校生数(人)	读者量(人)
1915—1916	8	9	14
1916—1917	8	15	23
1917—1918	12	35	46
1918—1919	12	39	49
1919—1920	13	52	63
1920—1921	14	70	81
1921—1922	15	52	67
1922—1923	18	81	98
1923—1924	27	95	122

1915—1923 年,金女大在绣花巷办学八年,为社会培养了一批接受过正规高等教育的女子人才。八年中,在册可查的图书馆人员只有三位,且均是来自美国的外籍女士。她们中有一位不但受过美国图书馆学专业的教育,而且有多年美国高校图书馆的工作经历。三位女士为金女大图书馆早期建设与发展做出了贡献。

---

① 张连红.金陵女子大学校史[M].南京:江苏人民出版社,2005:253.

第三章

陶谷新校园过渡图书馆时期

(1923—1933)

1918 年秋季学期,学校预期将有更多的新生注册入校。随之而来的问题是如何解决越来越多的学生的住宿问题。绣花巷周边已没有更多空间用来扩大校园,根本的解决办法是另外购买一块更大面积的土地建造新校舍,以建立永久性的私有校园。

此时,与金女大密切合作的金陵大学已在南京城鼓楼西南侧建立了初具规模的新校园,且自 1916 年开始,金陵大学各系科已陆续从干河沿校园搬迁至新校园。金陵大学图书馆在 1917 年夏季迁入新校园科学馆(又称东大楼)内,占据第三层的两间房,做阅览室、办事室和书库使用。原设于干河沿校园青年会堂第二层的图书馆留作中学部图书馆使用,中学部图书馆成为金陵大学图书馆的分馆[①]。根据 1915 年金女大年度报

① 陈长伟.金陵大学图书馆概况[J].金陵光,1925,14(2).

告记载,金女大图书馆也是金陵大学图书馆的分馆,金女大师生自 1915 年起开始利用金陵大学图书馆,还可以将从金陵大学图书馆借出的需特殊利用的图书存放于金女大阅览室内。从金女大绣花巷校园到金陵大学干河沿校园的距离原本就很远,现在到他们新校园则更远,金女大师生利用金陵大学图书馆更加不方便。因此,1916 年金女大校董事会在南京城物色土地时,最终选定了邻近金陵大学新校园的位置,是其西南侧的一片山丘荒地。

虽然是荒地,但土地的购置手续操作起来却极其麻烦,校长德本康夫人既要忙于学校教学事务,又要到处筹集新校园建设的基金,还要耗费精力去处理土地购置事宜,实在是困难重重。最终为金女大新校园购置土地的重任落在了时任金陵神学院院长司徒雷登博士(Dr. J. Leighton Stuart)[①]肩上。到 1919 年司徒雷登博士离开南京北上就任燕京大学校长时,他已经为金女大办妥了 27 英亩土地的签字、盖章以及同卖主交换契约文书的手续。这些交易价值约 1.3 万美元,这片土地包括 11 个池塘、60 个拐角地和 1 000 多个坟墓。后来建设校园时,学校花了很长的时间才将这处土地上的拐角和坟墓夷平。关于这段历史,校长德本康夫人的著书中有记载:“这里似乎应该留下一个位置,以便记录下司徒雷登博士在金女大建校初期的各种事务中,特别是在极为困难的土地购置方面为金陵所做出的积极贡献。不曾在中国居住过的人很难想象,在有无数障碍和偏见需要克服的情况下,这些事务办起来会有多么困难。对于一位妇女来说,要去从事一项其数量不下于 20 英亩、分别属于

① 司徒雷登(John Leighton Stuart,1876—1962),美国基督教长老会传教士,著名外交官、教育家。1876 年 6 月生于杭州,父母均为美国在华传教士。1904 年开始在中国传教,曾参加建立杭州育英书院(即后来的之江大学)。1908 年执教南京金陵神学院,后任该学院院长。1919 年起任燕京大学校长。1946 年任美国驻华大使,1949 年 8 月离开中国。1962 年 9 月 19 日逝于美国华盛顿,终年 86 岁。

10个不同的所有者的土地购置任务，是近乎不可能的事。”①

图3－1　1918年从金女大新校园的荒地上远眺紫金山②

从1916年起，学校就已经开始一块一块地购买用作新校园的土地了，在1916—1917学年结束时，学校已购得其中的12英亩。当校长德本康夫人将学校已拥有地产的信息告诉学生时，学生们立即奔走相告，无不在脑海中勾画着新校园的美景③。这块土地位于南京市区五台山余脉的小仓山一带，名为陶谷，是一处约30英亩的荒芜土地，距离金陵大学校园只有半英里的路程，步行约15分钟。该地原名随园，其历史最早可追溯至明朝焦弱侯④故址——焦氏园，清朝康熙年间则是江宁织造部院（江宁织造府）郎中曹寅家族的园林的一部分，有《红楼梦》里大观园的原型。后为雍正年间接任江宁织造的隋赫德所有，故名“隋织造园”

① 德本康夫人，蔡路得.金陵女子大学[M].杨天宏，译.珠海：珠海出版社，1999：27.

② 图片来源：http://divdl.library.yale.edu/ydlchina/viewdetail.aspx? id=973。

③ The Class of 1919 Ginling College. The Pioneer[M]. ShangHai: Presbyterian Mission Press, 1919:27.

④ 焦竑（1540—1620），字弱侯，号漪园，又号澹园，又号龙洞山农。明朝杰出的思想家、藏书家、古音学家、文献考据学家。生于江宁（今南京），万历17年（1589年）状元，授翰林院修撰、皇长子侍读等职，后曾任南京司业。著作甚丰，建有私家藏书楼。

“隋园”。乾隆十三年(1748 年),时任江宁县令的袁枚[①]购得已荒废多时的“隋园”,并加以整治,由于是“随其丰杀繁瘠,就势取景”,故名为“随园”。袁枚生活在此园时,著有《小仓山房集》《随园诗话》及《随园食单》等名篇。太平天国时期该园被毁,片椽无存。金女大决定购买此地时,该地已长久荒芜(见图 3 - 1),曾经的一个没有围墙,游客可以随意游玩的,山美、水秀、境幽的私人园林的繁华景象早已荡然无存。

1918 年 4 月 18 日,金女大委员会召开会议,会议备忘录中记载了金女大 1918 年 1 月至 4 月购买土地已支出了 \$ 5 000,虽然校执行委员会批准增加拨款加紧购置土地,但在新校园所有设施规划没有完全解决且未经校务管理委员批准的情况下,新购买的土地上不可能建有任何建筑(见图 3 - 2)。因此,虽然预计 1918 年秋季学期将有更多的新生入学,但学校还是无法使用新校园,不得不继续在绣花巷校园越来越显得狭小的空间内坚守着。之后,由于各种原因,这个坚守持续了五年,直到 1923

Mr. Carter stated that for convenience in making remittances to the field he had suggested to the Association for Christian Work of Smith College the advisability of making quarterly payments. He reported that $5000. had been expended for the purchase of land in Nanking since January 1, 1918, also that the Board of Control approves the authorization of an increase of $5000. in the appropriation for land. 自1918年1月1日起,购买土地已支出 $5000。

1918年秋季学期大量预期学生的住宿计划问题。

The Secretary was requested to present to the President of the College the question of plans for the accommodation of the larger number of students who are expected in the autumn of 1918; also to convey to her the clear judgment of the Committee that no building should be begun on the new land until plans for the complete plant have been carefully worked out and approved by the Board of Control and the Ginling College Committee.

图 3 - 2　档案记载 1918 年绣花巷校园已不能满足学校发展的需求[②]

---

① 袁枚(1716 年 3 月 25 日—1798 年 1 月 3 日),字子才,号简斋,晚年自号仓山居士、随园主人、随园老人。浙江钱塘(今杭州)人。清朝乾嘉时期代表诗人、散文家、文学评论家和美食家。

② 图片来源:耶鲁大学神学院图书馆数字档案 RG011-124-2590 第 41 页。

年新校园规划的第一批校舍落成。

如何在一片荒芜的山丘上建好一所高等学府的理想校园？新校园的整体规划设计至关重要。为此，金女大董事会聘请了已在中国上海设有纽约—上海墨菲 & 德纳建筑事务所（Murphy & Dana, Architects, New York-Shang Hai）且有着诸多中国教会大学建筑设计经验的美国著名建筑设计师亨利·墨菲先生①担任新校园总规划设计师。1918 年 11 月 7 日，纽约—上海墨菲 & 德纳建筑事务所绘制了一份金女大新校园规划图，这是目前档案中保存的最早的一份校园布局全景图（见图 3－3），

图 3－3　1918 年 11 月 7 日墨菲 & 德纳建筑事务所绘制的金女大新校园最早规划图②

---

① 亨利·墨菲（Henry Killam Murphy, 1877—1954），男，又译名茂飞，出生于美国康涅狄格州，著名建筑设计师。1899 年毕业于美国耶鲁大学。1908 年在纽约开办建筑设计所。1914 年 5 月下旬来到中国，1918 年 7 月在上海设建筑事务所分公司。1928 年受聘于国民政府，主持了南京的城市规划。在 20 世纪上半叶，他在中国设计了雅礼大学、清华大学、福建协和大学、金陵女子大学和燕京大学等多所重要大学的校园。

② 图片来源：耶鲁大学神学院图书馆数字档案 RG011-127-2627 第 7 页。

与后来实施的校园建筑布局有明显的区别。1919 年 4 月 10 日金女大校董事会会议纪要中记载着校长德本康夫人与墨菲先生就新校园规划方案的探讨过程,经过多次商榷,最终达成共识,两人一致认为,新校园的建筑要保持中式风格[①]。1919 年 7 月 9 日,纽约—上海墨菲 & 德纳建筑事务所综合各方面提出的建议,重新绘制了一份修改后的金女大新校园规划图(见图 3-4),这张修正后的建筑布局图成为金女大新校园未来建设的蓝图。

图 3-4　1919 年 7 月 9 日墨菲 & 德纳建筑事务所绘制的修正后的金女大新校园规划图[②]

如图 3-4、图 3-5 所示,在修正后的规划布局图中,自学校大门(Gate,标号 10,今南京师范大学随园校区大门)方向起,由东向西为校园

① 见耶鲁大学神学院图书馆数字档案 RG011-124-2590 第 62—65 页。

② 图片来源:耶鲁大学神学院图书馆数字档案 RG011-127-2627 第 16—17 页。

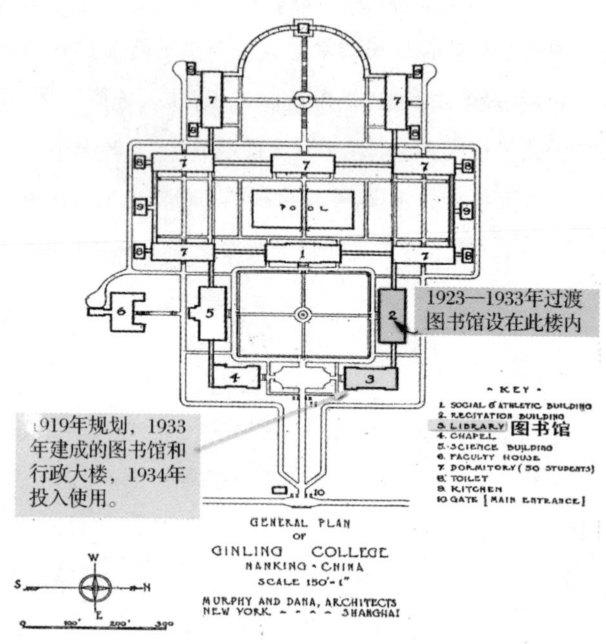

图 3-5　1919 年 9 月墨菲 & 德纳建筑事务所绘制的金女大校园布局图①

中轴线，整个校园建筑沿此线南北对称分布。中轴线通过大门入口细长的林荫道来加强空间的纵深感，学校礼堂（Chapel，标号 4）和图书馆（Library，标号 3）由南北两侧向轴线靠拢，与正北侧的吟诵堂（又称文学楼，Recitation Building，标号 2，今 300 号楼）、正南侧的科学楼（Science Building，标号 5，今 200 号楼）和处于校园中心位置的社会运动楼（Social & Athletic Building，标号 1，今 100 号楼）形成半封闭的方形院落空间模式。而社会运动楼与后面的学生宿舍（Dormitory，标号 7，计划建七幢，后来只建成了其中的四幢，即今 400 号楼、500 号楼、600 号楼、700 号楼）

① 图片来源：耶鲁大学神学院图书馆数字档案 RG011-127-2627 第 18 页。

又构成了一个长方形庭院。方形布局是当时教会大学校园的主流空间特征。从图 3-4 中放大的社会运动楼外形看,校园主体建筑均呈现中国古典建筑"宫殿式"的形态特征。楼宇间以游廊贯穿,既可遮风避雨,又方便师生在室外步行交际。1919 年,最终敲定的中西合璧式的校园规划方案一经推出,全校师生便翘首以盼,憧憬着未来美丽的校园。

1919 年第一届 5 位学生毕业时,新校园规划方案刚刚出台。她们想象着母校未来的新校园中会有一座拥有丰富藏书的研究型中文图书馆。她们在校四年的学习以英文为主,使用的也多是英文教材,图书馆里的藏书也是英文图书占绝大多数,母语中文的图书实在太少。她们多么希望新校园图书馆内,书架上一架架陈列的都是用漂亮盒子装着的中文线装书,阅览室墙面上悬挂的是中国卷轴式名家书画作品,还有专业的女馆员指导学生多途径阅读好书。这个中文图书馆里还收藏着大量本校学生翻译的著作和自己编辑出版的杂志,她们 1919 级 5 位毕业生合作编写的《先驱者》(*The Pioneer*)一书也陈列在其中。在这个图书馆里,大家还可以查阅到历届毕业生以各自不同研究角度撰写的论文①。这样的一个图书馆是多么令人期待啊!

一 陶谷新校园与过渡图书馆

纽约—上海墨菲 & 德纳建筑事务所制订的新校园规划方案和首批建筑群建设计划早在 1919 年就已确定,但由于学校建设费用筹集艰难,新校园建设工程一直拖到 1921 年 7 月才得以实施。耶鲁大学神学院图书馆数字图片库中保存着多张新校园破土动工场景的老照片。从一片荒

① The Class of 1919 Ginling College. The Pioneer[M]. ShangHai: Presbyterian Mission Press, 1919:45.

地，到一幢幢古色古香的建筑拔地而起，经过两年多时间的艰苦奋战，到了 1923 年秋季学期开学时，陶谷新校园内，先期建成并投入使用的已有 6 幢建筑。其中 3 幢是教学楼，分别为 100 号社会运动楼、200 号科学楼、300 号文学楼；3 幢是学生宿舍楼，分别为 400 号楼、500 号楼、600 号楼（见图3－6、图 3－7），后来又按规划建成了 700 号宿舍楼。至此，墨菲建筑事务所规划设计方案里的四合院型校园建筑群风格得以完美呈现（见图 3－8）。

图 3－6　新校园内初期兴建的 100 号楼、200 号楼、300 号楼、400 号楼①

图 3－7　新校园内已建成的 100 号楼、300 号楼、500 号楼、700 号楼②

① 图片来源：http://divdl.library.yale.edu/ydlchina/viewdetail.aspx? id=982。

② 图片来源：http://divdl.library.yale.edu/ydlchina/viewdetail.aspx? id=1764。

图 3-8　1923 年陶谷新校园一期建筑全景图①

图 3-9　学生们在新校园内植树②

《金陵女子大学校刊》1924 年第 2 期上刊载了一篇 1921 年入校的刘璧如同学撰写的《随园考略》。文章概略介绍了新校园的地理位置、校内学习环境及校园周边地名的历史由来。从这位金女大四年级学生的记载中可以了解当时新校园及其周边的人文地理环境。文章中记载：

> 癸亥之秋，本校移入新建之校舍，地在陶谷。小山环抱，虽非世外桃源，而歌诵于此，别有会心。东瞰钟阜，风雨晦明，昏且百变。

---

① 图片来源：http://divdl.library.yale.edu/ydlchina/viewdetail.aspx? id=1683。

② 图片来源：http://divdl.library.yale.edu/ydlchina/viewdetail.aspx? id=1012。

西接清凉山，有扫叶楼，相传为梁昭明太子读书处。使山川而能语，古今往来之事不必求诸后人之记述矣。出校东南行。百余步得小仓山。有坊颜曰随园遗址。金陵自北门桥西行二里，到小仓山。山蜿蜒自清凉来分两岭，及桥而止。有清池水田，俗号干河沿。昔河未干，其地为南唐避暑所，盛可想也。随园遗址即在小仓山之北岭。今日过之，则荒烟四野，遗迹无存。兰亭已矣，可胜叹哉。[①]

1923年6月，金女大开始由绣花巷校园向陶谷新校园搬迁。9月，师生们在宽敞明亮的新校舍内迎接新学期。位于新校园中心位置的是社会运动楼，建筑面积1 431平方米，设有会议室、接待室和健身房，该楼由美国史密斯女子学院捐款五万美元建造。科学楼内设生物、化学、物理等实验室，建筑面积1 540.61平方米。文学楼内设16间普通教室和1间播放室，图书馆也临时设置于此，该楼建筑面积1 491.75平方米（见图3-10）。其余为四幢学生宿舍，每幢可容纳学生百余人，内设寝室、交谊室和小食堂，总建筑面积4 603.2平方米。

1923年秋季学期开学时，设于300号文学楼内的过渡图书馆正式对外开放。图书馆在该楼第二层设阅览室及书库、杂志报纸室和办公室，该楼第三层则为书报储藏室。馆内配置的书报杂志架、目录柜、借书台及所有桌椅用具均为当时的新款式。文学楼是一幢教学楼，学校将图书馆设置在此，是为了方便学生往返于教室与阅览室，这原本只是一个临时性的过渡方案，以等待规划中的图书馆大楼建成，然而过了9年，在1932年的一张金女大陶谷校园建筑布局手绘图（见图3-11）中依然未见到规划中的图书馆大楼的身影。直到1934年图书馆行政大楼竣工，这一等就是11年。

---

① 见1924年12月出版的《金陵女子大学校刊》第2期第21—22页。

图 3-10　过渡图书馆设在这幢文学楼内①

GINLING COLLEGE

MAP SHOWING ATHLETIC FIELD AND COURTS

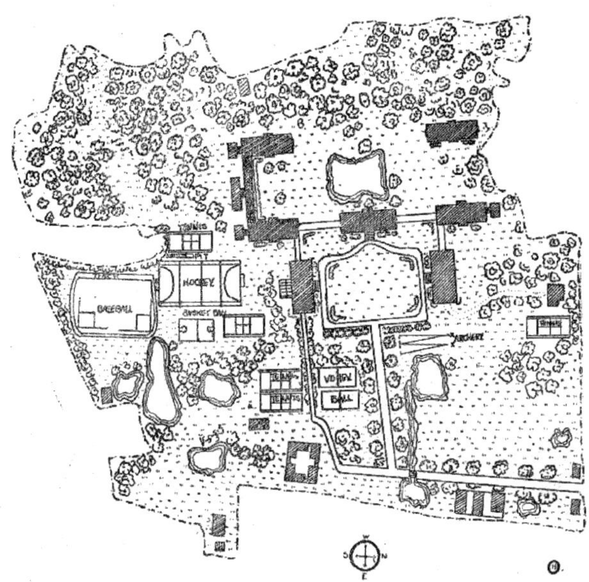

图 3-11　1932 年金女大陶谷校园手绘图②

① 图片来源:http://divdl.library.yale.edu/ydlchina/viewdetail.aspx? id=1020。

② 图片来源:耶鲁大学神学院图书馆数字档案 RG011-129-2645 第 38 页。

关于金女大过渡图书馆的运行状态，我国著名图书馆学家沈祖荣先生于1933年在《中华图书馆协会会报》第9卷第2期上发表的“中国图书馆及图书馆教育调查报告”中曾有如下记载：

> 金陵女子大学图书馆此时尚设在一不甚合用之大楼内，其一部分即作为课室之用。该馆采用开架制（如图3-12、图3-13、图3-14），管理因之颇感困难。又为鼓励寒素学生工读起见，图书馆有学生助手若干人。于是图书馆主任，事先须计划支配伊等之工作，事后须校核伊等已经完成及因赶上课未及完成之工作，破费心力与耐性。今日各学校图书馆每感到学生助手之工作效率不大，而其结果难求整齐，殊不经济。又彼等以事不关己，责任心薄弱者，亦每每有之。致图书馆员常须代彼等之错讹处受过，故不主张用学生助手。金陵女子大学图书馆新馆舍竣工，迁入新馆之后，彼方所感之困难，当能减少若干云。①

图3-12　位于文学楼内的过渡图书馆阅览室（拍摄于1932年）②

① 沈祖荣.沈祖荣文集[M].武汉：武汉大学出版社，2013：234.

② 图片来源：http://divdl.library.yale.edu/ydlchina/viewdetail.aspx? id=1753。

图 3-13　过渡图书馆内实行全开架阅览服务模式(拍摄于 1932—1933 年间)①

图 3-14　过渡图书馆阅览室内学习景象(拍摄于 1932 年)②

这段记载虽然是阐述图书馆使用勤工生助手的利弊,但以金女大图书馆为例,恰好再现了金女大过渡图书馆时期实行全开架借阅服务和大

① 图片来源:http://divdl.library.yale.edu/ydlchina/viewdetail.aspx? id=1760。

② 图片来源:http://divdl.library.yale.edu/ydlchina/viewdetail.aspx? id=1047。

量使用勤工生辅助馆务工作的状况，反映了当时金女大图书馆主任管理工作的艰难程度。

1923 年 6 月至 1934 年 4 月，11 年过渡图书馆时期，先后有 Anna R. Clark 小姐[1923—1925]、L. H. Caldwell 夫人[1925—1926]、余舜芝小姐[1926—1929]、张肖松博士[1929—1930，1935—1936]、马爱丽小姐[1930—1931]、贾溥萌夫人[1930—1932]、钱存训先生[1930—1932]、朱家治先生[1931—1932]、沙鸥小姐[1931—1933]、吴光清先生[1932—1935]、吴元清小姐[1933—1940]等 11 位人士管理图书馆和从事图书馆学课程的教学工作，他们中大多数刚刚从学校毕业或即将毕业，他们富有朝气、充满着活力，金女大图书馆成为他们锻炼成长、施展抱负的好地方。后来，他们中有的成为心理学家，有的成为图书馆学家。金女大图书馆虽然只是他们人生旅途中的一个短暂停留之地，但这段实践经历与管理磨炼，使他们受益匪浅，终生难忘。他们通过努力与辛劳为金女大图书馆的建设发展贡献了自己的一分力量。

二　Miss Anna R. Clark [1923—1925]

ANNA REBECCA CLARK

Milligan

Age. 25. Mathematics. Phi Beta Kappa. Indiana Club. Arbutus Staff. Secretary Euclidian Circle. Woman's Council '14-'15. Women's League Board '13-'14. Secretary Senior Class.

In quietness and confidence shall be your strength.

图 3－15　1915 年 Anna R. Clark 小姐印第安纳大学毕业照①

① 图片来源：https://www. myheritage. cn/research/collection-90100/compilation-of-published-sources? itemId＝7490210&action＝showRecord＃fullscreen。

Anna R. Clark(Anna Rebecca Clark,1889—1974),女,1889 年出生于美国印第安纳州帕特南县拉塞尔维尔(Russellville,Putnam County,Indiana)。1915 年毕业于印第安纳大学数学专业,获文学学士学位。她的毕业寄语是"安静和自信将成为你的力量"(In quietness and confidence shall be your strength)。在校期间,她是"美国大学优等生协会"(Phi Beta Kappa Society)印第安纳大学俱乐部成员,并承担了学校妇女会和高年级秘书工作。1910 至 1917 年间,她曾在家乡印第安纳州的几所中小学当过教师。1918—1920 年,她在印第安纳大学基督教女青年会工作。1920 年受聘为美国浸信会传教士来到中国,在杭州浸信会工作。1923 年,她接受教会委派来到南京,应聘工作于金女大,在担任图书馆主任的同时兼职数学教学工作,直至 1925 年回国。她于 1927 年获得密西根大学文学硕士学位,同年与 Adelaide Gundlach 一起在肯塔基州伯里亚学院(Berea College)担任助理注册主管[①]。1928 年后,她一直在密歇根州底特律的库勒高中(Cooley High School)教授数学[②],后曾移居肯塔基州的萨默塞特市(Somerset,Kentacky)[③]。1974 年去世,享年 85 岁。

1923 年秋季学期开学时,金女大图书馆开始在陶谷新校园的文学楼内过渡。学校顾问委员会极力推荐的曾于 1922—1923 学年担任过图书馆主任,既具有图书馆学专业教育背景又有图书馆工作经验的 Marion J. Ewing 小姐,满一年服务期回国后没有再次回到金女大图书馆工作,而在 1923—1924 学年金女大教职员名录中,图书馆职位出现的是 Anna R. Clark 小姐(见图 3-16)。在 1924—1925 学年学校教职员名录中,Anna R. Clark 小姐的职位是数学教员和图书馆主任(见图 3-17)。

① 见《金陵女子大学校刊》1927 年 12 月第 9 期第 70 页。

② 见《密西根大学校友录》第 44 卷,第 303 页。

③ 见耶鲁大学神学院图书馆数字档案 RG011-131-2679 第 341 页。

— 18 —

FACULTY OF GINLING COLLEGE 1923-1924

Mrs. Lawrence Thurston	...	President and Treasurer
Minnie Vautrin	... ...	Dean
Alice L. Butler	... ...	Psychology
Flora M. Carncross...	...	English
†Emily I. Case	... ...	Physical Director
Ruth M. Chester	... ...	Chemistry
Anna R. Clark	... ...	Library
‡Ellen P. Cook	... ...	Chemistry

Anna R: Clark 图书馆

图 3 - 16　1923—1924 学年金女大教职员名录中的图书馆人员信息①

— 19 —

GINLING COLLEGE

Faculty and Assistants 1924-25

Administrative Officers

*Mrs. Lawrence Thurston..		President
Minnie Vautrin ..	..	Dean
Alice Butler ..	..	Acting Treasurer and Business Manager
Louise Steel-Brooke	..	College Physician
Ellen Shippen ..	..	Secretary
Mary Thayer ..	..	Faculty Hostess
Mrs. S. F. Tsen ..	..	Director of Student Residences
Wang Shao-djan ..	..	Chinese Secretary

Faculty of the College

Ethel Black ..	..	Education and Psychology
Flora M. Carncross	..	English
Emily I. Case ..	..	Physical Director
†Mrs. Robert C. Chapin	..	English
*Ruth M. Chester ..	..	Chemistry
Anna R. Clark ..	..	Mathematics and Librarian
Djang Dzi-tsi ..	..	Chinese

Anna R. Clark
数学教员，图书馆主任

图 3 - 17　1924—1925 学年金女大教职员名录中 Anna R.Clark 的任职信息②

① 图片来源：耶鲁大学神学院图书馆数字档案 RG011-126-2612 第 12 页。

② 图片来源：耶鲁大学神学院图书馆数字档案 RG011-126-2612 第 24 页。

Anna R. Clark 小姐是金女大图书馆第一位具有理科专业背景的图书馆主任,而在其之前的三任图书馆主任均是文科专业背景。

翻阅金女大档案发现,在 Anna R. Clark 小姐之前曾有三位教员从事过数学教学工作。第一位是 1915—1918 年教授化学和数学的 Lee Ma-li;第二位是 1917—1920 年教授数学的 Wu Gia-gao;第三位是 1920—1925 年教授物理和数学的 Helen Y. McCoy[①]。金女大筹建时,校务管理委员会曾于 1914 年 11 月 16 日至 17 日召开的会议上做出过决定,教员配备需与对学生要求的学科学分(中文 8 分,英文 8 分,数学 2.5 分,科学 2 分,历史 2 分,宗教 2.5 分)比重相匹配[②]。1915 年秋季招生办学后,学校课程设置中有数学课程修学的明确要求,然而在 1915 年之后学校每年的经费预算与支出项目中,教学人员薪酬和系科支出中均未见有与数学相关的记载。直到 1924 年 7 月 1 日的财政报告中,才在教学人员薪酬中首次列出"物理与数学教员"(Physics and Mathematics)支出细目。同时在 1924 年制定的 1925—1926 学年学校经费预算方案中,教学人员薪酬和系科支出项目中均将数学细目单独列出[③](见表 3-1)。也就是说从 Anna R. Clark 小姐担任图书馆主任兼职数学教员的 1924—1925 学年开始,学校年度教职员列表、年度财政报告和学年经费预算方案中,均列有与数学相关的信息。同时,也是这一年度开始,图书馆主任薪酬也开始被列入学校年度教职员薪酬列表中。

---

① 见耶鲁大学神学院图书馆数字档案 RG011-134-2705 第 26—27 页。

② 见耶鲁大学神学院图书馆数字档案 RG011-126-2611 第 10 页。

③ 见耶鲁大学神学院图书馆数字档案 RG011-126-2611 第 1—95 页、RG011-126-2612 第 1—23 页。

表 3－1　1917—1925 年金女大报告中呈现的系科预算/支出细目情况

学年	系科预算细目	系科支出细目
1917—1918	生物科学(Biological Sciences)、物理科学(Physic Sciences),中文、图书馆	生物、化学(Chemistry)、中文、音乐、体育运动(Athletics)、图书馆
1918—1919	生物科学、物理科学、中文、音乐、体育运动、图书馆	生物、化学、中文、音乐、体育运动、图书馆
1919—1920	生物科学、物理科学、中文、音乐、体育运动、图书馆	生物科学、物理科学、中文、音乐、体育运动、图书馆、讲座(Lectures)
1920—1921	生物科学、物理科学、中文、音乐、体育训练(Physical Training)、图书馆	生物科学、物理科学、中文、音乐、体育、图书馆、讲座
1921—1922	生物科学、物理科学、中文、音乐、体育运动、图书馆、讲座	生物科学、物理科学、中文、音乐、体育运动、图书馆、讲座
1922—1923	生物科学、物理科学、中文、音乐、体育系、图书馆、讲座	生物、物理科学、中文、音乐、体育、图书馆、讲座
1923—1924	生物、化学、中文、教育、英文、体育、音乐、物理、图书馆、讲座	生物、化学与物理、中文、音乐、体育教育、图书馆、实习学校(Practice School) 注:职员薪酬中首次列出“物理与数学教员”(Physics and Mathematics)
1924—1925	生物、美术、化学、中文、教育、英文、卫生与体育、音乐、讲座、物理、社会科学、图书馆、实习学校	生物、化学、物理、中文、图书馆、音乐、体育教育、实习学校 注:职员薪酬中列出“数学教员与图书馆主任”(Mathematics and Librarian)
1925—1926	生物、美术与其他讲座、化学、中文、实习学校、音乐、社会学、宗教、心理学、数学(Mathematics)、历史、物理、教育、图书馆	生物、化学、中文、教育与心理学、英文、历史、图书馆、数学、音乐、物理、体育教育、宗教、社会科学

1924 年秋季学期,Anna R. Clark 小姐接替休假的物理和数学教员 Helen Y. McCoy 小姐,在管理图书馆事务的同时兼职承担数学课程的

教学任务。1925 年春季学期结束后，Anna R. Clark 小姐返回美国，接替她担任图书馆主任职务的是 L. H. Caldwell 夫人，接替她承担数学教学工作的是 T. Y. Hwang[①]。

Miss Anna R. Clark
Hotel Eddystone
110 Sproat Street
Detroit Michigan
Name (maiden or married) by which you were known at Ginling Anna Rebecca Clark
1923-1925 at Ginling. Work: Librarian (acting) - Mathematics

B.A. or B.S. Year 1915 School Indiana University
M.A. or M.S. Year 1927 School University of Michigan
Ph.D. Year ____ School ____
Other degrees ____ Year ____ School ____
____ Year ____ School ____

Date of Marriage ____ Husband's name ____

Work and Travel (other than at Ginling)

Year(s) 1908-1910 Position Teacher in Rural Schools
Place Greene Tp. Parke Co Indiana
Year(s) 1910-1912 Position Graded School Teacher - 6 & 7th grades
Place Waveland, Indiana
Year(s) 1915-1917 Position Teacher of mathematics in H. S.
Place Bedford, Indiana
Year(s) 1918-1920 Position Young Women's Christian Ass'n Sec'y
Place Indiana University, Bloomington Ind.
Year(s) 1928-1940 Position Teacher of Math in Cooley High School
Place Detroit, Michigan

You can get in touch with the following people at the addresses indicated:

BERGER, Mrs. R. R.
GAILEY, Miss Helen
LAUCKS, Miss Blanche
MA, Mme. Yu-guiun
RUEFF, Frau Gese
VAIL, Miss
ZIMMERMAN, Frau

Signed: Anna R. Clark
December 1940

图 3－18　1940 年 Anna R.Clark 手写的个人简历[②]

耶鲁大学神学院图书馆编号为 RG011-133-2685 的数字档案中，有

① 见耶鲁大学神学院图书馆数字档案 RG011-126-2612 第 53 页。

② 图片来源：耶鲁大学神学院图书馆数字档案 RG011-133-2685 第 13 页。

一份 1940 年由 Anna R. Clark 小姐本人填写的个人简历(见图 3－18),上面清晰地记载着她于 1923—1925 年承担金女大图书馆代理主任职责的同时,还从事数学教学工作。1940 年填写这份金女大教职员信息表时,她正在美国密歇根州底特律市的库勒高中(Cooley High School)担任数学教员。

根据 1922 年 12 月和 1924 年冬季美国浸信会中国东部事务两份季度公报中的信息,Anna R. Clark 小姐早在 1920 年就已受聘为美国浸信会传教士来到了中国杭州,并在那里从事了 3 年教会工作(见图 3－19)。

Roster of Missionaries

传教士名册

Huchow:			
Mary I. Jones,	1907	1921	榮美理
A. I. Nasmith	1911	1920	聶士麥
Mrs. A. I. Nasmith	1911	1920	
E. H. Clayton	1912	1917	
Mrs. E. H. Clayton	1912	1917	
C. D. Leach, M. D.	1913	1921	勵濟世
Mrs. C. D. Leach	1913	1921	
Edna Shoemaker	1915	1922	沙美楷
Ruth Mather	1920		梅素德
Evelyn Speiden	1920		施慕貞
Hangchow:			
Mrs. W'S. Sweet	1893	1918	甘師母
James V. Latimer	1904	1920	賴德懋
Mrs. J. V Latimer	1904	1920	
E. H. Cressy	1910	1918	葛德基
Mrs. E. H. Cressy	1910	1918	
Helen M. Rawlings	1906	1922	盧爱玲
Ellen J. Peterson	1910	1920	裴德生
Gertrude McCulloch	1919		
Anna R. Clark	1920		
Anne Ruth Harris	1921		
Florence Webster	1922		

Anna R. Clark
1920年工作于杭州

图 3－19　1922 年美国浸信会中国东部事务季度公报中 Anna R. Clark 的受聘信息①

① 图片来源:http://images.library.yale.edu/divinitycontent/dayrep/American%20Baptist%20Foreign%20Mission%20Society.%20East%20China%20Mission%201921—1922.pdf 第 41 页。

在印第安纳大学1915年年鉴(Arbutus, Indiana University Yearbook,1915)中记载着当年的毕业生个人信息,Anna R. Clark小姐所学专业为数学,毕业时25岁,根据这个信息推测,她出生于1890年左右。在密西根大学图书馆收藏的1937年出版的《密西根大学校友录》第44卷上,有1927年获得文学硕士学位的毕业生Anna Rebecca Clark的信息,里面提及她的家乡是印第安纳州的拉塞尔维尔①。耶鲁大学神学院图书馆数字档案RG011-131-2679卷宗收藏的是1953—1963年金女大海外校友及教职员通讯录,其中的1963年居住于北美地区的师生通讯录中,Anna R. Clark通讯地址为"Somerset, Kentucky"②,说明她当时居住在肯塔基州的萨默塞特市。肯塔基州与她的家乡印第安纳州相邻,但遗憾的是,没有找到她之后的相关信息,只在findagrave.com上获得她于1974年去世并葬于家乡的信息,且知其出生于1889年③。从其墓葬信息可知,她终身未嫁,将自己的毕生精力献给了宗教和数学教育事业。

三　Mrs. L. H. Caldwell [1925—1926]

Mrs. L. H. Caldwell(1895—1990),女,原名Marjorie Russell Rockwood,1895年6月29日出生于美国马萨诸塞州霍普代尔镇(Hopedale, Massachusetts)。1918年获得西蒙学院图书馆学专业学士学位。1921年9月5日与Leonard Hathaway Caldwell先生结婚后来到中国。Caldwell夫妇刚到南京时住在布克先生(Buck)家里④。初期,作为传教士的妻子,L. H. Caldwell夫人把主要精力放在养育三个儿子上,

---

① 见《密西根大学校友录》第44卷第303页。

② 见耶鲁大学神学院图书馆数字档案RG011-131-2679第212页。

③ 资料来源:https://new.findagrave.com/memorial/46429644/anna-r.-clark。

④ 布克先生家,即今南京大学北园赛珍珠故居。

图 3-20　1918 年 Marjorie Russell Rockwood 西蒙斯学院毕业照①

并在基督教青年会教授英语会话课程。后来，她与布克夫人赛珍珠女士及其他在南京的外国妇女共同建立了一个读书会，同时在金陵大学和金女大图书馆兼职工作。1925—1926 学年，L. H. Caldwell 夫人担任金女大图书馆主任。回到美国后，L. H. Caldwell 夫人于 20 世纪 40 年代至 70 年代一直在阿肯色州小石城做图书馆馆员。1990 年 7 月 20 日，她在美国华盛顿州西雅图市去世，享年 95 岁。

1925—1926 学年金女大图书馆馆员的职位被列在"Lecturers and Assistants"（讲师和助教）栏目下，L. H. Caldwell 夫人承担此职（见图 3-21）。L. H. Caldwell 夫人具有图书馆学专业教育背景，是金女大管理层理想的图书馆主任人选。自 1925 年秋季学期开始，L. H. Caldwell 夫人

① 图片来源：https://www.myheritage.cn/research/collection-90100/compilation-of-published-sources? itemId=80047179&action=showRecord#fullscreen。

负责金女大过渡图书馆的运作管理,在一个混合使用的教学楼内管理全开架服务的图书馆不是件容易事。

GINLING COLLEGE

Faculty 1925-1926

Administration.

Name	Position
Mrs. Lawrence Thurston	President.
Minnie Vautrin	Dean.
George W. Loos, Jr.	Treasurer and Business Manager.
Martha N. Hackett, M.D.	College Physician.
Mrs. S. F. Tsen	Director of Student Residences.
Wang Shao-djang	Chinese Secretary.
Tsü Kwoh-chi	Recorder.

Instruction.

A. Beatrice Buse	English.
Emily I. Case	Physical Director.
Mary M. Cook	English.
Djang Chien Chin	Chinese.
Alice C. Darrow	Psychology.
Ada A. Grabill	Music.
Rebecca W. Griest	History.
Martha Hackett, M.D.	Physical Education.
Ella M. Hanawalt	Education.
Hoh Ying-ching	Chinese.
T. Y. Hwang	Mathematics.
Liu En-lan	Practice School.
Z. N. Loh	Physics.
Mrs. G. W. Loos, Jr.	Practice School.
Cora D. Reeves	Biology.
Florence Sprague	History.
Eva Dykes Spicer	Religion.
Mary B. Treudley	Sociology.
Wang Beh-han	Chinese.
Harriet Whitmer	Biology.
Edna F. Wood	English.
Grace Zia	Physical Education.

Lecturers and Assistants.

Mrs. L. H. Caldwell	Librarian.
Ernest V. Jones	Chemistry.
W. F. Hummel	Religious Education.
Z. H. Pan	Chemistry.
J. Claude Thomson	Chemistry.
Ruth Parker	Religious Education.
Yang Jui-tien	Physics.

L. H. Caldwell女士
图书馆主任

图 3-21　1925—1926 年金女大教职员名录中 L. H. Caldwell 女士的任职信息①

关于 L. H. Caldwell 夫人的更多信息,在耶鲁大学神学院图书馆的馆藏资料中,有一份 2009 年 Martha Lund Smalley 编写的“Leonard and Marjorie Caldwell Papers”,其中有 Leonard and Marjorie Caldwell 夫妇

① 图片来源:耶鲁大学神学院图书馆数字档案 RG011-126-2612。

的年表(如图 3－22)和有关收藏的他们的档案史料的描述信息。由此可知,Caldwell 夫妇在中国从事教会工作有五年时间。从 1922 年开始,夫妇俩每天共同写日记,详细记载他们在南京的活动,包括 Caldwell 先生在金陵大学的教学情况、Caldwell 夫人的日常活动及夫妇俩共同学习中文的过程。资料中还包括有清晰的标引信息的老照片、中国传教士小手册和金陵大学的信息。还有一篇 1983 年对 Caldwell 夫人进行口述采访的文字记录稿,记录了她在中国生活期间的详细信息。回国后的 Caldwell 夫妇与南京的教会同事还长期保持着联系①。未来如有人想要研究 Caldwell 夫妇在南京的情况,可以向耶鲁大学神学院图书馆申请开放这些资料。

Chronology **Leonard and Marjorie Caldwell**夫妇年表

1894 Jan 29	Leonard Hathaway Caldwell born in Jacksonville, FL.	
1895 Jun 29	Marjorie Russell Rockwood born in Franklin, MA.	
1915	LHC graduated from Yale University, Sheffield Scientific School, PhB in Civil Engineering with honors.	
1915-1916	LHC did one year of postgraduate work in Sanitary Engineering at Yale.	
1917 Dec-1919 Jul	LHC served in the U.S. Army, Co. K., 23rd Corps of Engineers, A.E.F. in France.	
1918	MRR graduated from Simmons College, BS in Library Science.	获西蒙斯学院图书馆学学士学位
1918-1921	MRR worked as a library first in Williamstown, MA and from 1919 to 1921 Jul 31 in New Haven, CT.	
1920 Fall	LHC entered Yale School of Religion.	
1921 Sep 5	LHC and MRR were married and departed immediately for China.	结婚后即来到中国
1921 Oct - 1926 Jun	LHC taught at the University of Nanking, initially as head of the Physics department. He also taught math, geology, engineering/surveying.	
1921-1926	While in Nanking, MRRC served primarily as a missionary wife, and gave birth to three sons. She also taught a YMCA English conversation course, started a book-reading circle with Pearl Buck and other women in Nanking, and served the libraries of the University of Nanking and Ginling College. The Caldwells lived with the Bucks when they first arrived in Nanking. 住在布克家(赛珍珠家)	在金陵大学和金女大图书馆工作
1927-1929	LHC worked for Atlanta, GA Contruction Department.	
1929-1931	LHC worked for Aerotopograph Corporation of America, Washington, DC.	
1932-1938	LHC worked for U.S. Corps of Engineers research unit in Dayton, OH.	
1938-1947	LHC worked for Multi-plex Mapping Section of United States Engineers District Office in Little Rock, AR.	
1947-1951	LHC was in private practice.	
1940s-1977	MRRC returned to work as a librarian in Little Rock, AR.	返回美国后,在阿肯色州小石城做图书馆员
1957 Jul 13	LHC died in Little Rock, AR.	
1990 Jul 20	MRRC died in Seattle, WA.	在美国华盛顿西雅图去世

图 3－22　L. H. Caldwell 夫妇年表②

① Martha Lund Smalley. Leonard and Marjorie Caldwell Papers[OL]. http://drs.library.yale.edu/fedora/get/divinity:217/PDF.

② 图片来源:http://drs.library.yale.edu/HLTransformer/HLTransServlet? stylename=yul.ead2002.xhtml.xsl&pid=divinity:217&clear-stylesheet-cache=yes。

根据年表中的信息可知,L. H. Caldwell 夫人原名 Marjorie Russell Rockwood,1918 年毕业于西蒙斯学院图书馆学专业。检索西蒙斯学院年鉴(Yearbooks, http://www2. simmons. edu/library/archives/collections/yearbooks/),在"1918 Microcosm"中有一张 Marjorie Russell Rockwood 的毕业照,照片旁标注她来自于马萨诸塞州霍普代尔镇(见图 3-20)。

L. H. Caldwell 先生(Leonard Hathaway Caldwell, 1894—1957),1894 年 1 月 29 日出生于美国佛罗里达州杰克逊维尔,1915 年获得耶鲁大学土木工程博士学位。1915—1916 年在耶鲁大学从事公共卫生工程博士后研究工作,1917—1919 年曾在美国军队驻法国服役,1920 年秋季学期进入耶鲁大学神学院工作,1921—1926 年应聘工作于金陵大学,担任物理系主任,同时教授数学、地质学和工程测量。初到南京时,Caldwell 夫妇曾借住在金陵大学布克教授家,即今天南京平仓巷 5 号的赛珍珠故居(见图 3-23)。

图 3-23　南京平仓巷 5 号南京大学北园赛珍珠故居①

① 图片来源于:https://bkzs.nju.edu.cn/70/21/c4540a94241/page.htm。

自1922—1923学年第一位拥有著名高等学府美国西蒙斯学院图书馆学专业背景的Marion J. Ewing小姐在金女大图书馆工作以后，相隔两年，1925—1926学年金女大图书馆迎来了第二位拥有同样学历背景的专业人士L. H. Caldwell夫人。然而遗憾的是，她也只在金女大图书馆工作了一年。也许是外籍教职员的频繁变动给发展壮大中的金女大带来了不稳定的因素，在1926年秋季学期学校教职员需求计划中，学校对图书馆馆员/主任的配备首次提出了要求，希望这位馆员/主任是一位训练有素的、能够掌控和发展学校图书馆的专业馆员（Librarian，A trained librarian is needed to take charge of and develop the college library）[①]。此时，因为之前的图书馆主任大多是由教学人员兼职担任的，所以金女大将图书馆主任职位列在教学人员行列中。学校管理层迫切需要一名受过图书馆学专业培训的人员来管理和发展图书馆，同时又希望这位人员能相对较长时间稳定地工作于图书馆。1926年秋季学期开学时，金女大图书馆迎来了首位全职的中方管理者。

四　余舜芝（Yu Shwen-Dji，Mrs.Franklin Ho）［1926—1929］

余舜芝（Yu Shwen-Dji，Mrs.Franklin Ho，1902—1995），女，1902年2月22日出生于湖南长沙。1925年毕业于美国加州波莫纳学院[②]。1926年至1929年任职于金女大，在担任图书馆主任的同时兼职心理学教学工作。1926年夏季，刚刚入职的余舜芝小姐当选为南京图书馆协会干事。1929年8月，余舜芝小姐结束金女大的工作，北上天津与同在波莫纳学院留学的著名经济学家何廉先生结婚。1936年何廉先生从南

① 见耶鲁大学神学院图书馆数字档案RG011-134-2705第4页。

② 波莫纳学院（Pomona College），创建于1887年，位于美国加利福尼亚州克莱蒙特市，是一所著名的男女合校的文理学院。

开大学调任民国政府行政院时，余舜芝女士曾携子女回到南京。抗日战争期间全家西迁重庆，1948年后移居美国。1995年3月3日，余舜芝女士在纽约逝世，享年93岁。

图3-24　何廉、余舜芝夫妇[①]

1926年1月16日金女大校董事会纪要中记载，学校委员会决定聘任一位图书馆主任[②]。而早在1925年6月4日，金女大顾问委员会曾经提交给学校管理委员会一份新教职员物色建议报告，其中提及图书馆主任人选信息。学校顾问委员会建议校管理委员会接受Thomas小姐和Ewing小姐[③]有关培养和支持余舜芝小姐作为图书馆主任的提议(That we desire to accept Miss Thomas' and Miss Ewing's offer of training and support for Miss YÜ as librarian)[④]。1926年春季，学校管理层接受了这个提议，从此一改以往由西方教职员管理图书馆的格局。在1926—1927学年的学校教学人员名录中，一位中方人员名字第一次出现在图书馆职位上。余舜芝小姐在担任图书馆主任的同时，兼职教授心理学(如图3-25)。

1926年夏季，1924年成立的南京图书馆协会进行改选，初入职于金女大图书馆的余舜芝小姐与东南大学洪有丰先生、金陵大学刘国钧先生

① 何廉.何廉回忆录[M].北京：中国文史出版社，2012.

② 见耶鲁大学神学院图书馆数字档案RG011-124-2592第31页。

③ Marion J. Ewing小姐，1922—1923学年任金女大图书馆主任。此时，她已返回美国，继续工作于她来中国之前曾任职的波莫纳学院图书馆。

④ 见耶鲁大学神学院图书馆数字档案RG011-126-2614第5页。

和李小缘先生、江苏省教育厅江恒源先生等当选协会干事[①],洪有丰先生等8人组成图书选购委员会,刘国钧先生等3人组成设备委员会,金陵大学陈长伟先生等3人组成管理法委员会[②]。1926年10月24日,南京图书馆协会选购委员会在位于门帘桥(今南京太平巷至马府街一带)的江苏省第四师范学校[③]召开会议,会议决定由委员会成员联合编写农村图书馆及中小学图书馆书目,余舜芝小姐承担了文学类书目的选编任务[④]。

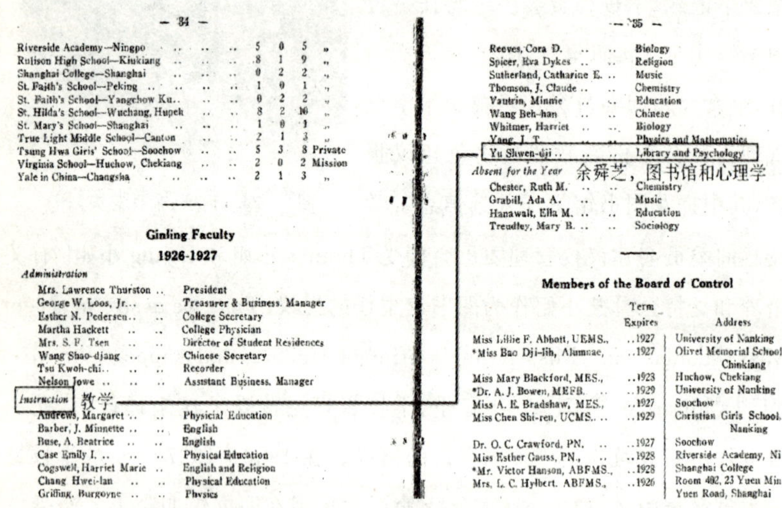

— 34 —

Riverside Academy—Ningpo	5	0	5	,,
Rulison High School—Kiukiang	8	1	9	,,
Shanghai College—Shanghai	0	2	2	,,
St. Faith's School—Peking	1	0	1	,,
St. Faith's School—Yangchow Ku..	0	2	2	,,
St. Hilda's School—Wuchang, Hupeh	8	2	10	,,
St. Mary's School—Shanghai	1	0	1	,,
True Light Middle School—Canton	2	1	3	,,
Tsung Hwa Girls' School—Soochow	5	3	8	Private
Virginia School—Huchow, Chekiang	2	0	2	Mission
Yale in China—Changsha	2	1	3	,,

Ginling Faculty

1926-1927

Administration

Mrs. Lawrence Thurston .. President
George W. Loos, Jr... .. Treasurer & Business. Manager
Esther N. Pedersen.. .. College Secretary
Martha Hackett .. .. College Physician
Mrs. S. F. Tsen .. .. Director of Student Residences
Wang Shao-djang .. .. Chinese Secretary
Tsu Kwoh-chi.. .. .. Recorder
Nelson Jowe .. .. .. Assistant Business. Manager

Instruction

Andrews, Margaret .. .. Physicial Education
Barber, J. Minnette .. .. English
Buse, A. Beatrice .. .. English
Case Emily I. .. .. .. Physical Education
Cogswell, Harriet Marie .. English and Religion
Chang Hwei-lan .. .. Physical Education
Griffing, Burgoyne .. .. Physics

— 35 —

Reeves, Cora D. .. .. Biology
Spicer, Eva Dykes .. .. Religion
Sutherland, Catharine E. .. Music
Thomson, J. Claude .. .. Chemistry
Vautrin, Minnie .. .. Education
Wang Beh-han .. .. Chinese
Whitmer, Harriet .. .. Biology
Yang, J. T. .. .. .. Physics and Mathematics
Yu Shwen-dji .. .. .. Library and Psychology

Absent for the Year

Chester, Ruth M. .. .. Chemistry
Grabill, Ada A. .. .. Music
Hanawalt, Ella M. .. .. Education
Treudley, Mary B. .. .. Sociology

Members of the Board of Control

	Term Expires	Address
Miss Lillie F. Abbott, UEMS.,	..1927	University of Nanking
*Miss Bao Dji-lih, Alumnae,	..1927	Olivet Memorial School Chinkiang
Miss Mary Blackford, MES.,	..1923	Huchow, Chekiang
*Dr. A. J. Bowen, MEFB. ..	..1929	University of Nanking
Miss A. E. Bradshaw, MES.,	..1927	Soochow
Miss Chen Shi-ren, UCMS.. ..	..1929	Christian Girls School, Nanking
Dr. O. C. Crawford, PN. ..	..1927	Soochow
Miss Esther Gauss, PN., ..	..1928	Riverside Academy, Ni
*Mr. Victor Hanson, ABFMS.,	..1928	Shanghai College
Mrs. L. C. Hylbert. ABFMS.,	..1926	Room 402, 23 Yuen Min Yuen Road, Shanghai

图3-25 1926—1927学年金女大教职员名录中余舜芝小姐的任职信息[⑤]

① 各地图书馆协会消息:南京图书馆协会[J].图书馆学季刊,1926,1(4):163—164.

② 陈乃林主编.江苏高等学校图书馆年鉴[M].南京:南京大学出版社,1990:284.

③ 江苏省第四师范学校,创建于1912年,位于南京门帘桥(太平巷至马府街)。前身为1890年(光绪十六年)的文正书院。1927年,学校定名为江苏省立南京中学。1935年改名镇江中学,迁往镇江。1937年镇江校址毁于日军轰炸。南京中学的师范科后续为南京市立师范学校。1962年,学校改名宁海中学,位于南京市鼓楼区宁海路,即今南京市宁海中学。

④ 南京图书馆协会选购委员开会纪要.新闻报,1926年10月25日(0012版)。

⑤ 图片来源:耶鲁大学神学院图书馆数字档案 RG011-126-2612 第73页。

翻阅1925年4月成立的中华图书馆协会出版的两种刊物《图书馆学季刊》(1926—1937)和《中华图书馆协会会报》(1925—1948),在1925年10月12日出版的《中华图书馆协会会报》第1卷第3期上有一份当时的“全国图书馆调查表”,南京市有东南大学图书馆、金陵大学图书馆等20家图书馆在列,未见有金女大图书馆。1926年年初,中华图书馆协会公布会员名录,在个人会员和机关会员中也未见有金女大图书馆。最早刊载与金女大图书馆相关信息的是1926年12月出版的《图书馆学季刊》第1卷第4期,在其第163—164页《各地图书馆协会消息:南京图书馆协会》中记载了余舜芝女士为协会五干事之一的信息。

1929年1月28日—2月1日,中华图书馆协会第一次年会在南京召开,参会女代表住宿于金女大。余舜芝小姐以金女大图书馆代表的身份参会,并作为会议招待组成员接待来自全国各地的图书馆届同行①。1929年2月1日下午,全体参会代表参观金女大,有记载如下:

> 午后一时许,出发游览。首至金陵女子大学,年会女会员即假寓是间。该校校舍,凡巨楼三,外观为宫殿式,内部设备亦绝华美;四周田园,景致优丽;盖言都中建筑,此可首屈一指者也。②

这次会议的参访安排,使金女大图书馆开始走出“深闺”,渐入社会视角。金女大图书馆开始加入了中华图书馆协会,成为成员馆,参与协会活动。后续入职金女大图书馆的不少馆员也是协会的注册会员。有关金女大图书馆的建设与发展状态,也开始见于协会的出版物中。在1929年12月第三次修订的中华图书馆协会“全国图书馆调查表”中,金

① 中华图书馆协会执行委员会编.中华图书馆协会第一次年会报告[M].中华图书馆协会事务所,1929:251.

② 见《中华图书馆协会会报》1929年第4卷第4期13页。

陵女子大学图书馆已名列其中[①]。

在1927—1928学年和1928—1929学年的金女大教职员名录中,图书馆主任余舜芝小姐的名字开始出现在管理(Administration)人员行列中(见图3-26、图3-27)。从1927年秋季学期开始,金女大将原本一直与教学岗位捆绑的图书馆职位调整到学校管理岗下,并设立图书馆主任专职职位。为什么会有这样的一个转变呢?

— 32 —

GINLING COLLEGE FACULTY

1927—1928

Administration: 管理

Mrs. Lawrence Thurston	President and Treasurer.
Wu I-fang	President Elect.
Mrs. R. R. Berger	Secretary.
Ellen Y. T. Koo	Chairman of Administrative Committee.
	Business Manager.
Wang Shao-djan	Chinese Secretary.
Tsu Kwoh-chi	Recorder.
Yu Shwen-dji	Librarian. 余舜芝,图书馆主任
Dr. Martha Hackett	College Physician.
Wu Meh-hsiang	Nurse.

Instruction: 教学

Margaret Andrews	Physical Education.
A. Beatrice Buse	English.
Chang Hwei-lan	Physical Education.

图3-26 1927—1928学年金女大教职员名录中余舜芝小姐的任职信息[②]

1926年金女大教学委员会一份会议纪要中有一则关于图书馆主任配备的会议记录。会上,学校教学委员会的委员们深感,要保持学校的大学学术水准,学校图书馆必须配备一名全职的且受过专业训练的图书馆主任(Librarian—The committee feels deeply the need for a full time

① 见《中华图书馆协会会报》1930年第5卷第4期19页。

② 图片来源:耶鲁大学神学院图书馆数字档案RG011-126-2613第13页。

GINLING COLLEGE FACULTY

1928-1929

Administration

WU YI-FANG — *President of the College*
Ginling College, A.B., 1919. University of Michigan, 1922-1928. A.M., 1924. Ph.D., 1928.

Mrs. LAWRENCE THURSTON — *Adviser*
Mt. Holyoke College, B.S., 1896; Litt. D., 1925; arrived in China, 1902.

ELSIE M. PRIEST — *Treasurer*

MARTHA S. PHELPS — *Secretary*
Smith College, A.B., 1918.

CHEN ER-CHANG — *Assistant Treasurer*
University of Nanking, A.B., 1927.

TSÜ KWOH-CHI — *Registrar*
University of Nanking, A.B., 1928.

Mrs. TSEN SHUI-FANG — *Dormitory Director*
Graduate Nurse, Wesleyan Mission Woman's Hospital, 1905.

YÜ SHWEN-DJI — *Librarian*
Pomona College, A.B., 1925.

余舜芝,图书馆主任
1925年毕业于波莫纳学院,文学学士

MARGARET G. SMYTHE, M.D. — *College Physician*
University of Chicago, B.S., 1922; Rush Medical College M.D., 1926.

图 3－27 1928—1929 学年金女大教职员名录中余舜芝小姐的任职信息①

trained librarian in order to maintain the academic standard of the college)②。金女大管理层也开始意识到配备专职的专业图书馆主任的重要性。而之前,负责管理图书馆的西方员工均为教会派遣,她们身兼数职,大多以行政管理和教学为主,管理图书馆为辅,且她们的派遣服务期有限,人员更换频繁,这对图书馆的可持续性建设与发展很是不利。因此,从 1927 年秋季学期开始,金女大不但将图书馆主任职位列入学校管理岗位中,而且开始陆续聘用中国员工管理图书馆,确保了一定时期内图书馆员工队伍的稳定性。

1929 年 6 月 1 日,余舜芝小姐还曾作为金女大的代表参加了孙中山先生在南京中山陵的奉安仪式③。

---

① 图片来源:耶鲁大学神学院图书馆数字档案 RG011-134-2705 第 8 页。

② 见耶鲁大学神学院图书馆数字档案 RG011-126-2615 第 11 页。

③ 总理奉安专刊编纂委员会编.总理奉安实录[M].南京:南京出版社,2009.

1928—1929 学年档案资料中标注了余舜芝小姐 1925 年毕业于美国加州波莫纳学院。对于 1921 年夏季初到美国留学的余小姐来说，怎么也料不到爱情之神正悄悄降临。在波莫纳学院学习且正在图书馆兼职工作的何廉先生(Franklin Lien Ho，1895—1975，著名经济学家)正巧被老师安排去接待她。也许是图书馆的情结，为两位同在异国他乡的年轻人牵引红线。余舜芝在波莫纳学院学习期间，曾于 1922—1923 年担任过金女大图书馆主任的 Marion J. Ewing 小姐正在该校图书馆工作，因此，在 Marion J. Ewing 小姐的推荐下，毕业于心理学专业的余舜芝与金女大图书馆结缘。

1929 年 8 月，在金女大图书馆工作了三年的余舜芝小姐北上天津，与时任南开大学教授的何廉先生喜结良缘。从此，他们相濡以沫，相伴终身。

图 3-28　1940 年摄于何廉先生重庆宅前①
(图中成年人中右起依次为方显廷夫人王静美、余舜芝、何廉，左边站立者为方显廷)

① 全国政协文史和学习委员会编.何廉回忆录[M].北京：中国文史出版社，2012.

图 3-29　20 世纪 50 年代余舜芝(左二)与家人在美国寓所前①

1958 年,金女大美国联盟时事通讯中刊载了一则余舜芝女士的家庭信息,此时距离她离开金女大已有 29 年,她孩子的成长也是金女大的一件喜事(见图 3-30)。在金女大校刊和校友通讯中,每期均固定刊载有师生、校友的个人和家庭讯息,包括她们的学业深造、职位变迁、结婚生子、子女成长等等。学校关爱师生,校友感恩母校,薪火承继,代代相传。1987 年,经江苏省人民政府批准,在南京师范大学校内恢复成立金陵女子学院时,海内外金女大老校友及亲属和友人纷纷解囊相助,捐赠学院建设基金和奖助学金。余舜芝女士的子女及亲属捐建的金陵女子学院教室被命名为"舜芝室"。余舜芝女士的二妹余琼芝女士是金女大 1931 级社会学系毕业生。2010 年 4 月 23 日,适逢金女大建校 95 周年,何廉、余舜芝夫妇次子何保瑾先生(1933 年生,教育学博士,美国大学教授)携侄子、侄孙等 4 人访问金陵女子学院,并瞻望"舜芝室"②。

① 全国政协文史和学习委员会编.何廉回忆录[M].北京:中国文史出版社,2012.

② 见金陵女子学院《校友通讯》第 26 期,http://jny.njnu.edu.cn/wzattach/132636_280385.pdf。

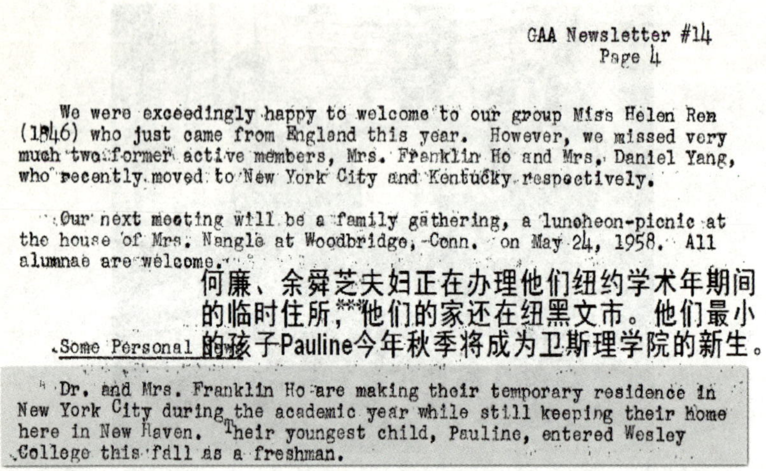

GAA Newsletter #14
Page 4

We were exceedingly happy to welcome to our group Miss Helen Ren (1946) who just came from England this year. However, we missed very much two former active members, Mrs. Franklin Ho and Mrs. Daniel Yang, who recently moved to New York City and Kentucky respectively.

Our next meeting will be a family gathering, a luncheon-picnic at the house of Mrs. Nangle at Woodbridge, Conn. on May 24, 1958. All alumnae are welcome.

何廉、余舜芝夫妇正在办理他们纽约学术年期间的临时住所，他们的家还在纽黑文市。他们最小的孩子Pauline今年秋季将成为卫斯理学院的新生。

Some Personal News

Dr. and Mrs. Franklin Ho are making their temporary residence in New York City during the academic year while still keeping their home here in New Haven. Their youngest child, Pauline, entered Wesley College this fall as a freshman.

图 3－30　1958 年金女大美国联盟时事通讯中刊载的余舜芝女士家庭信息①

何廉与夫人余舜芝结婚四十三周年纪念照（1972年3月28日摄于加拿大温哥华）

图 3－31　1972 年何廉、余舜芝夫妇在加拿大②

① 图片来源：耶鲁大学神学院图书馆数字档案 RG011-154-2958 第 9 页。

② 全国政协文史和学习委员会编.何廉回忆录[M].北京：中国文史出版社，2012.

何廉,男,字淬廉,湖南邵阳人,著名经济学家。1913 年进入美国教会创办的长沙雅礼学校(Yale College)学习。1919 年赴美国留学,1923 年从加州波莫纳学院毕业后进入耶鲁大学学习,1926 年获得经济学博士学位后回国。1926 年至 1935 年执教于南开大学,任经济学教授、经济学院院长并创办南开大学经济研究所图书馆。1929 年 8 月与余舜芝小姐在天津结婚。1935 年至 1946 年曾担任民国政府行政院政务处长、农本局总经理、农产调整委员会主任、经济部次长等职。1947 年前往美国普林斯顿大学做访问学者。1948 年回国担任南开大学代理校长。后再度去美国,受聘于哥伦比亚大学,任经济学教授直至 1961 年退休。1975 年 7 月 5 日在纽约逝世,享年 80 岁。

五　张肖松(Chang Siao-sung, Djang siao-sung, Mrs. Chao)[1929—1930, 1935—1936]

张肖松(Siao-sung Djang, 1901—2008),女,曾名张有珍,1901 年 7 月 14 日出生于湖北汉口,著名心理学家、教育家。中学就读于武昌圣希尔达中学(St. Hilda's School)。1922 年进入金女大历史系学习,1926 年获得历史学专业学士学位(见图 3-32)。1927—1930 年受聘于金女大历史系,教授欧洲近代史兼任学生课业辅导老师,1929—1930 年兼任图书馆主任。她于 1930 年获得巴伯奖学金[①]赴美留学,1931 年、1935 年分别获得密歇根大

图 3-32　张肖松

① 巴伯奖学金(Barbour Scholarship),1917 年由密歇根大学校董之一的巴伯(Levi Lewis Barbour)先生捐助后在该校设立。它是密歇根大学第一个主要针对亚洲女性的奖学金,至今仍是该校最重要的奖学金之一。吴贻芳校长于 1922 年获得该奖学金资助赴美攻读博士学位。

图 3-33 张肖松 1926 年金女大毕业照①

学心理学硕士和博士学位。1935 年回国后，担任金女大训导处主任并教授教育学课程，同时再次兼任图书馆主任。1935—1936 学年任金女大图书馆委员会主席。1936 年在吴贻芳校长出访英美期间，她曾代理任学校行政委员会主席。抗战初期，她任金女大武昌办学点第一负责人。该办学点合并到成都华西坝后，她再次担任金女大训导处主任并教授英文与心理学课程。1940 年，她与农学博士赵连芳先生②结婚，后因病离校。1944 年春季学期，她曾任教于西迁重庆的复旦大学。抗战胜利后，台湾回归，她随丈夫去了台湾，受聘于台湾大学，任英文教员。“二·二八事件”后，她离开台北回到上海，受聘于复旦大学教授英文。1947 年 8 月，她应吴贻芳校长邀请再次回到金女大，任训导处主任并教授普通心理学概论。是年冬季返回台北，任台湾大学外文系教授。1953 年转职心理系，教授比较心理学和心理学史，并担任心理学系主任。1955 年前后，她与台湾的金女大校友一起耗费了大量的时间与精力创立并发展了台北县私立金陵女子高级中学（即今“新北市金陵女子高级中学”，简称“金女中”）。1969 年夏退休后定居美国。2008 年 2 月 10 日

① 图片来源：《金陵女子大学校刊》1928 年第 10 期第 53 页。

② 赵连芳（1894—1968），男，字兰屏，河南省罗山县人，水稻遗传育种学家。1926 年获得美国威斯康星大学博士学位，1928—1935 年先后在金陵大学、河南大学和中央大学农学院任教授、系主任。1935—1949 年曾任全国经济委员会农业处处长、全国稻麦改进所技正兼稻作组主任、中央农业实验所技正兼稻作系主任、四川省农业改进所所长。1949 年赴台湾，历任台湾省农林处处长、农林部技监、台湾大学教授、系主任等职。

与世长辞,享年 107 岁。她是金女大历史上迄今最高寿的校友。旅居北美的校友在台北金女中设立"张肖松奖学金",以永久纪念她。

1929 年金女大行政委员会报告书中有一份 2 月 23 日的会议纪要,在"教职员需求"议题中有关于图书馆主任的配备要求,会议决议中再一次重申:请吴校长向校务委员会呼吁,金女大图书馆迫切地需要一位训练有素的外籍图书馆主任(It was voted to emphasize again the urgent need for a trained foreign librarian, and to request Dr. Wu to appeal to the Ginling College committee)[①]。然而,在 6 月 27 日的会议纪要中,"1929—1930 学年教职员"信息中则记载"由于在美国的候选人事秘书未能物色到 1929—1930 学年所需求的教职员,我们建议由吴博士进行填补"[②]。因此,当 1929 年春季学期结束余舜芝小姐离开金女大后,图书馆主任位置空缺,在没有外籍图书馆学专业人士应聘的情况下,吴贻芳校长在留校任教的年轻教师中选择了张肖松代理图书馆主任一职(图 3-34)。

— 33 —

GINLING COLLEGE FACULTY.

1929-1930.

Administration: 行政管理

Wu Yi-fang	President.
Gratia Sharp	Secretary.
*Elsie M. Priest	Treasurer.
Chen Er-Chang	Assistant Treasurer.
Tsu Kwoh-chi	Registrar.
Mrs. Tsen Shui-fang	Superintent of Dormitories.
Goh Ih-shan	Superintendent of Grounds.
Djang Siao-sung	Librarian. 张肖松 图书馆主任
*Margaret G. Smythe, M.D. ..	College Physician.
Wu Meh-hsiang	Nurse.

Instruction: 教学

Emily I. Case	Physical Education.
*Chang Hwei-lan	Physical Education.

图 3-34　1929—1930 年金女大教职员名录中张肖松任图书馆主任的信息[③]

① 见耶鲁大学神学院图书馆数字档案 RG011-127-2618 第 42、92 页。

② 见耶鲁大学神学院图书馆数字档案 RG011-127-2618 第 93 页。

③ 图片来源:耶鲁大学神学院图书馆数字档案 RG011-127-2618 第 102 页。

图 3－35　1933 年密歇根大学中国留学合影(张肖松在第 4 排左 6)①

吴贻芳校长非常重视对青年教师张肖松的培养。1930 年,经吴校长推荐,张肖松获得了吴校长留学就读的美国密歇根大学的巴伯奖学金,踏上“教育救国”之路。金女大这位历史学毕业生、年轻的教员从此走进了教育学、心理学的学术领域。

1935 年,获得密歇根大学心理学博士学位的张肖松回到了母校金女大,担任金女大训导处主任并兼职教育学教学工作。而此时,图书馆主任吴光清先生转任国立北平图书馆,金女大图书馆主任职位空缺。张肖松博士再次受命担负起管理图书馆的责任,同时担任 1935—1936 学年金女大图书馆委员会主席(图 3－36)。

1937 年 8 月 15 日,日军空袭南京,打破了假日里校园的宁静和祥和。面对即将开学的师生的安全问题,金女大领导层决定分区域办学,以便学生们在离家较近的办学点继续学业。1937 年秋季学期,金女大将武昌、上海和成都三个城市作为战时办学中心。武昌办学点临时委员

① 图片来源:*University of Michigan—Michiganensian Yearbook* (*Ann Arbor*, *MI*)—Class of 1933,第 124 页。

GINLING COLLEGE FACULTY

1935 - 1936

Administration 行政管理

Dr. Wu Yi-fang	President
Mrs. Lawrence Thurston	Adviser
Loomis, Helen M.	English Secretary
Ming Hsiah-ching*	Chinese Secretary
Hsü Chao-piao	Assistant in President's Office
Priest, Elsie M.*	Treasurer
Chen Er-chang	Assistant Treasurer
Chen Pin-dji*	Acting Registrar[1]
Kao Ren-ying	Acting Registrar[2]
Chen Gin-tung	Assistant in Registrar's Office
Chang Siao-sung*	Chairman, Library Committee
Tung, Mrs. Wu Yuen-ching	Assistant Librarian
Liu Chuen-nien	Assistant in Library
Tsen, Mrs. Shui-fang	Dormitory Director
Gale, Dr. Ailie S. (Mrs. F. C.)*	College Physician
Ho, Mrs. Amy Li	College Nurse[1]
Zee Veng-tsai	College Nurse[2]
Chen, Francis F. J.	Business Manager
Tao Wu-hsia	Assistant in Business Office

张肖松
校图书馆委员会主席（兼）

Instruction 教学

Bond, Kathleen L.	Music
Chang Han-chiu	Assistant in Physics and Mathematics
Chang Siao-sung**	Psychology
Chang Tuh-wei	English

张肖松 心理学（兼）

图 3－36　张肖松任 1935—1936 学年校图书馆委员会主席①

会由张肖松、陈品芝②和师以法③三人组成，经与华中大学协商，利用华中大学校舍接纳部分金女大学生就近入学。9 月 9 日，张肖松博士在华中大学亲自帮助金女大学生注册，为该办学点办学计划的实施创造条

① 图片来源：耶鲁大学神学院图书馆数字档案 RG011-127-2619 第 74 页。

② 陈品芝(Chen Ping-dji，1904—1944)，女，福建闽侯人。1928 年毕业于金女大，1935 年获得美国密歇根大学理学博士学位。归国后任教金女大生物学，1940 年任生物系主任。1942 年 6 月与著名农学家沈宗瀚(1895—1980)先生结婚后，辞去教职。

③ 师以法(Eva Dykes Spicer，1898—1974)，女，出生于英国伦敦。1920 年毕业于牛津大学 Somerville 学院。1923 年受教会派遣来到中国，在金女大教授宗教和历史，并担任系主任，28 年零薪酬，还自费在校园里建造住宅(即今“贻芳园”)。1951 年离开中国回国后，担任尼日利亚东部女子培训学院校长 7 年，1959 年退休。

图 3-37　1936 年参加金女大毕业典礼的徐亦蓁女士①、李天禄教授②和张肖松博士(右)③

---

① 徐亦蓁(Mrs. W. S. New,1894—1981),女,1894 年 1 月 5 日出生于江苏昆山一个基督徒家庭,著名妇女活动家、教育家。1915 年就读于金陵女子大学,主修历史,辅修心理学,是金女大 1919 年第一届五名毕业生之一。1923 年获得哥伦比亚大学师范学院教育硕士学位,回国后在上海从事教育工作。1924 年与骨科专家牛惠生医生结婚,参与创办了当时远东第一所现代化专科医院上海骨科医院。1928 年金女大董事会改组,被选为董事会主席。1946 年出任联合国妇女地位委员会中国代表。1951 年担任在纽约成立的金女大旅美校友会第一任会长。1955 年应聘任职于俄亥俄州西方女子大学直至荣休。1981 年 2 月 1 日,在佛罗里达州去世,享年 87 岁。

② 李天禄(Li Tien-lu,1886—1975),男,字福田。山东泰安人。1908 年毕业于北京汇文大学。后留学美国范德比尔大学,1916 年获哲学博士学位。曾任北京汇文大学教务长。1921 年任华盛顿会议中国代表团秘书。1922 年任山东齐鲁大学文学院教授,兼文学院院长。1927 年至 1929 年任齐鲁大学校长。1930 年至 1952 年任南京金陵神学院教务长、教授。

③ 照片来源:http://findit.library.yale.edu/catalog/digcoll:1461540。

件。9月14日,龙冠海博士[①]携社会学参考书籍赴华中大学,将金女大社会学系移至那里开学。之后,金女大生物专业所有学生也在武昌开始学习。10月3日,由于日军空袭武昌,武昌师生们的安全和紧缺的物资供应使南京金女大校园留守者们很是担忧。为了让武昌的办学顺利延续下去,魏特琳女士带领六名教职员工乘坐一艘借来的小艇,沿江而上10多英里寻找西行的船舶,最终将装有图书和行李的40箱物资吊上了"巴特菲尔德号"船,由凯瑟琳女士[②]亲自护送到武昌,给学生们带去了学校关注的温暖和帮助[③]。1938年1月,由于战争形势进一步恶化,吴贻芳校长亲赴武昌结束办学点事务,带领武昌办学点的师生西迁成都[④]。武昌办学点的图书也一同运送至成都。张肖松博士随校迁往成都后,再次出任金女大训导处主任,同时教授英文和心理学课程(见图3-38)。1940年,张肖松博士与农学博士赵连芳先生结婚,1941年因病休息而移居重庆,离开了成都金女大。张肖松博士曾于1944年春季学期任教于西迁重庆的"国立复旦大学"[⑤]。

抗战胜利后,张肖松博士于1946年秋随任职于台湾行政长官公署的丈夫离开大陆去台湾,受聘于台湾大学。1948年,张肖松博士应吴贻

---

① 龙冠海(Lung cheng-fu,1906—1983),男,又名龙程芙,海南省文昌县人,著名社会学家,美国南加州大学社会学博士。1935年任教于金女大,担任社会系主任。1949年移居台湾。1960年创建台湾大学社会学系,任第一任系主任兼教授。

② 凯瑟琳(Catherine E. Sutherland,1893—1977),女,1893年10月30日出生于美国,1915年获得俄亥俄州牛津西部学院学士学位。1918年9月来到中国,1923年7月回国。1925年获得哥伦比亚大学教师学院硕士学位。1926年再次来到中国任教于金女大音乐系直至1945年。1977年8月在加州圣迭哥去世。

③ 魏特琳.魏特琳日记[M].南京师范大学南京大屠杀研究中心,译.南京:江苏人民出版社,2015:51—85.

④ 张连红.金陵女子大学校史[M].南京:江苏人民出版社,2005:153—154.

⑤ 见耶鲁大学神学院图书馆数字档案RG011-133-2681第3—4页。

图 3－38　张肖松博士(左一)、葛星丽小姐[①](右二)、陈品芝等在成都冠县[②]

芳校长邀请,再次回到母校金女大,任训导处主任(图 3－39),是年冬返回台湾,任台湾大学外文系教授,1953 年转职心理学系,任心理学系主任,并积极参与世界心理卫生协会、中国心理协会等学术界的活动[③]。

1951 年金女大与金陵大学合并后,台湾和旅居海外的金女大校友想在台湾重建金女大。后来,她们发现新建一所大学比较困难,于是决

① 葛星丽(Stella Marie Graves,1895—1968),女,出生于美国密歇根州巴特尔克里(Battle Creek,Michigan)。1916—1922 年在奥伯林大学音乐学院学习并获得音乐专业学士学位。熟悉法语和拉丁语。1937 年秋季学期在法国巴黎高等音乐师范学院学习,并获得硕士学位。1934—1948 年在金陵女子大学担任音乐教授。1968 年在美国加州去世,享年 73 岁。著有《闽江船歌》(*Min River Boat Songs*),选编《教会周年颂神歌咏》(广学会,1939 年 4 月初版)。

② 图片来源:http://findit.library.yale.edu/catalog/digcoll:1463839。

③ 见 http://ptr. chaoxing. com/nodedetailcontroller/visitnodedetail? knowledgeId = 2544663。

图 3-39　1948 年 6 月张肖松任训导主任时参加体育专科班毕业典礼(后排右一)①

定筹建一所女子高中来代替。为了推动学校的建立,1956 年 4 月 1 日,她们成立"金陵女子文理学院董事会",金女大 1945 级毕业生孙德芳女士出任董事长,张肖松教授任董事。董事会向台湾教育事务主管部门正式备案,经核准复校后,即刻选定校址,并向社会各界发出募捐启事,得到了各界名流的积极响应与支持,台湾和海外的校友、友人慷慨捐赠。1956 年 11 月,女子高中建成并对外开放②,该校即为今天的台湾新北市金陵女子高级中学(Ginling Girls' High School)。在此前后,张肖松教授耗费了大量的时间与精力忙于金女中的创立与发展。她兼职为金女中服务了十四年,并担任金女中第三、四届零报酬董事长六年③。

① 图片来源:http://divdl.library.yale.edu/ydlchina/viewdetail.aspx? id=1513。

② 见耶鲁大学神学院图书馆数字档案 RG011-131-2679 第 52—60 页。

③ 见 http://ptr. chaoxing. com/nodedetailcontroller/visitnodedetail? knowledgeId = 2544663。

图 3-40　1969 年张肖松博士(前排正中)与台湾金女中董事会成员①

对于这样一位可敬的前辈,金女中第 21 届校友那燕玲女士在她参加的 2003 年金女大纽约双年会的参会感中,这样写道:“张肖松博士的生日 party 是大会中的高潮戏,张博士为金女大校友,今年已经 103 岁,听说她目前还在小区中教老人英文呢!她真是一位很可爱的长者,每次见她,脸上总是堆满笑容,让我们每个人都受感染了,金陵就像个大家庭,我们在金陵相识,金陵丰富了我们的生命,也希望我们是金陵的荣耀。”②

张肖松教授是台湾大学心理学系的创建元老之一,深受学生们的尊敬与爱戴,学生们视她为“改变生命、难以忘怀”的老师。1969 年,张肖

① 图片来源:Rosalinda Xiong 的文章“Ginling College, the University of Michigan and the Barbour Scholarship”。

② 见台湾金女中校友会出版物《金陵家讯》第 14 期第 4 版。

图 3-41 2003 年纽约双年会上张肖松博士和那燕玲女士

松教授自台湾大学心理系教授任内退休,赴美与家人团聚。2008 年去世,享年 107 岁。她终其一生热爱生命、满怀感恩、和善助人,是大家敬爱的楷模①。2012 年 10 月,台湾大学心理学系和系友会联合在台湾大学出版中心出版了《张肖松博士手书回忆录》(图 3-43),记录她一百多年来的精彩人生。

1928 年 11 月 3 日,吴贻芳博士正式就任金女大校长。她的出任标志着金女大在本土化过程中迈出了实质性的一步。经过两年的努力,1930 年 12 月,金女大最终完成了民国政府教育部的要求,正式注册立案,并更名为金陵女子文理学院。同时,金女大逐渐形成了一套较为完善的组织管理体系。图书馆正式隶属于教务处,设主任 1 人,馆员 2—3 人。

① 见《台大心理系季报》2012 年 12 月刊,http://www.psy.ntu.edu.tw/circulations/201212/alumni.html。

图 3-42　张肖松教授在台大校园

图 3-43　《张肖松博士手书回忆录》封面①

1930 年春季学期结束时，因前后两任中方图书馆主任余舜芝和张肖松相继离职。按照 1929 年 2 月 23 日金女大行政委员会会议纪要中关于“金女大图书馆迫切地需要一位训练有素的外籍图书馆主任”的决议，此时应该聘任一位西方人士接任图书馆主任一职。然而在 1930—1931 学年的图书馆主任职位上，首次同时出现了两位代理主任，一位是 Mrs. B. Burgoyne Chapman（贾溥萌夫人），另一位是 Tsien Tswen-hsuin（钱存训先生）（见图 3-44、图 3-45）。Chapman 女士的名字后面标注了“＊”（即 Part Time，兼职）。根据钱存训先生的回忆文献记载，吴贻芳校长希望优先选择中方人员接任图书馆主任一职。因此，1930 年秋季学期，已在金女大图书馆做过两年多勤工生助理馆员且还在金陵大学读书的钱存训先生，接受了吴校长的邀请，将自己的主要精力投入金女大图

① 图片来源：2011 年 6 月 30 日《台大理学院电子报》第 8 期“怀念吾师系列——台大心理系张肖松教授回忆录出版事宜”。

书馆管理工作中。为此,他还将自己的大学毕业时间推迟了一年[①]。

GINLING COLLEGE FACULTY

1930-1931

ADMINISTRATION.

Name	Position	
Wu Yi-fang	President	
Mrs. Lawrence Thurston	Adviser	
Ming Hsiah-chung*	Chinese Secretary	
Elsie M. Priest*	Acting Treasurer	
Chen Er-chang	Assistant Treasurer	
Chen Tieh-ming	Acting Registrar	
Mrs. Tsen Shui-fang	Dormitory Director	
Goh Ih-shan	Superintendent of Grounds	
Mrs. B. Burgoyne Chapman*	Acting Librarian	贾溥萌夫人,图书馆代理主任(兼职)
Tsien Tswen-hsuin	Acting Librarian	钱存训,图书馆代理主任
Margaret G. Smythe*	College Physician	
Wang Kwen-lih	Nurse	

图 3-44 1930—1931 学年金女大教职员名录中出现两位图书馆代理主任[②]

六 钱存训(Tsien Tswen-hsuin)[1930—1932]

钱存训(1910—2015),男,江苏泰州人,中华图书馆协会永久会员,著名华人汉学家,中国书史和文化史研究泰斗。1925 年毕业于淮东中学(今江苏省泰州中学)。中学时代曾积极参与"五卅运动",后投身北伐军。1927 年秋由其兄长钱存典先生(1927 年毕业于金陵大学,时任金陵大学注册部主任)帮助进入南京金陵大学读书,并被介绍到金女大图书馆做勤工生,帮助做图书编目工作。钱存训先生在金陵大学主修历史,辅修图书馆学。1930—1931 学年应邀担任金女大图书馆代理主任。1931—1932 学年兼职任金女大图书馆助理馆员(见图 3-46)。

① 钱存训.留美杂忆[M].安徽:黄山书社,2008.

② 图片来源:耶鲁大学神学院图书馆数字档案 RG011-127-2618 第 119 页。

图 3－45　钱存训先生

GINLING COLLEGE FACULTY
1931-1932

ADMINISTRATION

Wu Yi-fang	President
Mrs. Lawrence Thurston	Adviser
E. Jane Thomas	English Secretary
Ming Hsiah-chung*	Chinese Secretary
Elsie M. Priest*	Acting Treasurer
Chen Er-chang	Assistant Treasurer
Chen Tieh-ming	Acting Registrar
Mrs. B. B. Chapman*	Acting Librarian
Sha Ou	Assistant Librarian
Tsien Tswen-hsuin*	Assistant Librarian　钱存训，助理馆员（兼职）
Mrs. Tsen Shui-fang	Dormitory Director
Goh Ih-shan	Superintendent of Grounds
Margaret G. Smythe*	College Physician
Li Wei-i	College Nurse

图 3－46　1931—1932 年金女大教职员名录中钱存训先生的任职信息①

① 图片来源：耶鲁大学神学院图书馆数字档案 RG011-127-2618 第 134 页。

钱存训先生在金陵大学学习时，曾于1931年秋季学期担任金陵大学图书馆学会执行委员[①]。钱存训先生1932年从金陵大学毕业，获文学学士学位，后曾任上海交通大学图书馆副馆长、北平图书馆南京分馆参考部主任等职。抗战期间，于1941年冬季受命护送国立北平图书馆30万册珍贵古籍善本至美国国会图书馆寄存。1947年作为北平图书馆交换馆员赴美，在芝加哥大学图书馆工作和进修。1952年获芝加哥大学图书馆学硕士学位，1957年又获得该校图书馆学博士学位。1947年至1978年，钱存训先生任芝加哥大学远东(东亚)图书馆馆长，同时任芝加哥大学东亚语言与文明系教授。1978年退休后，任东亚语言与文明系荣誉教授、东亚图书馆荣誉馆长和李约瑟研究所研究员。钱存训先生献身美国图书馆事业50多年，建立了美国第一流的芝加哥大学东亚图书馆，对整个美国东亚图书馆的建设与发展做出了卓越贡献。钱存训先生一生热爱祖国，改革开放以后，曾多次往返中美之间，致力于推动中美图书馆界的交流与合作。20世纪后又将个人的全部藏书捐赠给母校南京大学(前身金陵大学)，设立钱存训图书馆，以嘉惠学林，奖掖后学[②]。2015年4月9日，钱存训先生在芝加哥去世，享年105岁。

2016年4月，在钱存训先生的逝世周年纪念日，其亲属制作并推出"In Memory of TSWEN-HSUIN TSIEN (1909—2015)"(www.thtsien.com)纪念网站，纪念他丰富而平凡的一生。该网站将陆续更新数字化的钱先生所有著作成果，与大众分享钱先生一生的耕耘和收获，以及他致力于的学术研究和对后生的指导。

对于在金女大图书馆的工作经历和收获，钱存训先生在他2008年

① 图书馆界:国内图书馆学会消息[J].中华图书馆协会会报,1931,7(3):52.

② 竹帛斋主的博客.沉痛哀悼一代宗师钱存训先生[EB/OL].(2015-04-11)http://blog.sina.com.cn/s/blog_4978019f0102vns3.html.

出版的《留美杂忆：六十年来美国生活的回顾》一书中有详细的记载。摘编如下：

不久大哥毕业，任金陵大学注册部主任。一九二七年夏季他把我召回南京在金大(金陵大学)读书，由他担负我的学费；同时为我安排在附近的金陵女子大学图书馆工作，赚取每小时两毛五分的工资，作为生活费用。在这一所完全女性大学，我工作勤慎，操守严格。不久两位女馆长佘舜芝(何廉夫人)及张肖松博士先后出国，吴贻芳校长特派我代理馆长，因此大学毕业延迟了一年。可是这一年的行政经验，对我后来的工作却很有帮助；不仅学习写作公文、管理人事，同时主持会议、用英语发言、了解开会规则，也都是从那时的经验和学习所得。我在金女大工作期间，吴校长特别允许我在该校选课，作为金大的学分。因此我曾选读缪凤林①的"中国通史"和曾虚白②的"翻译学"，并旁听刘麟生③所授"中国文学史"，因此相交成为挚友。我对翻译的兴趣很浓厚，课堂作业翻译的两篇论文：罗素的《东西快乐观念之歧异》(Bertrand Russell, The Conquest of Happiness, New York, 1930)和欧策德的《中国以抵制外货为对外武器》(Dorothy J. Orchard, Industrialization of the Far East, New

---

① 缪凤林(1899—1959)，字赞虞，浙江富阳县人，著名史学家、教育家，学衡派代表人物之一。1919 年夏考入南京高等师范学校，1923 年毕业后，去沈阳东北大学任教。后任职于"江苏国立图书馆"。1928 年起任中央大学文学院史学系教授，其间曾于 1930—1932 年和 1937—1938 年两度任金女大历史系教授。1949 年以后，任南京大学历史系教授。

② 曾虚白(1895—1994)，原名曾焘，字煦白，江苏常熟人，国民政府政要、报业家。毕业于上海圣约翰大学，1930—1931 年任金陵女子大学教授兼中文系主任。曾任国民政府军事委员会第五部国际宣传处处长兼中央政治学院新闻学院院长、行政院新闻局副局长、中国广播公司副总经理等职。曾创办《大晚报》。

③ 刘麟生(1894—1980)，字宣阁，笔名春痕，安徽省无为县人。毕业于上海圣约翰大学政治系，曾任商务印书馆、中华书局编辑。1927—1930 年任金女大中文系主任。

York,1930),曾先后在当时风行的《世界杂志》及《时事月报》发表,成为我译作的开端。[①]

1930年,时任金女大图书馆代理主任的钱存训先生在《金陵女子文理学院校刊》1930年12月出版的年刊上发表《本校图书馆概况》,他从藏书、杂志、分类、编目、流通等五个方面,详细地介绍了金女大过渡图书馆的业务流程、管理方法、运行规则和服务成效。该文现保存于台湾"中央研究院"近代史研究所图书馆,成为后人完整了解金女大图书馆十五年发展时期的珍贵资料。

图3-47　1935年钱存训先生与夫人许文锦的订婚照

图3-48　1957年钱存训先生获得博士学位时全家合影[②]

钱存训先生在金陵大学主修历史,辅修图书馆学。1927年金陵大学正式设立图书馆学系,钱存训先生是设系后的第一届学生。他一边在金陵大学学习,一边在金女大图书馆兼职工作,这样的机会使他能够将所学的图书馆学理论知识及时地与实践相结合。因此,他的图书馆学功

① 钱存训.留美杂忆:六十年来美国生活的回顾[M].合肥:黄山书社,2008:9—10.

② 图片来源:http://www.thtsien.com/his-life。

图 3-49 钱存训先生在芝加哥大学东亚图书馆的工作照①

课学得特别好，课堂作业论文《图书馆与学术研究》还被刊载于《金陵大学文学院季刊》上②。钱存训先生认为，历史和图书馆学两门学问的结合对他一生的工作和研究产生了很重要的影响。他一生“坐拥书城”，勤耕不辍，所撰专著及论文传播海内外，影响深远。

1932 年 4 月 30 出版的《中华图书馆协会会报》刊载了钱存训先生撰写的《东北事件之言论索引》③。此时，他已正式加入中华图书馆协会，并成为永久会员。《中华图书馆协会会报》1932 年第 8 卷第 1、2 合期的会员消息中有记载：“钱存训，江苏泰县人，服务于金陵女子文理学院图书馆，最近入会。”④

七　Mrs. B. Burgoyne Chapman（贾溥萌夫人，Goucher 小姐）［1930—1932］

Mrs. B. Burgoyne Chapman（查普曼/贾溥萌夫人，1883—1982），女，本名 Elizabeth Ellsworth Goucher（伊丽莎白·埃尔斯沃兹·高切尔）。1883 年 5 月 23 日出生于美国马里兰州巴尔的摩。1905 年毕业于高切

① 图片来源：https://news.uchicago.edu/sites/default/files/images/image/20150415/qwetznigmx1936120150415.jpg。

② 钱存训.图书馆与学术研究[J]金陵大学文学院季刊，1932，1(2)：280—292.

③ 见《中华图书馆协会会报》1932 年第 7 卷第 5 期。

④ 见《中华图书馆协会会报》1932 年第 8 卷第 1、2 合期第 46 页。

图 3－50　贾溥萌夫人在金女大校园①

尔学院(Goucher College,又名古彻学院)②,1913 年获得哥伦比亚大学硕士学位。1913 年来到中国,是金女大最早确定的三位教师之一。1914 年至 1920 年任金女大校办秘书兼教授英文。离校后于 1921 年与时任武昌博文书院图书馆馆长 Benjamin Burgoyne Chapman 先生(中文名贾溥萌)结婚。1926 年在《中华基督教教育季刊》第 2 卷第 4 期上发表《小学学生淘汰问题之调查(附图表)》一文。1929 年旅居印度。1930 年应金女大邀请再次回校工作,至 1932 年兼职担任图书馆代理主任,同时兼职艺术课程的教学工作。1932—1936 年随贾溥萌先生任职于日本神户,后又回到中国。1938 年 5 月至 6 月,贾溥萌夫人曾任《华西教会新闻》(*The West China Missionary News*)刊物经理。1940 年贾溥萌夫妇周游美国、澳大利亚等,并在以色列一个集体农场居住。1957 年夫妇俩

---

① 图片来源:http://findit.library.yale.edu/catalog/digcoll:1463678。

② 高切尔学院创立于 1885 年,位于美国马里兰州巴尔的摩,是一所综合性私立学院。

曾重游中国。1982 年 8 月贾溥萌夫人在美国康涅狄格州费尔菲尔德(Fairfield)去世，享年 99 岁。

关于金女大最早确定的三位教师的信息，金女大首任校长德本康夫人在 *Ginling College* 中第一章节“职员与预算”部分有记载。1914 年，管理委员会先后任命了以下教师：伊丽莎白·埃·高切尔(Elizabeth Ellsworth Goucher)、费雷德里克·阿·米德(Frederica R. Mead)[①]和诺马利(Mary Augusta Nourse)[②]。1915 年初春，诺马利小姐从杭州弘道女中过来加入筹建团队，她们一起为宣传而努力，并计划秋季学期开学[③]。

“吴贻芳网上纪念馆”网站上有一张拍摄于 1914 年金女大筹建时期的老照片，坐在中间者为德本康夫人，左侧是高切尔小姐(Miss Goucher)，右侧是米德小姐(Miss Mead)。此时，校长德本康夫人正带领两位外籍教师在古金陵城南京物色金女大的办学用地，照片中的三人微笑着看向前方，满怀着信心和期望，迎接金女大美好的未来(见图 3－51)。

1917 年金女大教员简介中有一段高切尔小姐的简历。1905 年大学毕业后，高切尔小姐曾于 1907—1908 年在日本东京青山女子学院(Aoyama Woman's College)任教。1906—1908 年间周游中国、日本、印

① Frederica R. Mead (1890—1977)，女，1911 毕业于史密斯学院 (Smith College)，1912—1913 年工作于长老会妇女委员会，1914 年进入金女大，至 1923 年教授英文并担任系主任。

② 诺马利(Mary Augusta Nourse，1880—1971)，女，美国作家和教育工作者。1899 年毕业于史密斯学院 (Smith College)，1905 年获得芝加哥大学哲学学士学位。后来到中国，在杭州从事多年教育工作。1915 年来到南京，在金女大教授心理学和历史至 1918 年。1919 年她获得威斯康辛大学硕士学位。20 世纪 30 年代，她出版了自己首部远东历史著作《四亿》(*The Four Hundred Million*)。这本著作被译成多种语言。后又出版多部著作并为杂志撰稿。1971 年 10 月在华盛顿去世。

③ 德本康夫人，蔡路得.金陵女子大学[M].杨天宏，译.珠海：珠海出版社，1999：11.

图 3-51　1914 年校长德本康夫人(中)和米德小姐(右)、高切尔小姐(左)[①]

MISS ELIZABETH GOUCHER.

Goucher College, B.A., 1905; Teacher, Aoyama Woman's College, Tokyo, Japan, 1907-1908; travel in China, Japan, and India, 1906-1908; travel in China, Japan, and Korea, 1910-1911; Student, Teacher's College, Columbia University, 1912-1913; arrived in China, 1913.

图 3-52　1917 年金女大教员简介中 Goucher 小姐的简历[②]

度。1910—1911 年间周游中国、日本、韩国。1912—1913 年在美国哥伦比亚大学教师学院学习。1913 年来到中国(见图 3-52)。20 世纪初,一位二十多岁的美国小姐远涉重洋,多年周游于东亚几个国家,需要有相

---

① 图片来源:http://ptr.chaoxing.com/course/529744.html? edit=true&knowledgeId=633520&module=2。

② 图片来源:耶鲁大学神学院图书馆数字档案 RG011-155-2966 第 28 页。

当的经济基础支撑，她一定来自于一个开放的、民主的富裕家庭。在她1906—1911年游历中国时，中国正处于晚清封建王朝统治末期，社会矛盾日趋尖锐，国家经济远远落后于西方世界，很难想象她会在未来岁月里接受派遣再次来到这个历经沧桑的古老国度参与创建一所女子大学。

1913年11月21日美国出版的《每日时报》(*The Daily Times*)“妇女”栏目(About Women)中，登载着一则消息：伊丽莎白·高切尔小姐(Miss Elizabeth Goucher)是高切尔学院名誉主席John F. Goucher博士的最小女儿，她在妇女布道会(Women's Foreign Missionary Society)的指引下到中国传教，将在南京总部从事5年的教育工作(见图3-53)。

THE DAILY TIMES. PAGE SEVEN

s and Theatres

ries of plays and players in
ition to the announcements
under this heading. When
tises in this department.

VELCOME
W BEAVER Beaver

JOHN STEPPLING

The Gold Seal Company is producing an out-of-the-ordinary two-part drama entitled "The Unsigned." The scenario is by Grace Cunard, the company's leading woman. It revolves about the son of a wealthy factory owner who is beset with the love of a girl on one hand and the thirst for liquor on the other.

The story concludes with a big

New Beaver Theatre

N. B. HOFFMAN, PROP.
Third Street, Beaver.
The Theatre is Warm and Comfortable.

TONIGHT:

Lubin Drama,
"HER ONLY BOY"
Vitagraph Comedy,
"LOVE'S QUARANTINE"
Featuring Cutty, John Bunny, Flora Finch and Lillian Walker.
Kalem Drama,
"THE MOONSHINER'S MISTAKE"
Featuring Alice Joyce and Tom Moore.
ONE OTHER GOOD REEL.

Coming Tuesday, "The Springtime of Life," a fine feature in Three Reels.
Coming Wednesday, "The History of Mexico," show in motion pictures.

Welcome Theatre

Third Street, Beaver.

TONIGHT:

"THE ROSE OF SHARON"
Essanay.

"THE FRIENDLESS INDIAN"
Patheplay.

"THE TROUBLESOME DAUGHTER"
Vitagraph.

OF INTEREST TO WOMEN

IS SEASON FOR BEAUTY

FEMININE FINERY NEVER SO LUXURIOUS AS NOW.

Showing of Imported Frocks by One New York House Reveals the Extravagance That Is to Be Marked.

The shops are all displaying feminine finery calculated to arouse the enthusiasm even of the most indifferent observer, but one house on lower Broadway had on view last week a collection of imported frocks which struck the high note of the season with regard to extravagance. Elsewhere were found models as beautiful, but nowhere else were so many superb creations shown in one group.

Every famous French dressmaker was represented by the best of his or her productions, and looking over the scores of elaborate models and reading the price labels, one could not help exclaiming over the extravagance which can justify a shrewd buyer in catering after this fashion to American women. The only conclusion is that American purses must be full and American husbands and fathers must be very indulgent.

But if this is to be a season of unusual extravagance it is also to be a season of exceptionally beautiful clothes. This fact has been evident since the first autumn models began to drift across the seas, and the collection of frocks referred to above emphasized it, underscored it, put exclamation marks after it.

After a general survey of the exhibit, one was left with a dazed impression as of a riot of velvets and furs, chiffons and laces, wonderful gleaming embroideries and supple silken stuffs in lines of indescribable beauty. But closer study revealed the unity in variety and resolved the

Worth Knowing

When punching eyelets, place the material over a cake of soap. This makes a firm edge which is easily worked over.

A cement for mending tinware is made by mixing litharge and glycerine to the constituency of putty. Let dry for a week or more.

When separating eggs, if the yolk becomes broken, dip a cloth in warm water, wring it dry, and touch the yolk with a corner of it, it will adhere to it and may be easily removed.

About Women

"Have you many women employed in your office?" He answered: "Yes, and I wish we had more. They are industrious and faithful and very quick. Besides they cleanse the air. We have no bad language in our office since we began to have women there. My experience is that women do not 'blab' as men do."—Leslie's Weekly.

Women, like rabbits, are of ill-omen to the miner. In many places, particularly in Wales, if a pitman meets or sees a woman on his way to work he will turn back; for such an encounter is held to forebode evil, not only to the man himself, but all his associates.

Miss Elizabeth Goucher, youngest daughter of Dr. John F. Goucher, president emeritus of Goucher College, is to enter the mission field in China under the direction of the Women's Foreign Missionary society. She will spend at least five years in educational work, with headquarters at Nanking.

图3-53　1913年11月21日《每日时报》上的一则信息

高切尔小姐的父亲Dr.John F. Goucher(John Franklin Goucher，约

翰·弗兰克林·高切尔博士,1845—1922)是一位卫理公会牧师,他是马里兰州高切尔学院的联合创始人。高切尔博士曾多次到访中国和日本,帮助物色和资助教会医院及学校。1911 年 1 月出版的金陵大学校刊《金陵光》(*The University of Nanking Magazine*)第 2 卷第 1 期上刊载信息,苏格兰爱丁堡世界宣教大会教育委员会任命的由五位美国教育家组成的委员会主席约翰·弗·高切尔博士在从事教会教育考察期间,曾参加 1910 年 6 月 5 日至 11 月 29 日在南京举办的南洋劝业会(Nanyang Industrial Exposition),并到访了金陵大学,给金陵大学师生做了精彩的报告。高切尔博士此行的目的是向邻近和远东的传教机构宣传他们委员会提议的计划,并为委员会收集信息。1911 年 3 月出版的《金陵光》第 2 卷第 2 期上再次刊载了高切尔博士访问南京的消息。此次访问中,他在南京做了好几场报告,他在报告中特别强调了加强基础教育工作的重要性,他认为基础教育是为事业发展服务的,如果大学愿意配备人员并给予督促的话,他愿意给十所小学提供五年的资助。高切尔博士及其家庭成员活跃于国际基督教传教事业和妇女教育领域。世人以"你过着高尚的生活"(You lived an honorable life)②来评价和纪念他对宗教和妇女教育事业所做出的贡献。

图 3-54　Dr.John F. Goucher①

---

① 图片来源:http://deila.dickinson.edu/theirownwords/author/GoucherJ.htm。

② 见 https://www.findagrave.com/cgi-bin/fg.cgi? page=gr&GRid=11495298。

在当时复杂的国际社会环境下，出身名门的高切尔小姐有着怎样的信仰和毅力，坚定地放弃优裕的生活，离开家人，远渡重洋，在东亚地区贫穷落后的环境里工作、生活了多年，以至于 1922 年 7 月 19 日父亲去世时，也未能回到身边①。这也许是出于她对宗教的信仰和对教育事业的执着追求吧。她以自己的实际行动承继了父亲帮扶东亚地区发展教会教育的事业。

图 3-55　1919 年高切尔小姐(右)和毕安丽小姐②(左)在金女大绣花巷校园③

① William Harrison De Puy. The Methodist Year-book[M]. https://books.google.com.hk/books? id = RcURAAAAIAAJ&lpg = RA2-PA9&ots = Ke5lotFUfu&dq = now%20Mrs.%20B.%20Burgoyne%20Chapman%2Cof%20china&hl = zh-CN&pg = RA2-PA8 # v = onepage&q = now% 20Mrs.% 20B.% 20Burgoyne% 20Chapman, of%20china&f=false.

② 毕安丽(Annie May Pittman, 1890—1968)，女，出生于美国纽约州波基普西市(Poughkeepsie)，卫理公会传教士。1919—1950 年在中国传教。1952—1956 年在婆罗洲(Borneo，一半属马来西亚，一半属印尼)群岛上传教。后被派遣到马来西亚西布(Sibu)督建一所女子旅馆，并成为该旅馆的管理者。

③ 图片来源：http://findit.library.yale.edu/catalog/digcoll:1603944。

图 3-56　1920 年高切尔小姐(右三)在金女大绣花巷校园收信件[①]

高切尔小姐非常热爱生活,她不但热爱旅游,在工作之余,还喜欢用自己的双手装扮周围的生活环境。在金女大绣花巷校园,有一座被废弃的花园,经过她辛勤地耕耘,成为校园最美丽的地方。留存至今的金女大早期照片中,不少都是以这座美丽花园为背景拍摄的,可见师生们对这座花园的喜爱。关于这座花园,《金陵女子大学》一书中有这样一段描写:"校舍东边不远处有一个美丽的花园,园中有一个亭子。在被弃置若干年后,它变成了一个美丽的景点。当然,这得归功于学校任命的第一位教师伊丽莎白·高切尔,她精心管理了花园,为它修剪枝叶,种植花木。"[②]1920 年高切尔小姐离开学校后,不仅她所在的社会学系师生怀念她,而且学校花园的员工也十分怀念她。

① 图片来源:http://findit.library.yale.edu/catalog/digcoll:994680。

② 德本康夫人,蔡路得.金陵女子大学[M].杨天宏,译.珠海:珠海出版社,1999:8.

耶鲁大学图书馆数字馆藏库中保存着一张高切尔小姐独自坐在一个小山坡上的照片(图 3-50),因没有标注拍摄时间,照片上的地点一度被认为是书中所描述的花园的一角,高切尔小姐修剪完花草枝叶后正在休息。后来从眺望远处紫金山的角度分析,该照片应该拍摄于 1930—1932 年时期的金女大陶谷新校园的山坡上,此时,高切尔小姐正担任图书馆代理主任。

在金女大的档案资料中,高切尔小姐有两个名字:一个是 1914—1920 年用的其本名 Elizabeth Ellsworth Goucher;另一个是 1930—1932 年用的其婚后跟随夫姓的名字 Mrs. B. Burgoyne Chapman。有的文献资料中,她的名后标注为查普曼夫人或贾溥萌夫人,前者用的是 Chapman 先生的译名查普曼,后者用的 Chapman 先生的中文名贾溥萌。

1921 年 3 月 31 日出版的《匹兹堡新闻》上刊载了匹兹堡的 Nathaniel Holmes 先生担任高切尔小姐婚礼伴郎的信息(图 3-57)。婚礼于 1921 年 3 月 30 日中午在马里兰州派克斯维尔附近一座古老的高切尔家族私人教堂举行。新郎是时任武昌博文书院(即今武汉市第十五中学)图书馆馆长的本杰明·伯戈因·查普曼先生(Benjamin Burgoyne

Attendant at Wedding.

Nathaniel Holmes of Pittsburg served as best man at the marriage of Miss Elizabeth Goucher, youngest daughter of the Rev. Dr. John Franklin Goucher, president-emeritus of Goucher college, and the Rev. Burgoyne Chapman of the Wesleyan Mission of Wu Chang, China, which took place at noon yesterday at Old Stone Chapel, "Alto Dale," the Goucher estate near Pikesville.

图 3-57　1921 年 3 月 31 日《匹兹堡新闻》上的一则婚礼信息

Chapman,贾溥萌)。由此信息可知,1920年高切尔小姐离开金女大后,去了湖北武昌。

从1914年进校到1920年离校,金女大的档案资料中高切尔小姐的职位是校办秘书和英语教师。1930年再次进校时,她却兼职做了图书馆的代理主任。虽然金女大1918年之前的资料上记载了图书馆信息,且每年均有图书馆的预算和经费支出项目,但没有资料记载是谁在管理图书馆。因为没有找到资料佐证,所以只能猜想一下。既然高切尔小姐是学校首批确定的三位教员之一,且在相当一段时间内担任学校办公室秘书,从有记载的图书馆首位主任 Miss Adelaide Gundlach 是校办秘书兼任图书馆主任的情况推测,1918年之前,也许这位高切尔小姐曾兼职管理过图书馆,以至于1930年春季学期结束后,当金女大图书馆主任岗位空缺时,学校领导层想到了她。此时,虽然吴贻芳校长已特邀了正在金陵大学读书的钱存训先生代理图书馆主任一职,但根据学校行政管理委员会之前的会议决议,图书馆应聘请一位专业的外籍人士担任主任。因此,在1930—1931学年金女大教职员名录中同时出现了两位图书馆代理主任(图3-58)。再次进入金女大的高切尔小姐在金女大教职员名录中开始用名 Mrs. B. Burgoyne Chapman(贾溥萌夫人),兼职担任图书馆代理主任的她,也许是第二次执掌图书馆管理事务。

1931—1932学年,钱存训先生忙于学业且即将毕业,不再任图书馆代理主任,而是继续兼职任助理馆员。贾溥萌夫人一人兼职代理图书馆主任(见图3-59),同时还承担了2个学分的艺术课程每周2课时的教学任务。这一学年,图书馆新进了一位名叫 Sha Ou(沙鸥)的助理馆员,金女大图书馆在册人员达到3位,馆员队伍开始壮大。

GINLING COLLEGE FACULTY
1930-1931
ADMINISTRATION.

Wu Yi-fang	President
Mrs. Lawrence Thurston	Adviser
Ming Hsiah-chung*	Chinese Secretary
Elsie M. Priest*	Acting Treasurer
Chen Er-chang	Assistant Treasurer
Chen Tieh-ming	Acting Registrar
Mrs. Tsen Shui-fang	Dormitory Director
Goh Ih-shan	Superintendent of Grounds
Mrs. B. Burgoyne Chapman*	Acting Librarian 贾溥萌夫人，图书馆代理主任
Tsien Tswen-hsuin	Acting Librarian 钱存训，图书馆代理主任
Margaret G. Smythe*	College Physician
Wang Kwen-lih	Nurse

图 3－58　1930—1931 学年金女大教职员名录中的两位图书馆代理主任信息①

GINLING COLLEGE FACULTY
1931-1932
ADMINISTRATION

Wu Yi-fang	President
Mrs. Lawrence Thurston	Adviser
E. Jane Thomas	English Secretary
Ming Hsiah-chung*	Chinese Secretary
Elsie M. Priest*	Acting Treasurer
Chen Er-chang	Assistant Treasurer
Chen Tieh-ming	Acting Registrar
Mrs. B. B. Chapman*	Acting Librarian 贾溥萌夫人 图书馆代理主任（兼职）
Sha Ou	Assistant Librarian
Tsien Tswen-hsuin*	Assistant Librarian
Mrs. Tsen Shui-fang	Dormitory Director
Goh Ih-shan	Superintendent of Grounds
Margaret G. Smythe*	College Physician
Li Wei-i	College Nurse

图 3－59　1931—1932 学年金女大教职员名录中的图书馆人员信息②

Benjamin Burgoyne Chapman（本杰明·伯戈因·查普曼，1886—1964），中文名贾溥萌，加拿大人，出生于澳大利亚，以其不知疲倦地对欧洲犹太人的支持而闻名于世③。贾溥萌先生早年毕业于悉尼大学，并于

① 图片来源：耶鲁大学神学院图书馆数字档案 RG011-127-2618 第 119 页。
② 图片来源：耶鲁大学神学院图书馆数字档案 RG011-127-2618 第 134 页。
③ 见 http://www.austlit.edu.au/austlit/page/A138339。

1908年获得该校社会历史学硕士学位。后曾任教于墨尔本卫斯理学院(Wesley College)。1910—1912年在英国剑桥大学三一学院学习。1913年获得美国哥伦比亚大学教育奖学金,同年加入卫理公会,并出版著作 *Report of a special investigation in the missionary education of boys*。1913—1929年贾溥萌先生工作于湖北武昌博文学院(其大学部后并入华中大学),任图书馆馆长。1921年在武昌与曾经工作于金女大的高切尔小姐结婚。1922年出版著作 *Flood-tide in China*。1929年贾溥萌夫妇从中国游历到印度,在马德拉斯(今名金奈)住了一年后,因贾溥萌夫人应邀任职于金女大图书馆而再次回到中国。贾溥萌先生则工作于金陵大学。其间,贾溥萌先生于1931年和1932年相继在广学会出版著作《一个受训练的民族》和《基督教初入西方概述》。1932年在《金陵大学金陵学报》上发表论文《中国气候区域论》(英文)。1932—1936年,贾溥萌夫妇任职于日本神户加拿大学院,后再次回到中国。1940年贾溥萌先生因健康问题不得不提前退休。退休后,夫妇俩继续周游美国加州、澳大利亚西部等地,并在以色列的集体农场居住①。贾溥萌先生1945年出版著作 *The compleat anti-Semite*,1957年出版自传 *Roving in a Changing World*。1957年贾溥萌夫妇重游中国,并写下 *China revisited 1957*,该书由中澳友好协会(Artarmon, N. S. W.: Australia-China Society)于1969年出版。贾溥萌先生终其一生四处游历,反对纳粹大屠杀,主张在巴勒斯坦建立犹太人家园。他在自传中讲述了他支持犹太人的原因。1964年9月3日,贾溥萌先生在澳大利亚布里斯班去世,享年78岁。1968年,他的诗集 *A gathering from the heart of Benjamin*

---

① 见 http://archives.li.man.ac.uk/ead/search? operation=full&recid=gb135ddhbr-ddhb-1-7,9—10。

Burgoyne Chapman 1886—1964 出版。

八　朱家治(Dju Chia—dji)[1931—1932]

图 3-60　1920 年朱家治先生金陵大学毕业照[①]

朱家治(1893—1977),男,字幕庐,安徽徽州歙县人,中华图书馆协会会员,著名图书馆学家。1893 年 3 月出生于歙县一个贫寒家庭,1899 年进入一所教会小学堂(后改名为崇一中学,1908 年停办)学习。曾与陶行知[②]、洪有丰[③]、姚文采[④]等先生是同学。1908 年毕业后因家贫不能继续升学,只得做学徒,后转至杭州教会学校蕙兰中学[⑤]半工半读。在已进入金陵大学读书的同学陶

① 图片来源:耶鲁大学神学院图书馆数字档案 RG011-197-3390 第 8 页。

② 陶行知(1891—1946),男,安徽歙县人。著名教育家、思想家。1914 年毕业于金陵大学,后留学美国。曾任南京高等师范学校、"国立东南大学"教授、教务主任等职。1917 年年底与蔡元培等发起成立中华教育改进社,推动平民教育运动和关注乡村教育问题。1927 年创办晓庄学校。1932 年创办生活教育社及山海工学团。还先后创办育才学校和社会大学。

③ 洪有丰(1892—1963),男,字范五,安徽省绩溪县人,著名图书馆学家。1916 年毕业于金陵大学。1919 年赴美攻读图书馆学,1921 年获纽约州立图书馆学院学士学位,学习期间兼职在美国国会图书馆中文编目部工作。归国后任南京高等师范学校教授兼图书馆主任。1923 年创办南京高等师范学校图书馆学暑期讲习班。后曾任国民党中央党务学校图书馆主任,安徽省教育厅科长,两次出任清华大学图书馆馆长,兼中华图书馆协会董事。1936—1952 年任"国立中央大学"及后身南京大学图书馆馆长。1952 年全国高校院系调整后,调任华东师范大学图书馆馆长。

④ 姚文采(1893—1958),男,原名姚蕴丰,安徽省绩溪县人。1914 年毕业于金陵大学。曾在南京教会学校华中中学任生物教师、代理校长。1917 年起,在南京高等师范学校、东南大学任生物学、解剖学讲师,并担任中国科学社总干事。1923—1951 年任南京安徽公学副校长、校长。

⑤ 蕙兰中学,杭州第二中学的前身,由美国北浸礼会传教士甘惠德(Winfield Scott Sweet)牧师于 1899 年在杭州创办。

行知先生等的鼓励下,朱家治先生得到了在浙江的英籍牧师富裕生[①]的帮助,并取得金陵大学数理科总教员马丁[②]教授的许可,以私人贷给学费的方式,于1915年经介绍进入金陵大学文科班学习。1917年马丁先生调任新成立的南京华中公学[③]校长,朱家治先生休学随他到该中学教书一年,以归还所欠学费。1918年马丁先生调任其他职务,朱家治先生回金陵大学复学,半日时间仍去华中公学教书,晚间在金陵大学图书馆管理参考书阅览室,半工半读。1919年秋季学期,朱家治先生还曾以半日工作为过渡,代替赴美留学的洪有丰先生管理南京高等师范学校(简称南高师)图书馆。朱家治先生于1919年年底修完金陵大学课程,以1920级生身份毕业,并获得承认金陵大学学历的美国纽约州立大学文学士学位。1920年起正式任职于南高师图书馆。

1921年在南高师基础上建立的东南大学开始招生办学,由留美回国的洪有丰先生出任图书馆馆长,有着中、西文深厚根底和较强事业心的朱家治先生,成为洪有丰馆长的得力助手,全面开展图书馆各项工作。朱家治先生钻研目录学,译写图书馆学专著,为暑期图书馆学课程班授课,并与国外书业、出版界联系,沟通讯息。其间,还积极参与南京图书馆协会和中华图书馆协会的组织工作。陶行知先生主办的中华教育改进社曾召开过几届年会,皆由担任书记的朱家治先生帮助主持年会的"图书馆教育组"会议(见图3-61)。1925年,朱家治先生参与筹建中华图书馆协会和接待美国图书馆学家鲍士伟博士来华考察(见图3-62、图

① 富裕生(Charles Fairclough),1862—1940,男,英国人,1898年来华传教。

② 马丁(Arthur Wesley Martin,1879—1979),男,美国人,1899年毕业于哈姆林大学,1901年获得明尼苏达大学硕士学位,1914年获得芝加哥大学博士学位。1905—1917年任金陵大学化学系主任。1917年调任南京华中公学校长,1918—1925年任安徽省南部卫理公会教区主任、教育活动主任。

③ 美以公会于1916年春季创办的一所教会中学,校舍位于南京汉西门黄泥巷原金陵医院院址。

3－63)。1927年东南大学因北伐军进驻南京曾一度停办，朱家治先生由金陵大学同学赵叔愚先生①介绍，到国民党党务学校图书馆任干事，并代理馆长职务。1931—1932年任职于民国政府外交部图书馆的朱家治先生应金女大邀请在金女大兼职教授图书馆学课程。中华人民共和国成立前后，朱家治先生一直在东南大学图书馆工作，担任图书馆副馆长直至退休。1977年5月，朱家治先生病逝，享年84岁。

▲ 中华教育改进社图书馆教育组是第一个全国性的图书馆专业组织，戴志骞任主席，图为中华教育改进社第一届年会（1922年）"图书馆教育组"成员合影，从左至右：洪有丰、孙心磐、朱家治、戴志骞夫人（Julie Rummelhoff）、杜定友、沈祖荣、戴志骞，这是早期中国图书馆界先锋人物的第一次聚首。

图3－61　1922年朱家治先生(左3)与中华教育改进社第一届年会“图书馆教育组”其他成员合影②

① 赵叔愚(1889—1928)，男，原名崇鼎，字叔怡，河南新乡人。著名乡村教育家。1918年毕业于金陵大学农科。1922年赴美国留学，专攻乡村教育，1924年获得哥伦比亚大学硕士学位。是年秋回国，任东南大学教育科教授，兼中华教育改进社乡村教育研究部主任。1926年春，任东南大学乡村教育系主任。1927年与陶行知先生共同创办南京晓庄试验乡村师范学校，任第一院(小学师范院)院长。1928年初被中央大学聘为民众教育院院长，兼任劳农学院筹备委员。1928年9月因病去世。著有《农村教育学习参考材料》。

② 韦庆媛，邓景康. 清华大学图书馆百年图史[M]. 北京：清华大学出版社，2013:48.

▲ 1925 年 4 月 25 日鲍士伟抵达上海，图书馆界同人举行欢迎会，同时举行“中华图书馆协会”成立大会，图为上海同人欢迎鲍士伟合影。前排左起：杜定友、鲍士伟、陶行知，第二排左 3 起：袁同礼、孙心磐、朱家治、李小缘、韦棣华、洪有丰、黄警顽。

图 3－62　1925 年中华图书馆协会成立大会上朱家治先生(后排右 5)与上海同仁欢迎鲍士伟博士①

图 3－63　1925 年给来华考察的鲍士伟博士当翻译的朱家治(后排中间)等图书馆界前辈②

---

① 韦庆媛，邓景康. 清华大学图书馆百年图史[M]. 北京：清华大学出版社，2013：52.

② 洪有丰先生对东南大学、中国图书馆事业的卓越贡献——纪念洪有丰先生诞辰 120 周年[EB/OL]. http://seuaa.seu.edu.cn/4f/69/c12785a20329/page.htm.

20世纪20年代初期，国内接受过图书馆学正规教育的专门人才可谓凤毛麟角，具备专业知识的图书馆工作者更是严重匮乏，远不能满足当时国内图书馆事业发展的需求。1922年，在东南大学图书馆任职的朱家治先生积极投入中华教育改进社图书馆教育组的各项工作中。他组织建设中华教育改进社的教育图书馆，宣传西方图书馆学理论和目录学要籍。他重视图书馆教育和馆员素质的提升，亲自传授参考书使用法，并系统评述杜威十进制分类法。至1931年，朱家治先生在报刊上发表了不少相关文章，在当时的图书馆界很有影响力，主要文献见表3-2。

表3-2　1922—1931年朱家治先生报刊主要发文一览表

序号	题名	著者	报刊名	年卷期
1	欧美各国目录学举要	朱家治	新教育	1922,4(2)
2	师范教育与图书馆(附图)	朱家治	新教育	1922,4(5)
3	一九二一年重要参考书之介绍	洪有丰,朱家治	新教育	1922,5(1/2)
4	图书馆参考部之目的	朱家治	新教育	1922,5(1/2)
5	新教育第五卷检查指南	洪有丰,朱家治	新教育	1923,6(1)
6	基督教教育在中国之情形(附表)	露懿思,朱家治	新教育	1923,6(5)
7	本社教育图书馆概况	朱家治	新教育	1923,7(2/3)
8	师范教育与图书馆(附表)	朱家治	河南教育公报	1924,3(11/12/13)
9	科学教学与国际善意	推士,朱家治	新教育	1924,8(1)
10	图书馆教育组报告	朱家治	新教育	1924,9(5)
11	知识界之外交家	朱家治	新闻报	1925-4-27
12	鲍士伟博士致本会及中华教育改进社报告书(中英文对照)	朱家治,鲍士伟	中华图书馆协会会报	1925,1(2)
13	鲍士伟博士考察中国图书馆后之言论	朱家治	图书馆学季刊	1926,1(1)
14	杜威及其十进分类法(附表)	朱家治	图书馆学季刊	1926,1(2)
15	民众图书馆选择书籍的问题:以切合民众需要为原则	朱家治	民众教育	1931,3(4/5)

DEPARTMENTAL WORK

1931-32.　　Fall Semester

- 2 -

Department	Credits	Teaching Hours Lab.	Class	No. of Students
Hygiene:-				
Miss Chen Mei-yu	2		9	[illegible]
Physical Education:-				
Miss Case	13½	16		
Mrs. Lin				
Miss Yang	3½	14		
Miss Hwang	9½	17		
Miss Tsui	½	17		
Miss Cheng	½	17		
Frau Weber		2		
Total	26½	74		192
Library Science:-				
Mr. Dju	4		4	12

图 3－64　1931—1932 年秋季学期金女大课程设置①

在中华教育改进社和中华图书馆协会的推动下，国内不少高校和图书馆开始开设实用的图书馆学课程，普及图书馆知识。1928 年 11 月，吴贻芳博士出任金女大校长，金女大的办学宗旨开始由扩展宗教在中国的影响转向注重培养有学问、有道德修养、对社会有用的人才。学校在课程设置上做了不少改进，增加了实用性的课程，朱家治先生兼职教授的图书馆学就是其中一门(见图 3－64)。在 1931—1932 学年秋季学期金女大设置的 19 门课程中，图书馆学课程每周 4 个课堂学时，学分计 4 分，共有 18 位学生参加该课程的学习。

① 图片来源：耶鲁大学神学院图书馆数字档案 RG011-128-2635 第 6 页。

GINLING COLLEGE FACULTY

1931-1932

ADMINISTRATION 管理

Wu Yi-fang	President
Mrs. Lawrence Thurston	Adviser
E. Jane Thomas	English Secretary
Ming Hsiah-chung*	Chinese Secretary
Elsie M. Priest*	Acting Treasurer
Chen Er-chang	Assistant Treasurer
Chen Tieh-ming	Acting Registrar
Mrs. B. B. Chapman*	Acting Librarian
Sha Ou	Assistant Librarian
Tsien Tswen-hsuin*	Assistant Librarian
Mrs. Tsen Shui-fang	Dormitory Director
Goh Ih-shan	Superintendent of Grounds
Margaret G. Smythe*	College Physician
Li Wei-i	College Nurse

INSTRUCTION 教学

Kathleen L. Bond	Music
Catherine C. Carl	Music
Emily I. Case	Physical Education
Chang Sze-i*	English
Chen Deh-djen	Math. and Physics
Chen Mei-yü	Hygiene
Chen Yü-djen	Education
Cheng En-tsi	Physical Education
Ruth M. Chester	Chemistry
Chiu Yü-tsi	Chemistry
Chu Hai-ju	Biology
Deng Wan-pu*	Chinese and Philosophy
Dju Ao	History
Dju Chia-dji*	Library Science
Mrs. P. S. Ho*	Music

朱家治 图书馆学（兼职）

图 3－65　1931—1932 年金女大教职员名录中的朱家治先生①

Ginling College 第 153 页中国教员(Chinese Personnel—Faculty)名单中，有一条记录："Dju, Chia-Dji, Mr. Library Science 1931—1932."对照 *Minutes of the Board of Directors of Ginling College October 16th and* 17th，*1931* 第 27 页(见图 3－65)，可以确定，1931 年秋至 1932 年春

① 图片来源：耶鲁大学神学院图书馆数字档案 RG011-127-2618 第 134 页。

季学期在金女大兼职教授图书馆学课程的是朱家治先生。虽然从管理的角度来说,他并非是图书馆的工作人员,但在当时的金女大没有设置图书馆学专业学科的情况下,特聘请外校人士开设图书馆学课程,说明当时的金女大管理层非常重视学生对图书馆学知识的汲取。教育职能是图书馆的社会职能之一,因此,本书将从事图书馆学教学工作的朱家治先生也纳入图书馆员工考证之列。

1925 年 4 月,中华图书馆协会成立,朱家治先生任协会图书馆教育委员会书记和出版委员会书记。1926 年,中华图书馆协会会员信息中,有关朱家治先生的信息记载如下:“朱家治,字慕庐,南京东南大学。”1929 年 1 月 28 日,中华图书馆协会第一次年会在南京召开,朱家治先生作为个人会员的信息记录为“字慕庐,安徽歙县人,外交部”,同时他作为机构会员的信息记录为“南京中学图书馆(南京门帘桥)的代表”。《中华图书馆协会会报》1932 年第 7 卷第 6 期 11 页“1931 年 6 月会员录”的个人会员中,朱家治先生的通讯地址为南京城北相家营 9 号。沈祖荣先生 1933 年发表于《中华图书馆协会会报》第 9 卷第 2 期的《中国图书馆及图书馆教育调查报告》中记载:“外交部图书馆亦为政府机关中图书馆之较优者。其协助外交部务之改进处不少。咨询、参考、编纂工作频繁,每一问题到馆,当事者常须翻检各书、各刊物、各文件,以求答案。日之不足,且继之以夜。朱家治先生任馆长,其职任当甚繁剧。”①由上述信息可知,1931—1932 年在金女大兼职图书馆学教学的朱家治先生正任职于民国政府外交部。

关于朱家治先生的详细生平和其对图书馆事业的贡献可以参阅以下学者著作文献(见表 3-3)。

---

① 沈祖荣.沈祖荣文集[M].武汉:武汉大学出版社,2013:236.

表 3-3　介绍朱家治先生生平及其对图书馆事业的贡献的文献

序号	题名	著者	报刊名或网站名	年卷期
1	图书馆学家朱家治	程极平	歙县志坛	1985(3/4)
2	论朱家治早期对中国图书馆事业的贡献	平保兴	山东图书馆学刊	2013(1)
3	皖籍学人朱家治对中国现代图书馆事业的贡献	谌爱容,马利华	新世纪图书馆	2016(8)
4	图书馆学家朱家治先生事略	Libseeker	博客网	2008.12.19

九　沙鸥（Sha Ou）［1931—1933］

图 3-66　沙鸥 1931 年 6 月文华图专培训班结业证件照①

沙鸥(1899—不详),女,字啸宇,又名沙讱言,江苏江阴人,中华图书馆协会会员。曾就读于东南大学,并服务于上海交通大学图书馆。1930—1931 年在武昌文华图书馆专科学校第一期图书馆学讲习班学习,结业后于 1931 年秋季学期应聘进入金女大图书馆工作,任助理馆员。1933 年春季学期结束后离开金女大,进入北京大学继续深造,毕业后在北京大学图书馆工作,任阅览股股长。后与外交史学界著名人士王亮(希隐)先生在北平结为伉俪。沙鸥女士热爱阅读,热情帮助年轻人,热

① 图片来源:武汉大学档案馆。

心于北平的妇女运动。1937 年抗日战争爆发后，她没有跟随学校南迁，成为北京大学留守北平为数不多的几位教职员之一[①]。中华人民共和国成立前，沙鸥女士离开中国定居美国，于 20 世纪 50 年代末期或 60 年代初期在美国去世。

1930 年秋季学期开始时，金女大图书馆同时有两位代理主任，虽然贾溥萌夫人只是兼职，钱存训先生还在金陵大学读书，但是钱先生特地暂停学业来任馆长。因此，相较于金女大图书馆之前的十多年里均为一人承担管理事务来说，此时的图书馆人力资源可谓大大提升。然而这离吴贻芳校长"设主任 1 人，馆员 2—3 人"的图书馆人员配备目标还有差距，因此，在 1930 年 11 月 30 日至 12 月 1 日的金女大校董事会会议中，再聘任一位图书馆馆员的费用被列入了学校预算中[②]。据 1932 年 1 月 16 日校董事会年度会议纪要中记载，1931 年共有 16 位图书馆馆员应聘者[③]，最终被聘用的是 Miss Sha Ou(沙鸥小姐)。1932 年《金陵女子文理学院年刊》第 1 期第 174 页学校新聘教职员名单中，图书馆主任职位下是沙鸥女士。然而在官方档案中保存的 1931 年至 1933 年金女大教职员名录中，沙鸥的图书馆职位却一直是助理馆员。本书以官方档案记载为准。

在 1931—1932 学年金女大教职员名录中，Mrs. B. Burgoyne Chapman(贾溥萌夫人/高切尔小姐)兼职任图书馆代理主任，Sha Ou(沙鸥)与 Tsien Tswen-hsuin(钱存训)与她共事，任 Assistant Librarian(助理馆员)，此时，Dju Chia-dji(朱家治)也在金女大担任图书馆学课程的教

① 郑晏. 回忆抗战期间在北平的生活[EB/OL]. http://blog.sina.com.cn/s/blog_950092cb0102xcg9.html.

② 见耶鲁大学神学院图书馆数字档案 RG011-124-2593 第 81 页。

③ 见耶鲁大学神学院图书馆数字档案 RG011-124-2594 第 11 页。

学工作(见图 3-67)。

GINLING COLLEGE FACULTY

1931-1932

ADMINISTRATION 管理

Name	Position	
Wu Yi-fang	President	
Mrs. Lawrence Thurston	Adviser	
E. Jane Thomas	English Secretary	
Ming Hsiah-chung*	Chinese Secretary	
Elsie M. Priest*	Acting Treasurer	
Chen Er-chang	Assistant Treasurer	
Chen Tieh-ming	Acting Registrar	
Mrs. B. B. Chapman*	Acting Librarian	贾溥萌夫人，图书馆代理主任（兼职）
Sha Ou	Assistant Librarian	沙鸥，　助理馆员
Tsien Tswen-hsuin*	Assistant Librarian	钱存训，　助理馆员（兼职）
Mrs. Tsen Shui-fang	Dormitory Director	
Goh Ih-shan	Superintendent of Grounds	
Margaret G. Smythe*	College Physician	
Li Wei-i	College Nurse	

INSTRUCTION 教学

Name	Subject	
Kathleen L. Bond	Music	
Catherine C. Carl	Music	
Emily I. Case	Physical Education	
Chang Sze-i*	English	
Chen Deh-djen	Math. and Physics	
Chen Mei-yü	Hygiene	
Chen Yü-djen	Education	
Cheng En-tsi	Physical Education	
Ruth M. Chester	Chemistry	
Chiu Yü-tsi	Chemistry	
Chu Hai-ju	Biology	
Deng Wan-pu*	Chinese and Philosophy	
Dju Ao	History	
Dju Chia-dji*	Library Science	朱家治，图书馆学（兼职）
Mrs. P. S. Ho*	Music	

图 3-67　1931—1932 学年金女大教职员名录中的图书馆员工信息①

1932 年春季学期结束时,贾溥萌夫人离开南京,随贾溥萌先生一起到日本工作,钱存训先生也从金陵大学毕业去上海交通大学图书馆就职。从美国留学刚回国的吴光清先生接任金女大图书馆主任一职,沙鸥小姐与之搭档,任助理馆员(见图 3-68)。

① 图片来源:耶鲁大学神学院图书馆数字档案 RG011-127-2618 第 134 页。

GINLING COLLEGE FACULTY

1932-1933

Administration

WU YI-FANG — *President*
Ginling College, A.B., 1919; University of Michigan, A.M., 1924, Ph.D., 1928; St. John's University, Sc.D., 1929.

MRS. LAWRENCE THURSTON — *Adviser*
Mt. Holyoke College, B.S., 1896; Litt.D., 1925; arrived in China, 1902.

HELEN M. LOOMIS — *Secretary*
George Washington University, A.B., 1923; Boston University, A.M., 1927; arrived in China, 1932.

MING HSIAH-CHUNG* — *Chinese Secretary*

ELSIE M. PRIEST* — *Acting Treasurer*

CHEN ER-CHANG — *Assistant Treasurer*
University of Nanking, A.B., 1927.

TSÜ KWOH-CHI — *Registrar*
University of Nanking, A.B., 1928; University of Kentucky, A.M., 1931; University of Michigan, 1931-32.

WU KWANG-TSING — *Librarian*
University of Nanking, A.B., 1927; Columbia University, B.S., 1931; University of Michigan, M.A.L.S., 1932.

吴光清 图书馆主任
1927年金陵大学学士
1931年哥伦比亚大学学士
1932年密西根大学图书馆学硕士

SHA OU — *Assistant Librarian*
Boone Library School, Certificate, 1931.

沙鸥 图书馆助理馆员
1931年，文华专结业

MRS. TSEN SHUI-FANG — *Dormitory Director*

图 3－68 1932—1933 学年沙鸥与吴光清主任搭档管理金女大图书馆①

图 3－68 所示的档案记录中，沙鸥名下标注着“Boone Library School, Certificate, 1931”，“Certificate”可以译成文凭，也可以译成结业证书。这条信息提示她是 1931 年文华图书馆学专科学校(简称“文华图专”)的毕业生。

关于沙鸥与文华图专的关联信息，有以下几个佐证资料。一是《中华图书馆协会会报》1930 年第 6 卷第 1 期第 28 页刊载了文华图专第一

① 图片来源：耶鲁大学神学院图书馆数字档案 RG011-128-2634 第 7 页。

期讲习班录取的十四名免费生信息，其中沙鸥名下记录“女，江苏人，南京东南大学肄业，上海交大图书馆服务”。二是《武昌文华图书科季刊》1933 年第 5 卷第 3—4 期第 257 页“同门零讯”上刊载的新、老同学的服务机关及变更信息（见图 3－69）。三是彭敏惠 2015 年发表于《图书与情

同門零訊

一　新畢業同學服務之機關

于鏡宇　國立北平圖書館

趙福來　河北定縣中華平民教育改進社圖書館

呂紹虞　上海大夏大學圖書館

陳鴻飛　山東齊魯大學圖書館

童世綱　南京中央陸軍軍官學校圖書館

吳元清　南京金陵女子大學圖書館

鄧光祿　成都華西大學圖書館

强佩芬　湖南岳州貞信女子中學校校長

二　老同學職務之更動

王文山　由北平清華大學圖書館轉職南京國防委員會

白錫瑞　由杭州浙江大學圖書館轉職南京國防委員會

皮高品　由母校研究部轉任武昌國立武漢大學圖書館主任

孫述萬　由杭州浙江大學圖書館轉職國立北平圖書館

林斯德　由南京中央陸軍軍官學校圖書館轉職上海國立商學院圖書館

舒紀維　現任職於安徽省立圖書館

錢亞新　由上海大夏大學圖書館轉任天津河北女子師範學院圖書館主任

汪[illegible]紳　現任湖南大學圖書館主任

沙　鷗　現任職於北平國立北京大學圖書館

于熙儉　現任職於上海太平洋國際學會

图 3－69　文华图专校刊上刊载的毕业老同学沙鸥职位变更的信息①

① 图片来源：《武昌文华图书科季刊》1933 年第 5 卷第 3—4 期第 257 页。

报》第6期上的一篇文章《从文华公书林到武汉大学信息管理学院图书分馆》,其中提到沙鸥等校友向文华图专捐赠图书的历史背景,文中记载:"也收到了校友沙鸥(又名沙讱言,图书馆学讲习班第1班学生)等人的捐赠,馆藏书籍有所增加。"四是武汉大学信息管理学院主页中设立的"校友沙鸥赠书"专栏(http://simlib.whu.edu.cn/tszc/2/2/2015-04-22/52.html),页面上详细罗列着沙鸥所赠图书的目录信息。因此,综合以上信息,沙鸥是文华图专图书馆学讲习班第一届学员,经过一年的专业课程培训结业后,于1931年秋季应聘于金女大图书馆。《中华图书馆协会会报》1932年第7卷第6期刊载的1931年6月会员录中,个人会员沙鸥的工作单位为南京金陵女子大学图书馆。

沙鸥虽然只在金女大图书馆工作了两年时间,但其1932年发表于《私立金陵女子文理学院校刊》上的基于数据分析的《图书馆概况及工作报告》[①]一文,在当时的图书馆界颇受关注,且对后世研究当时的图书馆运行状态极为有助。

根据《武昌文华图书科季刊》1933年第5卷3、4合期刊载的文华图专老同学职务变更信息可知,1933年,沙鸥离开金女大后任职于北平国立北京大学图书馆(见图3-69)。她在北平时期的情况,可以在几篇回忆文章中找到线索。沙鸥到北平后,进入北京大学学习,并担任北京大学图书馆阅览股股长。她热心于北平妇女运动,作为北平妇女服务促进会成员积极参加各类维护妇女权益的活动[②]。令人惊奇的是,几篇提及沙鸥的回忆文章的作者均为我国当代著名学者,一位是中国古典文学家吴晓铃先生,一位是文学家、翻译家金

① 见《金陵女子文理学院年刊》1932年第1期第166—169页。

② 北京市妇女联合会编.巾帼春秋[M].北京:中国妇女出版社,1988:98.

克木先生，还有一位是著名作家林海音女士。根据文中记载，三位均在北平与沙鸥女士打过交道，得到过她热心的帮助，对她留下了深刻印象。

吴晓铃先生在《我与北大图书馆》一文中，描写过时任北京大学图书馆出纳股主任的沙鸥是一位喜爱阅读到废寝忘食、无我境界的大嗓门中年女士[①]。

金克木先生与沙鸥的交往缘于1934年春的法文课。在当时的北京大学外语系法文二年级开设的一门课上，和他一样参加旁听的还有两位女生。金克木先生的回忆文章中是这样记载的：

> 其中有两个女的，一个年纪大些，过三十岁了吧。一个很年轻，过不了二十岁。年纪大的女生自称沙鸥。她法语说得不怎么样，英语很流利，常在课后和教师说话，法语带上几句英语。这是个热心人。很快她便认识了我。知道我无学无业，劝我跟她学英文打字。由于她，一年以后我才当了大半年的图书馆的职员，正是在她的手下。学法文时她还没有结婚，经常拿我开开玩笑，说话有点肆无忌惮。可是我年轻不懂事，后来突然告别，不做她的部下，一定使她难过。不过十几年后再见到她时，她仍然热心给我帮忙，没有埋怨我一句。[②]

另外，关于沙鸥如何帮助他去图书馆工作的有这样一段描述：

---

① 吴晓铃.吴晓铃集 第4卷[M].石家庄：河北教育出版社，2006：143—144.

② 金克木.金克木集 第6卷[M].北京：生活·读书·新知三联书店，2011：6—7.

一九三五年北大在沙滩红楼后面为图书馆盖了新楼。毛子水[①]辞职不兼馆长。主任一职,请在美国学图书馆学的严文郁[②]担任。和我一同听法文课的沙鸥女士本是学图书馆学的,由严主任请去当阅览股股长。她出主意,请法国人邵可侣教授向严主任推荐我,她再加工,让我当上她的股员。于是我得到机会"博览群书"。她讲话时"中英合璧",还会说日文,又学法文。她还逼我学英文打字,用她的打字机,照打字课本学。中午休息时把我关在她的办公室里,她出去吃饭,半小时后回来考察我的作业,放我走。[③]

林海音 1934 年考入北平新闻专科学校就读时,一边读书,一边在《世界日报》担任实习记者。1937 年,她正式担任《世界日报》记者,主跑妇女新闻,与当时热心妇女运动的沙鸥有了许多交往。林海音女士写的《中国作家在美国》一文中,对于她 1965 年春季拜访时任哈佛大学燕京

① 毛准(1893—1988),字子水,原名延祚,浙江江山人。1920 年毕业于北京大学数学系。后留校任教。1923 年经北京大学史学系考选赴德国柏林大学研究。1930 年归国,任教北京大学史学系并兼任北京大学图书馆馆长。抗日战争期间,押运北京大学图书馆珍贵善本经香港、越南海防抵昆明,任西南联合大学史学系教授。抗日战争胜利后,任北京大学教授兼图书馆馆长,并主编大公报《文史周刊》专栏。1949 年初去了台湾。

② 严文郁(1904—2005),男,字绍诚,湖北省汉川县人,图书馆学家。1925 年毕业于武昌文华图书馆专科学校。1927 年获华中大学文学学士学位。1932 年获美国哥伦比亚大学图书馆学硕士学位。历任北平图书馆主任、北京大学图书馆馆长、西南联大图书馆馆长。1947 年应美国图书馆协会邀请赴美考察图书馆事业。1952—1954 年任联合国图书馆编目部主任。1964 年起任俄亥俄州立大学东亚图书馆馆长兼图书馆行政研究教授。1978—1985 年任台湾辅仁大学讲座教授并兼任"台湾中央图书馆"汉学资料及服务中心顾问。1986 年 7 月获旅美华人图书馆协会 1986 年最杰出图书馆员奖。

③ 金克木著,段晴等编.师道师说 金克木卷[M].上海:东方出版社,2013:57.

图书馆馆长的裘开明先生[1]时的情况，有这样的记载："我在学校初习采访跑妇女教育新闻时，曾在一位当年于北京热心妇运的沙鸥女士处，见到几次裘先生，这已经是二三十年前的事。""我便提起往事，并且说明我当时服务的报馆和我的原名。他初听似不记得，过后忽想起来问我是否就是沙鸥女士的朋友？我说正是，他告诉我沙鸥女士几年前才在美逝世。"[2]根据上述内容和时间推算，沙鸥女士大概在20世纪50年代末期或60年代初期在美国去世。至于她是何时去的美国，又落脚何处，目前未找到相关信息。但有几条线索可以知道她抗战初期时还在北平。一是1937年2月1日，她和朱光潜[3]、金克木等参加了一场婚礼[4]。二是《文华图书馆学专科学校季刊》1937年第9卷第1期第151—152页"校闻及同门消息"中，沙鸥和严绍诚、裘开明、陈尺楼、杨作平一起当选1937年文华图专北平同学会执行委员（见图3-70）。三是1938年7月30日发行的《中华图书馆协会会报》第13卷第1期第22页上的会员消息："沙鸥现仍居北平，通讯处：北平遒兹府关东店七号。"据此可知，抗战初期，沙鸥并未随北京大学南迁长沙和西迁昆明。在《中华图书馆协会会报》1948年第21第3—4期的第3—4页上刊载的截止于1947年12月的中华图书馆协会个人会员名录中，沙鸥的所在地为北平市，因此，她去美国应在这之后。

---

① 裘开明(1898—1977)，浙江镇海人，著名图书馆学家，文华图专1922年首届本科毕业生。

② 林海音.英子的乡恋[M].南京：江苏人民出版社，2014：305.

③ 朱光潜(1897—1986)，男，字孟实，安徽省桐城县人。现当代著名美学家、文艺理论家、教育家、翻译家。1922年毕业于香港大学。1925年留学英国爱丁堡大学，后在法国斯特拉斯堡大学获得哲学博士学位。1933年回国后，历任北京大学、四川大学、武汉大学教授。1946年后一直在北京大学任教。

④ 见浙江在线新闻网站上《爱是亘古长明的灯塔　怀念我的妈妈范小梵》一文。

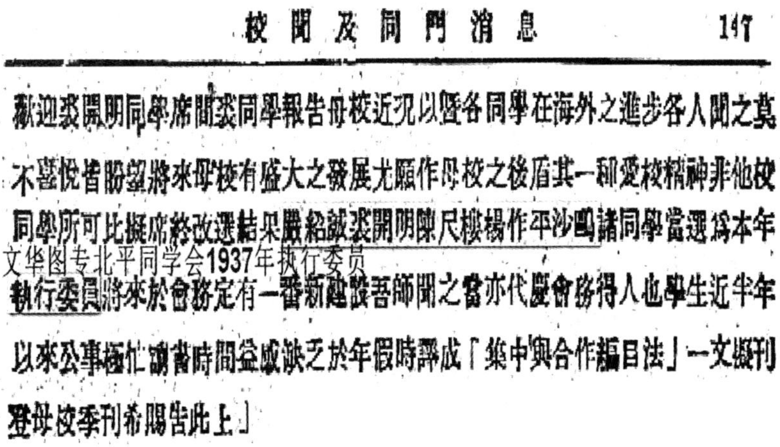

校聞及同門消息　147

歡迎裘開明同學席間裘同學報告母校近況以暨各同學在海外之進步各人聞之莫不歡悅皆盼望將來母校有盛大之發展尤願作母校之後盾其一種愛校精神非他校同學所可比擬席終改選結果嚴紹誠裘開明陳尺樓楊作平沙鷗諸同學當選爲本年執行委員將來於會務定有一番新建設吾師聞之當亦代慶會務得人也學生近半年以來公事極忙讀書時間益感缺乏於年假時譯成「集中與合作編目法」一文擬刊登母校季刊希賜告此上」

文华图专北平同学会1937年执行委员

图 3－70　文华图专北平同学会执行委员会 1937 年改选结果

沙鸥是中华图书馆协会会员。协会会刊中记录了她任职变更的信息。《中华图书馆协会会报》1932 年第 7 卷第 6 期第 11 页刊载的 1931 年 6 月会员录个人会员信息中记载，沙鸥工作于南京金陵女子大学图书馆。而 1934 年 2 月出版的第 10 卷第 1 期第 14 页的会员消息中，沙鸥已任职于国立北京大学图书馆。

关于沙鸥女士在北京大学图书馆的任职信息，可从王学珍、郭建荣主编的《北京大学史料　第二卷　1912—1937》上找到，“国立北京大学职教员录(民国二十五年四月编印)，职别：图书馆阅览股股长，姓名——沙鸥，字——啸宇，年龄——三十八岁，籍贯——江苏”①。吴晞主编的《北京大学图书馆九十年记略》也有记载：“改组后的北大图书馆共有馆员三十余人，分为五个股。阅览股，掌管书库、阅览室及借阅事

① 王学珍，郭建荣．北京大学史料 第二卷 1912—1937[M]．北京：北京大学出版社，2000：404．

宜，共有十二人，股长沙鸥。”[①]由此可知，沙鸥领导的阅览股是当时北京大学图书馆最大的一个部门，承担了图书馆最繁重的流通阅览服务工作。

1936年7月20日，沙鸥以北京大学图书馆人员身份参加了在青岛召开的中华图书馆协会第三次年会。在此次年会上，参会的文华图专校友与校长沈祖荣先生(1883—1977，图书馆学家)在青岛相聚，《文华图书馆学专科学校季刊》1936年第8卷第3期第133页《同门消息——青岛聚会》中做了专门报道：

> 本年七月二十日起，中华图书馆协会开第三次年会于青岛，与吾校同学以团聚之机会。协会全体会员一百三十一人，本校同学有二十六人之多，适占全数五分之一。到会者除沈校长沈师母及其男女公子不计外，有胡芬、杨作平、田洪都、皮高品，严文郁，董明道，钱亚新，毛坤，陈颂，耿靖民，徐家璧，曾宪文，龙永信，于镜宇，黄元福，汪应文，熊毓文，杨漪如，王铭悌，邢云林，邓衍林，沙鸥，李尚友，曹钟瑜，袁仲燦等诸同学。多年不会，一旦相逢，细话当年，各道将来计划，其愉快兴奋之情状，真不能以言语形容。

此次聚会留下了一张珍贵的合影照(见图3-71)，遗憾的是无法从照片中识别出沙鸥。此次年会上，沙鸥与其他会员一起提交了两个会议提案：一个是“请教育部保障图书馆服务人员并饬订颁待遇标准案”，另一个是“各图书馆主要职员应援用专门技术人员案”[②]。两个提案一个涉及提高馆员待遇问题，一个是新录用馆员的准入制度问题，这两个问题至今还是图书馆界的热点。

① 吴晞.北京大学图书馆九十年记略[M].北京：北京大学出版社，1992：75.

② 见青岛市《文化志》资料专辑1990年第12期421页。

图 3－71　参加 1936 年中华图书馆协会第三次年会的文华图专校友青岛聚会合影①

根据之前提到的裘开明先生与沙鸥的交情，查阅程焕文编的《裘开明年谱》，该书 1938 年 5 月 9 日的记载中有如下信息："很抱歉我们未能制成《清季外交史料》第一卷蓝本，因其中有很多照片和图版。我一直在设法寻找一个副本，最后成功地从作者的夫人(沙鸥小姐，曾在去年任北大参考馆员)那获得一个副本。"②而《清季外交史料》共分六部分，计二百六十九卷，辑录清末军机处及外务部档案，由王彦威、王亮父子先后辑成，是研究清代光绪、宣统两朝对外关系的重要史料。另外，1936 年、1937 年记载的北平国际妇女会活动中，出现了沙鸥与王沙鸥两个名字。

① 图片来源：《文华图书馆学专科学校季刊》1936 年第 8 卷第 3 期第 3 页。

② 程焕文编.裘开明年谱[M].桂林：广西师范大学出版社，2008.

想必就在此时，在北京大学图书馆工作的沙鸥与王亮先生喜结良缘。且据《中华图书馆协会会报》1938年第13卷第1期的会员消息知晓沙鸥居住在北平迺兹府关东店七号，而北平迺兹府关东店七号正是王氏父子编辑的《清季外交史料》全书告成特价展期的总发行处——外交史料编纂处[①]。

图3-72 王亮（希隐）先生[②]

王亮（1881—1966），字希隐，浙江黄岩人，著名外交家和外交史学家。清末大臣王彦威（字弢夫）嗣子。毕业于京师大学堂与南京陆师学堂。历任江苏候补知府、陆军部员外郎、国务院内务部秘书、北平市政府科长，驻秘鲁嘉里约领事。后回国任外交委员会科长、外交部条约委员，赴英国、美国等多个西方国家及日本考察政治。民国时期留任外交部，为职业外交官。其深知外交艰巨，继父遗志，搜集续编光绪三十年至宣统三年的外交史料，费时10年编成，连同《筹办洋务始末记》，共243卷，取名《清季外交史料》，又编《索引》与《外交年鉴》于书后。抗战期间任民国政府中央赈济委员会委员。1938年起，中央赈济委员会在浙江成立办事处，王亮任主任，主持家乡赈务工作。中华人民共和国成立后，王亮曾任黄岩县政协第一、二、三

① 见《外部周刊》1936年第95期39页。

② 图片来源于“全国报刊索引”数据库《育英年刊》1938年第21页，王亮（希隐）先生时为华北基督教公理会育英中学校董。

届委员。1966年6月病逝,享年85岁。其主要著作有《西巡大事记》12卷,以及《清朝掌故》《清朝大典》《枢垣笔记》《史汉校勘记》《秋灯课诗屋图》《黎庵丛稿》,还著有《清代条约章分类表》《清季外交史料地图》等[①]。

金女大过渡图书馆时期的最后两年中,图书馆人员再次频繁变动。先是贾溥萌夫人和钱存训先生同时离开金女大,后来沙鸥又离开了金女大。直到1933年秋季学期,时任图书馆主任的吴光清(Wu Kwang-tsing)先生和新入职的助理馆员吴元清(Virginia Wu)小姐搭档,图书馆才开始进入人员相对稳定且快速发展的时期,并迎来新一轮馆舍变动和文献大搬迁。

十　透过数据看1923—1933年过渡图书馆的发展

根据耶鲁大学神学院图书馆数字档案RG011-126-2612、RG011-126-2613、RG011-126-2618、RG011-126-2619中记载的1923—1933年金女大管理委员会年度报告和RG011-128-2633、RG011-128-2634中记载的1922—1933年金女大年度公报,整理出1923—1933年金女大图书馆年度经费预算及实际支出情况表(见表3-4)、年度图书资产总额与馆藏文献总量情况表(见表3-5)、年度在册教职工和注册学生人数情况表(见表3-6),透过这三张表中的数据信息,可以再现1923—1933年这11年过渡图书馆时期,金女大对图书馆的支持,以及图书馆建设发展的成效。

---

① 朱梅光.近代中国外交史学研究[M].合肥:黄山书社,2012:68.

1. 图书馆员工薪酬预算与支出情况

表 3 - 4　1923—1933 年金女大图书馆年度经费预算及实际支出情况表（M.$）

学年	本学年预算					本学年实际支出		
	薪酬（主任＋助馆）	图书	办公＋期刊	设备	家具	图书	办公＋期刊	薪酬（主任＋助馆）
1923—1924	1 500	330	550	200	261	1 536.83	689.31	—
1924—1925	1 500	—	550	—	—	2 753.74	771.88	268.55
1925—1926	720＋330	2 155	810＋145	—	—	1 723.56	44.86＋583.86	475＋122.15
1926—1927	1 500＋300	2 500	475	—	—	1 340.72	10.3＋566.78	550＋357.5
1927—1928	1 500＋300	2 500	600	—	—	3 165.79	633.82	660＋138.35
1828—1929	1 500＋300	3 000	600	—	—	2 541.70	628.89	600＋624.91
1929—1930	1 728＋700	3 000	700＋500	—	—	3 944.21	1 192.27	590＋587.67
1930—1931	1 728＋700	3 000	700＋500	—	—	2 281.59	272.59＋992.73	860＋730.67
1931—1932	2 534.4＋600	3 150	500＋1000	—	—	3 150.00	484.17＋950.36	960＋622.54＋250(教学)
1932—1933	2 112＋700	4 200	500＋1 000	—	—	2 818.17	356.37＋940.83	2 660＋583.71
1933—1934	2 820＋600	4 200	500＋1 000	899（学生工）		4 126.59	363.43＋1 242.87	2 840（员工）＋814.42（学生工）

从表 3 - 4 中可见，金女大从 1923—1924 学年开始将图书馆主任薪酬在全校经费预算中单独列项，且从 1925—1926 学年开始又将助理馆员的薪酬预算也单独列出。另外，从 1924—1925 学年开始，学校薪酬实际支出中也将图书馆员工薪酬单独列出。1924—1925 学年图书馆主任

薪酬预算为 M. $ 1 500,远大于实际支出的 M. $ 268.55,说明虽然金女大管理层留有足够的预算经费用于支付图书馆主任薪酬,但遗憾的是图书馆配备不到专职的专业人员。1926 年前的两任外籍主任均是兼职管理,作为图书馆员工薪酬支出的部分只是她们兼职工作的报酬,因此低于学校给专职图书馆主任的预算薪酬。同样,后续的几任主任也都兼职其他工作,直到 1932—1933 学年,具有图书馆学专业背景的吴光清先生专职担任图书馆主任,这部分的支出才开始超出预算。

从表 8 中还可见,过渡图书馆阶段的员工薪酬预算从 M. $ 1 500(图书馆主任)逐年增长至 M. $ 2 820(图书馆主任)+ M. $ 600(助理馆员)+ M. $ 899(学生工),实际支出趋势与预算相同,也是逐年增长,从 M. $ 268.55(图书馆主任)增长至 M. $ 2 660(图书馆主任)+ M. $ 583.71(助理馆员)。这样的增长趋势说明金女大管理层为图书馆的发展留有足够的人员人数增长空间和经费保障。

另外,从表 3 - 4 中可知,金女大年度财务数据中一直有助理馆员薪酬的预算和支出部分,而档案中助理馆员任职记载最早的是 1931 年秋季学期聘任的沙鸥小姐。因此,此前每年的助理馆员薪酬支出只能说明有未记录在图书馆职位上的人员,她(他)们承担了图书馆助理馆员的职责却未被记录在册。比如钱存训先生,他的回忆文章中记载了他于 1927 年到金陵大学读书时就开始在金女大图书馆帮助做图书编目工作,但档案中记载的他在金女大图书馆的工作时间只有 1930—1932 年。那些档案中未有记载的曾从事过图书馆工作的人员的信息,只能从一些回忆文章或其他文献中去发现线索了。

2. 馆藏资源建设

从表 3 - 4 中的图书、期刊文献年度预算经费和支出费用可知,1923—1933 年过渡图书馆的图书预算经费从 M. $ 330 逐年增长至

M.＄4 200，实际支出费用也从 M.＄1 536.83 增长至 M.＄4 126.59，年度支出平均增长 16.85％。同时，每年还有一笔相对稳定的经费预算用于图书馆运行支出和期刊的订购。1933 年图书馆办公支出 M.＄363.43，订购期刊支出达 M.＄1 242.87，订购期刊的实际支出费用达到了购买图书总经费的 30％。

表 3－5 图书馆年度图书资产总额与馆藏文献总量情况表

统计时间	馆藏图书量（册）	期刊（种/册）	馆藏图书资产总额（M.＄）	1930 年 12 月校刊刊文中的数据
1923 年 6 月 30 日	5 938（其中中文书 2 850）	65	—	西文书 3 967 册
1924 年 6 月 30 日	—	—	—	西文书 4 714 册
1925 年 9 月 10 日	9 000（其中中文书 4 000）	50	5 733.96	西文书 4 925 册
1926 年 7 月 1 日	11 856	—	6 345.99	西文书 5 740 册
1927 年 7 月 1 日	—	—	7 710.34	西文书 6 140 册
1928 年 7 月 1 日	12 500（其中中文书 6 000）	100	8 920.72	西文书 6 780 册
1929 年 7 月 1 日	—	—	10 674.01	中文书 7 200 册 西文书 7 620 册
1930 年 7 月 1 日	—	—	11 382.57	中文书 8 976 册 西文书 8 000 册
1931 年 7 月 1 日	18 000（其中中文书 10 000）	190	12 882.57	—
1932 年 7 月 1 日	—	—	14 224.07	—
1933 年 6 月 30 日	21 000（其中中文书 11 500）	300	34 598.82	—

如表 3-5 所示,在稳定增长的文献建设经费的保障下,1923—1933 年过渡图书馆运行期间,年度订阅的期刊从 65 册增长到 300 册,馆藏图书总量从 5 938 册增长到 21 000 册,平均每年新增图书 1 506 册。1933 年馆藏图书资产总额已达 M.＄34 598.82,是 8 年前 1925 年资产额 M.＄5 733.96 的 6 倍。另外,从钱存训先生 1930 年 12 月在校刊上发表的《本校图书馆概况》一文可知,1923 年至 1930 年,西文图书馆藏量从 3 967 册增长到 8 000 册,中文书从 2 850 册增长至 8 976 册,中文书增长多于西文书。

过渡图书馆期间,除有正常的年度经费采购文献以外,图书馆还接受了不少社会捐赠的书刊。1931 年秋季学期至 1932 年春季学期,图书馆收到赠书 534 册。其中,中文 133 册,革命书籍 117 册,未编目者 145 册,中西文杂志 94 册,年鉴报告 26 册,中西文书目 17 册。收到书刊后,图书馆立即进行登记、分类、编目,并对捐助者回复感谢信,以此鼓励社会各界为图书馆捐赠书刊。这一学年,图书馆给捐赠者寄出了 43 封感谢信①。

表 3-6　年度在册教职工和注册学生人数情况表

年度	在册教职工数(人)	注册读者数(人)	生均图书(册/人)
1923—1924	28	95	62.5
1924—1925	34	133	—
1925—1926	39	137	65.7
1926—1927	38	153	77.5
1927—1928	38	97	—
1928—1929	43	132	94.7
1929—1930	44	166	—
1930—1931	49	179	—
1931—1932	62	192	93.7
1932—1933	54	174	—
1933—1934	56	212	99.1

① 平保兴.历史上的金陵女子大学图书馆:办馆特色与现实启迪[J].河南科技学院学报(社会科学版),2015(5):72—76.

3. 读者服务

综合表 3－5 和表 3－6 的信息，1923 年金女大生均图书拥有量为 62.5 册/人，到了 1933 年，生均图书拥有量达 99.1 册/人，已接近现代综合性大学图书馆生均图书保障 100 册/人的指标要求。

4. 1930 年图书馆概况

台湾“中央研究院”近代史研究所图书馆（即郭廷以图书馆）完整保存着一份 1930 年 12 月出版的《金陵女子文理学院校刊》年刊，其中刊载了时任金女大图书馆代理主任的钱存训先生撰写的《本校图书馆概况》。感谢台湾“中央研究院”近代史研究所图书馆同仁帮助获取到全文。该文详细介绍了 1930 年的金女大过渡书馆运行情况，为我们今天了解金女大图书馆 1915—1930 年的发展状况提供了帮助。摘编内容如下：

(1) 藏书情况

根据 1930 年 12 月的统计，金女大图书馆此时的总馆藏量近 17 000 册。数量虽然不丰富，但是重要典籍和各学科名著较为齐全，足以为本校教学参考服务提供保障。1929 年，图书馆还预订了一部《万有文库》，计有 2 000 册，正陆续跟踪出版收藏中。

金女大图书馆馆藏图书按学科分类统计如表 3－7 所示。由表中数据可知，金女大图书馆在丛书、文学、史地及社会科学类方面收藏书籍较多。

表 3－7　1930 年 12 月金女大图书馆藏书分类统计表（单位：册）

分类	中文	英文	小计
丛书	3 884	283	4 167
哲学	206	483	689
宗教	97	784	881
自然科学	126	821	947

续表

分类	中文	英文	小计
应用科学	53	465	518
社会科学	1 017	1 586	2 603
史地	1 484	1 440	2 924
文学	2 058	1 869	3 927
美术	59	243	302
总计	8 984	7 974	16 958

金女大图书馆对采购书与杂志的经费的使用有明确规定。依据金女大所设各系科的情况由校图书馆委员会按其需要酌量分配经费，并留有一部分经费用于选购其他要著。西文图书每学期购置一次，一般是直接向美国 Baker & Taylor、MacMillan 及英国 Blackwell 三家公司订配。而此前，在金女大建校初期，西文图书的采选则由回国休假的外籍教职员义务承担。十五年后的这个变化，说明金女大图书馆已从零星的、不定期的采选图书，转变为与世界知名大供应商建立稳定的供应渠道。中文书籍则随时在各书店选购收藏，既方便，又及时，大大缩短了中文图书采购、入藏的周期。中西文图书由各系科主任负责选择推介，并编写图书利用卡片目录(与图书馆目录卡片配套使用)，目的是将新选购的图书与各学科名著一起作为次年系科开设课程的指定参考书。

(2) 杂志订阅情况

金女大图书馆有定期刊物 300 余种，西文 160 余种，中文 140 余种，其中 98 种为订购刊，30 余种为交换刊，其他均为赠送刊。杂志室有中文报纸 9 份，英文报纸 2 份。报纸按月装订后入藏于储藏室中。重要杂志成卷后也全部装订，已装订的有 50 种，计 450 册，入藏于杂志室中。杂志室中有杂志架 6 个，陈列着最新杂志，架下有橱柜，存放着对应的旧杂志。为了方便各系科师生利用，中西文杂志按内容性质分十二类混合排架，分别为：① 书报指南；② 公报；③ 学校刊物；④ 哲学宗教；⑤ 自然科学（生物学—化学—数学—物理学）；⑥ 体育与卫生学；⑦ 社会科学（政治学—经济学—社会学）；⑧ 教育学；⑨ 史地；⑩ 文学；⑫ 音乐；⑫ 杂类。各类以一个字母代表，如文学为 L、史地为 H 等。每类之下，再依先后入藏顺序给予一个数字，如 L1、L2 等，并将此号码书写于杂志的左上角及架位上，以表示其排列的次序。此外，为了方便读者查找杂志的位置，图书馆还制作了杂志索引，英文依字母次序，中文依“永”字排列法（即“永”字八法）[①]，并编制刊名、架位对应表，方便读者查检。

（3）书籍分类体系

金女大图书馆实行全开架借阅服务，因此在分类方面务求简洁明了，西文书籍分类一直采用杜威十进制分类法。著者号原本取用著者姓氏的首字母，后来馆藏书籍日益增多，每类之中常有十多种书同号码，读者检索不易且常出现错误，不利于使用。而当时大多数图书馆所采用的卡特号(Cutter Number)取号比较烦琐且不可避免有雷同，不适合使用于小型图书馆。因此，金女大图书馆采用了变通的方法，于原来号码之后加上一位数字。已编目的各种书依据同一字母依次按排列顺序给号，未编目的新书则按加工时间的先后顺序给号。对于同一著者的同类作品，则在数字之后再加字母以示区别，如 H1、IA、H1B、H2 等。所以著者号最少两位，最多三位。虽然只是一个字母和数字的增减，但涉及的排架表、登录簿、目录卡片、书单、标签等均须相应更改，待架位对应调整完成则还需要一段时间。由此可见，图书馆基础业务工作琐碎与不易。中文图书分类根据的是时任金陵大学图书馆馆长刘衡如博士（即刘国钧先

① “永”字排列法，即采用中国书法用笔法则“永”字八法，以“永”字八笔顺序点、横、竖、钩、提、撇、短撇、捺排列汉字的方法。

生)于 1925 年 12 月编制、1929 年正式出版的《中国图书分类法》。此法废除新旧书籍界限,依据学科区别各类书籍,共计分九大部类。部下再复分门类,以此递推,直至无穷。著者号采用时任金陵大学农业图书研究部主任万国鼎先生于 1926 年所编的“汉字母笔著者号码表”。两者均比较方便。但由于中文书分线装书和洋装书,故最终不得不按不同的装帧分别排架,由此造成同类书籍被分开排架的大问题。

根据“此法废除新旧书籍界限”和后面的“中文检字仍用康熙部首法”,金女大图书馆在使用《中国图书分类法》之前,对中文古籍的分类采用的应是中国沿用了一千多年的四部(“经”“史”“子”“集”)分类法外加“丛书”而改成的五部分类法,对中文新书采用的则是与西文书一样的杜威十进制分类法,这样就出现中文书新旧两种分类体系并行的状况。1927 年 12 月曹祖彬先生编纂并油印出版的《金陵女子大学图书馆图书目录(初编)》记载,金女大图书馆从 1926 年暑假开始根据刘国钧先生编制的《中国图书分类法》,对馆藏全部中文图书重新进行分类,并编制卡片式目录用于检索。1927 年 10 月,金陵大学图书馆编目部的曹祖彬先生开始帮助金女大图书馆编制书本式分类目录,历时两个月完成。《金陵女子大学图书馆图书目录(初编)》为 16 开油印本,计 81 页,是金女大图书馆首部书本式馆藏中文图书分类目录。2008 年,北京图书馆出版社古籍影印室将该书目信息辑录出版于《明清以来公藏书目汇刊》第六十三册中。

(4) 编目流程

金女大图书馆中西文图书编目采用单元卡片制,一张卡片记载一种书籍。卡片上记录著者、书名、版本、出版地、出版时间、册数(购置的复本数)、页数、尺寸、称谓号码(Call Number,分类号码与著者号码的总称,即索取号)、登记号码等信息。每种图书均制作著者片、书名片、标题片(即主题片)等三张普通卡片。另外中文图书用书名片、西文图书用著者片再制作一张排架卡片。除主要卡片外,其他记入信息均遵从简略原则。此外,根据需求再制作分析卡片(即将丛书中的子目及一些书中的重要篇目另外制作成分析卡片,以方便多角度检索)和参考卡片(与标题相关,如果著作有异名或者不同的译名,均制作参考卡片)。金女大图书馆主要目录为卡片式,1927 年 12 月曾油印发行中文书目书本式分类目录一册,即金陵大学曹祖彬先生编制的《金陵女子大学图书馆图书目录(初编)》,1930 年补编过两次,但未印刷发行。

金女大图书馆查检用的卡片目录混合著者片、书名片、标题片等按字典式排列,西文图书依字母顺序,中文图书依《康熙字典》的部首法顺序。中文图书目录柜的抽屉外标明部首的笔画,对于每一部类所属的字中较多及重要的,则另外制作导卡指明。由于此种翻检法很是费时,后来对中文目录采用了新法重新排列。

金女大图书馆从选购图书,到图书上架,大致步骤及手续分为三部分。① 选购——根据出版信息介绍,核对配书单,查明价值及出版社信息;核算经费,依据出版社及各系科需求制定书目清单,交会计处发送订单。② 收录——核对书籍及配书单,审查发票及价格;盖印馆藏标识及入藏日期,粘贴书签、书袋及到期单;登录书籍,制作书卡。③ 编目——进行分类,做主题标引;制作目录卡片,编写书标;图书上架,目录卡片入盒。因此,图书馆一册图书的入藏利用与个人藏书有所不同,需要有一定的周期。

(5) 流通服务

金女大图书馆除星期日和假期外,图书馆每日开放 12 小时,上午 7:30 至 11:45,下午 1:00 至 6:00,晚间 7:00 至 9:45。每天闭馆前 5 分钟按铃提醒,读者按时还书出馆。开放时间内,阅览室内有管理人员轮流在借书台内负责参考书与普通图书的借还、制作到期卡、流通统计等事务。流通管理人员均由对图书馆事务有兴趣的学生于课余轮班当值。

金女大图书馆馆藏图书区域分为如下几大类：一是普通图书；二是普通参考书，如字典、辞典、百科全书等；三是指定参考书，由各系科教授指定书籍，放置于专门的参考书架上；四是杂志、报纸、小册子等。新书到馆、编目后则放置于"新书书架"，同时将封面陈列，作为新书广告。为了使人人均知晓馆中有新增书籍，且人人均有翻阅新书的机会，陈列于"新书书架"的图书均"在室阅览，不外借"。

金女大图书馆实行全架阅览服务，读者可随时在书架上取书阅读，因此，为了避免乱架，读者阅览后的图书均归还于特设的"还书书架"，由管理人员统一上架。金女大图书馆 1930 年修订的图书外借规则为：① 借还时间——在图书馆开放时间内，均可借还图书。而此前借还时间仅为晚间七点至八点。② 借还手续——在书后的书单上签名(中文线装书在借书台取卡片签名)，并留交管理人员收存；管理人员在书后"到期单"上盖日期戳，表明还书日期。③ 借阅册数——每人由原来的 3 册提升到 5 册。④ 借阅期限——1 个月。期满后如无他人需求，可在归还后继续借阅。⑤ 催还——图书借出 1 星期后，如有他人需求，图书馆将向借阅者催还。⑥ 违章处理——对过期不还者将进行罚款处理，过期第 1 日罚 1 角，以后每过 1 日增加 5 分。

金女大图书馆对 1930 年 10 月至 12 月间三个月的图书流通情况做了统计。三个月内共计借出中文图书 315 册、西文图书 1 216 册，其中教职员借出 277 册，学生借出 874 册，校外读者(需校内员工介绍)借出 88 册，合计 1 531 册。

钱存训先生在《本校图书馆概况》一文中还概括了金女大图书馆两个优势特点："一，开架制在国内各图书馆施行者甚少。彼门禁森严之书库，书籍尚有时不翼而飞，遑论公开？因避免意外，故一般图书馆，均盼‘闲人’免进，有‘非馆员请勿入内’之虎头牌。本馆独行此制，而书籍绝少损失，历年来皆然也。二，馆内秩序肃静，书籍到期归还，对于图书馆之法令规则均能奉行不懈，此均有赖于同学风纪之严肃与合作之精神也。本校图书馆虽不宏，藏书虽不甚富，然以之供给校中师生之参考，则颇足用。在同学生活中，除课室、操场、实验室外，图书馆生涯更占大半也。”①

1923—1933 年金女大过渡图书馆没有独立的馆舍空间，在狭小、合用的空间里，前后共有 8 位记载在册的人员参与了图书馆的管理工作。他们克服困难，坚持图书馆以人为本的服务理念，注重馆藏文献建设，在保持西文图书稳定采购量的基础上，加强中文图书的馆藏建设。到了 1933 年，馆藏中文图书已达 11 500 册，超过西文图书 9 500 册的藏量。这样的中文书籍馆藏规模足以构建起一座 1919 年第一届 5 位毕业生梦想中的新校园中文图书馆。此外，过渡图书馆逐年增加的期刊订购量，在丰富学生阅读资源的同时，也让师生能够快速地获取到新颖的国内外学术信息。过渡图书馆 11 年的发展，特别是中外文文献的丰富储备，为即将搬迁到新建馆舍的图书馆奠定了馆藏基础，金女大图书馆将以崭新的面貌步入快速发展的时期。

① 钱存训.本校图书馆概况[J].金陵女子文理学院校刊，1930：41—48.

| 第四章 |

陶谷校园新图书馆时期

（1934—1937）

1932 年 6 月，两幢早于 1919 年校园整体规划时就已确定筹建的楼房终于开始动工，它们分别是图书馆行政楼（Library-Administration Building）和礼堂音乐楼（Chapel-Music Building），预计在 1933 年暑假期间落成，待秋季开学时，即可投入使用。然而由于各种原因，建筑工程一再延期，直到 1933 年年底，新图书馆大楼才告竣工。1934 年 1 月 16 日出版的《金陵女子文理学院校刊》第 7 期上刊载消息"新建筑完工，图书馆及各办事室寒假迁入"[①]。1934 年 3 月 16 日出版的第 9 期校刊上又刊载消息"新建筑着手布置"[②]。由此可知，直到 1934 年 3 月，两幢大楼才算正式交付使用。

① 见《金陵女子文理学院校刊》1934 年第 7 期第 2 页。

② 见《金陵女子文理学院校刊》1934 年第 9 期第 5 页。

图 4－1　1932 年 6 月开始动工的图书馆行政楼(左)和礼堂音乐楼(右)①

新建金陵女子大學圖書館西面屋面搗水泥時攝影

图 4－2　1933 年 2 月图书馆西侧面建筑图②

① 图片来源：http://divdl.library.yale.edu/ydlchina/viewdetail.aspx? id=1001。

② 图片来源：http://divdl.library.yale.edu/ydlchina/viewdetail.aspx? id=995。

图 4－3　初具规模的图书馆行政楼外景①

图 4－4　工人们正在图书馆行政楼内第二层施工②

① 图片来源：http://divdl.library.yale.edu/ydlchina/viewdetail.aspx? id＝1003。
② 图片来源：http://divdl.library.yale.edu/ydlchina/viewdetail.aspx? id＝1002。

图 4－5　1934 年春季落成的图书馆行政楼（左）和礼堂音乐楼（右）①

新落成的图书馆行政楼和礼堂音乐楼沿校园东西向中轴线南北对称。站在处于校园中心位置的社会运动楼（今 100 号楼）前，透过图书馆行政楼和礼堂音乐楼间的林荫大道，面向东方眺望，远处的紫金山山脉清晰可见（见图 4－5）。至 1934 年春季学期开学时，1919 年 7 月 9 日墨菲 & 德纳建筑事务所绘制的金女大新校园规划图中的建筑群（见图 3－4），除三幢学生宿舍、一幢外籍教职员宿舍、一幢校长宿舍、两幢主任宿舍以外，其他教学主体建筑均已完成建设。规划中的七幢学生宿舍，有三幢后来由于国内外形势的变化一直未能建成，只有初期建成的四幢，一直保存至今。教职员宿舍于 1937 年建成，坐落于校园南山之上，分甲、乙两幢楼，其中一幢代替了原规划中的校长和主任宿舍楼，而原规划中建设校长和主任宿舍楼的地方后来未再建有其他建筑。另外，校园内还新增了两座捐赠的建筑：一座是 1933 年宋霭龄、宋庆龄、宋美龄三姐妹捐建的金女大附中宿舍楼；另一座是 1936 年严彩韵（金女大 1921 级毕业生）、严莲韵（金女大 1924 级毕业生）、严幼韵（复旦大学 1929 级毕业生）和严华韵四姐妹捐资兴建的校医院，位于 700 号学生宿舍楼西后侧（今

① 图片来源：http://divdl.library.yale.edu/ydlchina/viewdetail.aspx? id=1768。

随园校区电教楼处)。图书馆行政楼和礼堂音乐楼的落成标志着金女大教学基础实施已完善,校园整体环境日趋完美,一座东方最美丽的校园从此名扬海内外。

一　陶谷校园新图书馆

图 4-6　1934 年新落成的图书馆行政楼外景①

图书馆行政楼建筑由校园总规划师亨利·墨菲先生设计,金女大第一任校长德本康夫人任楼房建造的监督人。该楼使用面积 1396.32 平方米,为学校行政办公和图书馆共用。从大楼外观看只有两层,实际有四层空间。一层设校长办公室、教务处和各系科办公室;二层、三层及四层阁楼为图书馆。图书馆内部结构设计参照了美国普林斯顿大学图书馆,二层南北两端设大阅览室,中间为宽敞镂空的大厅,四周为一个个小阅览间。通过中间楼梯,读者可以步入三层书库,书库建成回廊形式,装有金属雕栏扶手,动静分隔,蔚为壮观。站在三层回廊雕栏处低头俯视,

① 图片来源:http://findit.library.yale.edu/catalog/digcoll:1484191。

二楼大厅全景尽收眼帘。站在二层大厅抬头仰望，三层书库别有洞天，静谧之处，令人向往。（见图 4-7、图 4-8、图 4-9）

图 4-7　二层图书馆大厅及侧端阅览室场景①

图 4-8　学生们正在二层图书馆大厅内学习②

① 图片来源：http://divdl.library.yale.edu/ydlchina/viewdetail.aspx? id=1683。
② 图片来源：http://divdl.library.yale.edu/ydlchina/viewdetail.aspx? id=1108。

图 4-9　图书馆第二、三层的环境与设施①

1934 年初过渡图书馆已有两万多册馆藏图书,如何在不影响图书馆开放服务的前提下快速完成两万多册图书搬迁的任务,是摆在图书馆主任面前的一个难题。原本雇用了一些工人往返两楼之间搬运,但进度太慢。因时间不宜拖得太久,图书馆两位管理者吴光清先生和吴元清女士想方设法,最终决定调动全校师生的力量来帮助图书馆。他们发出了一则令人捧腹的倡议书"图书馆征求义勇军——毋须出关杀贼,只要轮班搬家"②,号召全校师生齐心协力,为图书馆义务搬家。1934 年 3 月 27

① 图片来源:http://divdl.library.yale.edu/ydlchina/viewdetail.aspx? id=1710。

② 见《金陵女子文理学院校刊》1934 年第 10 期第 2—3 页。

日，吴光清主任在校园内广泛发布征求“义勇军”的布告并在多处设置报名登记点，号召全校师生利用 3 月 29 日“革命先烈纪念日”假期帮助图书馆搬运图书。此号召得到了积极响应，全校三分之二的师生报名参加，最终组成了四个搬运队伍，每队有四五十人，学校体育系教员负责发号令。当一声令下时，自过渡图书馆排至新图书馆的四条长龙，一气呵成，依次传书，速度飞快且秩序井然，仅上午四个小时，就已完成一万册西文图书的搬运工作。在全校师生的大力协助下，图书馆快速地完成了繁重的搬迁任务。新图书馆于 4 月初正式对外开放。1934 年 5 月 1 日出版的第 12 期《金陵女子文理学院校刊》刊载了“图书馆消息”，记录了图书馆自迁至新址后，在吴光清主任的悉心筹划下，布置井然（见图 4 - 10）。

圖書館消息

圖書館自遷至新址後、經吳光清主任悉心籌劃、佈置井然、據聞尚有一小部份用具、正在訂購中、下月初、即可應用、檯燈亦在採購中云、

(又訊)圖書館最近已訂購四部叢刊續編一部、又購得中文文藝書籍多種、現正在分類編目中、一俟編就、即將書目公佈、俾便同學借閱、此外關於新出版之書籍、亦在可能範圍內、儘量採購云、

图 4 - 10 《金陵女子文理学院校刊》1934 年第 12 期第 4 页上的“图书馆消息”

新图书馆经过半年的试运行,于1934年11月4日至5日校庆19周年纪念日正式举行落成典礼。《中华图书馆协会会报》1934年第10卷第3期(12月31日版)上特地刊载了"金陵女子学院图书馆落成,并于1934年11月5日举行落成典礼"[1]的报道。图书馆大楼落成典礼之日,时任民国政府财政部部长的孔祥熙先生亲临现场致辞,社会各界纷纷发来贺信,送来贺联、贺画、贺幛等贺品。

德本康夫人在《金陵女子大学》书中记录下了这座新图书馆在当时师生心中的模样:"新图书馆是一个令人愉快的去处。那里环境幽静,非常有利于学习。一位学生捐献了1 000美元,用于购置图书馆的灯具。"[2]2007年南京师范学院图书馆老领导、离休干部谈理副馆长在其《南师图书馆往事一二》一文中写道:

> 据几位曾在金女大图书馆工作过的同事介绍,当初建馆时,阅览室的桌子和椅子所选用的木材是从美国运来的,就在馆内制作,因此,全部设备都非常实用配套,做功也很讲究。一张阅览桌周围可坐约10人。阅览桌的桌面十分平整,但并不光滑,所以特别便于书写。座椅的设计轻便而舒适,给人有久坐不倦的感觉。全校学生都喜欢到图书馆来自修、阅读。
>
> 金女大在建馆时,为了保持室内安静,尽可能给学生提供一个良好的学习环境,所以在阅览室和书库地面的选料上,不用水泥和地板,而是用一种非常罕见的纸质板块。用从美国运来的硬纸片压制而成的小方形纸块拼合成地板,它的优点是即使穿着硬底皮鞋或高跟鞋进入室内行走,也不会有一点声音,这是多么人性化的考虑。

---

① 见《中华图书馆协会会报》1934年第10卷第3期第21页。

② 德本康夫人,蔡路得.金陵女子大学[M].杨天宏,译.珠海:珠海出版社,1999:88.

保养这种地板的要求也很高,必须用布质拖把,隔夜洒上柴油,次日再拖,这样地面就不会变形,美观洁净。①

金女大的这座新图书馆大楼就是现今南京师范大学随园校区的华夏图书馆,由于后期内部的装饰改造,现在只有三层的地板是原样保留的,在上面走过的读者一定有印象,其隔音效果确实绝佳。

如今八十多年过去了,这座图书馆和行政办公合用的大楼早已全部用作了图书馆,虽然在 20 世纪八九十年代因图书馆发展需要对其一、二层空间结构进行了调整改造,但其整体风貌依然保持原样。已命名为华夏图书馆的阅览空间,给人以古朴典雅、静谧庄重的感觉,书香弥漫,令人陶然自乐。所有的这一切得归功于前辈开创者们。

二　吴光清(Wu Kuang-Ch'ing, Wu Kwang Tsing)[1932—1935]

吴光清(1905—2000),男,字子明,1905 年 12 月 5 日出生于江西九江,著名华人图书馆学家。吴光清先生在家乡小学毕业后,考入南京金陵大学附属中学。1923 年毕业后,升入金陵大学本科学习,主修教育及英文,选修图书馆学②,成绩优异,1927 年秋季毕业,获得文学学士学位。毕业后曾任中学教员三年。1930 年,吴光清先生获得美国卡耐基基金会(Carnegie Foundation)奖学金资助,赴美国哥伦比亚大学进修,主修图书馆学,1931 年获得学士学位,后又进入密西根大学图书馆学系读研究生,1932 年获得硕士学位后回国。1932—1935 年任金陵女子文理学院

① 谈理.南师图书馆往事一二[M]//王宝根,蔡林慧.难忘岁月:南京师范大学离退休同志回忆录.南京:南京师范大学出版社,2007:97—98.

② 金陵大学于 1913 年开设图书馆学课程,由克乃文(William Harry Clemons)先生开设并教授,是中国最早开设这一类课程的大学。1927 年,金陵大学图书馆学系建立。

图书馆主任，1935—1938 年转任国立北平图书馆编纂兼编目部主任和《馆刊》编委。1938 年 8 月获得洛氏基金会（Rockefeller Foundation）资助赴美，到美国国会图书馆东方部实习。1941 年进入芝加哥大学图书馆学研究院攻读博士学位，师从国际印刷史权威卜特勒(Pierce Butler)教授研习西洋图书印刷史，撰写博士论文“Scholarship, book production, and libraries in China (618—1644)”[②]，1944 年毕业，成为中国人取得图书馆学博士学位的第三人[③]。此后吴光清先生继续在国会图书馆东方部工作，主管中文参考及编目业务，并于 1945 年编订《中文图书分类法》。该分类法为国会图书馆中文图书编目所采用，直至 1957 年由于该馆对各种文字图书统一采用“国会图书馆分类法”而放弃，但该馆超过十万册的中文线装书籍仍使用吴光清先生的分类法编目排架。1966 年吴光清先生升任国会图书馆东方部中韩组主任，直至 1975 年退休。吴光清先生先后在国会图书馆工作了 37 年，退休后还被聘为该馆中国目录学名誉顾问。吴光清先生于 2000 年在美国去世，享年 95 岁。

图 4 - 11 《金陵年刊 1933 年》刊载的金女大图书馆主任吴光清先生肖像[①]

---

① 图片来源：耶鲁大学神学院图书馆数字档案 RG011-152-2954 第 244 页。

② Wu Kwang Tsing. Scholarship, book production, and libraires in China (618—1644) [EB/OL]. http://pi.lib.uchicago.edu/1001/cat/bib/40065685.

③ 芝加哥大学于 1928 年授予图书馆学博士学位，是世界大学中最早授予这一专业最高学位的大学。中国人早期获得芝加哥大学图书馆学博士学位的有桂质柏(1931)、谭卓垣(1933)、吴光清(1944)和钱存训(1957)四人。

更多有关吴光清先生的生平资料信息和学术成就与贡献，可参考以下学者的著作文献。

表 4－1　可查询吴光清先生成就与贡献的著作文献列表

著者	题名	出版信息	网络访问
Wang, Chi	In Memoriam：K. T. Wu	Journal of East Asian Libraries，Vol. 2001 No.124	http://scholarsa rchive.byu.edu/cgi/viewcontent.cgi?article=2068&context=jeal
钱存训	吴光清博士生平概要	国家图书馆学刊，2005，14(3)	
程焕文	裘开明年谱	广西师范大学出版社，2008	
平保兴	论吴光清与金陵女子文理学院图书馆	山东图书馆学刊，2016(6)	
周余姣	图书馆界的林语堂：吴光清	图书馆论坛，2016，36(12)	
宫宏宇	美国国会图书馆所藏十九世纪以前的中国音乐图书	音乐探索，2016(1)	

图 4－12　吴光清先生 1927 年金陵大学毕业照①

1920 年，15 岁的吴光清离开家乡江西九江来到南京，就读于金陵大学附属中学，同时修学了中学普通课程和初等师范课程。修学初等师范教育课程是他教师职业的起步。因此，1923 年当他考入金陵大学时，选择主修的学科是教育学，成为一名教师是他的初期职业目标。1927 年，吴光清先生从金陵大学毕业后，

① 图片来源：中国第二历史档案馆全宗号六四九案卷号 535 第 135 页。

曾经在一所中学执教3年。然而,在金陵大学选修的图书馆学课程却改变了他的职业和人生轨迹。首先是金陵中学和金陵大学教会学校特色的英文教学为他出国留学打下了良好的语言基础,其次是他获得的两次奖学金资助让他有机会系统地接受美国图书馆学高等教育,此外,他在中国大学及公共图书馆多年从事管理工作的实践经验,为他日后在美国国会图书馆从事东亚文献资源建设与研究奠定了基础。

The Middle School

Chang Kwoh-chi, R.
Ch'ang Teh-ren, R.
Chang Yuen-nan, R.
Chu Ch'i-chao, C.
Hwang Hsiu-i, C.
Hwang Kwan-hsiao, R.
Hwang Shui-iwen, R.
Kao Hsia-chang, R. & T.
Kiang Pen-sing, R.
Lan Pao-yuin, C.
Liang Yen-meo, T. & C.
Liu Ching-hsi, C.
Liu Wen-ching, C.
Liu Yung-yuen, C.
Lo Wen-hwa, R.
Ma Chien-kau, C.
Shen Ru-chih, R.
Sie Chin-hsiu, R.
Suh Tsung-hen, R.
Ting Ruh-chen, R.
Ts'ien Tsw'en-tien, R.
Ts'ü Chia-hwa, C.
Ts'ü Kwoh-ch'i, R., C.
Ts'ü Kwoh-meo, C.
Ts'ü Shao-wu, T.
Wang Hung-hsuen, R.
Wang Shao-t'ang, R.
Wang Shen-tsu, R.
Wang Tsu-ying, C.
Wang Ying-ling, C.
Wei Hsioh-li, T.
Wen Tso-cheo, T.
Wu Kwan-ts'ing, R. & T.
Yuen I-seng, R.

吴光清,修学中学普通课程和初等师范课程

R.=*Regular course*　C.=*Commercial course*
T.=*Teachers' secondary course*

图4-13　1923年6月南京金陵中学毕业生信息记载①

1932年秋季学期开学时,留学美国获得图书馆学硕士学位的吴光清先生应聘就任金女大图书馆主任。然而在此之前,金女大管理层曾在美国物色过图书馆主任的人选。据1932年10月26日金女大校务会议中关于图书馆馆员的记载,纽约金女大委员会招聘成员的报告称,没有

① 图片来源:耶鲁大学神学院图书馆数字档案RG011-197-3390第46页。

人愿意在此时前往中国，只有一位参加面试的Phillips小姐表示希望到金女大图书馆担任一年主任。然而由于一年以后又将面临人事变动，因此该人选方案被质疑是否明智而被否决。因为刚经历过人员的频繁变动，金女大图书馆迫切需要能够稳定工作一段时间的馆员。

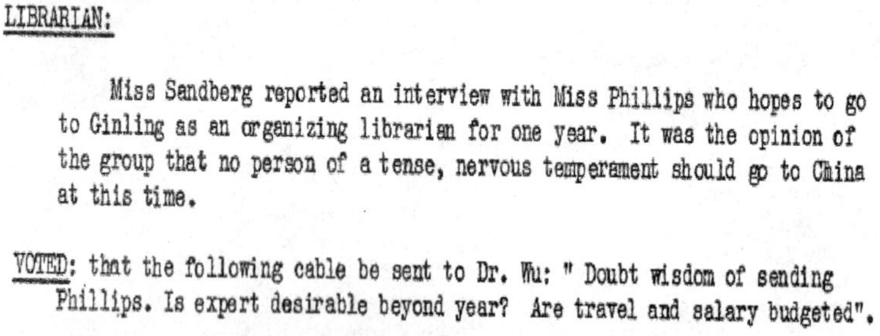

LIBRARIAN:

Miss Sandberg reported an interview with Miss Phillips who hopes to go to Ginling as an organizing librarian for one year. It was the opinion of the group that no person of a tense, nervous temperament should go to China at this time.

VOTED: that the following cable be sent to Dr. Wu: " Doubt wisdom of sending Phillips. Is expert desirable beyond year? Are travel and salary budgeted".

图4-14　1932年10月26日校务会议有关图书馆馆员的记录①

吴光清主任走马上任时，金女大图书馆还在文学楼内过渡。已任职一年的助理馆员沙鸥小姐与他搭档（见图3-68），1933年秋季学期，文华图专本科第十届毕业生吴元清小姐接替离校的沙鸥小姐任图书馆助理馆员，与吴光清主任搭档管理过渡图书馆（见图4-15）。到1934年春季新图书馆大楼落成，吴光清主任管理过渡图书馆近两年时间。

金女大过渡图书馆一如既往地实行全开架阅览服务，虽然有勤工生协助管理，但由于馆舍空间的局限，管理很是不易。吴光清主任秉承西方图书馆学平等、自由、开放的服务理念的同时，将图书馆的重点工作放在馆藏文献建设和对外宣传方面。他非常重视馆藏资源的采选工作，特别是外文书籍、大部头文献以及缺藏丛书的补充。同时，他还加强图书馆的对外宣传工作。在他任职期间，《金陵女子文理学院校刊》上发布了

① 图片来源：耶鲁大学神学院图书馆数字档案RG011-124-2594第17页。

GINLING COLLEGE FACULTY

1933-1934

Administration

Wu Yi-fang	President
Mrs. Lawrence Thurston	Adviser
Helen M. Loomis	English Secretary
Ming Hsiah-ching*	Chinese Secretary
Elsie M. Priest*	Treasurer
Chen Er-chang	Assistant Treasurer
Tsü Kwoh-chi	Registrar
Wu Kwang-tsing	Librarian 吴光清，图书馆主任
Virginia Wu	Assistant Librarian 吴元清，助理馆员
Mr. Francis Chen	Business Manager
Mrs. Tsen Shui-fang	Dormitory Director
Dr. Ailie S. Gale	College Physician
Tsü Hwei-chuien	College Nurse

图 4－15　1933—1934 学年吴元清与吴光清主任搭档管理金女大图书馆①

不少有关图书馆的讯息，包括各类文献的购买、入藏和接受捐赠等(如图 4－16、图 4－17、图 4－18)，还有年度馆藏文献的分类统计数据(见图 4－19)。图书馆不能自我封闭，藏于深闺。宣传可以促进师生们更多地了解、更充分地利用图书馆，同时也可以引领全校师生监督并参与图书馆的工作。凝聚师生力量共同建设的图书馆，才有可持续发展的旺盛生命力。

圖書館新到大批西書

本校圖書館、曾於去年冬季、向英美德國、訂購大批新書、已於上月中、先後運到、該館主任吳光清先生、即趕爲分類及編目、業已有一部份編竣、可供同學按照向有手續借閱、至其餘各書

圖書館消息兩則

△添購大批書籍　本院圖書館、所藏書籍、頗爲豐富、近聞該館主任吳光清先生云、最近又向英美兩國、訂購大批書籍、不日即將起運、大約下學期開學前、必可陸續運到云、

△展期遷入新館　新圖書館原期秋季即可完成、在冬初可以遷入、奈工程緊重、裝修費時、致難如期遷移、現工程方面、大致妥帖、聞該館決展至寒假期內、遷徙完竣云、

图 4－16　校刊上发布图书馆新增外文书籍的信息②

① 图片来源：耶鲁大学神学院图书馆数字档案 RG011-134-2705。

② 图片来源：《金陵女子文理学院校刊》1933 年第 5 期第 3 页和 1934 年第 8 期第 3 页。

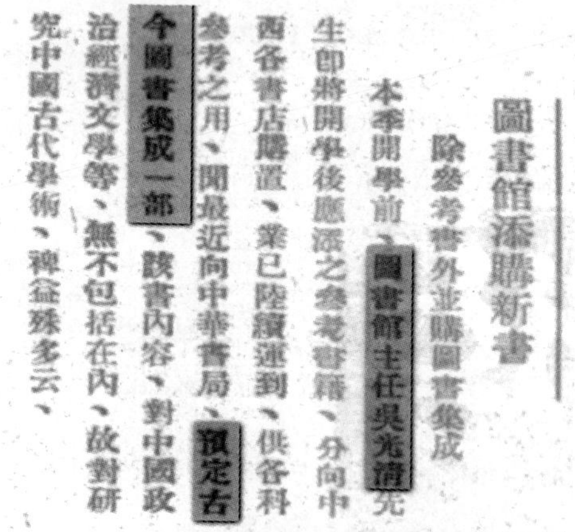

圖書館添購新書

除參考書外並購圖書集成

本季開學前、圖書館主任吳光清先生即將開學後應添之參考書籍、分向中西各書店購置、業已陸續運到、供各科參考之用、聞最近向中華書局、預定古今圖書集成一部、該書內容、對中國政治經濟文學等、無不包括在內、故對研究中國古代學術、裨益殊多云、

图 4-17 校刊上发布图书馆订购《古今图书集成》大型类书的信息①

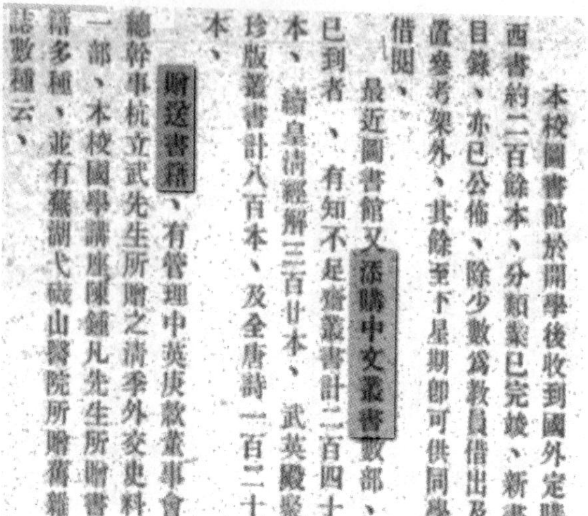

本校圖書館於開學後收到國外定購西書約二百餘本、分類業已完竣、新書目錄、亦已公佈、除少數為教員借出及置參考架外、其餘至下星期即可供同學借閱、

最近圖書館又添購中文叢書數部、已到者、有知不足齋叢書計二百四十本、續皇清經解三百廿本、武英殿聚珍版叢書計八百本、及全唐詩一百二十本、

贈送書籍、有管理中英庚款董事會總幹事杭立武先生所贈之清季外交史料一部、本校國學講座陳鍾凡先生所贈書籍多種、並有蕪湖弋磯山醫院所贈舊雜誌數種云、

图 4-18 校刊上发布图书馆购置中文丛书和图书受赠的信息②

---

① 图片来源:《金陵女子文理学院校刊》1934 年 第 16 期第 7 页。

② 图片来源:《金陵女子文理学院校刊》1935 年第 26 期 4 页。

圖書館書籍分類表

	中文本	外國文本	共計
總類	5,849	368	6,217
史地	353	2,015	2,368
文學	1,731	1,981	3,712
藝術	1,976	306	2,282
應用技術	342	595	937
自然科學	382	1,023	1,405
語文學	118	232	350
社會科學	1,417	2,132	3,549
宗教	146	864	1,010
哲學	386	711	1,097
書籍總冊數	12,700	10,227	22,927

附註：小冊及裝訂雜誌均不在內

图 4－19　校刊上发布 1934 年图书馆馆藏文献分类统计数据①

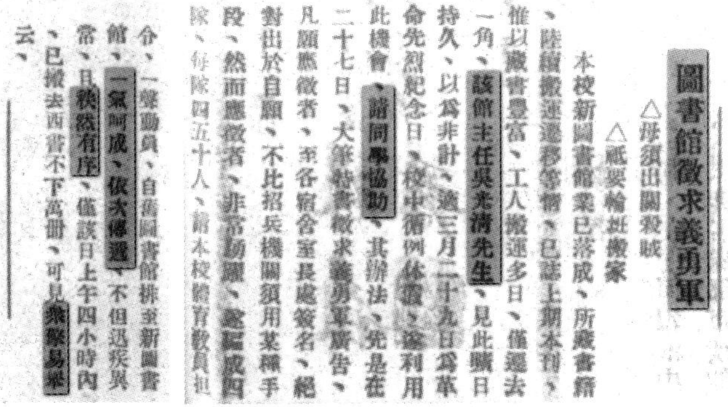

圖書館徵求義勇軍

△務須出圖殺賊

△祇要輪班搬家

本校新圖書館業已落成、所藏書籍、陸續搬運遷移等情、已誌上期本刊、惟以藏書豐富、工人搬運多日、僅遷去一角、該館主任吳光清先生、見此曠日持久、以爲非計、適三月二十九日爲革命先烈紀念日、校中循例休假、擬利用此機會、請同學協助、其辦法、先是在二十七日、大筆特書徵求義勇軍廣告、凡願應徵者、至各宿舍室長處簽名、絕對出於自願、不比招兵機關須用某種手段、然而應徵者、非常踴躍、竟編成四隊、每隊四五十人、請本校體育教員担任、一聲動員、自舊圖書館搬至新圖書館、一氣呵成、依次傳遞、不但迅疾異常、且秩然有序、僅該日上午四小時內、已搬去西書不下萬冊、可見衆擎易舉云、

图 4－20　动员全校学生帮助图书馆搬迁的号召文②

① 图片来源:《金陵女子文理学院校刊》1934 年年刊第 33 页。

② 图片来源:《金陵女子文理学院校刊》1934 年 4 月 1 日出版的第 10 期第 2—3 页。

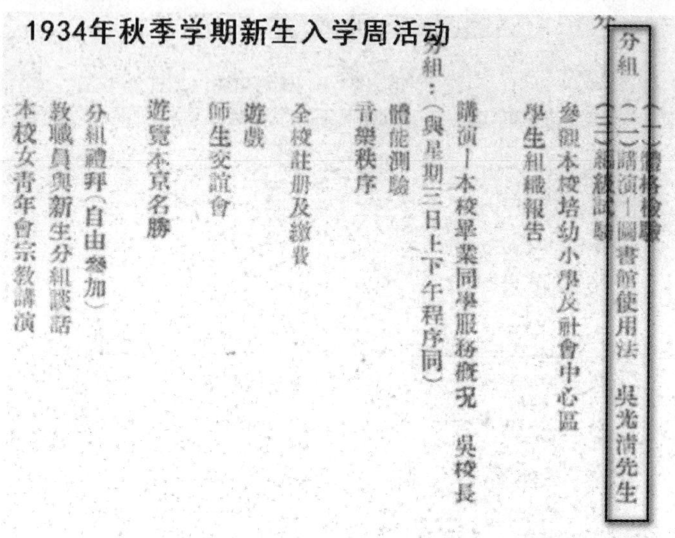
1934年秋季学期新生入学周活动

分組（一）體格檢驗
（二）講演—圖書館使用法　吳光清先生
（三）編級試驗
參觀本校培幼小學及社會中心區
學生組織報告
講演—本校畢業同學服務概況　吳校長
分組：（與星期三日上下午程序同）
體能測驗
音樂秩序
全校註册及繳費
遊戲
師生交誼會
遊覽本京名勝
分組禮拜（自由參加）
教職員與新生分組談話
本校女青年會宗教講演

图 4－21　1934 年 9 月吴光清主任亲自进行新生入馆培训①

翻阅历年出版的《金陵女子大学校刊》和《金陵女子文理学院校刊》，与图书馆相关的信息主要集中于吴光清主任执掌图书馆事务的期间。吴光清先生很善于利用学校的传播媒介宣传图书馆。虽然“酒香不怕巷子深”，但从节省读者时间角度来说，图书馆应该将自己的资源与服务广而告之。正如今天我们需重视图书馆营销一样，八十多年前，吴光清先生就已实施图书馆营销策略了，他的管理智慧和战略眼光值得当下在图书馆工作的同仁学习。

早在 1914 年金女大筹建期间，学校校务管理委员会就已明确将共享利用金陵大学图书馆资源，学校也曾在 1915—1920 年的公报中感恩金陵大学图书馆的帮助。十多年过去了，金陵大学图书馆和金女大图书

① 图片来源：《金陵女子文理学院校刊》1934 年第 16 期第 3 页。

馆的友好协作机制一直延续了下来。沈祖荣先生于1933年发表在《中华图书馆协会会报》第9卷第2期上的《中国图书馆及图书馆教育调查报告》第八条是:“图书馆员此间,据观察所得,亦少合作之企图与努力。唯北平各图书馆及南京金陵及女子金陵大学图书馆,订定彼此互借办法一事,各地图书馆均应效法之。仝在一地之图书馆,若在购置上徒尚竞争,其为无意义已至明显。凡重复书籍杂志,应彼此交换,俾各得完整之本。现时金价仍昂,故交换西籍,为尤有利也。”[①]由此记载可知,两校图书馆的协作,已从初期的只有金女大师生单向利用金陵大学图书馆,发展到两馆签订彼此互借协议,这说明金女大图书馆的馆藏资源已日渐丰富,也可以为兄弟图书馆读者提供服务。另外,据《金陵女子文理学院校刊》1934年第21期上刊载的信息,吴光清先生还被金陵大学聘为图书馆委员(见图4-22)。这既是金陵大学对吴光清先生本人学识能力的认可,也是金女大图书馆社会声誉提升的标志。

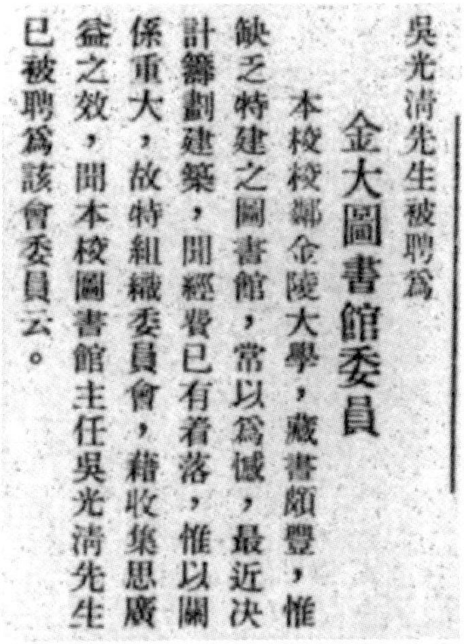

吳光清先生被聘為

金大圖書館委員

本校校鄰金陵大學，藏書頗豐，惟缺乏特建之圖書館，常以為憾，最近決計籌劃建築，聞經費已有着落，惟以關係重大，故特組織委員會，藉收集思廣益之效，聞本校圖書館主任吳光清先生已被聘為該會委員云。

图4-22　1934年吴光清先生被聘为金陵大学图书馆委员[②]

1931年9月18日,日本侵略者在中国东北蓄意制造并发动侵华战争。九一八的炮声震撼着中华大地,激起了全国人民的抗日怒潮。以

① 沈祖荣.沈祖荣文集[M].武汉:武汉大学出版社,2013:238.

② 图片来源:《金陵女子文理学院校刊》1934年第21期第3页。

《申报》为首的报刊在国内发出了抵制日货,要求抗日救国图存的声音。金女大学生也走上街头积极参加游行示威活动。1932 年秋季学期留美回国任职于金女大图书馆的吴光清先生密切关注国际形势的发展,特别是中外关系的走向。他利用工作之余,充分展现了一位图书馆学学者在信息、文献和情报分析利用方面的才能,拿起笔杆,记载下了特定历史时期的国内外形势。他先后在设于金陵大学的南京国际关系俱乐部(the International Relations Club, Nanking, China)的出版物 *Bulletin on China's Foreign Relations* 上发表了 10 多篇相关研究的文章。如 1933 年 2 月 15 日出版的第 11 期上的"Some Observations on the Resumption of the Sino-Soviet Relations"(《关于恢复中苏关系的几点看法》),1933 年 3 月 15 日出版的第 12 期上的"Lapse of the Sino-Japanese Tariff Treaty"(《中日关税条约的失效》),1933 年 4 月 15 日出版的第 13 期上的"American and British Attitudes Toward the Sino-Japanese Dispute"(《美英对中日争端的态度》),1933 年 6 月 15 日出版的第 15 期上的"The Problem of Sinkiang"(《新疆出现的问题》),等。在 1933 年 8 月 15 日出版的第 17 期上刊载的"Note and Commentaries"(《笔记和评论》)文中,吴光清先生从"American wheat and cotton loan"(美国小麦和棉花贷款)、"League Cooperation with China"(盟中合作)、"Japan's branch of Pan-Asiaism"(日本泛亚洲主义分部)和"Mrs. Buck on China and the West"(赛珍珠在中国和西方)四个角度做了时事评论。1933 年 9 月 15 日出版的第 18 期上刊载了他的文章"China and the Banff Conference"(《中国与班夫会议[①]》)。1933 年 10 月 15 日出版的第 19 期上刊载了他

① 班夫会议是指 1933 年 8 月 14 日至 28 日在加拿大阿尔伯塔省班夫召开的 The Fifth Biennial Conference of the Institute of Pacific Relations。

署名金女大主任的文章“Exit UCHIDA; Enter HIROTA”(《去本田，进丰田》)。1933年11月15日出版的第20期上刊载了“The Autonomy Movement in Inner Mongolia”(《内蒙古的自治运动》)。1933年12月15日出版的第21期上刊载了“Russu-American Rapprochement and The Far East”(《俄美邦交与远东事务》)。1934年1月15日出版的第11卷第1期上刊载了时势分析文章“China's Foreign Relations in 1933”(《1933年中国外交关系》)，文中他详细分析了1933年的中日、中美、中英、中俄、中盟关系及国际事务。1934年2月15日出版的第11卷第2期上，刊载了他的“The Kuomintang Fourth Plenary Session”(《国民党第四次全国代表大会》)。1934年6月15日出版的第11卷第4期上刊载了“A Brief Study of Anti-Japanese Boycotts”(《抗日抵制研究》)，该文还曾刊载于《金陵女子文理学院校刊》(1934年刊)[①]。文中他介绍了

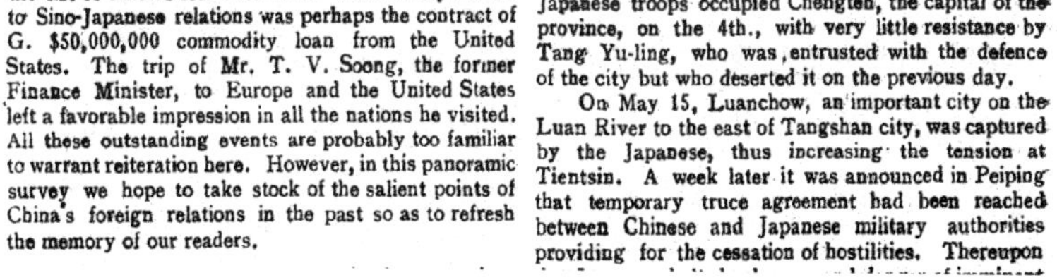

CHINA'S FOREIGN RELATIONS IN 1933

K. T. Wu (吴光清)

Librarian of Ginling College

The year 1933 has been a critical and momentous year for China in the annals of her foreign relations of which the Sino-Japanese conflict stood out most conspicuously as compared with other events of international importance. Another province has been added to the list of China's lost territories. Next in importance to Sino-Japanese relations was perhaps the contract of G. $50,000,000 commodity loan from the United States. The trip of Mr. T. V. Soong, the former Finance Minister, to Europe and the United States left a favorable impression in all the nations he visited. All these outstanding events are probably too familiar to warrant reiteration here. However, in this panoramic survey we hope to take stock of the salient points of China's foreign relations in the past so as to refresh the memory of our readers.

sure, meet the menace with the same courage, and fortitude as it had shown in the year just gone by."

Unfortunately, Mr. Soong's prediction of Japan's ambition toward Jehol was ralized in March, when the Japanese troops occupied Chengteh, the capital of the province, on the 4th., with very little resistance by Tang Yu-ling, who was entrusted with the defence of the city but who deserted it on the previous day.

On May 15, Luanchow, an important city on the Luan River to the east of Tangshan city, was captured by the Japanese, thus increasing the tension at Tientsin. A week later it was announced in Peiping that temporary truce agreement had been reached between Chinese and Japanese military authorities providing for the cessation of hostilities. Thereupon

图4-23　1934年1月吴光清主任发表《1933年中国外交关系》[②]

① 见耶鲁大学神学院图书馆数字档案RG011-152-2954第359—365页。

② 图片来源：耶鲁大学神学院图书馆数字档案RG011-234-3904第5页。

1908—1931 年各地抗日、抵制日货的重要事件，并从 1905—1931 年的中日贸易额和 1895—1932 年的中国、日本、英国、美国四国贸易额的比较入手，探讨抵制日货在法律、政治和其他方面的影响。1934 年 7 月 15 日出版的第 11 卷第 5 期上刊载了“The National Finance Conference”(《全国金融会议》)。从这些连续刊载的时势研究、评论文章中，可窥见一位中国知识分子的家国情怀和强烈的社会责任感。

1935 年 2 月，中华图书馆协会成立十周年之际，正逢第二次国际图书馆大会即将于 5 月召开，为便于大会交流，协会准备优先出版一册西文论文集。金女大图书馆吴光清主任应邀撰写“Ten Years of Classification and Cataloguing in China”(《中国分类编目十年之进展》)[①]一文，刊载于当年中华图书馆协会出版的 *Libraries in China: papers prepared on the occasion of the tenth anniversary of the Library Association of China*(《中国图书馆：中华图书馆协会成立十周年纪念论文集》)上[②]。

1935 年《金陵女大年刊》上刊载了一张全体教职员的校园合影(见图 4-24)，在这张珍贵的历史照片中，即将离任的图书馆主任吴光清先生位于后排右一。

1948 年《中华图书馆协会会报》第 21 卷第 3、4 合期第 2—3 页刊载的“中华图书馆协会个人会员名录(中华民国三十六年十二月)”中，吴光清先生是美国地区的会员。检索历年会报，可以获得如下与吴光清先生相关的信息。①《中华图书馆协会会报》1932 年第 7 卷第 6 期第 11 页

① 中华图书馆协会.图书馆界：一、协会：十周年纪念论文[J].中华图书馆协会会报，1935，10(4)：21.

② 见 http://www.worldcat.org/title/libraries-in-china-papers-prepared-on-the-occasion-of-the-tenth-anniversary-of-the-library-association-of-china/oclc/3801081。

图 4-24　1935 年《金陵女大年刊》刊载的全体教职员校园合影[①]

的 1931 年 6 月会员录“个人会员信息”中，吴光清先生名下标注“字子明，工作于南京金陵大学图书馆”。②《中华图书馆协会会报》1932 年第 8 卷第 1、2 合期(10 月 30 日版)第 46 页，记载着“吴光清在哥伦比亚大学及密歇根大学图书馆专科毕业，现已返国就任金陵女子大学图书馆主任职务”。③《中华图书馆协会会报》1932 年第 8 卷第 3 期(12 月 30 日版)记载，吴光清先生入选中华图书馆协会建筑委员会书记。④《中华图书馆协会会报》1935 年第 10 卷第 4 期(2 月 28 日版)第 22 页刊载了协会十周年纪念论文英语版文稿《吴光清先生：十年来之分类法与编目法》。⑤《中华图书馆协会会报》1938 年第 13 卷第 2 期第 20 页的会员消息(1938 年 9 月 30 日)，记载着“吴光清任职北平图书馆已满三年，近

① 图片来源：耶鲁大学神学院图书馆数字档案 RG011-153-2955 第 33 页。

承该馆之推荐，前赴美国国会图书馆担任编目工作，已于八月五日偕夫人乘亚细亚皇后号轮赴美，于九月一日在华京开始工作云”。

2005 年，吴光清先生 100 岁诞辰之际，著名图书馆学家钱存训先生曾撰文《吴光清博士生平概要》，将他的生平、事业和著述加以记叙，借以纪念他在图书馆事业和国际学术界的贡献。钱存训先生评价吴光清先生道：

图 4 - 25　吴光清先生肖像

> 吴光清先生是中国学者以西文写作中国图书目录学的第一人，是中国早期取得图书馆学博士学位的少数学者之一，也是唯一曾在中美两国国家图书馆担任主要职务的人物。他学识渊博，思路严密，精通外文，在国际上宣扬中国文化，对西方学者了解中国学术、出版和图书馆发展的历史，贡献良多。他为人忠厚、谦虚，做事稳重，与人无争，是中国典型的谦谦君子，也是我的学业前辈和生平益友。①

“钱存训先生纪念网站”上展示了一份吴光清先生 1932 年在其金陵大学的学弟钱存训先生的毕业留言簿上写下的赠语。此时，两位挚友已神交多年，志同道合。吴光清先生勉励学弟向着两人共同的奋斗目标——图书馆学研究领域前行，并担负起振兴祖国的责任(见图 4 - 26)。在此后的几十年岁月里，两位挚友相互扶持、相互促进。1941 年 4 月 22

① 钱存训.东西文化交流论丛[M].北京：商务印书馆，2009：250—256.

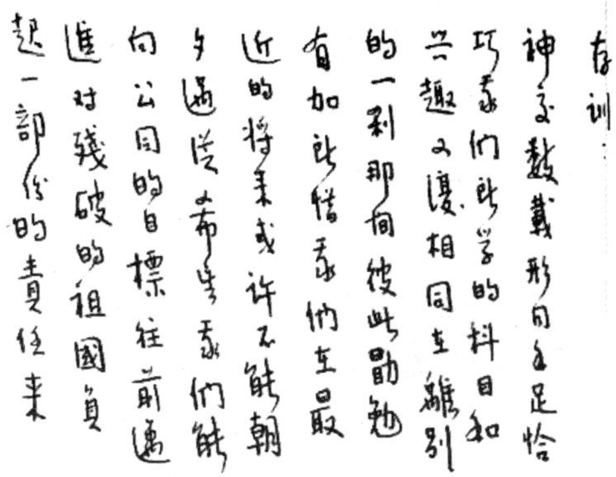

存训：
神交数载形同手足恰
巧我们所学的科目和
兴趣又复相同在离别
的一刹那间彼此勖勉
有加所惜我们在最
近的将来或许不能朝
夕过从希望我们能
向公同的目標往前迈
進对残破的祖國负
起一部份的责任来

图 4-26　1932 年吴光清先生在金陵大学毕业留言簿上给钱存训先生的留言①

日，在美国国会图书馆任职的吴光清先生得知哈佛大学汉和图书馆(1965 年更名为燕京图书馆)将有一个岗位空缺，特地致函时任汉和图书馆馆长的裘开明先生(HYL Archives: Letter of Kuang-Tsing-Wu to Alfred K'aiming Ch'iu, April 22, 1941)，推荐就职于国立北平图书馆上海办事处的钱存训先生去应聘，并附寄了钱存训先生的一份简历②。吴光清先生和钱存训先生都是金陵大学毕业生，均修学了图书馆学，又都担任过金女大图书馆主任，后又都留学美国并获得图书馆学博士学位，两人均成为著名的美籍华裔图书馆学家，为中美图书馆事业做出了突出贡献。

三　吴元清(Wu Yuen-ching; Tung, Virginia Wu)[1933—1940]

吴元清(Wu Yuen-ching; Tung, Virginia Wu; 1911—1996)，女，1911

① 图片来源：钱存训先生纪念网站 http://www.thtsien.com/digital-archives。

② 程焕文.裘开明年谱[M].桂林：广西师范大学出版社，2008.

图 4－27　吴元清 1933 年 6 月文华图专毕业证件照[①]

年 2 月 23 日出生，湖北汉川人，中华图书馆协会会员。1931 年 9 月进入文华图书馆学专科学校学习，并加入中华图书馆协会，1933 年 6 月成为文华图专本科第十届 9 位毕业生之一。1933 年 6 月进入金陵女子文理学院图书馆工作，1933—1938 年任图书馆助理馆员。1936 年 1 月 1 日，吴元清与文华图专同班同学童世纲[②]先生在南京结婚。抗战期间，夫妇俩辗转到达四川。1939 年，吴元清回到成都华西坝金女大，担任成都金女大图书馆主任，1940 年春季学期结束后离校。曾在南开大学经济研究所图书馆、桂林师范学院图书馆、华西协合大学图书馆工作[③]。1946 年 5 月随丈夫童世纲移居美国，1948 年获得美国西蒙斯学院图书馆学专业硕士学位。吴元清曾在哈佛大学汉和图书馆工作，后到普林斯顿大学图书馆工作，直至 1975 年退休。夫妇俩同为文华图专毕业的服

① 图片来源：武汉大学档案馆。

② 童世纲（James Shih-kang Tung，1911—1982），男，字敦三，湖北汉川人，中华图书馆协会永久会员。毕业于武昌文华图书馆学专科学校，后获得美国波士顿大学公共管理学硕士学位。曾任普林斯顿大学葛思德东亚图书馆馆长、普林斯顿大学图书馆副馆长。童世纲先生为普林斯顿大学东亚文献的收藏与利用服务做出了巨大的贡献。1977 年 6 月他退休后，普林斯顿大学东亚研究中心专门建立了一个以他名字命名的基金用于购买中文善本书，同时研究中心还在图书馆入口处竖起一个铜牌“All who use the Gest Library owe a debt to Mr. James S. K. Tung, Curator 1952—1977”（凡来此借书者，都应该感谢童先生）。

③ 程焕文. 裘开明年谱[M].桂林：广西师范大学出版社，2008：331.

务于美国图书馆界的有影响的人物①。1996 年 1 月吴元清女士在新泽西州莫舍(Mercer)逝世,享年 85 岁②。

《文华图书馆学专科学校季刊》1933 年第 5 卷第 2 期第 252 页"同门零讯"中,发布了刚刚从文华图专毕业的吴元清和童世纲先生在武昌订婚的消息。《文华图书馆学专科学校季刊》1936 年第 8 卷第 1 期第 144 页"毕业同学个人信息"中,又发布了两人于 1936 年 1 月 1 日在南京结婚的消息。

在金女大的官方档案记载中,吴元清的名字以威氏拼音 Miss Wu Yuen-ching 和 Tung,Virginia Wu,Mrs 先后出现,给后人留下了她的两种身份信息:一种是她单身时的称谓,另一种是婚后人们贯以夫姓对她的尊称。作为童夫人的吴元清女士为后人所知晓,多数是因她同为文华图专同班同学的丈夫童世纲先生。童世纲先生也是湖北汉川人,著名图书馆学家,曾长期担任美国普林斯顿大学葛斯德东方图书馆馆长、美国东方图书馆协会主席。

1933 年 6 月从文华图专毕业后,吴元清小姐于当年秋季学期应聘来到南京,在金女大陶谷新校园的过渡图书馆工作,与从美国密歇根大学获得硕士学位留学归来的吴光清先生(见前一节内容)搭档。吴光清先生任图书馆主任,吴元清小姐任助理馆员。当时的过渡图书馆与其他部门合用空间,管理很是不易。然而两位管理者坚持全开架阅览的服务理念,克服困难,坚持聘用勤工生助理参与图书馆管理工作。1934 年春季,校园新图书馆大楼建成,文献搬迁任务繁重,两位积极配合,向全校师生发出倡议书,呼吁大家齐心协力,帮助图书馆搬迁。工作期间,吴元清还结合工作实践,研究如何利用好大学生,让其参与图书馆的管理与

---

① 中国图书馆学会.中国图书馆年鉴 2005[M].北京:现代出版社,2006:44.

② 陆束屏.腥风血雨话金陵　明妮・魏特琳 1937—1938 年日记、书信和电文[M].南京:南京出版社,2012:52—53.

服务，并翻译华中大学美籍教员康明德先生撰写的《大学图书馆选用学生服务问题：怎样去选择》一文，该文刊载于 1935 年第 19 期（4 月 1 日版）《中央军校图书馆月报》[①]。

1935 年，当新图书馆一切井然有序时，吴光清主任离开南京到北平图书馆上任，[②]刚刚留美回到金女大的张肖松博士再次接任图书馆主任一职，吴元清和刘椿年（见本章后一节）两位助理馆员与之搭档。1936 年秋季学期，来自美国西蒙斯学院图书馆学专业的毕业生 Alice Ellzey Morris 小姐接替张肖松博士任金女大图书馆主任，吴元清和刘椿年任助理馆员，继续与之搭档，共同管理金女大图书馆。从 1934 年 3 月搬迁开始，到 1937 年春季学期结束，金女大图书馆在新图书馆大楼里运行了三年，虽然中间经历了三次主任人事变动，但金女大图书馆始终沿着自己的快速发展之路前进。然而，美好的一切在 1937 年夏季因日本军队对南京的轰炸被打破。

1937 年 7 月 7 日卢沟桥事变，日军发动了全面侵华战争，中国军队奋起反抗。7 月，正值暑假期间，在青岛度假的 Alice Ellzey Morris 小姐因战争形势突然严峻而被迫滞留青岛，无法返回南京金女大。吴元清小姐临危受命，接替 Alice Ellzey Morris 小姐负责图书馆的一切事务。面对抗战初期的恐慌和危机，吴元清小姐和师生们一起沉着应对。在明妮·魏特琳女士 1937 年 8 月 21 日的日记中有这样的记载："警报解除后，我发现图书馆馆员吴小姐正在指导学生剪裁布匹，交给防空洞队长用做防毒面具。"[③]1938 年金女大被迫西迁成都华西坝，在借校办学的初

---

① 见《中央军校图书馆月报》1935 年第 19 期 2—3 页。

② 钱存训.留美杂忆：六十年来美国生活的回顾[M].合肥：黄山书社，2008：308.

③ 陆束屏.腥风血雨话金陵　明妮·魏特琳 1937—1938 年日记、书信和电文[M].南京：南京出版社，2012：52—53。

始艰难时期，吴元清随丈夫童世纲先生长途跋涉，于1939年回到了华西坝金女大，正式接任图书馆主任，直到1940年秋季学期离开成都。

April 1940

GINLING COLLEGE

Faculty and Staff in Chengtu, 1939-40

Administration and Staff:		Date joined
Wu Yi-fang	A.B. Ginling 1919 S.M., Ph.D. Michigan	President of June 1928 -
Chester, Ruth M. Acting Dean of Studies	A.B. Smith College Ph.D. Columbia University	1917 -
Chang Siao-sung Dean of Discipline and Guidance	A.B. Ginling 1926 A.M., Ph.D. Michigan	1927 -
Ming Hsiah-ching Chinese Secretary and Director of Business Affairs	University of Nanking Special Chinese Course	1930 -
Kirk, Lilliam J. English Secretary	Registered Nurse	1938 -
Priest, Elsie M. Treasurer		
Chen Er-chang Assistant Treasurer	A.B. University of Nanking	January 1928
Tan Fan Registrar	A.B. Ginling 1932	1939 -
Ma Bih-ming Assistant Secretary	A.B. Ginling 1939	1939 -
Wu Yuen-ching Librarian　吴元清 图书馆主任		

图4-28　1939—1940学年吴元清女士任金女大图书馆(成都)主任①

吴元清女士后来曾到位于重庆沙坪坝的南开大学工作，1941年《中华图书馆协会会报》会员消息中曾记载："吴元清，现任职于南开大学经济研究图书馆(重庆沙坪坝南开大学经济研究所)。"②此后，有关吴元清女士的人生轨迹从中山大学程焕文馆长编著的《裘开明年谱》中可以获得诸多信息。

《裘开明年谱》中有13处提及吴元清女士，时间跨度从1946年4月

① 图片来源：耶鲁大学神学院图书馆数字档案RG011-134-2706第3页。

② 见《中华图书馆协会会报》1941年第15卷第6期。

30日至1952年1月17日[①],记载了吴元清女士1946年随丈夫童世纲先生离开大陆去美国求学及任职的经历。摘编信息如下:

1946年4月30日,裘开明致函芝加哥大学远东图书馆代理馆长邓嗣禹(Teng Ssu-Yu):敝馆于(震寰)先生向你推荐童世纲夫人吴元清女士(Wu Yuen-ching)应聘贵馆助理馆员。对此,我发表一些看法,我从来没有见过吴女士,但我的太太(曾宪文)很了解她。吴女士是一位安静而尽责的人,曾在桂林师范学院图书馆、华西协合大学图书馆工作长达10年,是一位非常合适的人选。(HYL Archives: Letter of Alfred K'aiming Ch'iu to Teng Ssu-Yu, April 30, 1946)

1948年5月12日,裘开明致函美国移民归化局(Immigration and Naturalization Service),证明汉和图书馆愿意聘用吴元清(Wu Yuen-ching)担任图书馆的学生助理。(HYL Archives: Letter of Alfred K'aiming Ch'iu to Immigration and Naturalization Service, May 13, 1948)

1948年6月,聘请了童世纲(Tung Shih-Kang)的夫人吴元清(Wu Yuen-ching)到馆接任其工作。吴元清毕业于西蒙斯大学(Simmons College)图书馆学学院。(HYL Archives: Chinese-Japanese Library of the Harvard-Yenching Institute at Harvard University Report of the Librarian for the Year July 1, 1947 to June 30, 1948)

1948年5月13日,西蒙斯大学(Simmons College)图书馆学学院院长Kenneth R. Shaffar致函裘开明,推荐吴元清(Wu Yuen-ching),并感谢裘开明为其学院学生填写实习表现报告表。(HYL

① 程焕文. 裘开明年谱[M]. 桂林:广西师范大学出版社,2008.

Archives: Letter of Kenneth R. Shaffar to Alfred K'aiming Ch'iu, May 13, 1948)

1949年10月12日,汉和图书馆负责中日文期刊的吴元清(Wu Yuen-ching)向裘开明汇报,自1949年4月12日至本日,共计6个月,新到馆中文期刊291期,日文期刊1376期,并全部登录到卡片目录上。(HYL Archives: Chinese-Japanese Library of the Harvard-Yenching Institute at Harvard University Report of the Librarian for the Year July 1,1948 to June 30,1949)

1950年5月24日,童先生是个很尽责而又谨慎的馆员,现年大约40岁,从他的个人简历来看,他在中国有相当的政治经验。童夫人(吴元清)也是一名训练有素的馆员,曾经是西蒙斯大学图书馆学学院的研究生,他们没有孩子。万一我们不能立即找到合适人选,我可以让童夫人暂来我馆工作,直到找到合适的人。(HYL Archives: Letter of Alfred K'aiming Ch'iu to Arthur Frederick Wright, May 24, 1950)

1951年12月18日,汉和图书馆原工作人员吴元清(Wu Yuen-ching)应聘美国教育考试服务处的职位,该中心来函请裘开明评价其工作能力。(HYL Archives: Letter of Alfred K'aiming Ch'iu to Elizabeth Glasscock, January 17, 1952)

1952年1月17日,裘开明致函普林斯顿教育测试服务人事部秘书Elizabeth Glasscock,提供有关童元清女士(Mrs. Yuen-ching Tung,即吴元清)个人工作及人际关系能力的评价。(HYL Archives: Letter of Alfred K'aiming Ch'iu to Elizabeth Glasscock, January 17, 1952)

由此可知,1940 年离开金女大之后,除曾工作于南开大学经济研究图书馆之外,吴元清女士还曾工作于桂林师范学院图书馆和华西协合大学图书馆。1946 年 5 月,吴元清女士随丈夫童世纲先生离开中国,先在美国西蒙斯学院学习图书馆学专业,获得研究生学历后于 1948 年 6 月应聘工作于哈佛大学汉和图书馆至 1951 年 6 月。1952 年,吴元清女士工作于普林斯顿大学图书馆直至退休。

四 刘椿年(Liu Chuen-nien)[1935—1937]

图 4-29 刘椿年 1937 年 1 月南京五卅中学学历证明证件照①

刘椿年(1909—不详),男,宣统元年(1909 年)5 月 8 日出生,安徽省安庆市怀宁县人,中华图书馆协会会员。安庆座堂中学②肄业,1926 年 7 月进入南京五卅中学③学习,1929 年 7 月毕业。1932 年秋季学期开始应聘工作于金陵大学图书馆,任流通部助理馆员。1935 年 9 月进入金女大图书馆工作,任助理馆员。1936 年 12 月 24 日经金陵大学毕业的朋友

① 图片来源:南京大学档案馆。

② 座堂学堂,清光绪二十五年(1899 年)由美国基督教会在安庆设立,1910 年改名圣保罗中学,1953 年,更名为安徽省安庆第三初级中学,1956 年与安徽省安庆女子中学合并组建安徽省安庆第二中学。

③ 1925 年 5 月 30 日,震惊中外的"五卅反帝爱国运动"在上海爆发,并很快席卷全国。南京亦有组织筹集资金支援工人罢工。运动结束后,他们用剩余的资金在南京玄武湖畔创建了一所中学,以对运动做永久纪念。学校初期名为五卅公学,1929 年更名为五卅中学。

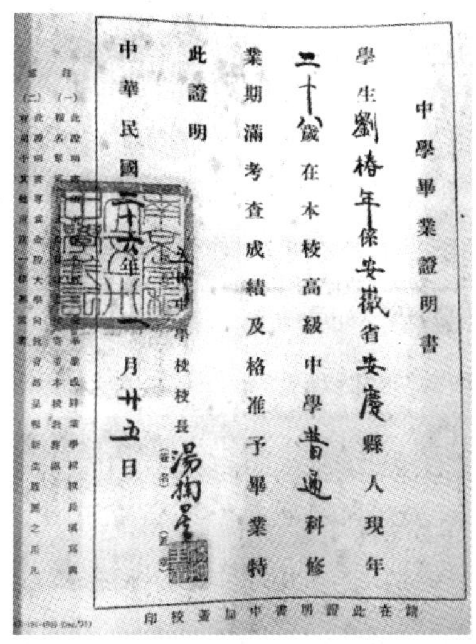

中學畢業證明書

學生劉椿年係安徽省安慶縣人現年二十歲在本校高級中學普通科修業期滿考查成績及格准予畢業特此證明

五卅中學校校長湯楙量(簽名)(蓋章)

中華民國二十六年一月廿五日

請在此證明書中加蓋校印

教育部發給學生仍回原校肄業證明書

學生劉椿年原在私立金陵大學院國文專修科系壹年級肄業茲在本部登記經加審核准予仍回私立金陵大學肄業此證

右給學生劉椿年

中華民國二十七年十月　日

图 4－30　1937 年 1 月 15 日五卅中学为刘椿年出具的毕业证明书①

图 4－31　抗战时期民国政府教育部给逃难学生出具的肄业证明书②

图 4－32　1937—1942 年刘椿年于金陵大学学习时的证件照③

① 图片来源：南京大学档案馆。

② 图片来源：南京大学档案馆。

③ 图片来源：南京大学档案馆。

赵经羲[①]先生担保投考金陵大学。1937 年 2 月 26 日，又经金陵大学任职的朋友陈长伟[②]先生担保进入金陵大学文学院国文专科两年制专业学习，同时继续在金女大图书馆兼职工作。抗日战争初期，他自安徽家乡携家人逃难至湖南，后辗转四川成都，于 1938 年 10 月进入西迁成都的金陵大学继续学业。1939 年 7 月转考入文学院经济系，主修政治，辅修国文，1942 年毕业，获学士学位。1947 年 12 月他被记载于中华图书馆协会个人会员名录中的所在地为重庆，之后的信息不详。

中国第二历史档案馆全宗号六六八的金陵女子文理学院档案第 33 号案卷里，1936 年和 1937 年春季学期的金女大教职员中文名单中出现了“刘椿年”这个名字，且在 1937 年春季学期的“刘椿年”名下标注了“上学期全职(Full Time)，下学期兼职(Part Time)，安徽安庆人，曾为金陵大学图书馆馆员，二十四年九月进校”等信息。

在耶鲁大学神学院数字馆藏编号为 RG011-127-2619 的资料中记载着，1935—1936 学年张肖松博士为校图书馆委员会主席，吴元清女士和刘椿年为助理馆员(见图 3 - 36)。1936 年《金陵年刊》中金女大教职员名录中，中文部分记载张肖松为代理图书馆主任，吴元清和刘椿年为图书馆员；英文部分记载童吴元清和刘椿年为助理馆员(见图 4 - 33)。由此可知，从 1935 年秋季学期开始，金女大图书馆同时配备了两位全职助

① 赵经羲(1905—1984)，男，1909 年 5 月 21 日生，江苏昆山人。1931 年进入金陵大学学习，1944 年获得理学硕士学位，1945 年留校任教。1946 年进入美国华盛顿大学攻读经济学。1949 年去台，任台湾大学农学院教授兼秘书。1955 年任新成立的东海大学注册部主任，后任经济系教授兼系主任。1984 年 2 月 25 日在台去世。家人遵遗嘱用其遗产设立“赵经羲、毕律斯纪念奖助金”以鼓励家境清寒及成绩优秀的同学。

② 陈长伟(1895—1955)，男，江苏南京人。1923 年毕业于金陵大学文学院。曾任金陵大学文学院教授、图书馆代理馆长，南京大学图书馆副馆长。著有《图书流通法》《杂志报纸小册处理法》等。

理馆员,馆员队伍逐步壮大。

教　職　員　名　錄

MEMBERS OF THE FACULTY

吴貽芳……………………校長	DR. YI-FANG WU ……………………*President*
德本康…………前任校長現任教授	MRS. LAWRENE THURSTON ……*President Emeritus*
魯含美………………英文秘書	HELEN M. LOOMIS …………*Secretary to President*
閔俠卿………………中文秘書	MING HSIAH-CHUNG ………*Secretary to President*
許兆標………………助理秘書	HSU CHAO-PIAO ……*Assistant Secretary to President*
畢愛霞…………會計主任(兼任)	ELSIE M. PRIEST ……………………*Treasurer*
陳爾昌……………………會計	CHEN ER-CHANG ……………*Assistant Treasurer*
高仁瑛…………代理註冊主任	KAO REN-YING ……………………*Acting Registrar*
詹塋棟……………………註册員	CHAN GIN-TUNG …………*Assistant in Registrar's*
張肖松…………代理圖書館主任	CHANG SIAO-SUNG ………………*Acting Librarian*
吴元清………………圖書館員	TUNG, MRS. WU YUEN-CHING……*Assistant Librarian*
劉椿年………………圖書館員	LIU CHUEN-NIEN……………*Assistant in Library*
程瑞芳………………宿舍主任	TSEN, MRS. SHUI-FANG……*Director of Dormitories*
高愛理…………校醫(兼任)	DR. AILIE S. GALE ……………*College Physician*

图 4－33　1936 年《金陵年刊》中刊载的金女大教职员名录①

中国第二历史档案馆全宗号六四九的金陵大学案卷中有几处与刘椿年相关的信息:一是 1932 年教职员名册中的"刘椿年,流通部助理馆员";二是 1937 年的"刘椿年,27 岁,南京五卅中学毕业,流通部助理馆员,长久通讯地址:安庆吕八街第五院";三是 1942 年 4 月 7 日毕业生登记表中的"刘椿年,男,33 岁,安徽怀宁人,主修政治,辅修国文"。怀宁正好是安庆下属的一个县,因此,名为刘椿年的助理馆员和毕业生是同一人。

根据刘椿年曾为金陵大学图书馆助理馆员和学生的记载,在南京大学档案馆馆员的帮助下,笔者从南京大学保存的金陵大学档案中查询到几份与刘椿年在金陵大学读书期间相关的资料,包括他的三张珍贵证件照、五卅中学毕业证明、金陵大学学籍申请与变更证明等(见图 4－30 至图4－32)。

① 图片来源:耶鲁大学神学院图书馆数字档案 RG011-153-2955 第 155 页。

追溯查找金陵大学毕业生论文，在 1943 年印刷于成都的《金陵大学：金陵文摘（1941—1942）》第 27 页“人文科学政治学专业”中，找到了刘椿年的学士论文信息，论文题名为“管教养卫之研究”（见图 4 - 34）。

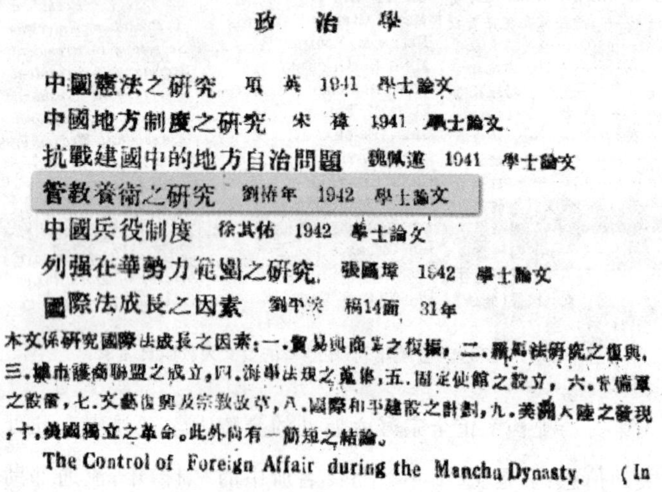

政 治 學

中國憲法之研究 項 英 1941 學士論文

中國地方制度之研究 宋 禕 1941 學士論文

抗戰建國中的地方自治問題 魏佩道 1941 學士論文

管教養衛之研究 劉椿年 1942 學士論文

中國兵役制度 徐其佑 1942 學士論文

列强在華勢力範圍之研究 張國璋 1942 學士論文

國際法成長之因素 劉平奕 稿14面 31年

本文係研究國際法成長之因素：一.貿易與商業之復振，二.羅馬法研究之復興，三.城市商業聯盟之成立，四.海事法規之蒐修，五.固定使館之設立，六.常備軍之設置，七.文藝復興及宗教改革，八.國際和平建設之計劃，九.美洲大陸之發現，十.美國獨立之革命。此外尚有一簡短之結論。

The Control of Foreign Affair during the Mancha Dynasty. (In

图 4 - 34 1942 年刘椿年金陵大学学士论文信息

抗战初期，刘椿年离开南京后回到家乡安徽，携家人逃难投奔正任职于湖南省益阳县国民党清水潭兵工署的兄弟刘松年。经过长沙时，他曾在民国政府教育部主持的逃难大学生登记处登记借读，后辗转到达四川，进入成都华西坝金陵大学继续学业，并在成都加入了中华图书馆协会。《中华图书馆协会会报》1941 年第 15 卷第 6 期的“新入会员”中记载着“刘椿年，男，安徽安庆人，成都金陵大学文学院”的信息。而 1947 年 12 月的会员名录中，刘椿年的名字列在“重庆”地区，想必刘椿年 1942 年从金陵大学毕业后，到了重庆工作，遗憾的是目前还未找到有关他的后续信息。

五　Alice Ellzey Morris(马爱丽)[1936—1937]

ALICE ELLZEY MORRIS
99A Jessfield Road
Shanghai, China
Friends' Select School　　Library Science

S.A.A. 1, 2, 3, 4; Glee Club 1, 2, 3; Scout Club 1, 2, 3, 4; Dramatics 1, 2, 3, 4; Competitive Plays 1; Waitress, Alumnae Garden Party 2; Shush Committee 3; House Junior 3; Waitress, Class Day Supper 3.

图 4－35　Alice Ellzey Morris1934 年西蒙斯学院毕业照[①]

Alice Ellzey Morris(Morris, Alice E., 1911—1994),女,1911 年出生于中国上海。她的父亲 Morris 博士和母亲 Frances 均是教友会传教士,分别来自美国费城和弗吉尼亚州。Morris 小姐童年的大部分时间在中国度过,并与姐姐及两位兄弟一起进入上海一家法国人办的学校学习。成年后,她回到美国,在波士顿西蒙斯学院学习,前三年先修学了历史、科学、英语、经济学等,大四时注册修习图书馆学。1934 年毕业后,Morris 小姐回到中国,和家人住在青岛的一个德国人社区,先是在当地英国人办的学校教书,后到上海圣玛丽女校、南京金女大(1936—1937)、华东基督教联合大学从事图书馆管理工作。1965 年 2 月她进入夏威夷大学攻读图书馆学,并于 1969 年获得了硕士学位。Morris 原本决定到英属哥伦比亚的维多利亚大学去当图书管理员,但因该馆削减预算而放弃。后来,她一直做着零工,直到决定再一次航海旅行。1980 年 10 月,Morris 定居毛伊岛[②]。在岛上,她担任康复和心理健康中心的顾问,并

① 图片来源：Microcosm, Simmons College (Boston, Mass.), 1934,第 98 页。

② 毛伊岛(Maui),亦译茂伊岛,美国夏威夷州茂伊县的一座火山岛,在莫洛凯岛(Molokai)和夏威夷岛(Hawaii)之间。

发挥其图书管理员的职业技能优势，帮助中心管理文件。Morris 是一位和平主义者，多年来一直将自己的部分收入贡献给了世界和平基金会。Morris 还是一位动物爱好者，生命的最后几年里，她不知疲倦地代表着动物权利保护组织工作，直至 1994 年 4 月 15 日去世，享年 83 岁①。

1936 年秋季学期，Morris 小姐进入金女大，接替张肖松博士任图书馆主任（见图 4－36），与吴元清小姐和刘椿年先生搭档管理金女大图书馆，吴元清小姐和刘椿年先生任助理馆员。但因刘椿年先生 1937 年春季学期进入金陵大学专科班学习，在金女大图书馆的工作由全职转为兼职，故在 1936—1937 学年金女大教职员名录中（见图 4－36），遗漏了对他的记载。现有的文献中对 Morris 小姐的中文译名主要有以下三种：一是中国第二历史档案馆档案记载的马爱丽，二是杨天宏所译《金陵女

(48)

GINLING COLLEGE FACULTY
1936—1937

Administration

Dr. Wu Yi-fang	President
Loomis, Helen M.	English Secretary
Ming Hsiah-ching*	Chinese Secretary
Hsü Chao-piao	Assistant in President's Office
Wu Mou-i	Registrar
Chan Gi-tung	Assistant in Registrar's Office
Li Dze-djen	Adviser to Freshmen and Student Counsellor
Priest, Elsie M.*	Treasurer
Chen Er-chang	Assistant Treasurer
Morris, Alice E.	Librarian
Tung, Mrs. Wu Yuen-ching	Assistant Librarian
Kao Ren-ying	Executive Secretary, Alumnae Association

Alice Ellzey Morris，图书馆主任
童吴元清女士，助理馆员

图 4－36　1936—1937 年金女大教职员名录中 Morris 任图书馆主任的信息②

① Biography[OL].[2016-7-12]. http://slis.simmons.edu/alice/exhibits/show/alice%27s-life-and-times/biography.

② 图片来源：耶鲁大学神学院图书馆数字档案 RG011-127-2620 第 29 页。

子大学》中的爱利斯·默里思,三是南京师范大学南京大屠杀研究中心译的《魏特琳日记》一书中的艾丽斯·莫里斯。

《金陵女子大学》一书中,在介绍1936年学校迎来了一批新教师时,特别提及Morris小姐是西蒙斯学院的毕业生,是上海圣露克医院默里思大夫(Dr. H.H.Morris)的女儿[①]。根据西蒙斯学院的线索,利用谷歌搜索,意外发现西蒙斯学院图书馆和信息科学学院(School of Library and Information Science,简称SLIS)数字化档案平台中有Alice Morris Walker(即Alice Ellzey Morris,Walker是其夫姓)的Scrapbook(剪贴簿,见图4-38),平台将收集的Morris在西蒙斯学院学习期间有关的物件,以图文信息方式表现出来,并附有她的传记(Biography)和图书馆学专业学习、从职的经历等。

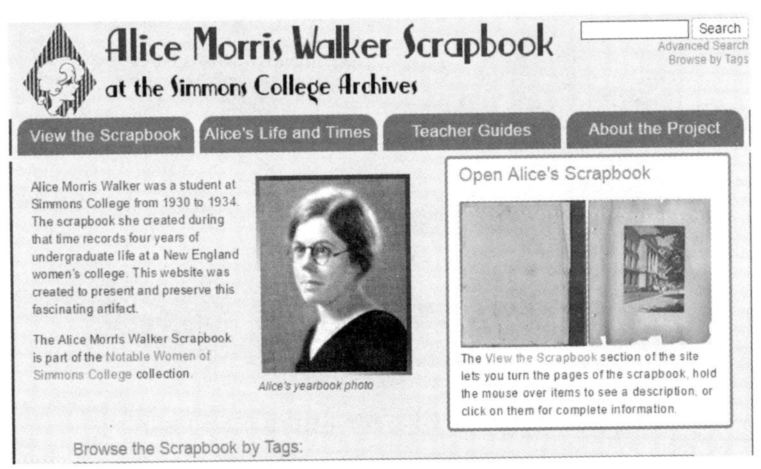

图4-37　Alice Morris Walker数字化剪贴簿的首页[②]

① 德本康夫人,蔡路得.金陵女子大学[M].杨天宏,译.珠海:珠海出版社,1999:91.

② 图片来源:http://slis.simmons.edu/alice/。

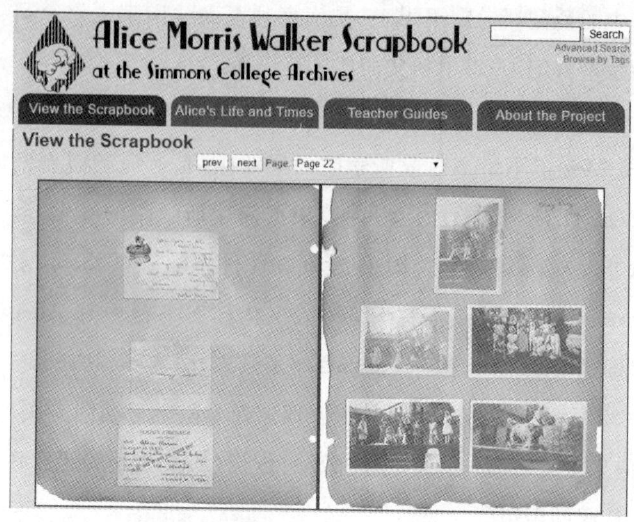

图 4－38　Alice Morris Walker 数字化剪贴簿的内容①

图 4－39　Alice Morris Walker 数字化剪贴簿中的个人照片②

西蒙斯学院 SLIS 数字化保存的 Morris 大学四年的剪贴簿中再现了 20 世纪 30 年代初期 Morris 在西蒙斯学院学习生活时的情景。其中

① 图片来源：http://slis.simmons.edu/alice/scrapbook。

② 图片来源：http://slis.simmons.edu/alice/scrapbook。

有一张是她剪裁的 *Simmons College Bulletin* 上刊载的对理想图书馆员的描述:"The desirable traits for a librarian are: courtesy, adaptability, readiness to accept responsibility, initiative, mental alertness, accuracy, manual dexterity ... and good health"(一名图书馆员的理想特性应是:礼貌,适应性强,愿意承担责任,主动,灵敏,准确,手巧……身体健康)。在这份西蒙斯学院著名的校友剪贴簿中,还记载着八十多年前西蒙斯学院对"好图书馆馆员"的职业定位。西蒙斯学院认为,一名好图书馆馆员应该能正确地理解图书馆的价值,能认识到自己在现代生活中所应有的担当,还必须能够准确地判断读者对图书的需求,熟悉作者和出版商,知道如何将图书进行分类与编目(A good librarian was thought of as one who is able to understand the value of libraries and the part they play in modern life. She must also be able to judge books based on the target audience, be familiar with authors and publishers, and know how books are to be classified and cataloged)①。这两份很有心的剪贴,不仅是剪贴者在校学习期间鞭策自己学习专业的体现,也是西蒙斯学院图书馆学专业对学生未来职业目标要求的真实记载。

1937 年暑假期间,Morris 和金女大的其他教员一样到青岛度假。没有想到日本帝国主义开始发动全面侵华战争。8 月份,中国华北、华东形势突变,战争的阴影波及平静的校园,师生安全得不到保障,学校无法正常开学。因南京、上海局势紧张,Morris 和其他几位一起度假的金女大教员被迫滞留青岛。一时无法回到南京金女大校园的 Morris 小姐只得在青岛找工作。10 月开始她在青岛圣功女中(St. Giles British

① Newspaper clipping: Library seniors go on field practice[OL].[2016-7-12].http://slis.simmons. edu/alice/exhibits/show/alice% 27s-life-and-times/library-science/course-offerings.

School)做二年级教员,直至1937年底才有机会回到上海家中[①]。此时,金女大考虑到学生们的安全,已在上海、武昌、成都分设了三个办学中心,以便学生们可以就近入学,继续学业。后来武汉和上海形势紧张,校董事会相继关闭了这两处的办学中心,全部西迁集中于成都办学,两处分中心的图书资料也随行西迁。1938—1946年,金女大在四川成都华西坝继续办学,直至抗战胜利后于1946年春季回迁南京复校。因此,1938年初,当Morris从青岛回到上海家中后,也无法再回到南京金女大图书馆工作,她的所有个人物品都存放在南京金女大教员宿舍中。

1937年"八一三"淞沪抗战期间,圣约翰大学、沪江大学、东吴大学、之江大学、金陵大学、金女大等高校在上海筹建华东基督教联合大学(Associated Christian Colleges in Shanghai),后金陵大学和金女大西迁成都,另外四校继续在上海慈淑大楼(位于上海南京东路353号。建成于1932年,原为大陆商场,1938年更名为慈淑大楼)内联合办学,并共建联合图书馆。回到上海的Morris小姐受邀到联合图书馆协助管理,一直工作到1940年[②]。Morris工作于华东基督教联合大学图书馆的信息曾被1938年10月21日出版的《文汇报》记载:"联合图书馆总办公处设在梵王渡圣约翰大学,新书登记、分类、编目等手续完毕后,再送至慈淑大楼联合图书馆的参考室内,以供师生利用。联合图书馆获准使用从美国募集到的1万元资助款添购新书,并邀请到美国西蒙斯大学图书科毕业生一人来沪襄助联合图书馆馆务。"[③]这位"西蒙斯大学图书科毕业

① 陆束屏.腥风血雨话金陵 明妮·魏特琳1937—1938年日记、书信和电文[M].南京:南京出版社,2012:72.

② UBCHEA ARCHIVES[OL].[2016-8-31].http://divinity-adhoc.library.yale.edu/UnitedBoard/Ginling_College/RG011-139-2784.pdf.

③ 吕绍虞.最近之上海图书馆[M].上海:中国图书服务社,1938:18.

生"就是 Alice Ellzey Morris 小姐。

抗战期间,南京金女大校园遭到日军破坏,图书馆损失惨重。Morris 小姐 1937 年暑期去青岛度假时,想不到会回不了南京,她的所有个人物品都留在学校教员宿舍内,成了战乱中金女大校园个人财产损失最为严重的一位。《魏特琳日记》中,明妮・魏特琳[①]女士曾多次提及这位好友,并记录下她的财产损失[②]。Morris 自己也没想到,这次假期外出,竟是她金女大图书馆管理生涯的终结。虽然她曾于 1939 年 4 月春假期间重游南京金女大校园,但已物是人非。回到美国的 Morris 一直惦记着金女大的发展,她在 1945 年 2 月 18 日写给金女大的信中,还想着如何每月给学校邮寄图书,以满足自己能为学校教学尽微薄之力的愿望。[③]

六　透过数据看 1934—1937 年图书馆快速发展时期

1934 年 3 月,金女大图书馆开始陆续从过渡图书馆向新馆舍搬迁。3 月 16 日出版的校刊曾刊载信息:"现在图书馆因书籍繁重,迁移费日,

---

① 明妮・魏特琳(Minnie Vantrin,1886—1941),女,中国名华群,美国传教士。1886 年 9 月 27 日出生于美国伊利诺伊州西科尔小镇(Secor, Illinois)。1907 年毕业于伊利诺伊州立师范大学后,在伊利诺伊州一所中学教数学,同时在伊利诺伊大学继续深造,1912 年获得理学学士学位。同年来到中国,创办合肥三青女子中学(San Ching Girls' Middle School)。1918 年回到美国进入哥伦比亚大学学习,1919 年获得教育学硕士学位。1919 年接受推荐任金女大代理校长一年,后一直在金女大任教,并担任教育系主任和金女大教务长。抗战期间,她临危受命,担任留校维持委员会主任,冒着生命危险,在金女大难民所收容保护了上万中国妇孺,并记载下著名的 *Minnie Vautin's diary*。1941 年 5 月 14 日,魏特琳女士在印第安纳州辞世,年仅 55 岁。

② Minnie Vautrin, Suping Lu. Terror in Minnie Vantrin's Nanjing: Diaries and Correspondence, 1937-1938[M]. Urbana: University of Illinois Press, 2008: 107, 111, 114, 122, 151, 180.

③ 见耶鲁大学神学院图书馆数字档案 RG011-139-2784 卷宗第 12 页。

故先行逐渐搬迁，日来正在陆续迁移中。音乐室各乐器亦将继续搬迁。其余各部规定尽春假期中一律运竣云。”1934 年金女大的春假时间为 4 月 1 日至 8 日，为了与学校系科部室同时在春假结束时搬迁竣工，3 月下旬，图书馆主任吴光清先生率领图书馆员工向全校师生发出倡议，号召师生们利用 3 月 29 日革命先烈纪念日放假时间帮助图书馆搬迁，得到了全校师生的积极响应[①]。由于组织得当，集众人襄助之力，图书馆繁重的搬迁任务顺利完成。

1934 年 4 月，金女大图书馆正式在新图书馆大楼内运行。此时的新图书馆运作状况正好被收录于庄文亚先生 1934 年编写的《全国文化机关一览》一书中，在“金陵女子文理学院图书馆”一节中，呈现了 1934 年 4 月调查的金女大图书馆的基本情况，概述如下。

地址：南京陶谷本校内。

沿革：创立于民国四年(1915 年)。

组织：主任一人，馆员若干人。

经费：每年一万余元。

馆舍状况：新馆舍于二十三年(1934 年)春落成，馆分三层，上层为储藏室，中层为杂志报章阅览室，下层为大阅书室。

藏书统计：中文书一一七六五(11 765)册，西文书一〇〇三八(10 038)册，小册及杂志在外。

分类及编目检字：西书分类采用杜威十进分类法，中文分类采用金陵大学中国图书分类法，中文检字仍用康熙部首法，最近拟改良汉字排列法，英文卡片依字典式排列。

每月阅览及借书统计：每月阅览次数计二万二千八百余次，借

① 见《金陵女子文理学院校刊》1934 年第 10 期第 2—3 页。

书次数每月计八百余次。

职员:(主任)吴光清,馆员及工作学生等共二十人。

出版物:在编辑中。

透过上述记载可知,1934 年 4 月金女大新图书馆大楼里陈列的西文图书采用的仍然是杜威十进分类法,中文图书分类根据的是刘国钧先生编制的《中国图书分类法》。供读者查检用的卡片目录按字典式排列,西文书依字母顺序,中文书依《康熙字典》的部首法顺序,图书馆正准备改良汉字排列方法。新图书馆大楼内,经过馆员整序的两万多册中西文书籍与宽敞明亮的阅览空间相互衬托,呈现给全校师生一个典雅温馨的学习与研究环境。1934—1937 年,短短的三年时间成为金女大图书馆快速发展的黄金时期。

根据耶鲁大学神学院图书馆数字档案 RG011-126-2619、RG011-126-2620 中记载的 1934—1937 年金女大管理委员会年度报告和 RG011-128-2634 记载的 1933 年、1936 年金女大年度公报,整理出 1934—1937 年金女大图书馆年度预算经费及年度实际支出费用情况表(如表 4-2)和 1934—1937 年金女大图书馆馆藏文献保障情况表(如表 4-3)。

表 4-2　1934—1937 年金女大图书馆年度预算经费及年度实际支出费用情况表

学年	年度预算(M.$)	年度实际支出(M.$)
1934—1935	员工薪酬:2 980 学生工薪酬:700 办公运行费:500 装订费:300 西文期刊订购费:800 中文期刊订购费:300 专业图书采购费:2 000 一般图书采购费:200 预算合计:7 780 学校预算总额:140 497 图书馆所占比例:5.54%	员工薪酬:2 840 学生工薪酬:814.42 办公运行费:429.65 装订费:92 设备费:42.45 期刊订购费:1 043.13 图书采购费:3 397.54 支出合计:8 659.19 学校总支出:135 262.77 图书馆所占比例:6.4%

续表

学年	年度预算(M.$)	年度实际支出(M.$)
1935—1936	员工薪酬:2 620 学生工薪酬:800 办公运行费:600 装订费:300 设备费:100 西文期刊订购费:800 中文期刊订购费:400 专业图书采购费:1 000 中文图书采购费:400 预算合计:7 020 学校预算总额:152 602.44 图书馆所占比例:4.6%	员工薪酬:3 240 学生工薪酬:698.73 办公运行费:260.94 装订费:134.60 西文期刊订购费:1 010.65 中文期刊订购费:164.30 西文图书采购费:1 649.96 中文图书采购费:1 720.12 支出合计:8 879.30 学校总支出:153 327.02 图书馆所占比例:5.79%
1936—1937	员工薪酬:2 520 学生工薪酬:800 办公运行费:400 装订费:300 西文期刊订购费:800 中文期刊订购费:400 预算合计:5 220 学校预算总额:156 661 图书馆所占比例:3.3%	员工薪酬:1 940 学生工薪酬:578.81 办公运行费:147.29 装订费:113.30 西文期刊订购费:829.27 中文期刊订购费:206.53 西文图书:4 096.97 中文图书:460.62 支出合计:8 372.79 学校总支出:160 676.17 图书馆所占比例:5.2%

表 4-3 1934—1937 年金女大图书馆馆藏文献保障情况表

年度	教职员数(人)	学生数(人)	馆藏图书量(册)	图书资产总额(M.$)
1934—1935 年	65	213	22 524	50 288.18
1935—1936 年	67	238	—	—
1936—1937 年	66	259	50 000(中文:28 000)	—

从 1934—1935 学年开始,金女大年度预算方案和年度实际支出报告中均开始将图书馆单独设项并列出明细,明细项目分为员工薪酬、学生工薪酬、办公运行费、装订费、设备费、西文期刊订购费、中文期刊订购

费、西文图书采购费、中文图书采购费等9项。由表4-2可知,1934—1937年的三年中,图书馆每年使用勤工生的薪酬支出约占员工薪酬的四分之一,说明聘请一定数量的学生工参与图书馆服务工作已成为常态。另外,除了中外汇率差价因素外,从西文文献采购的预算与支出费用远远高于中文文献来看,私立教会大学对西方语言文献会重点保障。此外,图书馆每年的实际支出费用总额占全校支出总额的比例均超过了5%,这是现今的许多高校图书馆也未必能达到的经费保障水平。而同一时期的金陵大学图书馆,1932—1933学年图书馆经费也只占该校经费支出总数的3.9%,到了1936—1937学年竟只有1.9%[①]。相比之下,1934—1937年金女大对图书馆的经费支持力度大于金陵大学。由此可见,金女大管理层高度重视新图书馆的运作,在经费保障方面对图书馆建设给予了极大的支持。

表4-3中,金女大图书馆1934年馆藏图书量为22 524册,而从1934年到1936年,两年时间馆藏量已翻了一番,达到50 000册,平均每年新增图书9 159册。按1936—1937学年在校生259人计,生均拥有图书量高达193册。

1933—1934学年,金女大成立了新一届图书馆委员会,委员由学校行政人员、系主任、教授、教师代表和图书馆主任等五位人员组成。他们分别是外文系教授克馥兰小姐(Miss Kirk)[②]、曾为校长的学校顾问德

---

① 峰峦夕照的博客.金陵大学图书馆馆史(1)[EB/OL].(2012-11-15)[2017-07-10].http://blog.sina.com.cn/s/blog_7ff04e9801018901.html.

② 克馥兰(Florence Ada Kirk,1902—1994),女,1902年4月15日出生在加拿大安大略省的柯克顿(Kirkton),1925年毕业于加拿大萨斯喀彻温(Saskatchewan)大学,并于1929年获该校硕士学位,1943年获得美国西北大学博士学位。1932年进入金女大教授英文并担任英文系主任至1950年离开中国。回国后,长期在美国密歇根州的艾尔马(Alma)学院教书直至1967年退休。1994年11月28日在加拿大去世,享年92岁。

克馥蘭女士
英　　文
Miss Florence Kirk, M. A.
English.

前任校長
德本康師母
Mrs. Lawrence Thurston
Advisor

繆鎮藩先生
中　　文
Mr. T. F. Miao, M. A.
Chinese.

王明貞女士
數　　理
Miss Wang Ming-djen, M. S.
Math. & Physics.

吳光清先生
圖書館主任
Mr. K. T. Wu, M. A.
Librarian.

图 4-40　1933—1934 学年金女大图书馆委员会成员①

本康夫人(Mrs. Thurston)、中文系主任缪镇藩先生(Mr.Miao)②、数理系

① 图片来源:耶鲁大学神学院图书馆数字档案 RG011-152-2954 第 241—247 页。

② 缪镇藩(1896—1957),男,江苏常熟人。1922 年毕业于省立苏州中学。1923 年考入国立北京大学中国文学系,1927 年毕业并获得文学学士学位。是年秋季去美留学,1929 年获得芝加哥大学硕士学位,1931 年获得哥伦比亚大学教育学博士学位。1932 至 1938 年任金陵女子文理学院中文系教授、主任。抗战期间任西迁重庆的中央图书馆总务主任,抗战胜利后回到南京,担任中央图书馆馆长、南京图书馆馆长。1957 年 3 月因病在南京去世,享年 62 岁。

教师王明贞小姐(Miss Wang Ming-djen)[①]和图书馆主任吴光清先生(Mr. K.T.Wu)。

1934年秋季学期开学,从9月3日(星期一)开始,金女大第十次举办"一年级生之入学周"活动,在为期一周的新生入学指导活动中,图书馆吴光清主任的讲演"图书馆使用方法"被安排在9月5日(星期三)的上午。金女大素来极重视新生的入学指导,在每年秋季学期正式开学前数日,总会安排新生先行到校注册,参加入学周活动,让新生在正式上课前全面了解即将学习、生活的新环境,了解图书馆的资源与服务,掌握阅读和学习的方法[②]。

搬迁到新图书馆大楼后的图书馆在校内外读者眼中的模样可以从以下几则文献记载中探析。1935年入学学习社会学专业辅修音乐专业的卢宝媛小姐对记忆中的图书馆描述说:"当时的图书馆里的书都是英文版的,学生学起来很困难,但是同学们在艰苦的环境中却没有退缩,她们一有空就会到图书馆去看那些英文书,长久以来不仅仅使得自己的专业成绩有所提高,同时也提高了英语的水平。"[③]1936年11月15日出版的《青年月刊》上刊载了一篇署名宛宛的作者撰写的名为"清凉山麓的女儿国:金陵女大"的访问报道,在"图书馆"一节,作者以"开馆时充满了竞争的空气,座位上并坐着对对的挚友"开篇,栩栩如生地描绘了清晨七点

---

① 王明贞(1906—2010),女,江苏苏州人。1926年考入金陵女子大学,1928年转学燕京大学物理系,1930年毕业,1932年获得硕士学位。1932—1938年在金女大数理系任教;1938年获美国密歇根大学奖学金赴美留学,1942年获该校物理学博士学位;1943—1945年任美国MIT雷达实验室理论组副研究员;1947—1949年任云南大学教授;1949—1952年再次赴美做研究工作;1955年回国,任清华大学教授直至1976年退休。2010年8月28日在北京去世,享年105岁。

② 见《金陵女子文理学院校刊》1934年第16期第2—3页。

③ 夏琳.世纪老人——卢宝媛.金陵女子学院《校友通讯》第21期[OL].http://ginling.njnu.edu.cn/wzattach/115159_406432.doc.2010-12-16 /2017-07-16.

金女大图书馆开馆时的场景和学生们在馆阅览的状态。金女大图书馆设置了严格的指定参考书阅览制度,图书馆管理员负责制度的督促执行。此时的图书馆冬暖夏凉,不管有无阅览的需求,学生们都喜欢在图书馆待一待,这样的场景令人向往:“在冬季,图书馆中的热气管,较任何处来得好,虽然外面是北风凄厉,而图书馆中仍似暮春三月。这时,图书馆中的人就特别多,有一小部分人,她既不是想来读书,就暂时在温暖的室中假寐一会,一个不小心,有时竟会发出鼾声来。”①1937 年,曾有一位署名崔鼎的校外采访者实地参访金女大校园,吴贻芳校长亲自陪同其参观了图书馆,在这位采访者眼中,金女大图书馆的模样是“你一跨进图书馆的门,我担保你一见那一簇一簇专心一志的学生,鸦雀无声地在抱着厚厚的原本书读,你准得吓得不敢开口,脚步也不敢重了。是的,图书馆是森罗殿,顶多叽叽喳喳,高声谈笑是绝无而绝无的”②。第一则文献反映了当时金女大图书馆丰富的英文原版馆藏资源对学生提高英文水平的帮助。阅读非母语文献初期虽然吃力,但长期坚持,对外文水平的提高确有帮助,这也是教会大学学生普遍英文好的主要原因之一。第二则是关于冬暖夏凉的图书馆阅览环境对读者的吸引力,特别是馆员监督执行下的教学指定参考书阅览制度,反映了当时的图书馆对学校教学工作的大力支持与有效保障。第三则反映了学生有安静学习也有面对面交流的需求,作为校园的公共场所,图书馆为学生们提供了这样的空间。

1934—1937 年金女大新图书馆快速发展的步伐如果能长久地迈下去,如果没有之后的战争导致的颠沛流离,该是多么美好。一张手工绘制于 1937 年的金女大校园图(见图 4-41)记载下了灾难之前原本繁荣

---

① 宛宛.清凉山麓的女儿国:金陵女大[J].青年学刊,1936,3(2):67—68.

② 崔鼎.学府春秋:金陵女大素描(附照片)[J].新闻旬刊,1937,2(2):11—13.

祥和的校园全景。然而,残酷的战争将这一切的美好与平静无情地损毁,留下了永远抹不去的哀痛与创伤。

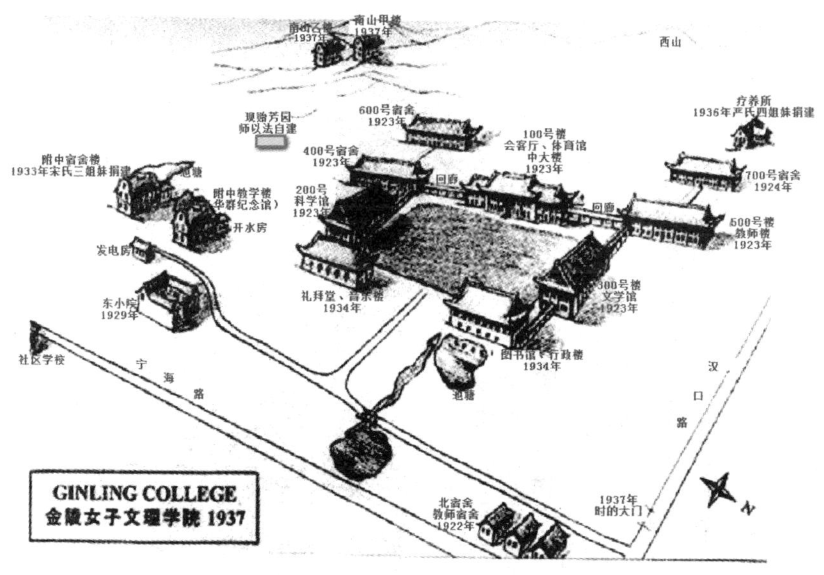

图 4－41　1937 年金女大校园手绘图

1937 年 6 月,金女大第十九届(1933 年入学)共计四十八名学生如期从南京校园毕业。据《金陵百屋房:金陵女子大学》一书中的“大事记”记载:“7 月,在校生为三百五十人,其中一年级学生达一百五十一人。图书资料约十万册,中外文各半。教学仪器、模型等可供四百名学生学习之用。钢琴有二十多架。”然而,在接下来的 7 月暑假期间,国内形势突变,原本 9 月初的开学时间一再地被迫延迟,金女大管理者最终不得不做出决定,为了学生的安全暂时关闭南京校园,而选择在上海、武昌、成都三地分设办学中心,以方便暑假回家的学生能相对安全地就近入学以继续学业。1938 年 1 月,南京沦陷,武汉吃紧,武昌办学中心被迫停办并迁往成都。3 月校董事会决定关闭上海的办学中心,集中于成都办学，随之西迁的还有上海分中心小型图书馆的图书资料。

耶鲁神学院图书馆数字典藏系统中保存着两张与金女大上海办学中心图书资料西迁相关的老照片，一张信息描述为“Ginling-Trek to the West：The Trek begins in Shanghai. The small library starts a four-month journey”（金陵西迁——跋涉从上海开始，分中心小型图书馆开始了四个月的旅程）。另一张信息描述为“Ginling-Trek to the West：In the Westward trek of the Colleges，books as well as students take to the road”（金陵西迁——在大学的西部跋涉中，书籍和学生一起上路）。（见图 4－42）

图 4－42　1938 年金女大上海办学中心西迁时帮助搬运图书的志愿者①

自此，金女大开始了西迁四川成都继续办学的艰难历程。而几位校园留守者，在战争年代最黑暗的岁月里，与入侵者斗智斗勇，尽职守护校园，并使之成为万千难民的避难所，谱写了一曲人间悲壮的正义之歌。

① 图片来源：http://divdl.library.yale.edu/ydlchina/images/ubc1124.jpg 和 http://divdl.library.yale.edu/ydlchina/images/ubc1114.jpg。

第五章

抗战时期成都和南京图书馆

(1938—1945)

1937 年秋季至 1938 年春季，金女大师生分别从南京、武汉和上海分三路陆续西迁至成都，与山东齐鲁大学、南京金陵大学、南京中央大学医学院汇合于号称“天堂”的成都华西坝，借用华西协合大学校舍继续办学，后又有北京燕京大学加入，组成了著名的“华西坝五大学”。

华西协合大学是中国最早的医学综合性大学。1906 年清朝政府开始废除科举制度，基督教各差会决定联合在四川的政治文化中心——成都创办一所规模宏大、学科完备的高等学府。1910 年 3 月 11 日，英国、美国和加拿大三国基督教会的 5 个差会(美以美会、公谊会、英美会、浸礼会、圣公会)在成都南门外 1 公里处锦江南侧、南台寺之西选择了风景清幽的华西坝，共同开办华西协合大学(West China Union University)。国难当头，华西坝的师生骤然增至约5 000 名，作为东道主的华西协合大学敞开胸怀，迎接友校。学校各系科腾出教室、礼堂、过道、走廊、实验室，甚至教职工的住房，接纳五校师生。地下室、阁楼装上老虎窗成为师生们的实验室，教学楼两头装上隔板便成了窗明几净的办公室。金女大在最初开设成都分中心时就因为各种各样的需要而依赖华西协合大学，使用他们的教学楼群，租用他们的实验设备，免费使用他们的图书馆，此外，还租借华西协合大学校园的土地修建了自己的临时校舍①。抗战时期，重庆沙坪坝、成都华西坝和汉中鼓楼坝成为中国大后方的教育文化“三坝”中心，华西坝因处于天府之国的首邑成都，环境优裕，故被誉为“天堂”。

一　成都华西坝五大学联合图书馆

华西协合大学图书馆（The Lamont Library and Harvard-Yenching Museum）（见图 5－1）大楼，又名懋德堂，是美国南达科他州阿伯丁市

图 5－1　华西协合大学图书馆外景②

① 德本康夫人，蔡路得.金陵女子大学[M]. 杨天宏，译.珠海：珠海出版社，1999：134.

② 图片来源：http://findit.library.yale.edu/catalog/digcoll:995134。

(Aberdeen, South Dakota)的 Byron Cook Lamont(1858—1949)夫妇为纪念他们的儿子 Maurice Brereton Lamont(1889—1915)而捐建的,位于华西坝中轴线东侧。大楼竣工于 1926 年,楼高两层,建筑面积 3 000 多平方米。大楼建成后成为华西协合大学图书馆,1932 年华西协合大学成立博物馆,该楼二层作为博物展馆。懋德堂现为四川大学华西医学展览馆。抗战时期,西迁的各校均在此楼内设立了自己的小型图书馆,各馆资源互补利用,由此形成五大学联合图书馆。

图 5-2　华西协合大学图书馆阅览室内景①

1943 年,美国文化机构将各种西文图书杂志摄成缩微胶片,由美国航空运送到中国,以解决战时中国院校外文书刊荒,并在华西坝五大学成立图书影片成都区分馆,聘请华西协合大学图书馆馆长周克英先生、金陵大学文学院院长刘国钧先生和电化教育专修科主任孙明经先生、金

① 图片来源:http://findit.library.yale.edu/catalog/digcoll:995082。

陵女子文理学院教务长蔡路得女士、齐鲁大学赵华琛先生、燕京大学英文教授谢文炳先生等组成成都区分馆委员会，负责分馆运作事宜。分馆在联合图书馆内开辟了一间缩微胶片阅览室，根据委员会制定的保管与阅览规则，为五所大学的师生提供西文缩微胶片资源的查阅服务。

南京师范大学金陵女子学院2000年出版的《金陵女儿 续集》中，收录了多位抗战时期在成都金女大学习的校友撰写的回忆文章，其中有三位提及华西坝五所大学的学生共同利用以华西协合大学图书馆为中心的五大学联合图书馆的情景。1942年入校的郑咏梅女士在《抗战时期金女大回忆片断》一文中说，五所大学互认学分，各校学生可以相互选修课程。五所大学都设有自己的图书馆，这些图书馆聚集了各类名著，馆藏综合在一起，形成了丰富的知识库。五所大学的学生们晚上都喜欢去图书馆上自修，人多位子有限，免不了要"占位子"，抢先"借好书"读。图书馆的服务人员多数是贷款学习的勤工生，他们由各校学生社团轮流派遣①。1943年入校的雷安美女士在《校园生活纪实》一文中回忆说，成都金女大的学生宿舍建在华西协合大学图书馆东侧，与图书馆仅有一墙之隔。华西协合大学图书馆是每晚五所大学的学生的必争之地。每天晚餐后，学生们就群集在图书馆门前等着开馆。待七点图书馆大门一开，大家蜂拥而入，争抢座位，女生常常挤不过男生，有时就请男生帮助代抢。有了座位，就开始借书，一直阅读到十点闭馆才依依不舍地离开②。1945年入校的曾星华女士在《回首往事——记抗战期间的成都华西坝》一文中记载，虽然五所大学都设有图书馆，且都对外开放，但只有华西协合大学图书馆是五所大学的学生可以借阅大量书籍、拓宽知识领域的地

① 黄进. 金陵女儿 续集[M]. 南京：南京师范大学金陵女子学院出版社，2000:46.
② 黄进. 金陵女儿 续集[M]. 南京：南京师范大学金陵女子学院出版社，2000:87.

方。该馆外观肃穆庄严,四周花木扶疏,馆内窗明几净。每一间阅览室内都座无虚席又宁静无声。虽然空间有限,但浸沉在浓烈的学习气氛中,徜徉在书的海洋里,人们身不由己地就忘记了时间和外面世界的存在[①]。

除五大学联合图书馆外,五校还将各自的化学文献资源整合在一起,并额外投入经费进行文献补充,建立了联合化学图书馆(见图5-3、图5-4)。这种集中各个学校有限的资金和资源共建、共享、共用的方式,有效地解决了大量共同需求的专业文献的保障问题。耶鲁大学神学院图书馆数字图片档案中保存了一张时任华西协合大学化学系教授的Spooner博士[②]与同事在一位馆员的陪同下正在联合化学图书馆内查找

图5-3　成都五大学联合化学图书馆阅读室内[③]

① 黄进. 金陵女儿 续集[M]. 南京:南京师范大学金陵女子学院出版社,2000:90.

② Roy C. Spooner,男,加拿大人,中文名陈普仪,1931年来到中国成都,在华西协合大学教授化学直至1945年回国,曾任化学系代理主任。1938年回加拿大休假时,他曾负责将大熊猫潘多拉从成都护送到美国。

③ 图片来源:http://findit.library.yale.edu/catalog/digcoll:995084。

资料时的珍贵老照片(见图 5-4),从书架中密集排列的书刊文献可见,几所大学共同建设的专业图书馆内专业文献颇为丰富。

图 5-4　一位馆员正陪同 Spooner 博士和同事在联合化学图书馆书库中查阅文献①

图 5-3、图 5-4 中的五大学联合化学图书馆是西迁学校利用基督教大学联合托事部筹集的联合基金共同修建的化学教学楼(今华西懿德堂,第二教学楼)的一部分。化学教学楼的建成为各校提供了急需的实验空间。当时五所大学均将化学系设在此楼内,使得彼此间合作更为容易。抗战胜利后,各校回迁,化学教学楼房产的全部产权都转给了华西协合大学,算作是对华西协合大学在战争年代对兄弟院校慷慨施援的回馈。

1937 年到 1945 年的八年战争年代,虽然异地办学条件异常艰辛,但金女大始终保持自己的办学特色:重视新生入学教育,并结合当时的国内外形势,加强时政知识的传授;重视乡村服务实践,带领学生深入边远

---

① 图片来源:http://findit.library.yale.edu/catalog/digcoll:995050。

乡村,服务劳苦大众。学校还根据社会发展需求及时调整学科设置和行政组织结构,设立了院务会、图书委员会和职业介绍委员会,各个系科成立的学会学术活动频繁丰富。战时华西坝五所大学大师云集,精英荟萃。师生们安贫乐道,人文思想交相辉映,演绎着薪火相传的故事。在此氛围中,金女大砥砺奋进,稳步前行。

成都金女大自建的小型图书馆运行状况在《金陵女子大学》一书中"有关学校面临的问题"一节有相关记载。此时的金女大图书馆图书资料严重缺乏,馆舍拥挤不堪,随时面临空袭的危险。在这段最困难的时期,金女大在经费和人力上持续保障图书馆的正常运转。据金女大年度统计报告中的数据可知,截至 1942 年 6 月 30 日,成都金女大图书馆已有藏书 4 900 册,且同时有三位在册员工。因此,当金女大师生们免费共享使用其他学校的图书馆资源时,自己的小型图书馆也免费向兄弟院校的师生开放阅览和提供有限借阅的服务(见图 5-5、图 5-6)。

图 5-5　1944 年成都金女大图书馆内学生们正在阅览①

① 图片来源:http://findit.library.yale.edu/catalog/digcoll:995074。

ANNUAL STATISTICAL REPORT OF THE TRUSTEES OF GINLING COLLEGE

Chengtu, Szechuan, China for the year ending June 30, 1942

to the New York State Education Department

Control: Church, interdenominational.

Item 1. Days 168 plus 33 Saturdays which are part of regular session. Examination days omitted.

Item 2. Faculty and Employees
President Y. F. Wu   Dean Ruth M. Chester   Registrar Mrs. Shao Bao Fu-nien
Secretary Lillian Kirk (on sick leave)
Officers of administration: 2 men and 7 women total 9
Officers of instruction:

	Men	Women	Total
Full professors	3	10	13
Ass't "	2	9	11
Instructors	5	11	16
Assistants	-	11	11
Total	10	41	51

Full time: 6 men 36 women total 42 Part time: 4 men 5 women total 9
Part time were equivalent to 1½ full time men and 2 full time women

Item 3. Students

Classes	Arts	Science	P.E. Short course	Total	Grand Total
1st Year	72	32	7	111	
2nd "	33	15	1	49	
3rd "	29	14		43	
4th "	12	14		26	
Totals	146	75	8		229

All were full time students

Item 4. Degrees: B.A. 12 B.S. 14 Total 26

Item 5. None graduated without degrees.

Item 6. Library. Figures for Chengtu only. Main Library still in Nanking. No. of volumes 4,900 pamphlets 350. Issued for home use 9,535. Free to public for reference, lending restricted. We also have free use for our students and faculty of the other university libraries which are in same building.

我们的师生也可以在同一建筑内的其他图书馆免费借阅文献

图 5－6　1942 年 6 月 30 日金女大年度统计报告中的图书馆运行状况①

官方档案记载在册的曾服务于成都金女大图书馆的人员共有五位，她们分别是王仁慈（Wang Ren-Tsi）[1938—1939]、孙雁征（Swen Yen-Djen）[1940—1945]、袁競化（Yuen Gin-Hwa）[1940—1942]、沈荣锦（Shen Yung-Ging）[1942—1943]和刘恩萱（Liu En-Hsuan）[1942—1951]。同一时期，在日军侵占下的南京城，金女大校园留守者们曾于1938 年至 1942 年在校园内为避难的妇女和周边地区无法上学的女学

① 图片来源：耶鲁大学神学院图书馆数字档案 RG011-127-2624 第 37 页。

生开设过学习班和实验中学，因此，在官方档案记载中，金女大曾聘请过一位毕业于金陵大学的 S. F. Liu 先生于 1939—1940 学年担任南京金女大图书馆主任。

二　王仁慈(Wang Ren-Tsi)[1938—1939]

王仁慈(Wang Ren-Tsi，1911—不详)，女，福建人。1924—1928 年在福建泉州培英女中学习，1929 年考入金女大，主修社会学，辅修教育学，1932—1933 年担任学校青年会会长和课外活动课程委员会委员，1933 年毕业后原本留校任教，但由于她考入金女大时，得到了培英女中的资助，因此毕业后，她如约返回培英女中执教(见图 5－9)，直到两年服务期满。1935 年，她回到母校金女大工作，任地理教员至 1936 年。1936—1938 年她再次回到培英女中执教历史和地理。1938 年 10 月进入成都金女大工作，于 1938 年秋季学期至 1939 年春季学期任图书馆代理主任。1940—1941 年任全国基督教女青年会(National YWCA)秘书，1942—1943 年在金陵大学学习，并获得社会学硕士学位。1946 年她再次回到金女大工作，服务于儿童福利中心。1948 年，王仁慈女士获得奖学金离开金女大，前往英国伯明翰大学锡利渥学院学习，后又转至美国威斯康星大学研究院学习，并获得硕士学位。

图 5－7　王仁慈 1933 年金女大毕业照①

① 图片来源：耶鲁大学神学院图书馆数字档案 RG011-152-2954 第 261 页。

图 5-8　1932—1933 年担任金女大基督教青年会会长的王仁慈(左三)①

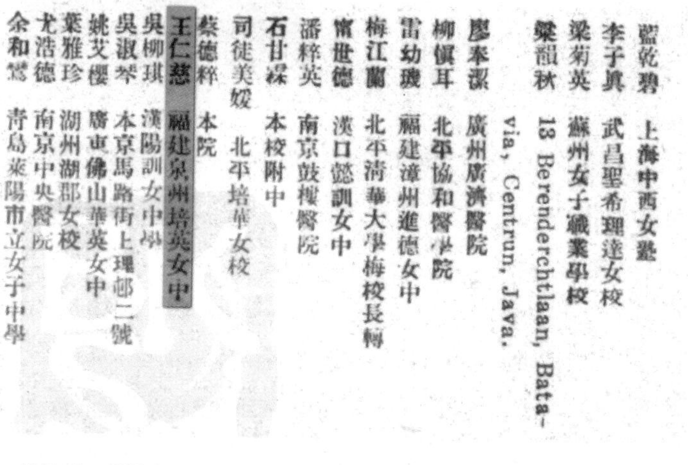

藍乾碧　上海中西女塾
李子眞　武昌聖希理達女校
梁菊英　蘇州女子職業學校
梁韻秋　13 Berenderchtlaan, Batavia, Centrun, Java.
廖奉潔　廣州廣濟醫院
柳愼耳　北平協和醫學院
雷幼璣　福建漳州進德女中
梅江蘭　北平清華大學梅校長轉
甯世德　漢口懿訓女中
潘粹英　南京鼓樓醫院
石甘霖　本校附中
司徒美媛　北平培華女校
蔡德粹　本院
王仁慈　福建泉州培英女中
吳柳琪　漢陽訓女中學
吳淑琴　本京馬路街上理邨二號
姚艾櫻　廣東佛山華英女中
葉雅珍　湖州湖郡女校
尤浩德　南京中央醫院
余和鶯　青島萊陽市立女子中學

图 5-9　1933 年 11 月 1 日校刊上登载的 1933 级金女大毕业同学近况②

① 图片来源：耶鲁大学神学院图书馆数字档案 RG011-152-2954 第 271 页。
② 图片来源：《金陵女子文理学院校刊》1933 年第 2 期第 7 页。

1950年回国后，跟随在金陵大学任教的丈夫魏景超先生(1908—1976，我国著名植物病理学家、农业教育家)定居南京。王仁慈女士曾在南京师范学院附属中学教授英语，1979年整理出版魏景超先生遗作《真菌鉴定手册》。

1933年春季从金女大毕业后，王仁慈履行约定，立即回到家乡福建泉州，服务于福建培英女子学校。在金女大担任过基督教青年会会长的王仁慈，热心于青年学生运动的组织与指导。在培英女中任职期间，她一直关注当地的学生运动，并积极组织泉州中小学女教员成立"学运公约"践行社团，推动她们以教员身份指导各校的学运工作。1934年5月出版的《中国学运》创刊号上曾刊载了一封1934年4月22日王仁慈写给该刊总编辑万树庸①先生的信，信中她汇报了自己在泉州组织学运工

图5-10　1933年金女大毕业生和教职员合影②

① 万树庸，男，1900年出生于安徽芜湖。幼时家穷，20岁参加基督教，并就读于芜湖萃文中学，毕业后考入金陵大学，26岁时作为工读生转学燕京大学社会学系，1932年获得硕士学位。毕业后，受聘于山东邹平乡村建设研究院任讲师，并协助梁漱溟先生做社会调查工作。其间，曾担任《中国学运》总编辑。1934年8月至1952年8月，任萃文中学校长，对学校的发展有较大贡献。

② 图片来源：http://findit.library.yale.edu/catalog/digcoll:1603970。

作的进展及厦门地区的学运情况。为此,《中国学运》编者按:女士在逃难之余,还为我们的运动如此努力,我们这些"居之安、食之安"的同志们,读后作何感想?![1] 高度赞扬了她对学运工作的热心与积极态度。

Ginling College 书中的教职员名录里,王仁慈的名字在两段时期出现,一段是 1935—1939 年,Wang Ren-Tsi, Miss(王仁慈小姐),Geography(地理学)教员;另一段是 1946—1948 年,Wei,Wang Ren-Tsi,Mrs.(魏夫人王仁慈),Child Welfare Center(儿童福利实验所)。未见与图书馆相关的记载。《金陵女儿　续集》中,收录了一篇魏大复和魏大为撰写的《一株挺拔的翠竹——忆我们的母亲王仁慈女士》,文章中也未有王仁慈女士在图书馆工作的经历。《金陵女子大学校史》一书后附录的金女大教职员名录信息来源于 *Ginling College*,也未提及王仁慈女士在图书馆的任职信息。

耶鲁大学神学院图书馆数字档案 RG011-134-2705 中,1937—1938 学年金女大教职员薪酬预算中,列出的图书馆员工是 Alice Ellzey Morris(马爱丽)和 Wu Yuen-ching(吴元清),而 1938—1939 学年金女大教职员名录中却没有列出图书馆员工的信息,但在 1939 年 4 月金女大教职员薪酬发放清单中,Wang Ren-Tsi(王仁慈)的名字出现在图书馆代理主任职位上,而在 1938—1939 学年金女大教职员名录中她的名下标注的是"地理学,1938 年 11 月进校"(见图 5-11)。

中国第二历史档案馆卷宗号为 32 的"私立金陵女子文理学院教职员名录(内有英文)"档案中,1938 年中英文名录中在图书馆管理岗的都是王仁慈女士。因此,可以肯定的是,1938 年秋季至 1939 年春季学期王仁慈任成都金女大图书馆代理主任。

---

① 见《中国学运》1934 年创刊号第 65—66 页。

GINLING COLLEGE

Faculty and Staff in Chengtu, 1938-39

Administrators and Staff:

		Date Joined Ginling
Wu Yi-fang	B.A. Ginling M.A., Ph.D. Michigan	President of Ginling, June 1928-
Chen Er-chang Assistant Treasurer	B.A. University of Nanking	January 1928 -
Chen Lan-ying Registrar	B.A. Ginling	August, 1937-
Hoh, Phoebe Y.T. Rural Project	B.A. Ginling M.A. Columbia University National Peking University	1928 - 1927 1936 -
Ling Hsioh-ching Chinese Secretary to Dr. Wu	University of Nanking Special Chinese Course	1930 -
Wang Ren-tsi 王仁慈 Geography 地理学	B.A. Ginling 金女大文学学士	November 1938 - 1938年11月进校
Wu Suen-i Rural Project	B.A. Ginling	July 1938 -

Faculty:

Ginling College
Salary list April 1939　　　　-2-

1939年4月金女大薪酬列表	Regular basis	Present basis
Other Staff in Chengtu:		
Wang Shao ching-dormitory director.......		58.00
Wu Ying fen - nurse......................		25.00
Wang Ten tsi - acting librarian.......... 王仁慈——代理图书馆主任	85.00	72.00
Staff in Shanghai:		
Hwang Li-ming (Mrs. Chen Yu-hwa).........	160.00	152.00

图 5 - 11　1939 年 4 月金女大教职员薪酬发放清单①

抗战胜利后，于 1946 年再次回到母校金女大工作的王仁慈女士一直在学校的儿童福利实验所工作，期间她著的《金陵女子文理学院儿童福利实验所》发表于《儿童福利通讯》1947 年第 2 期，《南京合群新村社区儿童福利工作实施之研究》发表于《儿童福利通讯》1948 年第 16 期。

图 5 - 12　魏景超、王仁慈夫妇及儿女合影②

1950 年，王仁慈留学回国后，曾在当时的南京大学附属中学(1952 年更名为南京师范学院附属中学，即今“南

① 图片来源：耶鲁大学神学院图书馆数字档案 RG011-134-2705 第 52、56 页。

② 图片来源：chengne1947 的博客，http://chengne1947.blog.163.com/blog/static/17054438720111011008766/。

师附中”）担任英语老师。南师附中1952级初中生樊真美于2011年出版的著作《父亲和我们：纪念首批青霉素研制者和命名者樊庆笙教授百年诞辰》中有关于英语老师王仁慈女士的一段记载：“英语老师王仁慈是同学魏大复的母亲（魏景超教授的夫人），讲一口闽南口音的普通话，她教我们唱英语歌，还指挥我们轮唱。我很喜欢学英语，每天早读都把英语单词、课文背得滚瓜烂熟。”[①]可见，教师的特色教风和敬业、爱生的态度可以激发学生养成良好的学习习惯。20世纪50年代末期，因丈夫魏景超教授重病不能自理，王仁慈女士不得不离开心爱的教学岗位，停职在家照顾魏景超教授并帮助他整理书稿。夫妇俩相濡以沫，风雨同舟。

南京师范大学金一虹教授著的《吴贻芳的教育思想与实践》中有一节，专门论述金女大师生在追求事业与家庭的双重满足的过程中，开创了一种兼顾事业与婚姻、平衡社会与家庭的两种角色的奋斗模式。关于王仁慈和魏景超夫妇比翼双飞的故事，书中记载：

> 像这样既扮演好自己社会角色，又同时成为好妻子、好母亲的金女大人还有许多。如在金女大长期从事儿童福利实验所工作的王仁慈，抗日战争期间，为躲避日机轰炸，常常是一手抱着孩子，一手护着丈夫的科研资料。在丈夫病重，生活不能自理，丈夫正在编写的《真菌鉴定手册》难以继续的时候，她停薪留职在家，毅然接过丈夫的工作。尽管她学的不是这个专业，她从头学起，边干边学，一直编著了20年，终于在1979年出版了这本书，填补了我国真菌鉴定方面的空白。在这20年间她既要编著，又要精心照料病重丈夫，悉心鞠育子女，其热爱家庭和亲人之隋感人至深。[②]

① 樊真美.父亲和我们：纪念首批青霉素研制者和命名者樊庆笙教授百年诞辰[M].北京：时代文献出版社，2011：44.

② 金一虹.吴贻芳的教育思想与实践[M].南京：江苏人民出版社，2005：387.

1992 年,中国科学技术协会辑编出版了《中国科学技术专家传略 农学编 植物保护卷(一)》,王仁慈女士亲自撰写纪念文章,她从我国水稻病害研究的知名学者之一、在真菌分类学上的贡献、从生产需要出发开展植物病毒病研究等三个方面①,诚恳评价了魏景超先生坚持不懈的学术研究历程及其对社会的贡献。

三 Mr. S. F. Liu [1939—1940]

S. F. Liu(生卒年不详),男,毕业于金陵大学。1939—1940 学年任南京金女大图书馆主任(见图 5-13)。

金女大西迁成都办学时,只辗转带去了一小部分办学必需的书籍,大部分的图书资料还保留在南京校园的图书馆里。自 1937 年秋季南京校园停止办学后,校园图书馆也停止了开放服务,图书馆未再设置管理人员。1939 年春季学期的金女大教职员名录中,南京校园只记载了几位负责校园财产安全的留守人员信息。然而在中国第二历史档案馆和美国耶鲁神学院图书

GINLING IN NANKING, 1939-40

Faculty and Staff

Miss Minnie Vautrin	Chairman of Administrative Committee
Mrs. Lawrence Thurston	President Emeritus, Treasurer
*Mr. C. T. Chan	Registrar
Mr. P. H. Hwang	Superintendent of Grounds and Buildings
Miss Ellen Y. T. Koo	Teacher of Music
Miss Lin Mi-li (Ginling 1936)	Director of Weaving, Dean of Homecraft
*Mr. S. F. Liu S.F.Liu先生	Librarian 图书馆馆员/主任
Miss I. F. Loh (Ginling 1939)	Teacher of Biology and Gardening
Miss B. H. Swen (Ginling 1929)	Dean of the School
Mrs. S. F. Tsen	Director of Dormitories
*Mr. D. C. Wang	Teacher of English and Religion
*Mr. B. T. Wang	Teacher of Physics and Mathematics
Mr. Y. T. Wang	Teacher of Chinese, Secretary
Miss Harriet M. Whitmer	Teacher of Biology
Miss Blanche C. Wu (Ginling 1923)	Biology, Poultry Project
*Mr. C. C. Wu	Teacher of Geography and History
*Mr. C. H. Yeh	Teacher of Chinese
*Mr. D. K. Yeh	Teacher of Chemistry
Miss R. H. Yen	Teacher of Mathematics
Miss C. S. Yuen (Ginling)	Teacher of Physical Education

*Graduates of the University of Nanking. 毕业于金陵大学

图 5-13 1939—1940 学年南京金女大图书馆主任②

① 中国科学技术协会.中国科学技术专家传略 农学编 植物保护卷(一)[M].北京:中国农业出版社,1992:282—296.

② 图片来源:耶鲁大学神学院图书馆数字档案 RG011-134-2706 第 2 页。

馆收藏的金女大1939—1940学年教职员名录中，却同时记载有南京和成都两位图书馆主任的信息。南京金女大图书馆主任是Mr. S. F. Liu（见图5-13），金陵大学毕业生。成都金女大图书馆主任是从南京出发经过长途跋涉刚抵达学校的Wu Yuen-Ching（吴元清小姐，见图4-28）。1942年5月19日南京金女大校园被日军强行占据后，直至1945年抗战胜利后才得以归还。因此，西迁办学期间，只有1939—1940学年教职员名录中，同时列出了南京和成都两处的图书馆主任职位信息，其他时间均未见有关南京校园图书馆职位信息的官方记载。

关于Mr. S. F. Liu，目前只知其毕业于金陵大学。从“Liu”注音上可知其姓为“刘”或“柳”，在金陵大学1939年及其之前的历届毕业生名单中，虽有几位毕业生的名字威氏拼音缩写为S. F. Liu，但他们当时的就职地点信息与南京金女大图书馆不吻合，因此，至今无法获得有关S. F. Liu先生的更多信息。

1937—1942年间南京金女大校园的真实状况被两本非常珍贵的日记史料记载了下来。一本是时任金女大教务长、战时校园留守维持委员会主任的明妮·魏特琳女士于1937年8月12日至1940年4月14日期间所写的日记，被多次编译出版，即著名的《魏特琳日记》。另一本是时为金女大宿舍总监、战时校园留守维持委员会委员的程瑞芳[①]女士于1937年12月8日至1938年3月1日期间所写的日记，2016年被整理出版为《程瑞芳日记》。在这两本日记中查找与图书馆和图书馆人员相关的信息时，意外地发现在《魏特琳日记》中，从1938年10月20日开始，

① 程瑞芳（1875—1969），女，湖北武昌人。早年毕业于武昌护士学校。后在当地的美以美会妇科医院当看护，1922年任圣希里达子弟小学校长，1924年进入金女大任舍监。1937年12月与明妮·魏特琳女士、陈斐然先生组成了三人非常委员会，负责留守金女大校园，并建立金女大难民所，收留并保护了南京沦陷后成千上万无家可归的妇女儿童。

有四天的日记中分别记载了一位曾做过图书馆馆员的难民在南京金女大求职的信息,摘编如下。

> 1938年10月20日,星期四。他今天来学校,看看图书馆是否有空缺的职位,随便多少薪水都行。他得挣足够的钱养活家人,包括他自己。他有妻子、父亲、母亲和小弟弟,全依靠他。他过去在国家图书馆工作,每月挣45美元。去年秋天他失业了,和他的家人撤到合肥北部的一个村庄。①
>
> 1938年10月24日,星期一。今天上午来了一位男人,曾当过多年的图书管理员。他要养活14个人,已失业一年了,他不能到西部去,也无法忍受为日本人操纵的傀儡政权工作。②
>
> 1938年11月23日,星期三。为了帮助一位图书管理员——他是金陵大学图书馆一位管理员的叔叔,我们让他每天工作2小时,每月付给他高达15美元的工资。他曾经给上海的一位朋友写信,询问关于订购杂志的事,结果得知几乎所有的中文杂志都停止出版了,能出版的也都要经过伪装才能进入日军占领区。③
>
> 1938年12月10日,星期六。实验班的图书馆今天开馆了。一个要养活14口人的图书管理员来恳求我们给他一份工作。他似乎对这一工作很满意,上午10时,他就把图书馆整理得井井有条。④

---

① 明妮·魏特琳.魏特琳日记[M].南京师范大学南京大屠杀研究中心,译.南京:江苏人民出版社,2000:479.

② 明妮·魏特琳.魏特琳日记[M].南京师范大学南京大屠杀研究中心,译.南京:江苏人民出版社,2000:482.

③ 明妮·魏特琳.魏特琳日记[M].南京师范大学南京大屠杀研究中心,译.南京:江苏人民出版社,2000:514.

④ 明妮·魏特琳.魏特琳日记[M].南京师范大学南京大屠杀研究中心,译.南京:江苏人民出版社,2000:526.

1938 年春季，南京校园留守人员为了避难妇女的安全和她们的未来生计，开始开设培训她们一技之长的难民培训班，秋季学期又开设了手工、家政学校，招收周边地区女中学生的女子实验学校也开始办学。此时，金女大南京校园有成人妇女学生 100 名，初一至高二女中学生 143 名，教员 10 多位。为此，学校曾为实验学校的学生开放图书馆服务。因此，虽然在学校西迁成都办学后，南京校园图书馆没有留管理人员，但根据魏特琳女士的日记记载，1938 年秋季有一位曾做过国家图书馆馆员的难民工作于南京金女大，管理为服务实验学校学生而设立的图书馆，虽然每天只兼职工作两小时，但有过图书馆工作经验的他，管理起来得心应手。遗憾的是，日记中未留下他的姓名信息。也许这位曾经的馆员就是 1939—1940 学年被记载在册的 Mr. S. F. Liu。

四　孙雁征（Swen Yen-Djen, Jane Sun Yen-chen Hsu）［1940—1945］

图 5－14　孙雁征 1940 年 6 月文华图专毕业证件照①

孙雁征（1917—2012），女，江苏青浦人，中华图书馆协会会员。曾任“国立编译馆”馆员，抗战期间于 1938 年 9 月进入在重庆临时校址办学的武昌文华图书馆学专科学校（简称文华图专）本科专业学习。1940 年 6 月毕业后进入在成都华西坝办学的金女大图书馆工作，担任图书馆主任。1942 年 9 月进入金女大社会学系在职学习。她一边兼职管理图书馆，一边

① 图片来源：武汉大学档案馆。

完成学业。1946年6月获得金女大社会学专业学士学位。其间分别于1945年4月和1946年1月结婚、生子。1947—1948年，孙雁征女士在山东齐鲁大学图书馆工作，任首席编目员。1951—1956年，任香港美国信息服务图书馆首席编目员。1956年9月，孙雁征女士全家移居美国。1956年10月1日，孙雁征女士进入位于俄勒冈州尤金市的俄勒冈大学图书馆工作，任编目员。1964年该馆筹建东方文献收藏部，孙雁征女士调入该部，开始负责该部中文文献的采购和编目工作，并为师生们提供东亚文化参考咨询服务。同时，孙雁征女士还在为该校亚洲研究委员会跨学科教职员服务的过程中，不断丰富学科专业馆藏，为俄勒冈大学图书馆东方文献收藏部的建设与发展做出了突出贡献。作为资深编目馆员和书目学家的她于1980年6月30日光荣退休。俄勒冈大学图书馆馆员 Elaine Kemp 特地撰稿并发布她荣休的讯息，对她为该馆做出的贡献给予了高度评价。2012年，孙雁征女士在美国俄勒冈州去世，享年95岁①。

中国第二历史档案馆全宗号六六八的金女大档案第32号卷宗的教职员英文名录信息中，1940—1945年图书馆职位上，出现了孙雁征(Swen Yen-Djen)和孙玉(Swen YÜ)两个名字中英文交替出现的情况，按年代顺序摘编翻译如下：

1940年，孙雁征(Swen Yen-Djen，女，24岁，图书馆代理主任)。

1941年12月，Librarian(图书馆主任)，孙雁征(Swen Yen-Djen，女，毕业于武昌文华图专，1940年进校，“国立编译馆”馆员)。

1941—1942年，Swen Yen-Djen，Librarian，Full(孙雁征，图书馆主任，全职)。

① 见 https://billiongraves.com/grave/Jane-YC-Sun-Hsu/13478732。

1942—1943 年，Swen Yen-Djen, Librarian, Part（孙雁征，图书馆主任，兼职）（见图 5 - 15）。

GINLING COLLEGE (Chengtu) FACULTY LIST 1942-43

Name	Degree	Year	Institution	Rank Department	Time
Administrative Staff:					
Wu Yi-fang	Ph.D.	1928	U. of Michigan	President	Full time
Chester, Ruth M.	PH.D.	1934	Columbia U.	Dean of Studies	Full time
Djang Hsiang-lan	Ph.D.	1939	Northwestern	Dean of Students	Full time
Hu Ya-lan	B.A.	1936	Ginling	Asst. to Dean of Students	" "
Shen Koo-ming, Mrs.		1914	St. Mary's Hall	Counsellor	" "
Ming Hsioh-ching, Mr.			U. of Nanking	Chinese Secretary and Director Business Affairs	" "
Graham, Mrs. Zelma	B.A.	1929	Denison U.	English Secretary	" "
Priest, Elsie				Treasurer	" "
Chen Er-chang	B.A.		U. of Nanking	Asst. Treasurer	" "
Shao Bao Fu-nien, Mrs.	B.A.	1925	Ginling	Registrar	" "
Djung Li-dwan	B.A.	1932	Ginling	Asst.-Registrar	" "
Sie Gie-ming				Asst. to Registrars	" "
Siao Dji-mei				Asst. to Registrars	" "
Djao Siu-chin	B.A.	1941	Ginling	Asst. to Chinese Sec.	" "
Swen Yen-djen 孙雁征	图书馆主任 （兼职）			Librarian	Part time
Liu En-hsüan				Asst. Librarian	Full Time
Shen Yung-ging				Asst. Librarian	" "
				Dormitory Matron	" "

图 5 - 15　1942—1943 学年成都金女大教职员名录中孙雁征兼职任图书馆主任的信息①

1943 年秋，Swen YÜ, Librarian（孙玉，图书馆主任）（见图 5 - 16）。

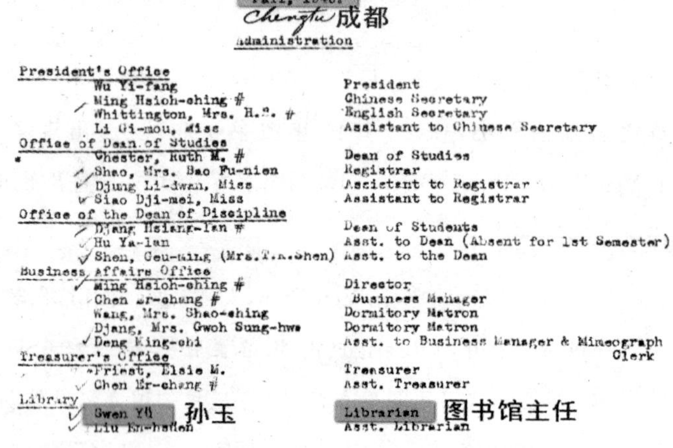

GINLING COLLEGE FACULTY LIST
Fall, 1943.
Chengtu 成都
Administration

President's Office	
Wu Yi-fang	President
Ming Hsioh-ching #	Chinese Secretary
Whittington, Mrs. H.?. #	English Secretary
Li Gi-mou, Miss	Assistant to Chinese Secretary
Office of Dean of Studies	
Chester, Ruth M. #	Dean of Studies
Shao, Mrs. Bao Fu-nien	Registrar
Djung Li-dwan, Miss	Assistant to Registrar
Siao Dji-mei, Miss	Assistant to Registrar
Office of the Dean of Discipline	
Djang Hsiang-lan #	Dean of Students
Hu Ya-lan	Asst. to Dean (Absent for 1st Semester)
Shen, Geu-ming (Mrs.T.K.Shen)	Asst. to the Dean
Business Affairs Office	
Ming Hsioh-ching #	Director
Chen Er-chang #	Business Manager
Wang, Mrs. Shao-ching	Dormitory Matron
Djang, Mrs. Gwoh Sung-hwa	Dormitory Matron
Deng Ming-chi	Asst. to Business Manager & Mimeograph Clerk
Treasurer's Office	
Priest, Elsie M.	Treasurer
Chen Er-chang #	Asst. Treasurer
Library	
Swen YÜ 孙玉	Librarian 图书馆主任
Liu En-hsüan	Asst. Librarian

图 5 - 16　1943 年秋季成都金女大图书馆主任的名字为孙玉②

① 图片来源：耶鲁大学神学院图书馆数字档案 RG011-134-2706 第 23 页。

② 图片来源：耶鲁大学神学院图书馆数字档案 RG011-134-2706 第 29 页。

1944 年春,图书馆主任,孙玉(女,27 岁,毕业于武昌文华图专,1940 年进校,国立编译馆馆员)。由此推算,她出生于 1917 年。

1944 年秋,图书馆主任,孙雁征。

1945 年春、秋,图书馆主任,孙雁征。

陶行知先生在 1938 年 11 月 13 日的日记中记载了孙雁征曾为“国立编译馆”馆员的信息“国立编译馆,两路口巴县中学,孙雁征”[①]。因此,孙雁征在应聘金女大图书馆工作之前,曾就职于“国立编译馆”,有工作经历。

耶鲁大学神学院图书馆数字档案 RG011-134-2706 卷宗里,有 Swen Yen-Djen 和 Swen YÜ 的记载,年度和名字交替情况与第二历史档案馆档案中中英文混合使用的情况吻合,且有 Swen YÜ(Yen-Djen)的记录,说明孙雁征和孙玉为同一人(见图 5-17)。

Ginling College Faculty Directory - page 5

Shen Gien, Mr.	1944	----			TsingHwa Graduate School	Assistant Professor	History	Full
Shen Koo-ming (Mrs. T.K.)	1942	summer, 1944		1914	St.Mary's Hall	Councellor & Instructor	English	Full
Shen Yung-ging	1942 (fall term)					Assist. Librarian		Full
Siao Ding-ying	1944	----	B.A.	1939	Ginling	Child Welfare Exp. Station		Full
Siao Dji-mei (Mrs. Fan)	1942	----				Asst. to Registrar		Full
Siao Su-hwei	1944	----				Rural Service		Full
Sie Ging-ming	1942	1943				Asst. to Registrar		Full
Sie Hsien-gieh	1944 (fall term)		B.A.	1944	Ginling	Assistant	Chemistry	Full
Sie Wen-mei (Mrs. Hsü)	----	1942	B.A.	1933 1931	Ginling	Instructor	Chemistry & Hygiene	Full
Spicer, Eva D.	----	----	B.A. M.A.	1920 1925	Oxford Oxford	Professor (Head)	History	Full
Sun Tsang-min	1944	----	B.A. M.S.	1931 1939	Yenching Oregon State	Asst. Prof. (Head)	Home Ec.	Full
Sung Hong-kong, Mr.	----	1941	M.A.		Boston Univ.	Asst. Prof.	Chemistry	Full
Sutherland, Catherine	----	----	B.A. M.A.	1915 1924	Western Columbia	Professor (Head)	Music	Full
Swen Bao-hwa	----	----	B.A.	1929	Ginling	Advisory Committee in Nanking.		
Swen Tsi-djou, Mr.	1942	----	B.A.	1932	Univ. Peking	Asst. Prof.	Chinese	Full
Swen Yü (Yen-djen) 孙玉(雁征)	----	----			Boone Library School 文华图专,	Librarian 图书馆主任,		Full 全职
Swen Yu-lan	----	1941				Instructor	Home Ec.	Full

图 5-17　金女大教职员名录中的孙雁征个人信息[②]

① 华中师范大学教育科学研究所.陶行知全集 第 7 卷[M].长沙:湖南教育出版社,1992:270.

② 图片来源:耶鲁大学神学院图书馆数字档案 RG011-134-2706 第 39 页。

1. 文华图专毕业生身份

根据毕业于文华图专这一线索，在武汉大学档案馆查到了孙雁征的毕业档案信息，并获得一张她的毕业证件照(见图 5－14)。翻阅武汉大学信息管理学院校友名录(1920 级—2010 级)第一部分“文华图专时期校友名录”，在本科第十六届(1938.9—1940.6)毕业生中查到她的信息。另外，有研究文华图专毕业生状况的文章记载，“文华图专虽是袖珍型学校，每届毕业生人数不多，但出国深造人数比例是高的。先后出国留学深造的有……本科十六届孙雁征”①。该信息提示，工作于金女大图书馆的文华图专毕业生孙雁征后来出国留学深造。此外，《中华图书馆协会会报》1939 年第 13 卷第 4 期报道，参加第四次年会的会员代表孙雁征名下的信息为“女，江苏青浦人，文华图书馆学专科学校(重庆中四路求精学校)”，说明孙雁征在工作于金女大图书馆之前，在文华图专读书时就已加入中华图书馆协会，并参加了 1938 年 11 月 27 日至 30 日在重庆新市区川东联立师范学校举办的第四次年会。

2. 金女大图书馆工作一瞥

2005 年，金一虹等所著的《吴贻芳的教育思想与实践》一书中有一段对金女大教育理念的描述。

> 在金女大的教学活动中，对学习研究能力的培养，远超过对知识的灌输。新生一入学，学校便指导学生学会利用图书馆和查检资料。如 1942 年新生周，就安排了蔡路得博士做“金陵的读书生活”的讲演，孙雁征先生带领参观图书馆并做“如何利用图书馆”的讲演。②

---

① 梁建洲，梁如.我国图书馆学、档案学专业教育的摇篮：记武昌文华图书馆学专科学校[J].四川图书馆学报，1996(5)：68—85.

② 金一虹，等.吴贻芳的教育思想与实践[M].南京：江苏人民出版社，2005：247—248.

1942 年，正是金女大因战争西迁成都办学的期间，图书馆仍然正常开展新生入馆教育，重视对新读者利用图书馆的引导。时任图书馆主任的孙雁征小姐亲自进行新生入馆培训并带领学生熟悉图书馆环境，秉承金女大厚生精神和以人为本的服务理念。

3. 金女大学生和馆员双重身份

在“读秀”中文学术搜索“知识”模块中，用检索词“孙雁征”进行搜索，发现 1992 年杨学为、朱仇美等编著的《中国考试制度史资料选编》中记载着 1942 年 6 月民国政府教育部颁发的“第三届全国专科以上学校学生学业竞试办法”，在其后的“第三届全国专科以上学校学生学业竞试决选生名单”中，一位金女大学生的名字也叫孙雁征，她还取得了英文科竞试第三名的好成绩[②](见图 5－18)。根据此线索，在四年后的 1946 年 4 月的金女大毕业生名录中也顺利地找到了孙雁征的名字(见图 5－19)，她的

第三届全国专科以上学校学生学业竞试决选生名单：
一、甲类竞试决选生四十四名
（一）国文科十一名
第一名　丰华瞻　（国立浙江大学）
第二名　欧百衡　（国立中央大学）
第三名　萧泽虚（国立贵州农工学院）
第四名至第十一名（八生成绩相同）
张必敬　（国立中山大学）
陈大钧　（国立交通大学贵州分校）
程诗涛　（国立厦门大学）
郑象乾　（国立河南大学）
富乃康　（私立金陵大学）
刘　炽　（私立福建协和大学）
柳长祚　（国立西北工学院）
许静一　（私立武昌文华图书馆学专科学校）
（二）英文科十一名
第一名　张文彦　（国立浙江大学龙泉分校）
第二三名（成绩相同）
梁耀璜　（国立浙江大学龙泉分校）
孙雁征　（私立金陵女子文理学院）
770

图 5－18　第三届全国专科以上学校学生学业竞试决选生名单中的孙雁征[①]

① 杨学为，朱仇美，张海鹏.中国考试制度史资料选编[M].合肥：黄山书社，1992：770.

② 杨学为，朱仇美，张海鹏.中国考试制度史资料选编[M].合肥：黄山书社，1992：770.

毕业论文题为“儿童性教育”。同时，在金女大海外校友通讯录中也找到了她的信息。20 世纪 60 年代，金女大毕业生孙雁征定居在美国。

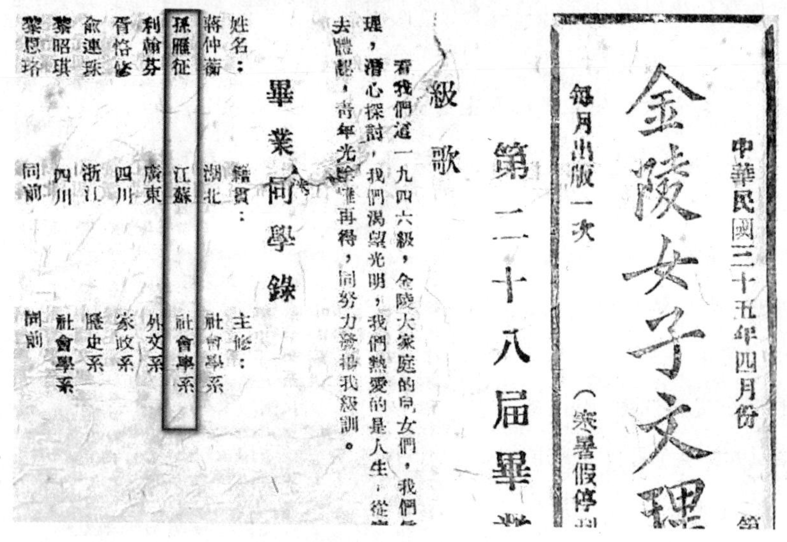

中華民國三十五年四月份

金陵女子文理

每月出版一次

（寒暑假停刊）

第二十八屆畢業

級歌

看我們這一九四六級，金陵大家庭的兒女們，我們……理，潛心探討，我們渴望光明，我們熱愛的是人生，從……去體認，青年光陰誰再得，同努力發揚我級訓。

畢業同學錄

姓名：	籍貫：	主修：
蔣仲薇	湖北	社會學系
孫雁征	江蘇	社會學系
利翰芬	廣東	外文系
胥恪修	四川	家政系
俞蓮琛	浙江	歷史系
黎昭琪	四川	社會學系
黎恩琀	同前	同前

图 5－19　1946 年毕业生名录中孙雁征毕业于金女大社会学系的信息①

学生孙雁征与图书馆员孙雁征是同一人吗？1946 年孙雁征毕业离开金女大后又去了哪里？何时去的国外？又曾在哪里就职？在耶鲁大学神学院图书馆数字档案 RG011-131-2679 卷宗的第 200 页、第 361 页找到了 1964 年和 1969 年的金女大海外校友通讯录，其中孙雁征的信息为已婚，其英文名为 Jane，夫姓徐（Hsu），通讯地址为俄勒冈州的尤金市（Eugene，Oregon）。尝试用“‘Jane Sun Yen-chen Hsu’ and Oregon and Library”在谷歌中检索，意外获得了孙雁征的信息。

① 图片来源：1946 年 4 月《金陵女子文理学院校刊》第 134 期第 1 页。

Sun, Shu-tsue 孫淑銓	1937 P. E.	S. T. Chou 周長寧夫人	104-21 68th Dr. Forest Hills, N. Y. 11375 (212) TW6-8198
Sun, Yen-chen (Jane) 孫雁徵		Hsu 徐 夫人	1360 E. 21st Ave. Eugene, Oregon
Sutherland, Catharine E. Miss	1935 Faculty		"Overlook" Lake Junaluska, N. C.
Sweeny, Mary, Miss	Faculty		Pine Grove Clark County, Kentucky
Swen, Dji-shuh (Elizabeth) 孫之淑	1923 Bio.	William K. C. Chen 程克敬夫人	719 Graisbury Ave. Haddonfield, N. J. 08033 (609) 429-4659

图 5-20 1964 年和 1969 年金女大海外校友录中孙雁征的信息①

Journal of East Asian Libraries 1980 年第 1 卷第 62 期馆员(Librarians)栏目下刊载了一篇 Elaine Kemp 撰写的欢送孙雁征退休的消息短文。文中信息回答了前面的疑问,即馆员和学生孙雁征是同一人。短文中记载孙雁征 1940 年毕业于西迁重庆办学的文华图专本科班,1946 年获得成都金女大学士学位,1940—1946 年任金女大图书馆主任,1947—1948 年在山东齐鲁大学(Cheeloo University)图书馆任首席编目员(Chief Cataloguer),1951—1956 年任香港的美国信息服务图书馆(The U.S. Information Service Library in Hong Kong)首席编目员,1956 年 9 月全家移居美国。1956 年 10 月 1 日,孙雁征女士进入位于尤金市的俄勒冈大学图书馆工作,直至 1980 年 6 月荣退(见图 5-21)。

① 图片来源:耶鲁大学神学院图书馆数字档案 RG011-131-2679 第 200 页、第 361 页。

JANE YEN-CHENG HSU will retire June 30, 1980, from her position as Senior Catalog Librarian; Bibliographer, Orientalia Collection at the University of Oregon Library. Mrs. Hsu joined the Library staff as a general cataloger, October 1, 1956. In 1964 the University's Institute of International Studies and Overseas Administration received a major grant from the Ford Foundation which gave impetus to the establishment of the Orientalia Collection in the Library. Quite naturally Mrs. Hsu was asked to develop and maintain the new collection. For the past sixteen years her major responsibilities have been for the acquisition and cataloging of Chinese language materials and provision of reference service to faculty and students. Through her service on the interdisciplinary faculty Asian Studies Committee, Mrs. Hsu has contributed substantially to the development of the Orientalia Collection which now contains some 32,000 volumes.

Mrs. Hsu was born in Tsingpu in Kiangsu Province, China. She earned her certificate in 1940 from the Boone Library School, Wuchang, which was temporarily relocated in Chungking, and her bachelor's degree in 1946 from Ginling Girls' College, Nanking, which was relocated to Chengtu. Mrs. Hsu worked as librarian in the Ginling Girls' College from 1940-1946 and then as chief cataloger at the library of Cheeloo University in Shantung, 1947-1948. From 1951-1956 Mrs. Hsu was chief cataloger of the U.S. Information Service Library in Hong Kong. Her family came to the United States in September 1956.

During her nearly twenty-four years at the University of Oregon Library, Mrs. Hsu has been an indispensible member of the Library faculty. We value greatly her contributions to our Library and University and wish both Mr. and Mrs. Hsu the happiest of retirement years.

(Elaine Kemp)

图 5－21　Elaine Kemp1980 年撰写的欢送孙雁征荣休的文稿①

根据孙雁征女士曾在俄勒冈大学图书馆工作这条线索，笔者访问了俄勒冈大学图书馆主页，并在其数字化档案页面留言，希望能获得一张孙雁征女士的照片。令人惊喜的是很快就收到了该馆特藏与大学档案部(Special Collections and University Archives)副研究馆员 Bruce Tabb 的回复邮件，信中说明俄勒冈大学图书馆只有唯一的一张员工合影。Bruce Tabb 热心地提供了他在美国电话黄页网站上搜索到的疑似孙雁征女士的居住信息：从俄勒冈州的 Portland 移居到了加州 Los Angeles。通过谷歌搜索平台，将上述信息进行组配检索，获得了孙雁征女士及其

① 图片来源：http://scholarsarchive.byu.edu/cgi/viewcontent.cgi? article＝1172&context＝jeal。

配偶和子女的信息。孙雁征女士出生于1917年,1945年4月12日在成都与徐振义先生(Philip C.Y. Hsu,1911—1999)结婚,1946年1月10日长子徐厚安(Dr.Isaac Hou-An Hsu,1946—1994,眼科医师)出生,然而遗憾的是徐厚安先生不幸于1994年1月30日罹难于一起车祸,英年早逝。欣慰的是当时他的四个儿子即孙雁征女士的四位年仅十多岁的孙子(Israel,Immanuel,Ira and Isaiah)已组建"徐氏弦乐四重奏"(Hsu String Quartet)多年,常在当地巡回演出,在俄勒冈州很有名气[①]。

在1942—1943学年金女大档案的记录中,因继续深造,孙雁征只能兼职担任图书馆主任。因此,在1943年图书馆员工登记中她开始用名"孙玉",后来又恢复用名孙雁征,似乎有意将既是金女大学生又是学校教职员的双重身份予以"区分"。

在孙雁征一边在职学习一边兼职图书馆主任的初期,金女大曾一度物色过图书馆主任的接替人选。1943年,图书馆主任职位被列入学校人事需求计划中。耶鲁大学神学院数字档案编号为RG011-134-2706的卷宗第30页"Ginling College Faculty Needs,September 1943"中有当时对图书馆主任职位人员需求的记载。1943年11月3日,纽约金女大董事会的Mrs. W. Plumer Mills在写给学校人事委员会的信中,曾介绍过两位图书馆主任职位申请者的情况,并希望金女大人事委员会能在两三天内给予两位应聘候选人是否合适的答复,以便她赶得上将人事委员会的意见提交到11月12日即将召开的校董事会上审议。一位候选人为Miss Pauline Starn,女,33岁,贝瑟尼学院(Bethany College)文学学士,凯斯西储大学(Case Western Reserve University)图书馆学院理学学士。吴贻芳校长亲自对她进行了面试,且印象深刻。但遗憾的是,这位Starn

① 见 http://www.findagrave.com/cgi-bin/fg.cgi? page=gr&GRid=97698615。

小姐没有做好1944年夏季学期前来中国的准备。另一位候选人是Miss Bucher，吴校长也亲自面试过，并表达了期待她能来金女大的愿望。然而，在后续的金女大档案资料中未见到两位候选者入职的信息。因此，孙雁征女士在1946年6月毕业离校之前，一直都承担着成都金女大图书馆主任的管理工作。从1940年至1946年，孙雁征担任金女大图书馆主任有六年之久，是金女大历史上担任图书馆主任时间最长的一位，在此期间，她还完成了第二本科专业的学业以及结婚、生子，在动荡不安的战争年代，尤为艰难与不易。战后，金女大回迁南京，南京复校后，接替她图书馆主任职务的是她文华图专的学姐刘华锦先生(参见第六章第二节)。

五　袁竸化(Yuen Gin-Hwa)[1940—1942]

袁竸(竞)化(Yuen Gin-Hwa，1915—不详)，女，山东即墨人，基督教教徒，毕业于南京汇文女中。1935年离开南京，1936年3月28日经安徽省宿县到达湖北汉口求职。1937年抗日战争爆发后逃难四川。1940年4月经由重庆到达宜宾后，再转至成都。1940年10月进入金女大工作，被聘为成都金女大图书馆助理馆员。1942年春季学期结束后离开金女大，之后信息不详。

耶鲁大学神学院图书馆数字档案中第一次出现"Yuen Gin-Hwa"是在金女大1940—1941学年的员工名录上(见图5-22)，她的名字后面用括号标注了"(2nd Sem.)F."，是指1940—1941学年的第二学期(即1941年春季学期)，她任职于成都金女大图书馆，是全职人员。

中国第二历史档案馆资料中对应的中文名是袁竸(通"竞")化，名下信息记载为"女，26岁，山东即墨人，南京汇文女中毕业，图书馆助理馆员，1940年10月进校"。

耶鲁大学神学院图书馆数字档案中保存的1941—1942学年金女大

Chengtu

GINLING COLLEGE FACULTY LIST

xxxxbember 1940 -1941

Administration.

Wu Yi-fang	President F.
Chester, Ruth M.	Acting Dean of Studies 1/3 time F.
Djang Hsiang-lan	Associate Dean of Studies ¼ " F.
Chang Siao-sung	Dean of Discipline and Guidance ¾ F.
Liu Shu-yuen	Asst. to Dean of Discipline and Guidance and Social Education ½ F.
Ming Hsioh-ching	Chinese Secretary and Director of Business Affairs M.
Kirk, Lillian J.	English Secretary F.
Priest, Elsie M.	Treasurer ¼ F.
Chen Er-chang	Assistant Treasurer M.
Gu Wei-tseng	Acting Registrar F.
Ms Sih-ning (1st sem.)	Asst. to Chinese Secretary and Social Education ½
Swen Yen-djen 孙雁征 图书馆主任	Librarian, and Yuen Gin-hwa (2nd sem.) F. 袁竞化 第一学期 全职F.
Wang, Mrs. Shao-ching	Dormitory Matron

图5-22　袁竞化于1940—1941学年的第二学期进入金女大图书馆工作①

教职员名录中,袁竞化的职位是助理馆员,与孙雁征主任搭档管理成都金女大图书馆(见图5-23)。

Chengtu

GINLING COLLEGE FACULTY LIST

1941-42.

Administration

Wu Yi-fang	President
Ming Hsioh-ching	Chinese Secretary and Director of Business Affairs
Kirk, Lillian J.	English Secretary
Djang Su-fang	Asst. to Chinese Secretary
Chester, Ruth M.	Dean of Studies
Shao, Mrs. Bao Fu-nien	Registrar
Swen Yen-djen	Librarian
Yuen Gin-hwa	Assistant to Librarian
Djang Hsiang-lan	Dean of Discipline
Pan Yao-tsien	Assistant to Dean of Discipline (1st term)
	Asst. in Eng. Dept. 2nd term
Wang, Mrs. Shao-ching	Dormitory matron
Yang Yung-bao	Nurse
Priest, Elsie M.	Treasurer
	Assistant Treasurer and Acting Business

孙雁征 图书馆主任
袁竞化 助理馆员

图5-23　袁竞化在1941—1942学年任图书馆助理馆员②

① 图片来源:耶鲁大学神学院图书馆数字档案RG011-134-2706第10页。

② 图片来源:耶鲁大学神学院图书馆数字档案RG011-134-2706第19页。

互联网中能够检索到的关于袁竞化的资料很少，经谷歌搜索，只有 *LSM*[①] *Chinese* 复刊基督徒报第六期、第七期、第十期、第十七期上有同名人袁竞化在抗战初期逃难四川的记载。

LSM Chinese 第六期："今天又由南宿州来了两位姊妹，一位是袁竞化小姐，还有一位王姊妹，系要去长沙湘雅医院。"

LSM Chinese 第七期（第七、第八期为一九三六年七至十月出版）："袁竞化姊妹，去年八月二十一日由南京去宿县（今安徽宿州），于今年三月十八日又由宿县到了汉口。"

LSM Chinese 第十期："李士春弟兄，及仲、平两弟兄，袁竞化姊妹，王师母（即孙闻先之姑）及小孩，郭小姐等，今日均已到渝（重庆）。弟兄们住在客栈里。姊妹们住在罗家湾本地教会所租的房子里。"

LSM Chinese 第十七期（第十七期为一九四〇年三至四月出版）："袁竞化姊妹与胡兰生师母于五日晨离渝赴叙府（今四川省宜宾市）。有黄爱三弟兄及其眷属同行。"

根据人名、时间、地点的吻合度，*LSM Chinese* 刊载的信息中，从南京至湖南后逃难到四川的袁竞化就是后来任职于金女大图书馆的袁竞化小姐。

另外，在《金陵女儿》（续集）中，有一篇王馨恩女士写的"怀念金陵——献给妈妈一份深切的爱"的回忆文章。王馨恩女士是曾担任金女大图书馆主任的张肖松博士（见第三章第五节）的姨侄女。王馨恩女士在文中提及她的妈妈是金女大师生无人不知、无人不晓的王师母。1937年，年仅三岁的她随母亲从河南开封逃难到四川成都华西坝。母亲在成

---

① LSM(Living Stream Ministry)，水流职事站，是一个设在美国加州安那翰的非营利出版机构，成立于1968年，属于李常受所领导的地方召会机构单位。

都金女大总务处负责膳食和工人的管理工作,是一位基督教传教士。根据 *LSM Chinese* 第七、第十期中的文字信息,袁竞化在逃难去四川途中的同行人"王师母(即孙闻先之姑)及小孩",应该就是三四岁时的王馨恩和她的母亲。

六　沈荣锦(Shen Yung-Ging)[1942—1943]

沈荣锦(Shen Yung-Ging,生卒信息不详),女,1942 年秋季学期进入成都华西坝金女大图书馆工作,任助理馆员。1943 年春季学期结束后离开。遗憾的是目前没有找到更多关于沈荣锦小姐的信息资料。

GINLING COLLEGE (Chengtu)　　FACULTY LIST 1942-43

Name		Degree	Year	Institution	Rank / Department	Time
Administrative Staff:						
Wu Yi-fang		Ph.D.	1928	U. of Michigan	President	Fuàl time
Chester, Ruth M.		PH.D.	1934	Columbia U.	Dean of Studies	Full time
Djang Hsiang-lan		Ph.D.	1939	Northwestern	Dean of Students	Full time
Hu Ya-lan		B.A.	1936	Ginling	Asst. to Dean of Students	" "
Shen Koo-ming, Mrs.			1914	St. Mary's Hall	Counsellor	" "
Ming Hsioh-ching, Mr.				U. of Nanking	Chinese Secretary and Director Business Affairs	" "
Graham, Mrs. Zelma		B.A.	1929	Denison U.	English Secretary	" "
Priest, Elsie					Treasurer	" "
Chen Er-chang		B.A.		U. of Nanking	Asst. Treasurer	" "
Shao Bao Fu-nien, Mrs.		B.A.	1925	Ginling	Registrar	" "
Djung Li-dwan		B.A.	1932	Ginling	Asst.-Registrar	" "
Sie Gie-ming					Asst. to Registrars	" "
Siao Dji-mei					Asst. tc Registrars	" "
Djao Siu-chin		B.A.	1941	Ginling	Asst. to Chinese Sec.	" "
Swen Yen-djen	孙雁征	图书馆主任		兼职	Librarian	Part time
Liu En-hsüan	刘恩萱	助理馆员		全职	Asst. Librarian	Full Time
Shen Yung-ging	沈荣锦	助理馆员		全职	Asst. Librarian	" "
					Dormitory Matron	" "
Wang Shao-ching, Mrs.					Nurse	" "

图 5-24　1942—1943 学年沈荣锦工作于金女大图书馆的信息①

1942 年秋季学期,在成都金女大图书馆工作的,除了主任孙雁征一边在金女大社会学专业读书,一边在图书馆兼职工作外,还有两位全职助理馆员。一位是 Shen Yung-ging(沈荣锦),另一位是 Liu En-hsuan(刘恩萱)(见图 5-24)。

① 图片来源:耶鲁大学神学院图书馆数字档案 RG011-134-2706 第 23 页。

七　刘恩萱（Liu En-HsÜen）［1942—1951］

刘恩萱（Liu En-HsÜen，1915—1995），女，山东安丘人，长老会（Presbyterian）教徒。1931 年毕业于镇江崇实女子中学（Chung-Shih Girls' Middle School）[①]，同年考入金女大，1933 年金女大肄业。1933—1934 年任南通私立崇英女子中学（Chung-Ying Girls' Middle School S. Tung Chow）[②]数学和科学教员；1934—1935 年任南京明德女子中学（Chin-The Girls' Middle School，Nanking）[③]数学和科学教员；1935—1937 年任南京“国立中央图书馆”馆员，1938—1942 年在山东潍县广文中学[④]教英语，同时兼任女生部（文美书院）主任；1942 年 10 月开始进入西迁成都的金女大图书馆工作，后工作于回迁南京的金女大图书馆、公立金陵大学时期的图书馆和 1952 年建立的南京师范学院图书馆。她在图书馆一直从事流通管理和编目工作，直至退休。1995 年 7 月在南京去世，享年 80 岁。

中国第二历史档案馆保存的金女大 1944 年教职员登记信息中，刘恩萱时年 31 岁，1942 年 10 月进入成都金女大图书馆工作，由此推断她

---

① 崇实女子中学（Chung-Shih Girls' Middle School），建于 1884 年，前身为“长江流域最早的女塾”。1888 年迁至镇江市风车山，1931 年始称“镇江私立崇实女子中学校”，是 1938 年诺贝尔文学奖获得者、美国作家赛珍珠的母校。

② 南通崇英女子中学（Chung-Ying Girls' Middle School S. Tung Chow），创建于 1919 年，前身为英化职业学校和基督女校，1929 年两校合并办学，更名为南通私立崇英女子小学校，史称崇英女校。1933 年增设初中部。次年，更名为“南通私立崇英女子初级中学校”，学制三年。

③ 南京明德女子中学（Chin-The Girls' Middle School，Nanking），即今南京市女子中等专业学校，前身为明德书院，由美国基督教北美长老会创建于 1884 年 10 月。辛亥革命后，更名为“私立明德女子中学”。1952 年学校改为公办，更名为“南京市第五女子中学”。

④ 山东潍县广文中学（Kwang-Wen Bible School.Shang Tung），前身即文华文美书院，创建于 1883 年，是美长老会基督教牧师狄乐播传教至潍县所建，1931 年取名广文中学。

出生于1914年左右。南京师范大学档案馆保存的她于1954年登记的出生时间则为1915年。自1942年秋季学期开始,刘恩萱一直任图书馆助理馆员,与孙雁征主任搭档,担负成都金女大图书馆日常管理工作,直至1946年春季学期孙雁征毕业离校。

1946年春季,金女大开始回迁南京,南京金女大校园百废待兴。1946—1947学年金女大给图书馆配备的馆员数量从以往的一两个人猛增至五人。回到南京的刘恩萱主要负责图书馆的流通管理工作,直至1951年金女大与金陵大学合并。中国第二历史档案馆保存着一份刘恩萱登记于1948年4月16日的履历表。表中记载她是长老会教徒,祖籍为山东省安丘。她曾于1925—1931年在镇江崇实女子中学学习,毕业后于1931年考入金女大。1933年从金女大肄业后进入南通崇英女子中学当教员,承担数学和科学两门课程的教学工作。1934年转入南京明德女子中学当教员,同样教授数学和科学。1935—1937年任南京"国立中央图书馆"馆员。1938—1942年在山东潍县广文中学教英语,同时兼任女生部主任。1942年10月进入成都金女大图书馆工作。

耶鲁大学神学院图书馆数字档案RG011-134-2706中有一份1948年秋季学期金女大全体教职员信息登记表,表中记载的有关刘恩萱的信息为图书馆职员,1942年10月进校,1931—1933年在金女大学习(见图5-25)。从1942年10月进校开始,到1951年金女大与金陵大学合并,金女大历年教职员名录中,刘恩萱小姐的名字始终位列于图书馆职位上。刘恩萱在金女大图书馆工作了九年时间,是金女大图书馆历史上在职时间最长的一位馆员。

1952年,全国院校重组,刘恩萱继续在新组建的南京师范学院图书馆工作,主要从事编目工作,直至退休。陈乃林主编的《江苏高等学校图书馆年鉴》中记录着当时江苏省各高校图书馆专业技术人员的名单,其

LIST OF FACULTY AND ADMINISTRATIVE STAFF—A

Ginling College ~~UNIVERSITY~~ ~~(ON LEAVE)~~ Serving during current semester Fall 1948

NAME	AGE	RANK	DEPT.	LENGTH OF SERVICE With Instit.	ADVANCED DEGREES Degree	Institution	Date	SUPPORT (in case of Western members)
* Liu Hei-meng (Miss)		Dorm Counselor		48	B.A.	Ginling	39	*Child Welfare Center
* Liu Gin-wei (Miss)	26	Dorm Counselor		48	B.A.	Ginling	48	* Soc. Dept.
Tso Chi (Miss)	25	Office Sec to Dean of Students		8.48		Hangchow Coll	44-46	
* Kwoh, Edwin		Dean of Bus. Admin.		1.47	See Teaching Faculty list.			
Teen, Mrs S.F.	72	Supt. of dorms, 24-42 Supt. of Rehab., Adviser to Business Office		2.24	Nurse's Certificate		1897	
Hwang, Chung-chu (Mr)		Business Manager		8.48	B.A.	Hangchow	48	
Chung Ming (Mr)				7.48	B.A.	Hangchow	48	
Yeh Tien-chih (Mr)		Clerk in Bus. Office		2.41	Normal	School grad.	31	
Mrs Wang				8.38	Bible	Training Sch.	15	
* Priest, Miss Elsie		Treasurer		5.28				
Chen, Er-chang (Mr)		Asst Treasurer		12.27	B.A.	U of Nan.	26	College
Ching Chi-tsiang (Mr)		Asst in Treasurer's office		8.46	Yu Chun	Mid. Sch.	42	
Watson, Miss Mary C.		Librarian		9.48	B.A.	U. of Ky. U. of Ill	31 40	College
Liu Hwa-chin (Miss)		Asst Librarian		2.46	B.A.	Hwa-Chung Library Training	30	
刘恩萱小姐		图书馆职员		1942年10月进校			1931-1933年金女大学习	
Liu En-hsuen (Miss)		Library staff		10-42		Ginling College	31-33	
Yang Shiao-ran (Mrs ...)		Library Staff		9.48	B.A.	Ginling	[illegible]	

图 5-25　1948 年秋季学期金女大全体教职员名录中刘恩萱的信息①

时,南京师范学院已更名为南京师范大学,南京师范大学图书馆退休职工刘恩萱的名字列在中级专业技术职务人员的名单中②。

南京师范大学图书馆退休职工吉士云老师提供了一张拍摄于 1979 年 5 月朱景熹老师退休时南京师范学院图书馆全体员工的合影(见图 5-26),刘恩萱在第二排左二的位置。照片拍摄地点为原金女大陶谷校园的大草坪上,背景楼宇为 1934 年春季投入使用的金女大图书馆行政大楼(即今南京师范大学随园校区华夏图书馆)。

① 图片来源:耶鲁大学神学院图书馆数字档案 RG011-134-2706 第 61 页。

② 陈乃林.江苏高等学校图书馆年鉴[M].南京:南京大学出版社,1990:330—331.

图 5-26　1979 年 5 月南京师范学院图书馆员工合影，二排左二为刘恩萱①

八　透过数据看 1938—1945 年艰难中稳步前行的图书馆

1937 年 12 月，南京城失守，日军侵占南京，金女大校园成为城区内为数不多的相对安全的区域。校园留守人员尽最大努力开放校园，收容、救助战争中流离失所的妇女儿童，并想方设法守护校园财产和人员安全。之前，金女大分三地设办学点时，曾陆续带走了一小部分教学必需的图书，在决定西迁办学时又特地选配了一些书籍辗转运送至成都，但大部分的图书资料仍然保存在南京校园的图书馆行政大楼内。虽然 1942 年日军强行占据校园后，图书馆最终没能逃过一劫，但在战争初期，校园留守人员想尽了一切办法保护图书馆的资源。从《魏特琳日记》留下的珍贵记录中，可以了解当时的校园留守人员是如何保护书籍，如

① 图片由南京师范学院图书馆退休馆员吉士云老师提供。

何为成都办学点挑选并运送急需图书的，又是如何服务于在校园建立的实验学校的。摘编几处，向那些在艰难岁月里用生命守护校园、救助难民的金女大人致敬！

1937 年 8 月 27 日，星期五。据我所知，昨夜有 12 架飞机突袭南京。下午，我们决定把图书馆顶楼的所有报纸、杂志搬下来。几天前到我们这里来的德国顾问说，我们应该把所有的阁楼都清理干净，但我们看不出怎样才能做到这一点。我们把这些报纸和杂志存放在英语和历史系办公室(注：从四层移至一层)。①

文献资源是学校教学的基本保障，为了不使学校图书馆的文献在敌机轰炸中被毁，魏特琳女士不但组织人力将存放于顶楼四层的报刊迅速转移到一层，还在图书馆阁楼的地板上堆放了一层层沙袋，以减缓炸弹的破坏力，因为有了这层防护，即使图书馆大楼不幸被炸弹击中，阁楼下面的书库和阅览室也不会受到太大的冲击。②

1937 年 9 月 30 日，星期四。今天下雨，因此没有空袭。上午，我们让人在校舍拱顶的阁楼地板上放置了两层沙袋。将沙袋放在阁楼的地板上，还是放在二楼的地上？我们讨论了很久，最终还是选择了前者。因为我们想，如果可能的话，在那儿就阻止炸弹，不想让它们在图书馆里爆炸。可谁又知道哪个是最佳方案？(见 61 页)

1937 年 11 月 19 日，星期五。吴贻芳校长和魏特琳女士商谈内容，机密部分：“如果我们立刻包装最有价值的仪器、图书和钢琴，也许能够将它们运走。”(见 156 页)

1937 年 11 月 20 日，星期六。魏特琳女士为图书馆订做了一些

---

① 明妮·魏特琳. 魏特琳日记[M].南京师范大学南京大屠杀研究中心，译.南京：江苏人民出版社，2000：28.

② 南京师范大学南京大屠杀研究中心.魏特琳传[M].南京：南京出版社，2001：69—70.

箱子用以包装图书,然而当时根本买不到木板、钉子,且也没有木匠。那天上午,助理馆员和一些勤杂工要挑选教师和学生常用的书。如果我们能弄到箱子的话,我们将包装这些书。(见158页)

1937年11月24日,星期三。校园里一片繁忙。在科学楼里,人们正在包装科学仪器;在图书馆中,人们在包扎图书。袁博士[①]在图书馆帮忙,在这方面他是个专家。(见164页)

1938年2月15日,星期二。报春鸟来了。我起居室里的迎春花正在开放。上午,我们让一些难民把报纸和杂志搬回图书馆的阁楼上——所有打扫阁楼的工作都白干了。(见282页)

1938年12月13日,星期二。早上,我们一直在考虑是否应该检查一下图书馆里的书,把所有含有反日言论的图书都藏起来。在北方,人们已经开始这样做了。而且事实上,他们不得不烧毁很多杂志和书籍。[②](见528页)

虽然,南京金女大校园的留守人员尽了最大努力守护,但无情的战争依然使这所有一座"很好的图书馆"的美丽校园遭受重大创伤。而图书馆文献的损失,在战后很长一段时间里都无法弥补。

1937年至1945年的战争岁月中,西迁成都的金女大绝处逢生,艰难办学,为苦难的祖国输送了一批批接受过高等教育的女性人才。成都金女大图书馆从无到有,一步步建设与发展,努力为学校办学提供基本保障。

---

① 袁柏樵(Yuen,Peh-tsiao,1901—不详),男,浙江人。曾在嘉兴高级中学教书三年,1928年获得金陵大学文学学士学位,曾就读于美国加利福尼亚大学,并从科罗拉多州立教育学院获得教育学博士学位。曾任芜湖萃文学校校长,活跃于安徽教育界和基督教界。1936—1939年在金女大教授教育学课程,1940年任金陵大学训导长。

② 明妮·魏特琳.魏特琳日记[M].南京师范大学南京大屠杀研究中心,译.南京:江苏人民出版社,2000:61—619.

1. 南京至成都书籍的长途搬迁

哈佛大学神学院图书馆数字化馆藏档案 RG011-158-2997 中收藏了一份 1939 年 2 月金女大发给美国基督教大学联合会的报告“Ginling College in China”。报告中叙述了战争初期金女大西迁成都的艰难历程及南京校园的留守状况和上海办学点的情况，其中有一小节题名为“行进中的一个图书馆”(A Library On The March)，专门叙述了图书馆文献被迫长途迁移的情况。文中记录了 1938 年夏季南京金女大校园留守人员将从图书馆精心挑选的一批共计 300 包的图书发送成都的过程。这批图书先从上海装船运至香港，再由香港运至昆明，最后转运至成都，到达成都时已是 11 月底。图书运抵华西坝校园时，受到了师生们的热烈欢迎。图书数量虽不大，却可以稍稍缓解学校西迁成都办学之初教学参考资源严重匮乏的情况。

A LIBRARY ON THE MARCH [3]

In late November there began to arrive on the West China campus the 300 parcels of books from the Ginling College library which had begun their journey in early summer. The first stage of the trip is shown in the glimpses of their transportation by ricksha to the Shanghai bund, to be loaded on the ship for Hongkong. The last stage was 80 days from Kunming to Chengtu fastened to the backs of donkeys and mules. This miniature library represents a careful choice of the irreducible minimum needed for the College departments. The warmth of their welcome in Chengtu can be easily imagined, as can also the ingenious expedients necessitated by their absence during the early weeks of the year.

图 5-27　金女大图书馆教学必备书籍的西迁过程①

2. 成都金女大图书馆的馆藏建设

1938—1945 年金女大在成都办学时，师生们虽然可以共享使用华西协合大学的图书馆资源，但当时中央大学医学院、金陵大学、金陵女子

① 图片来源：哈佛大学神学院图书馆数字化馆藏档案 RG011-158-2997 第 9 页。

文理学院、齐鲁大学、燕京大学等五所大学以及苏州东吴大学生物系同在华西协合大学所在的华西坝,人多资源少。因此,金女大自建了一个小型图书馆。初期的馆藏包括武汉、上海、成都三处办学点随带的和从南京辗转运送过来的书籍。1938 年秋季学期开始,集中于华西坝办学的金女大已步入正轨,学校每学年可以按往年一样投入一定的经费用于图书馆购置新书,并在图书馆设置专职人员进行管理。耶鲁大学神学院图书馆数字化档案 RG011-127-2624 和 RG011-127-2625 中分别保存了 1934—1949 年部分年度学校填报给美国纽约州教育部门(To the New York State Education Department)的"金女大受托人年度财务报告"(Annual Financial Report of the Trustees of Ginling College),整合与图书馆相关的数据如表 5-1、表 5-2 所示,从中可以看到成都金女大图书馆艰难的建设与发展过程。

表 5-1 1938—1945 年金女大成都办学点图书馆馆藏情况

统计时间	教员(人)	注册学生数(人)	馆藏图书(册)	馆藏小册子(册)	发行家用资料(册)	生均拥有图书量(册/人)
1938/6/30	29	88	32 742	1 700	—	—
1939/6/30	33	140	—	—	—	—
1940/6/30	33	159	3 411	—	—	21.5
1941/6/30	38	206	4 580	280	8 324	22.2
1942/6/30	51	229	4 900	350	9 535	21.4
1943/6/30	59	303	5 300	420	10 950	17.5
1944/6/30	49	299	—	—	—	—
1945/6/30	51	320	12 553 其中:2 933(西文) +9 620(中文)	—	29 500	39.2

注:(1) 教员统计项只是教学部门人员,不含行政办公人员。

(2) 统计项目中有一项"number of volumes issued for home use",译为"发行家用资料(册)",即公民教育材料。

(3) 1938 年统计的馆藏图书册数含部分南京校园图书馆的资源,其他年代的只是成都办学点图书馆的馆藏。

从表 5 - 1 中数据可知，成都办学期间，金女大图书馆生均图书拥有量只有一二十册。虽然每年馆藏量都有一定的增长，到 1945 年 6 月战争结束时，馆藏图书总量从 1940 年的 3411 册增长至12 553册，生均拥有量也上升至 39.2 册，但与抗战前 1936—1937 学年南京金女大图书馆生均图书拥有量 193 册相比，差距还是很大，可见成都办学期间图书资源短缺多么严重，好在华西协合大学图书馆的慷慨分享，一定程度上弥补了不足。

成都金女大图书馆的馆藏资源虽然不多，但依然向成都华西坝的其他学校的师生开放服务。在“金女大受托人年度财务报告”的数据统计项中有“是否提供公共参考服务?”和“是否提供外借服务?”两个填报项，比较 1934 年和 1938 年及之后学校填报的信息，成都金女大图书馆与西迁之前的南京金女大图书馆在这两项上的填报信息不同。南京时期的金女大图书馆不提供公共参考服务，也不提供外借服务，而成都时期的金女大图书馆则开始免费提供公共参考和有限借阅的服务。金女大师生免费利用华西坝联合大学图书馆资源的同时，也与他校分享自己图书馆的资源。战争年代，大家相互扶持，相互帮助，共同摆脱困境，达到了互惠互利、共同发展的成效。

表 5 - 2 中，1938—1945 年的八年里，图书馆年度总支出占学校年度总支出的比例超过 3%的只有三年，还有三年低于 2%，与抗战前的 5%—6%相比，图书馆的年度支出比重低了很多。可见成都办学期间，学校能够投入图书馆的运行费用较低，用于采购图书的经费相对更低。八年中，馆藏图书平均每年新增 1828 册，而战前 1934 年至 1936 年的三年，平均每年新增图书可达 9 159 册。如果沿着 1936 年馆藏建设的趋势继续发展，金女大图书馆一定藏书丰富，然而战争打破了一切美好。但是，长途跋涉迁移，物资匮乏，战火纷飞下的不安定，没有阻挡金女大前

进的步伐,成都办学点的图书馆建设虽然艰难,但在八年中还能缓慢前行,而处于沦陷区的南京校园图书馆,最终却没能逃过被洗劫一空的厄运,二十多年累积的宝藏一遭流落街头,不知在何处才能觅得踪迹。

表 5-2 1938—1945 年成都金女大图书馆费用支出情况

统计时间	图书馆年度支出(M. $)	学校年度支出(M. $)	图书馆年度支出占学校总支出的比例
1938/7/1	5 490.96	134 858.38	4.1%
1939/7/1	4 005.11	195 366.04	2.1%
1940/7/1	5 909.18	226 015.37	2.6%
1941/7/1	7 773.2	461 305.37	1.7%
1942/7/1	27 098.9	1 110 223.45	2.4%
1943/7/1	96 754.88	2 785 959.88	3.5%
1944/7/1	120 384	6 951 252	1.7%
1945/7/1	453 886	28 722 769	1.6%

注:图书年度支出包括薪酬、其他运行支出、图书订购和装订支出等。

3. 成都金女大图书馆的行政组织

成都金女大在 1939 年暑期重新修订了"学校行政组织大纲",并于该年秋季学期开始实施。大纲内容刊载于 1939 年 10 月 20 日恢复出版的《金陵女子文理学院校刊》第 67 期第 2 页。大纲中与图书馆相关的款项有三条,其中在第四条明确了图书馆的隶属关系。至此,图书馆正式隶属于教务处,设图书馆主任一人、馆员若干人。在第十二条说明了教务会议的组成成员,图书馆主任为该会议成员之一,会议将讨论一切与教务相关的事项。在第十五条中声明了将设立图书馆委员会。

1939 年 9 月 11 日(星期一)至 9 月 16 日(星期六)是金女大一年一度的"新生周"活动。本年度活动中依然如往常一样安排了与读书和图书馆利用相关的活动,星期四上午安排讲解怎样看书和笔记,星期六上午练习运用图书馆方法①。

1939年11月20日出版的《金陵女子文理学院校刊》第68期第5页"本学年各组织之人选调查"目录下,公布了学校各个会议及委员会人选的调整结果。成都金女大校务会议下设校务会议常务委员会、职业介绍委员会、出版委员会和教职员交谊委员会;教务会议下设招生委员会、图书馆委员会、毕业论文委员会和选课指导委员会;训导会议下设训导会议常务委员会和健康委员会。此时的图书馆主任吴光清女士为校教务会议和图书馆委员会成员,校教务会议由12位成员组成,图书馆委员会共有5位委员,他们分别是:

(1) 蔡路得②(Chester,Ruth M.)博士,女,时为教务长兼化学系主任;

(2) 吴元清(Wu Yuen-ching)先生,女,时为图书馆主任;

(3) 龙冠海③(Lung Cheng-fu)博士,男,时为社会学系主任;

(4) 师以法(Spicer.Eva D.)先生,女,时为历史宗教系主任;

(5) 严恩纹④(Yen En-wen)先生,女,时为中文系教师。⑤

---

① 见《金陵女子文理学院校刊》1939年10月20日出版的第67期第3页。

② 蔡路得(Ruth Miriam Chester,1894—1997),女,1894年2月4日出生于美国纽约州布法罗(Buffalo)。1914年、1916年获得史密斯(Smith)学院化学学士和硕士学位。1934年获得哥伦比亚大学化学博士学位。1917—1947年任金女大化学系教授、主任,1947—1951年任金女大教务主任。1951年回国,1997年3月27日在宾夕法尼亚州德拉瓦(Delaware)去世,享年104岁。

③ 龙冠海(1906—1983),又名龙程芙,男,广东琼山县(现海南省)人。清华学堂留美预备班受业6年,1929年毕业后赴美留学,先入斯坦福大学,后入南加州大学研究院攻读社会学,获得社会学博士学位。回国后于1935—1948年任金女大社会学系教授、主任。1949年移居台湾,1960年创建台湾大学社会学系,任第一任系主任。1983年5月18日在台湾去世,享年78岁。

④ 严恩纹(En-wen Yen),女,广西柳州人。1934年毕业于武汉大学文学院。1934—1941年任教于金女大中文系。曾任《文史杂志》《素善半月刊》主笔,之江大学、震旦大学教授。1945年后任台湾大学中文系教授。

⑤ 见1939年11月20日出版的第68期《金陵女子文理学院校刊》第5页。

1940—1941学年开始时,学校按规定重新推选各委员会委员。此时,原图书馆主任吴元清女士已离校,图书馆主任为新进职员孙雁征女士,因此,图书馆委员会5位委员调整为蔡路得博士、孙雁征女士、谢女士(即谢文梅①,化学系教师)、龙冠海博士和严恩纹女士。该学年"新生周"活动中的图书馆利用指导时间依然安排在周六(9月7日)上午②。

1941—1942学年学校新一轮委员会委员调整时,图书馆委员会成员结构发生了明显的变化,校长吴贻芳博士亲自加入图书馆委员会,此时的委员包括吴贻芳校长、蔡路得博士(教务长兼化学系主任)、孙雁征女士(图书馆主任)、陈中凡先生③(中文系主任)、谢女士(即谢文梅,化学系教师),此次调整的图书馆委员会一直持续到抗战胜利后的南京复校,在之后的1943年、1944年、1945年三个学年,委员会再调整时,未再出现图书馆委员会调整的情况。

1941—1942学年"新生周"活动有关图书馆利用指导的时间依然安排在周六(9月20日)上午八点至十点的两小时,先是图书馆主任孙雁征先生的半小时演讲"如何利用图书馆",然后由孙雁征主任和助理馆员袁竞化小姐带领参观图书馆④。

1945年8月15日,日本宣布无条件投降,抗战终于到了胜利的一

---

① 谢文梅(Hsieh Wen-mei,Ruth Zia,1908—1999),女,1908年2月22日出生于上海。1931年毕业于金女大家政系,1940—1943年在金女大教授化学和卫生。后移居美国,在俄亥俄州哥伦布从事护理工作。1999年10月3日去世,享年92岁。

② 见1940年9月20日出版的第75期《金陵女子文理学院校刊》第3页。

③ 陈中凡(1888—1982),原名陈钟凡,男,字斠玄,号觉元,江苏建湖人。1907—1911年就读于两江师范学堂。1914年考入北京大学,1917年毕业后留校任教。历任北京女子高等师范学校、东南大学、广东大学、金陵大学、暨南大学、中山大学教授。1935—1951年任金女大中文系教授兼中文系主任。1952年院系调整后任南京大学教授。同时担任全国政协委员、民主同盟中央委员、江苏省政协副主席、省文史馆代馆长等职务。1982年7月22日去世,享年95岁。

④ 见1941年10月20日出版的第84期《金陵女子文理学院校刊》第3—4页。

刻。喜讯传来，华西坝各校师生欢呼雀跃，奔走相告。随着胜利而来的当务之急就是学校的回迁，人们期盼着早日回到原有的家园。金女大的回迁复校计划开始列上日程，图书馆一万多册图书的回迁是一项繁重的工程，如同当年的西迁，回迁的历程同样曲折。然而再大的困难也阻挡不了背井离乡八年之久、归心似箭的师生。

| 第六章 |

战后南京复校至合校前图书馆时期

(1946—1951)

1946年4月16日，由成都回迁南京的第一辆卡车出发了，山高水远，尽管回迁之路依然艰辛，但八年颠沛流离的生活即将终结，在成都的金女大师生们满怀希望，期盼着早日回到被迫离别多年的南京校园，开启新的生活。

一　战后南京复校至合校前的图书馆

1946年9月1日，南京复校后的金女大迎来了新的一学期。然而，展现在新生们面前的是"肮脏的墙壁、临时替代的家具，没有床，没有实验设备，与她们曾经听说的异常美丽舒适的校园信息完全不符"。"图书馆和音乐大礼堂的胶木地面有相当的损坏，门窗的玻璃更不用说，坏得相当多。"[①]而此

① 见·1946年出版的第135期《金陵女子文理学院校刊》第7—8页。

时的图书馆，虽然从1月份开始，学校管理层就已陆续聘请了专业馆员在紧急清理馆舍和藏书，但要在短时间内将满目疮痍的图书馆恢复原貌，将流失的图书全部收集回来，却不是件容易的事。重返校园的第一年，校园复建工作极为艰难。

图6-1　战后被洗劫一空的南京金女大图书馆①

图6-2　1946年2月陆续回收的图书堆放在图书馆地板上②

《金陵女子大学》一书中记载了战后南京校园图书馆的状况：

图书馆的桌子和大多数书架还在，图书馆藏书已被全部搬出，卖给了二手书贩子。有一部分被朋友们找到了，并成功地达成了要回这些书的协议。找回的书一捆一捆地堆放在图书馆的地板上（见图6-2），有英文书，有中文书，各种书完全混杂在一起。没有人知道究竟找回了多少书，不过粗略估计，英文书的数量大概相当于过

① 图片来源：http://divdl.library.yale.edu/ydlchina/viewdetail.aspx? id=1341。

② 图片来源：http://divdl.library.yale.edu/ydlchina/viewdetail.aspx? id=1312。

去馆藏英文书的一半,中文书则占馆藏中文书的一小部分。分类和编目工作可能快地开始了。但是,由于一时找不到任何一个受过图书馆专业训练的人,工作进展很慢。另外,成套的丛书丢失比较严重,残缺不全,只剩下一些凌乱的旧书,战后学校重新购买了一部分新书。①

关于金女大图书馆馆藏书损失的情况,《中华图书馆协会会报》1945年第19卷第4—6期合刊刊载的"图书馆界国内消息:金陵女子学院图书被敌盗卖"的报道中有记载:

金陵女子文理学院,系美国教会所主办,为我国最具规模之女子大学,藏书向称丰富。乃本年八月中,日寇宣布投降后,敌军犹擅将该校图书约十万册,以伪币一千五百万元出售。我军光复南京后,该校职员向市长马超俊报告损失情形,马市长当即派警察局向各书铺查访,追回原书约五万册,其余仍未寻获之藏书中,包括不少价值无限之珍籍,与全部之百科全书。据悉,此等藏书之盗卖,为敌军投降后之典型行动,在八月十五日以后,敌军亟将所劫物品变卖现款,希冀能将现款私运出境云。②

1946年1月,百废待兴的南京金女大图书馆迎来了第一位专业管理者——毕业于文华图专的刘华锦小姐。到秋季学期,图书馆已配备了五位工作人员:Miss Liu Hwa-chin(刘华锦小姐)任图书馆代理主任(Acting Librarian);Miss Liu En-hsüan(刘恩萱小姐)为流通管理员;Miss Chang Teh-第三节中为hsuing(张德顺小姐)为中文图书和期刊编目员;Miss Hsiung Ai-lien(熊爱涟小姐)和Mrs.第五节为Sung Chin Yu-

① 德本康夫人,蔡路得.金陵女子大学[M].杨天宏,译.珠海:珠海出版社,1999:139—140.

②《中华图书馆协会会报》1945年第19卷第4—6期合刊第7—8页。

ying（宋邱玉瑛女士）为临时职员（见图 6-3）。

GINLING COLLEGE

FACULTY LIST

1946-1947

PRESIDENT'S OFFICE

Dr. Wu Yi-fang--President and Acting Dean of Discipline
Mr. Ming Hsioh-ching--Chinese Sec'y and Chinese Department
Miss Plaum, Helen M. --English Sec'y
Miss Wan Fen--Office Clerk

DEAN'S OFFICE

Miss Loh Zung-nyi--Acting Dean of Studies and Mathematics Dept.
Mrs. Shao Bao Fu-nien--Registrar
Mr. Chan Ching-tung --Registrar's Office Clerk
Mr. Ho Chiao-kwan -- " " "

LIBRARY 图书馆（5人）

Miss Liu Hwa-chin--Acting Librarian 刘华锦小姐——代理图书馆主任
Miss Liu En-hsüan--Circulation 刘恩萱小姐——流通管理
Miss Chang Teh-hsuing--Cataloguing Chinese books and periodicals 张德顺小姐——中文图书和期刊编目
Miss Hsiung Ai-lien--temporary staff 熊爱涟小姐——临时职员
Mrs. Sun Chin Yu-ying-- " " 宋邱玉瑛女士——临时职员

图 6-3　1946—1947 学年金女大图书馆人员配备情况①

壮大的馆员队伍为战后图书馆的恢复建设提供了人力保障，然而由于散失的文献数量巨大，单单搜寻、找回和整理它们就花费了大量的时间。自 1946 年 9 月开学后，图书馆一边要开馆提供服务，一边要清理寻回的文献，还要采购、加工新书籍保障教学需求，五位参与战后图书馆初期复建工作的人员为之付出了诸多辛劳。

二　刘华锦（Liu Hwa-Chin）［1946—1951］

刘华锦（Adeline, Hua-Chin Liu，1904—1966），女，湖北黄陂人，圣公会教徒。1921 年毕业于上海圣玛利亚女校。1921—1923 年曾就读于北京协和医学院预科班，后因照顾生病的父亲而辍学。1923—1926 年任教于安徽省立第四女子师范学校。1926 年考入武昌华中大学，1930 年

① 图片来源：耶鲁大学神学院图书馆数字档案 RG011-134-2706 第 41 页。

获得文华图专图书馆学学士学位。1930—1934 年任安徽省立图书馆编目部主任。1933—1942 年任安庆圣艾格尼丝高中英语和数学教员。1943—1946 年任 Robin Chen(陈见真,时任中华圣公会皖赣教区主教)主教办公室主任,从事传道工作。1946 年 1 月,刘华锦先生应吴贻芳校长邀请,在南京复校的金女大图书馆任首任主任,担负起遭受战争重创的图书馆的重建工作。中华人民共和国成立后,刘华锦先生一直工作于金女大图书馆和 1952 年全国院系调整后的南京师范学院图书馆,1966 年"文化大革命"前两个月因病在南京去世,享年 62 岁。刘华锦先生是中华图书馆协会永久会员,她终身未嫁,将毕生献给了自己热爱的图书馆和宗教事业。

图 6-4　在金女大工作时期的刘华锦先生①

中国第二历史档案馆的资料中记载着刘华锦先生是湖北黄陂人(Hwang-Pee,Hupeh),于 1946 年 1 月 6 日进入金女大工作。自 1945 年 10 月学校收回校园所有权后,在战争中被日军盗卖的图书陆续被学校找回,杂乱无序的书籍堆满了图书馆二楼阅览大厅,亟须进行分类与编目,但一时却找不到一位受过图书馆专业训练的馆员,图书馆复建工作进展缓慢。刘华锦先生就是在这样的艰难时刻,应吴贻芳校长特邀,从

① 图片来源于刘华锦先生的后人刘弘女士。

安徽来到南京，担起了金女大图书馆百废待兴的重任，领导图书馆5位员工度过了艰苦的一年。

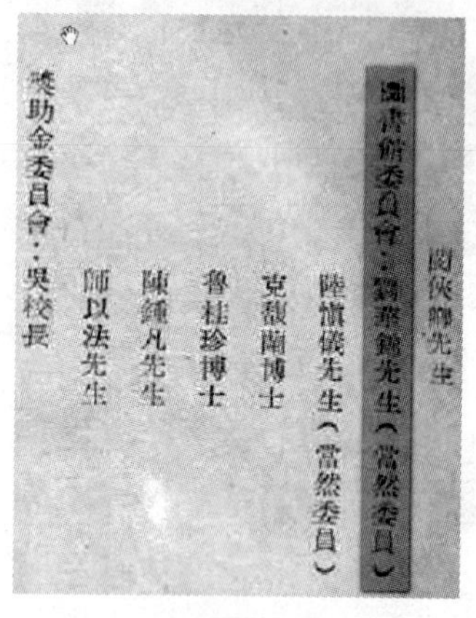
閻俠卿先生
圖書館委員會·劉華錦先生（當然委員）
陸慎儀先生（當然委員）
克馥蘭博士
魯桂珍博士
陳鍾凡先生
師以法先生
獎助金委員會·吳校長

图6-5　刘华锦先生为1947年春季学期校图书馆委员会委员[①]

南京复校后，经过一学期的磨合运行，学校各项工作开始步入正轨。1947年3月，学校重新调整各委员会的组成结构。新一届图书馆委员会有6位委员，图书馆主任刘华锦先生与代理教务长、数理系主任陆慎仪[②]先生为当然委员，其他四位委员分别为克馥兰博士（英文系主任）、鲁桂珍[③]博士（家政系教授）、陈中凡先生（中文系主任）和师以法先生（历史系主任）。

1948年秋季学期，金女大教职员名录中图书馆共有6位在职人员。主任一职由来自美国伊利诺伊大学图书馆学专业的外籍人员 Mary C.

---

① 图片来源：《金陵女子文理学院校刊》1947年第139期第3页。

② 陆慎仪（Loh Zung-nyi，1900—1982），女，上海崇明人。1921年考取清华庚款生赴美留学，1924年获得威尔斯利学院学士学位，1925年获得康奈尔大学硕士学位。1925—1931年任金女大物理和数学教员。曾在上海暨南大学和大同大学任教，后出国进修。1937年初起任湖南大学数理系教授，1946—1948年在金女大教授数理学兼代理教务长，1948年8月至9月应母校威尔斯利学院邀请赴美讲学。1949年曾去台湾，后在美国俄亥俄州一所中学教数学，1972年退休。1982年在俄亥俄州代顿去世，享年83岁。

③ 鲁桂珍（Lu Gwei-Djen，1904—1991），女，湖北蕲春人。1904年9月1日出生于江苏南京。1926年从金女大毕业后转入北平协和医学院学习。1928年任教于上海圣约翰大学医学院。1937年赴英国剑桥大学攻读生化专业博士学位，1939年毕业后先后在加州大学伯克利、哥伦比亚大学医学中心做生化研究工作。1946—1947年任金女大家政系教授。1947—1956年工作于联合国教科文组织。1956年辞职后返回英国，成为英国剑桥大学中国古代科技史权威李约瑟先生（Joseph Needham）主持的“中国的科学与文明”（即“中国科学技术史”）项目的重要研究员和项目成果的作者。后曾任剑桥大学东亚科学史图书馆副馆长和研究所副所长。1991年11月8日在英国剑桥去世，享年88岁。

Watson 小姐担任，刘华锦先生任助理馆员，直至 1951 年并校。刘华锦先生的个人信息栏中标注着她于 1930 年获得华中大学图书馆学（即文华图专）专业学士学位（见图 6－6）。

LIST OF FACULTY AND ADMINISTRATIVE STAFF—B

Ginling College ~~UNIVERSITY~~　　~~(ON LEAVE)~~ Serving during current semester　　Fall 1948

NAME	AGE	RANK	DEPT.	LENGTH OF SERVICE With Instit.	ADVANCED DEGREES			SUPPORT (in case of Western members)
					Degree	Institution	Date	
* Liu Hsi-meng (Miss)		Dorm Counselor		48	B.A.	Ginling	39	*Child Welfare Center
* Liu Gin-wei (Miss)	26	Dorm Counselor		48	B.A.	Ginling	48	* Soc. Dept.
Tso Chi (Miss)	25	Office Sec to Dean of Students		8.48		Hangchow Coll	44-46	
* Kwoh, Edwin		Dean of Bus. Admin.		1.47	See Teaching Faculty list.			
Tsen, Mrs S.F.	72	Supt. of dorms, 24-42 Supt. of Rehab., Adviser to Business Office		2.24	Nurse's Certificate		1897	
Hwang, Chung-chü (Mr)		Business Manager		8.48	B.A.	Hangchow	48	
Chung Ming (Mr)				7.48	B.A.	Hangchow	48	
Yeh Tien-chih (Mr)		Clerk in Bus. Office		2.41	Normal School grad.		31	
Mrs Wang				8.38	Bible Training Sch.		15	
* Priest, Miss Elsie		Treasurer		5.28				College
Chen, Er-chang (Mr)		Asst Treasurer		12.27	B.A.	U of Nan.	26	
Ching Chi-tsiang (Mr)		Asst in Treasurer's office		8.46	Yu Chun Mid. Sch.		42	
Watson, Miss Mary C.		Librarian		9.48	B.A.	U. of Ky. U. of Ill	31 46	
Liu Hwa-chin (Miss) 刘华锦小姐		Asst Librarian 助理馆员		2.46	B.A.	Hwa-Chung Library Training	30	1930年文华图专图书馆学学士
Liu En-hsuen (Miss)		Library staff		10-42	Ginling College			

图 6－6　刘华锦先生 1930 年毕业于武昌文华图专①

文华图专是武汉大学信息管理学院的前身，在学院庆祝建院 90 周年时，曾发布过一份校友名录②。在此名录中，刘华锦先生的名字出现在文华图专本科第八届（1928.9—1930.6）毕业生之中。1929 年《武昌文华图书科季刊》上记录着华中大学重新开办时，当时的文华图书科为华中大学的复开举办了一场庆祝活动，以示两家仍然为"文华共同体"。文中记载"国庆日晚七时在公书林上演厅开的欢迎会上，刘华锦同学首先

① 图片来源：耶鲁大学神学院图书馆数字档案 RG011-134-2706 第 61 页。

② 见 http://sim.whu.edu.cn/90/xiaoyou.html。

致辞，略述了开会的意义”①。另在《武昌文华图书科季刊》1929 年第 1 卷第 1 期的本科消息中，有一则为“总务股刘华锦女士辞职。总务股刘华锦女士因体弱不能任职，于十二月十一日辞退，当即选定陶述先（注：刘华锦同班同学）继任”②。前一则信息说明，能作为学生代表致辞的刘华锦，在文华图专 1928 年的 9 位报到入学者中应是出类拔萃的。第二则信息则说明，文华图专重视学生管理协调能力的培养，为学生“砥砺学术，联络感情”③而设立级友会，让学生们一边学习，一边兼职社团工作，以锻炼他们的人际交流和社会实践能力。遗憾的是刘锦华后来由于身体不适而辞职。

文华图专非常重视学生的学术交流与研究。在教师们的帮助下，1929 年 1 月由学生主持的《文华图书科季刊》创刊号出版。刘华锦在该刊 1929 年第 1 卷第 1 期和第 4 期上，分别发表了《如何建立武汉模范图书馆（附图表）》和《选书须知（译文）》两篇文章。文华图专的学生入校后不久还需确立自己的业余研究方向，刘华锦选择的研究内容为“国内新旧书坊目录之收集与整理”④，这为她日后参与编撰安徽省立图书馆书目奠定了基础。

1930 年 6 月，文华图专 10 位第八届毕业生皆进入图书馆工作，刘华锦和同学曾宪文工作于武汉图书馆。根据《中华图书馆协会会报》（以下简称《会报》）1930 年第 6 卷第 3 期第 32 页“会员消息”中刊载的信息知晓，刘华锦后来离开了武汉，到了当时的安徽省安庆市，在安徽省立第一

① 见《武昌文华图书科季刊》1929 年第 1 卷第 4 期 126 页。

② 见《武昌文华图书科季刊》1929 年第 1 卷第 1 期 117 页。

③ 见《武昌文华图书科季刊》1929 年第 1 卷第 1 期第 113—114 页。

④ 彭敏惠.从庚午级学生状况看文华图书科的教学[J].图书情报知识，2008(7)：105—109，112.

职业学校担任图书馆讲习班教席。《会报》1932 年第 7 卷第 4 期第 20 页的“会员消息”中，刘华锦名下记载着：“上年六月转职于安徽省立图书馆编藏股主任之职，重要之工作为继续编成董明道先生未完之书本目录由(500)自然科学类起至(900)历史类，统计约四千余种一万余册云。”《会报》1932 年第 7 卷第 6 期刊载的 1931 年 6 月的会员录中，刘华锦的工作单位为设在安庆的安徽省立图书馆。

图 6－7　1930 年文华图专毕业生合影(前排右二为刘华锦先生)[①]

根据上海图书馆“晚清和民国期刊全文数据库”的检索结果可知，刘华锦先生 1932—1933 年在安庆任职期间，在《学风(安庆)》期刊上共计发表了六篇文章(见表 6－1)。另外，此间她还与董明道、管欣荣、李宜清等合编了《安徽省立图书馆中文书目》(1932 年安徽省立图书馆铅印汇订本)，共六册，其中的四、五两册为刘华锦先生等编写[②]。

① 周洪宇.不朽的文华——从文华公书林到文华图书馆学专科学校[M].武汉：华中师范大学出版社，2013：365.

② 申畅，陈方平.中国目录学家辞典[M].郑州：河南人民出版社，1988：333.

表 6-1 刘华锦安庆任职期间发表于《学风（安庆）》上的文章

篇名	年卷期
中日问题论文索引(未完)	1932 年第 2 卷第 4 期 14—16 页
中日问题论文索引(二)·本馆四月份阅览统计	1932 年第 2 卷第 5 期 18—20 页
中日问题论文索引(三)	1932 年第 2 卷第 6 期 29—30 页
世界图书馆学大家梅弗尔·杜威	1932 年第 2 卷第 6 期 1—4 页
中学校图书馆之办法与规律问题	1932 年第 2 卷第 9 期第 1 页
图书编目法概要(附表)	1933 年第 3 卷第 1/2 期 1—4 页

图 6-8 青年时期的刘华锦先生①

江南大学图书馆顾烨青老师在 2005 年读大学二年级时，为了呼应当时在苏州召开的中国图书馆学会纪念图书馆事业百年年会，特地制作了“中国图书馆界人物纪念网”，并在图书馆界各论坛上发帖，呼吁那些查不到准确信息的图书馆界前辈们的后人或知情人提供线索。后来他意外收到了刘华锦先生的后人刘弘女士的来信，获得她提供的刘华锦先生的一些信息和两张照片(见图6-4、图 6-8)。感谢顾烨青老师将它们慷慨转赠！

根据刘弘女士提供的信息，刘华锦先生还曾就读于北京协和医学院，与著名妇产科专家林巧稚是同窗好友，后中途辍学回武汉照顾生病的父亲。中国第二历史档案馆保存了一份 1948 年 4 月 18 日登记的刘华锦先生的英文履历表，表中信息与刘弘女士提供的信息相吻合。该履历表中记载，刘华锦先生当时的住址是南京市申家巷 17 号。1918—

① 图片由刘华锦先生的后人刘弘女士提供。

1921年在圣玛利亚女校(St. Mary's Hall, Shanghai)学习。1921—1923年在协和医学院预科(Pre-medical,PUMC)学习。1923—1926年在安徽省立第四女子师范学校(创办于1922年,今隆阜中学)教英语和地理。1926—1930年在武昌华中大学学习;1930—1934年在安徽省立图书馆任编目主管。1933—1942年在安庆圣艾格尼丝高中(St. Agnes High School AnKing)教英语和数学。1943—1946年任Robin Chen主教办公室主任。①

查阅上海圣玛利亚女校的毕业生名单,刘家三姐妹刘华采、刘华锦和刘华屏先后在该校就读,并分别于1915年、1921年和1927年先后从该校毕业②。姐姐刘华采于1916年考取第二批清华学校官派留美生,成为10位公费女生中的一员赴美留学③。回国后于1931年12月进入江汉海关工作④。晚年定居南京申家巷,与刘华锦先生相伴。妹妹刘华屏1939年毕业于成都金女大,其先生是1927年毕业于金陵大学后长期担任金陵大学体育系主任,曾任成都华西坝五大学体育委员会主席的徐绍武教授。1946年吴贻芳校长为了重整在战争中遭受重创的图书馆,急需聘请一位专业人士时,能邀请到刘华锦先生从安徽到南京来主持金女大图书馆,想必以下几点是主要的促成因素。一是刘华锦先生有文华图专图书馆学专业教育背景,正是金女大急需的科班出身的人才。二是刘华锦先生有十六年图书馆工作的经验,又有很强的学术研究能力,是可以促进金女大图书馆事业发展的领军人物。三是刘华锦先生有一位毕业于金女大的胞妹。1946年已过不惑之年的刘华锦先生毅然接受金女

① 见第二历史档案馆全宗号六六八之第34卷"私立金陵女子文理学院教职工作人员简历"第104页。

② 徐永初,陈瑾瑜.圣玛利亚女校1881—1952[M].上海:同济大学出版社,2014:274—276.

③ 谢长法.中国留学教育史[M].太原:山西教育出版社,2006:132.

④ 孙修福.中国近代海关高级职员年表[M].北京.中国海关出版社,2004:652.

大的邀请，到一个异常艰辛的新环境里来再次奋斗与奉献，与这个环境里有亲人们的相依相伴也是分不开的。

1919年，刘华锦先生在上海圣玛利亚女校读中学时曾创作了一首《赏雪》诗[①]，刊载于该校校刊《凤藻》第1期上。1921年她从圣玛利亚女校毕业时，《凤藻》1921年第3期上刊载的"1921 Class Prophecy"(1921级毕业赠言)记录下了学校对毕业班15位同学的毕业期许。学校给刘华锦先生的赠言是：刘华锦同学是一位善良勇敢的女孩，未来她将成为一名医生，带着爱心工作每一天(Wo-Kyung Liu：A girl so kind and brave is she，In time to come I say a doctor she will surely be and work with care all day)[②]。毕业后，刘华锦先生原本已按自己的理想进入北平协和医学院预科学习，然而两年后却因家庭变故不得不中途放弃理想的学业。虽然遗憾与医生职业无缘，但刘华锦先生成了一位优秀的图书馆馆员。

创办于1925年的《中华图书馆协会会报》1948年停刊时，在最后一期上刊载了一份完整的于1947年12月统计的中华图书馆协会个人会员名录(见第21卷3、4合期第3—4页)，并特别标注出名誉会员和永久会员。想必这是协会在世事变迁中最后一次对会员们表达敬意和无声的感谢吧。刘华锦先生是众多会员中为数不多的永久会员。也许从1928年进入文华图专学习开始，就已注定了她与图书馆的不解之缘，永久会员身份的记载证实了她早已誓将自己的一生献给图书馆事业。

---

① 见《凤藻》1919年第1期第31页。

② 见《凤藻》1921年第3期12—15页。

三 张德顺(Chang The-hsuing, Chang Deh-Shwen, Mrs Ging)[1946—1951]

张德顺(Chang Deh-Shwen,1909—不详),女,江苏铜山人,晚清大臣张亮基[①]的曾孙女。1936—1943年在淮阴读小学和中学。曾在淮阴任小学教员,并担任过淮阴民众教育馆管理员、江北运河工程局书记(秘书)和江苏省立公共图书馆馆员等职。1946年4月进入在南京复校的金女大图书馆,主要从事中文图书和期刊的编目工作。中华人民共和国成立后,她继续工作于南京师范学院图书馆,主要从事编目和参与阅览室管理。

20世纪60年代初期,正在南京师范学院物理系读本科的原南京师范大学副校长黄涛教授对图书馆馆员张德顺女士留有深刻的印象,在2017年南京师范大学图书馆庆祝建校115周年征集纪念文稿时,他撰写的《感恩南师大图书馆》一文中有这样一段记忆:

> 读本科的四年自修时间我基本都在阅览室度过,时间长了与邻座的其他系科专业的同学也成了良友。自修时间长了,我会去现刊室借杂志翻阅,稍作休息。就这样成了英文杂志 *Peking Review* 和 *China's Construction* 很少数的老读者。再后来得到教参室和现刊室管理员张德顺老师的照应和开恩,同意我破例进入教参室阅读并出借英文现刊。张老师是个50多岁金女大原图书馆职工,忠于职守,乐于助人,一周六天都是晚自修结束铃响才离开岗位。我对英语学习的坚持和翻阅群书的习惯得益于张老师的厚爱。当我1978年参加全国出国留学英语考试发榜时,特别想念和感激张老师,那

① 张亮基(1807—1871),男,字采臣,号石卿,江苏铜山(今徐州)人,晚清大臣。道光年间举人,曾为内阁中书、侍读,后相继升任云南巡抚、云贵总督、湖南巡抚、湖广总督等。同治十年卒,光绪三十四年追谥惠肃。

年考试我名列江苏省前茅，并顺利地于次年到加拿大多伦多大学学习储氢金属材料。

图书馆馆员对读者的点滴关怀，将对读者产生重要的影响。张德顺前辈对读者的厚爱之情，激发了读者的感恩之心，值得后辈图书馆人学习。

1946 年秋季至 1947 年春季学年金女大教职员名录中，有一位从事中文图书和期刊编目的员工，她的名字叫 Chang The-hsuing（张德顺）（见图 6－3）。1948 年秋季学期金女大教职员名录中标注她于 1943 年中学毕业（见图 6－9）。在 1949 年 9 月金女大的一份教职员名录中，张德顺小姐名字后标注了 Mrs. Ging（见图 6－10）。

LIST OF FACULTY AND ADMINISTRATIVE STAFF—A

Ginling College ~~UNIVERSITY~~　　~~(ON LEAVE)~~ Serving during current semester　　Fall 1948

NAME	AGE	RANK	DEPT.	LENGTH OF SERVICE With Instit.	ADVANCED DEGREES Degree	Institution	Date	SUPPORT (in case of Western members)
* Liu Hsi-meng (Miss)		Dorm Counselor		48	B.A.	Ginling	39	*Child Welfare Center
* Liu Gin-wei (Miss)	26	Dorm Counselor		48	B.A.	Ginling	48	* Soc. Dept.
Tso Chi (Miss)	25	Office Sec to Dean of Students		8.48		Hangchow Coll	44-46	
* Kwoh, Edwin		Dean of Bus. Admin.		1.47	See Teaching Faculty list.			
Tsen, Mrs S.F.	72	Supt. of dorms, 24-42 Supt. of Rehab., Adviser to Business Office		2.24	Nurse's Certificate		1897	
Hwang, Chung-chi (Mr)		Business Manager		8.48	B.A.	Hangchow	48	
Chung Ming (Mr)				7.48	B.A.	Hangchow	48	
Yeh Tien-chih (Mr)		Clerk in Bus. Office		2.41	Normal	School grad.	31	
Mrs Wang				8.38	Bible	Training Sch.	15	
* Priest, Miss Elsie		Treasurer		5.28				College
Chen, Er-chang (Mr)		Asst Treasurer		12.27	B.A.	U of Nan.	26	
Ching Chi-tsiang (Mr)		Asst in Treasurer's office		8.46	Yu Chun	Mid. Sch.	42	
Watson, Miss Mary C.		Librarian		9.48	B.A.	U. of Ky. U. of Ill	31 40	College
Liu Hwa-chin (Miss)		Asst Librarian		2.46	B.A.	Hwa-Chung Library Training	30	
Chang Deh-shwen (Miss)		Library staff		4.46	Middle	Sch. grad	43	
Chang, [illegible] (Miss)		Library Staff		[illegible].48	B.A.	Cheeloo	43	

张德顺小姐　　图书馆职员　　1946年4月进校　　1943年中学毕业

图 6－9　1948 年秋季学期金女大教职员名录中张德顺的信息①

① 图片来源：耶鲁大学神学院图书馆数字档案 RG011-134-2706 第 41 页。

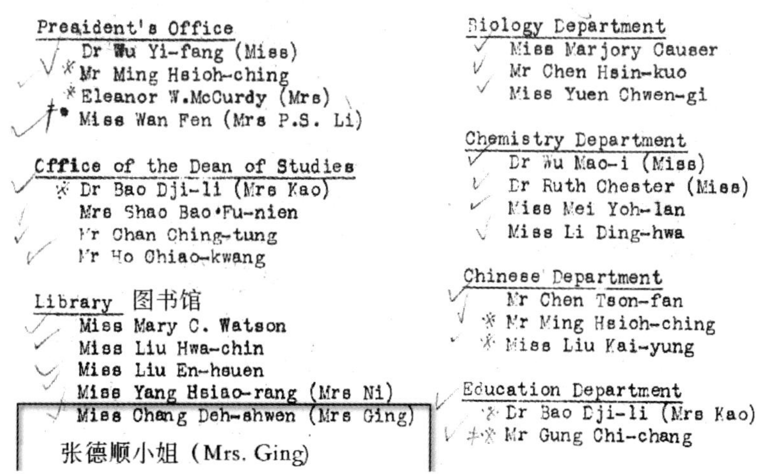

GINGLING COLLEGE
FACULTY LIST
Sept., 1949

President's Office
Dr Wu Yi-fang (Miss)
Mr Ming Hsioh-ching
Eleanor W.McCurdy (Mrs)
Miss Wan Fen (Mrs P.S. Li)

Office of the Dean of Studies
Dr Bao Dji-li (Mrs Kao)
Mrs Shao Bao·Fu-nien
Mr Chan Ching-tung
Mr Ho Chiao-kwang

Library 图书馆
Miss Mary C. Watson
Miss Liu Hwa-chin
Miss Liu En-hsuen
Miss Yang Hsiao-rang (Mrs Ni)
Miss Chang Deh-shwen (Mrs Ging)
张德顺小姐 (Mrs. Ging)

Biology Department
Miss Marjory Causer
Mr Chen Hsin-kuo
Miss Yuen Chwen-gi

Chemistry Department
Dr Wu Mao-i (Miss)
Dr Ruth Chester (Miss)
Miss Mei Yoh-lan
Miss Li Ding-hwa

Chinese Department
Mr Chen Tson-fan
Mr Ming Hsioh-ching
Miss Liu Kai-yung

Education Department
Dr Bao Dji-li (Mrs Kao)
Mr Gung Chi-chang

图 6－10　1949 年 9 月金女大教职员名录中张德顺的信息[①]

中国第二历史档案馆保存着一份张德顺登记于 1948 年 4 月 26 日的个人履历表,表中记载着她于 1936—1943 年间在淮阴区小学(Hwei Yin Distruct Primary School)和淮阴 Chen Tse 中学(Hwei Yin Chen Tse Middle School)学习,后曾任淮阴小学教员(Hwei Primary School Teacher),某政府机构秘书和管理员(名称不详,Secretary and Officer of Government Crguncza Hia),江苏省立公共图书馆馆员(KiangSu Provincial Public Library Librarian)。1946 年 4 月 1 日进入金女大图书馆工作。其永久通讯地址为扬州花园巷 10 号[②]。而扬州花园巷 10 号正

---

① 图片来源:耶鲁大学神学院图书馆数字档案 RG011-134-2706 第 66 页。

② 见南京第二历史档案馆全宗号六六八之第 34 卷"私立金陵女子文理学院教职工作人员简历"第 104 页。

是晚清湖广总督张亮基的故居。根据"宸""祖""德"字辈排，张德顺女士应是张亮基的曾孙女。

南京师范大学档案馆保存的20世纪五六十年代南京师范学院图书馆员工名册中，记载张德顺出生于1909年4月，1946年4月进校工作，其工作经历为淮阴民众教育馆管理员、江北运河工程局书记等。在1964年南京师范学院图书馆员工名单中有职员张德顺的记载，但之后的1968年名单中就没有再出现，之后信息不详。

四 熊爱涟(Hsiung Ai-Lien)[1946—1947]

熊爱涟(Hsiung Ai-Lien)，女，1921年生，湖南岳阳人，著名物理学家熊子瓛[①]先生的长女。1937—1938年就读于南京金女大附中，1946—1947学年曾工作于金女大图书馆，后工作于重庆市狮子滩发电厂直至退休。现居住于重庆市。

1946—1947学年金女大教职员名单中，图书馆设置了一位代理主任和四位员工岗，其中两位员工为临时职员(见图6-3)。临时职员中有一位名为熊爱涟的小姐，她只在金女大图书馆工作了一年。有关她的更多信息，在两篇回记文章中可以找到一点线索。一篇是金女大1933级

---

① 熊子瓛(David S.Hsiung，1896—1979)，男，字思钰，湖南岳阳人，中国物理学家、教育家。1918年毕业于岳阳私立湖滨学堂，后留校任教。1922年赴美国留学，1923年获得俄亥俄州海德堡大学学士学位，1924年获得宾夕法尼亚大学硕士学位。回国后继续在湖滨学堂任教。1927年起任金女大数理系教授、系主任直至1936年。其间，于1932—1934年在美国芝加哥大学学习，师从诺贝尔物理奖获得者A.H.康普顿教授，并于1934年获物理学博士学位，他的博士论文《宇宙射线焦点假设性质的符合计数的测试》获得学校奖励。抗战期间任华中大学物理系教授。抗战胜利后任金女大物理系教授、总务主任。1951年任公立金陵大学代理总务长、物理系教授。1952年全国院校调整后，任南京大学物理系教授。1979年3月24日在南京逝世，享年84岁。

校友蔡德粹女士写的《忆老校长吴贻芳博士二三事》[1];另一篇是金女大1950级校友倪振家之子熊克俭先生写的回忆文章《怀念母亲倪振家》[2]。综合两则回忆文章,可以获得熊爱涟女士与金女大密切相关的信息。原来她是曾于1927—1936年和1945—1951年两度工作于金女大的著名物理学家熊子璥先生的长女。

《重庆晨报》2011年2月28日刊文《重庆老年公寓家家爆满 才艺老人可优先入住》,其中记载了熊爱涟女士晚年的生活情景:

> 昨天,91岁的熊爱涟婆婆和往常一样,在户外晒晒太阳回到渝北桂湖老年公寓。2006年3月,她就和老伴一起住进这间带有小阳台、厨房、卫生间的老年公寓。"我们都是长寿狮子滩电厂的退休干部,我和老伴商量好不拖累子女,一起到老年公寓。老伴2007年走了,现在就剩下我一个人,我要在这里一直住下去。"熊爱涟说。

五　宋邱玉瑛(Sung Chiu Yu-Ying)[1946—1948]

邱玉瑛(Chiu Yu-Ying),女,安徽怀远人。1941—1943年在设于四川江津县的"国立体育师范专科学校"学习。后与毕业于中央大学体育系的该校教员宋鸿坦先生结婚。1946年10月进入在南京复校的金女大图书馆工作,为临时工作人员(见图6-3)。1948年离校,之后信息不详。

中国第二历史档案馆的资料中记载邱玉瑛是安徽怀远人(Anhwai, Hwai Yuan),1941—1943年在"国立体育师范专科学校"(National Teacher Training School of Physical Education)学习,1946年10月进入

① 蔡德粹.忆老校长吴贻芳博士二三事[J].文教资料,1986(1):15—17.

② 见金陵女子学院《校友通讯》第26期69—70页,http://jny.njnu.edu.cn/wzattach/132636_280385.pdf.2014-04-25/2017-07-16。

金女大图书馆工作。

“国立体育师范专科学校”是国民政府时期培养体育师资的专门学校，创办于1941年秋，校址设在四川江津县南郊武城旧址，学制五年，首任校长方万邦。1946年10月迁往湖北武昌，后因各地体育师资缺乏，增设两年制专修科，招收高中学生。1949年中华人民共和国成立后撤校。因此，从时间上看，邱玉瑛是“国立体育师范专科学校”的首届学生。

抗日战争胜利后金女大体育系从成都迁回南京，1946年秋季学期复课，聘请了毕业于中央大学体育系的宋鸿坦先生任教，这位宋先生就是邱玉瑛女士的丈夫。1946年10月，邱玉瑛随丈夫宋鸿坦进入金女大工作，其冠以夫姓的名字宋邱玉瑛(Sun Chiu Yu-ying)记载入金女大的档案中。宋邱玉瑛和熊爱涟小姐一起在图书馆做临时职员。这是金女大档案中首次在图书馆职位中标注临时工作人员信息。

图6－11　金女大体育系教师宋鸿坦先生与代表南京参加全国运动会的大学生合影①

① 张连红.金陵女子大学校史[M].南京：江苏人民出版社，2005：121.

六　陈德华(Chen Teh-Hwa)[1947—1948]

陈德华(Chen Teh-Hwa),女,安徽合肥人。1944年毕业于西迁成都华西坝的金陵大学图书馆学专修科。学习期间曾于1943—1944年工作于中国工业合作协会。1944—1946年工作于四川省农业改进所。抗战胜利后回到南京,于1947年秋季学期至1948年春季学期工作于金女大图书馆。之后信息不详。

GINLING COLLEGE
FACULTY LIST
1947-1948

President's Office
Dr. Wu Yi-fang
*Mr. Ming Hsioh-ching
Miss Helen Plaum
Miss Wan Fen
Miss Sih Ming-lan

Office of Dean of Studies
*Dr. Ruth M. Chester
Mrs. Shao Bao Fu-nien
Mr. Chan Ching-tung
Mr. Ho Chiao-kwan

Office of Dean of Students
*Dr. Chang Siao-sung (Mrs. Chao Lien-fang)
*Mrs. Edwin Kwoh
*Miss Hu Ya-lan
Miss Hwang Suh-han
*Miss Wu Shui-hsia
Miss Wu Shui-hsueh

Comptroller's Office
Dr. Edwin Kwoh (Comptroller)
Mrs. Chu Wu Tsuen(Business Manager)
Mrs. Tsen Shin-fung
Mrs. Wang Shao-ching
Mr. Yeh Tien-dzen
Miss Chen Hui-chun (Stencil clerk)
Mr. Chu Yen-chung (Supply clerk)

Treasurer's Office
Miss Elsie Priest
Mr. Chen Er-chang
Mr. Ching Chi-tsiang

College Nurse
Miss Wang Pei-yuen

Library 图书馆(5人)
Miss Liu Hwa-chin　刘华锦小姐
Miss Liu En-hsien　刘恩萱小姐
Miss Chen Teh-hwa　陈德华小姐
Miss Chang Teh-hsiung　张德顺小姐
Mrs. Sung Chiu Yu-ying　宋邱玉瑛女士

Chinese Department　English Department

图6-12　1947—1948学年金女大图书馆人员配备情况①

1947—1948学年金女大教职员名录中,图书馆共有5位在册员工,

① 图片来源:耶鲁大学神学院图书馆数字档案RG011-134-2706第43页。

其中有一位是陈德华小姐(Miss Chen Teh-Hwa,见图 6 - 12)。中国第二历史档案馆保存着一份陈德华登记于 1948 年 4 月 16 日的个人履历表，表中记载着当时她居住于南京丰富路 275 号,而此处位于南京新街口附近的中山南路西侧,是民国政府几大机构的家属院所在地。陈德华曾于 1942—1944 年在金陵大学图书馆学短期课程班学习(Short Course of Library Science of University of Nanking,即 1940 年成立的金陵大学图书馆学专修科,学制两年);1943—1944 年工作于中国工业合作协会(Industrial Cooperative Sociaties of China);1944—1946 年工作于四川省农业改进所(SzeChuan Provincial Agricultural Improvement Institute)。另外,她还曾在安徽、湖北、上海、南京、重庆、成都等地居住过,并游历过山西、河南等地。

七 Mary C. Watson(玛丽·华特逊)[1948—1951]

图 6 - 13 1931 年 Mary C. Watson 肯塔基大学毕业照①

Mary Caldwell Watson(玛丽·华特逊,1910—1996),女,1910 年 4 月 29 日出生于美国肯塔基州帕迪尤卡(Paducah, Ky.),卫理公会教徒,美国图书馆协会会员。1927 年 Watson 小姐从 Tilghman 高中毕业后,进入肯塔基大学英语和历史专业学习,1931 年获得文学学士学位。1931—1934 年在家乡帕

① 图片来源:http://www.e-yearbook.com/,1931 年肯塔基大学年鉴第 45 页。

迪尤卡的Carnegie公共图书馆任助理馆员,1939年进入伊利诺伊大学图书馆学专业学习,1940年获得该专业硕士学位。1940—1944年在肯塔基州路易斯维尔大学(University of Louisville,Kentucky)图书馆流通管理部任助理并担任预留书阅览室参考馆员,1944—1946年在俄亥俄州代顿市的Wright Field任邮政图书馆馆员,1946—1948年任辛辛那提公共图书馆诺伍德分馆(Norwood Branch)助理馆员。1948年9月25日应聘来到中国南京,进入金女大图书馆工作,一直担任图书主任至1951年年初回国。她曾被誉为二战"中国通"①。回到美国的Watson小姐长期任佛罗里达大学图书馆馆员,1975年6月28日她与佛罗里达大学法律教育者弗兰西斯·蒂龙·麦考伊②先生结婚。1996年3月2日Watson在佛罗里达州盖恩斯维尔去世,享年86岁。

耶鲁大学神学院图书馆数字馆藏编号RG011-134-2701第8至12页收录的文档题为"A Sketch of the Life of Mary C. Watson",这是Watson小姐1948年3月提交给中国基督教大学联合董事会人事委员会的一份个人生活简述资料。该档案第13至16页为"Summary of Papers of Mary C. Watson,Candidate for Position of Librarian at Ginling College",是Mary C. Watson应聘金女大图书馆职位时的个人资料概要(见图6-14)。从这两份资料可知,Watson小姐1910年4月29日出生于美国肯塔基州的帕迪尤卡市,父亲原是一名电报员,后来成为肯塔基州亨德森县伊利诺伊中心铁路的代理商,是大家心目中的好绅士,母亲是一位天才音乐家。Watson小姐有两位兄弟,一位是药剂师,毕业于路易斯维尔药学院;另一位是一名少校,毕业于西点军校。Watson小姐

① 见http://www.legacy.com/obituaries/gainesville/obituary.aspx? pid=127769321。

② 弗兰西斯·蒂龙·麦考伊(Francis Tyrone McCoy,1922—2009),男,1922年10月22日出生于纽约,1944年获得佛罗里达大学学士学位。

April 1948 1948年4月应聘资料

PERSONAL DATA

1. Name: Mary Caldwell Watson
Present Address: 4107 Forest Avenue, Norwood 12, Ohio
Present Occupation: Librarian in public library in suburbs of Cincinnati

2. Date and Place of Birth: April 29, 1910 1910年4月29日出生

3. Early Life: "Comfortable home, happy childhood memories." (See attached statement)

4. Family Background: Father was a telegrapher; now is an agent for the Illinois Centr Railroad at Henderson, Kentucky. He is described as "a very fine gentleman". Mothe is a talented musician. One brother is a pharmacist, a graduate of the Louisville College of Pharmacy; another brother is a graduate of West Point and a major in the Army.

5. Health Condition: Vigorous 健康状况：精力充沛

6. Marital Relationship: Single

7. Church Relationship: Member Grace Methodist Church, Norwood, Ohio. First united with church in 1922.

8. Recreation and Hobbies: Music, handicrafts, travel

9. Financial Obligations: No debts 爱好：音乐、手工艺、旅游

10. Ready to begin work: In time for opening of school year in fall of 1948

EDUCATION

11. Schooling

1927-1931年，肯塔基大学英语和历史专业，文学学士
1939-1940年，伊利诺伊大学图书馆学专业，理学学士

School	Degree (etc.)	Date	Major
Augusta Tilghman High Sch., Paducah, Ky.	Certificate	'24-'27	
U. of Kentucky, Lexington, Ky.	A. B.	'27-'31	English & History
U. of Illinois Library Sch., Urbana, Ill.	B.S in L.S.	'39-'40	Library Sciences

图 6－14　Watson 小姐应聘金女大职位的个人资料概要①

1931 年在肯塔基大学获得文学学士学位后，同年获得伊利诺伊大学图书馆学的入学许可，但因父亲生病，家庭经济陷入困境，她不得不辍学到帕迪尤卡的一家公共图书馆工作，后又辗转做其他工作，直到 1939 年 10 月，在其 29 岁时才得以重返伊利诺伊大学学习，并于 1940 年获得该校理学学士学位。1948 年 4 月，她应聘金女大图书馆职位时，五份关于她的推荐信中都高度评价了她的组织协调能力。时任肯塔基州路易斯维尔大学图书馆馆长的 Miss Evelyn Schneider 称“Watson 小姐是一位成功的馆员，有好的教育背景；她组织工作能力强，对读者服务工作很感兴

① 图片来源：耶鲁大学神学院图书馆数字档案 RG011-134-2701 第 13 页。

趣，有活力，适应力强；她拥有迷人的个性，热情且精力充沛”(Miss Watson has been extremely successful as a librarian. She has a good cultural background, organizes her work well, is interested in serving people, is energetic and adaptable. Miss Watson posses a charming personality, enthusiasm and energy[①])。1948 年 8 月 27 日，Watson 小姐乘船离开美国，9 月 25 日到达南京，担任金女大图书馆主任(见图 6－15)，直至 1950 年秋季学期结束。后因朝鲜战争，中美关系恶化，教会大学外籍教师先后撤离。1951 年年初，Watson 小姐不得不离开金女大回国。金女大校刊上刊载的信息中均将其名翻译为“卫德生”。

LIST OF FACULTY AND ADMINISTRATIVE STAFF—~~B~~ A

~~(ON LEAVE)~~

Ginling College ~~UNIVERSITY~~　　Serving during current semester　　Fall 1948

NAME	AGE	RANK	DEPT.	LENGTH OF SERVICE With Instit.	ADVANCED DEGREES Degree	Institution	Date	SUPPORT (in case of Western members)
* Liu Hsi-meng (Miss)		Dorm Counselor		48	B.A.	Ginling	39	*Child Welfare Center
* Liu Gin-wei (Miss)	26	Dorm Counselor		48	B.A.	Ginling	46	* Soc. Dept.
Tso Chi (Miss)	25	Office Sec to Dean of Students		8.48		Hangchow Coll	44-46	
* Kwoh, Edwin		Dean of Bus. Admin.		1.47	See Teaching Faculty list.			
Tsen, Mrs S.F.	72	Supt. of dorms, 24-42 Supt. of Rehab., Adviser to Business Office		2.24	Nurse's Certificate		1897	
Hwang, Chung-chu (Mr)		Business Manager		8.48	B.A.	Hangchow	48	
Chung Ming (Mr)				7.48	B.A.	Hangchow	48	
Yeh Tien-chih (Mr)		Clerk in Bus. Office		2.41	Normal	School grad.	31	
Mrs Wang								
Ching Chi-tsiang (Mr)		Asst in Treasurer's office		8.46		Yu Chun Mid. Sch.	42	
1 Watson, Miss Mary C.		Librarian		9.48	B.A.	U. of Ky. U. of Ill	31 40	College
2 Liu Hwa-chin (Miss)		Asst Librarian		2.46	B.A.	Hwa-Chung Library Training	30	
3 Liu En-hsuen (Miss)		Library staff		10-42		Ginling College	31-35	
4 Yang Shiao-ran (Mrs M1)		Library Staff, P.E. Dept		9.48 30-34	B.A. M.A.	Ginling U of Calif	27 37	
5 Chang Deh-shwen (Miss)		Library staff		4.46	Middle	Sch. grad	43	
6 Chang, Sao-cheng (Miss)		Library Staff		9.48	B.A.	Cheeloo	43	
Wang Kei-yuen		Resident Nurse		9.47	Nurses Training school			

1 Mary C.Watson小姐　图书馆主任　1948年9月进校　1931年获得肯塔基大学学士学位　1940年获得伊利诺伊大学学士学位

图书馆（6人）

图 6－15　Watson 小姐 1948 年秋季开始任金女大图书馆主任[②]

① 见耶鲁大学神学院图书馆数字档案 RG011-134-2701 第 15—16 页。

② 图片来源：耶鲁大学神学院图书馆数字档案 RG011-134-2706 第 61 页。

耶鲁大学神学院图书馆数字档案 RG011-129-2644 第 4—6 页保存着 Watson 小姐 1948 年 10 月 25 日撰写的金女大图书馆 1947—1948 学年年度报告。此时她刚上任一个月。报告中，她从馆藏、流通、文献加工、员工、经费、馆舍与设备、管理、目标等八个方面阐述了金女大图书馆建设与发展状况。

作为伊利诺伊大学图书馆学学院（University of Illinois Library School）的毕业生和校友，她毕业后的工作信息在该校收集并保存着。在互联网档案馆 archive.org 的"Alumni news letter"中，伊利诺伊大学图书馆学学院校友资讯里有两则关于 Mary C. Watson 的信息。一则是"In January, Mary C. Watson, B. S. '40, resigned her position at the University of Louisville to organize and operate a recreational library for enlisted men at Wright Field, Dayton, Ohio"（一月，1940 届理学学士玛丽·华特逊辞去路易斯维尔大学的工作，在俄亥俄州的代顿，筹备和经营一家服务于赖特场士兵的休闲图书馆）。另一则是"Mary C. Watson wrote last summer that she was sailing from San Francisco on August 27 for Nanking, China, to become librarian of Ginling College, a girls' college. Her work is being sponsored by the United Board of Christian Colleges in China, New York City. She plans to remain for three years, possibly longer. Miss Watson was formerly with the Cincinnati, Ohio, Public Library."①（玛丽·华特逊去年夏天写到，她于 8 月 27 日从旧金山乘船去中国南京，任金陵女子大学——一个女子学院的图书馆主任，她的工作是由位于纽约的中国基督教大学联合会提供的。她计划在那里工作三年，也可能会是更长的时间。华特逊小姐曾任职于俄亥俄州辛

① 见 https://archive.org/stream/newsletter194348univ/newsletter194348univ_djvu.txt。

辛那提公共图书馆)另外在"News letter—Ideals—University of Illinois Urbana-Champaign"中,也保存着一则关于她的信息:"Mary C. Watson (B.S.'40) was married to Francis Tyrone McCoy on June 28, 1975. They reside in Gainesville, Florida"①(1975年6月28日,1940届理学学士玛丽·华特逊与弗兰西斯·蒂龙·麦考伊先生结婚。他们居住在佛罗里达州的盖恩斯维尔)。

同样,金女大校友会也很关注校友和教职员的动向。耶鲁大学神学院图书馆数字馆藏编号为RG011-131-2679的档案中,保存着1953年、1955年、1960年、1969年金女大海外校友和教职员的通讯录,从1953—1960年通讯录中的信息可知,离开金女大回到美国的Watson小姐先期通讯地址为家乡肯塔基州的路易斯维尔(Louisville,Kentucky)。1969年的通讯录中记载的她的通讯地址已变为佛罗里达州的盖恩斯维尔(Gainesville,Fla.)。

八　常宝贞(Chang Bao-Cheng)[1948—1949]

常宝贞(Chang Bao-Cheng),女,河南开封人,圣公会教徒。1943年毕业于西迁成都华西坝的齐鲁大学,获得文学学士学位。同年进入华西协合大学图书馆工作。抗战胜后回到了家乡河南开封,1946年任教于当地的一所中学。1948年秋季至1949年春季学期工作于南京金女大图书馆。之后信息不详。

中国第二历史档案馆资料中有一份用中文记载的1948年秋至1949年春金女大教的职员名单,记载了图书馆共有六位工作人员,分别为Miss Watson、刘华锦、刘恩萱、杨效让、常宝贞和张德顺。核对耶鲁大学

① 见http://www.archive.org/details/newsletter197487univ。

神学院图书馆的记录,对应的时间段内有英文名为 Chang Bao-Cheng 的工作人员的信息,她 1943 年毕业于齐鲁大学(Cheeloo University),获得文学学士学位,且标注的职位为图书馆职员(见图 6-16)。

LIST OF FACULTY AND ADMINISTRATIVE STAFF—~~B~~ A

~~(ON LEAVE)~~

Ginling College ~~UNIVERSITY~~ Serving during current semester Fall 1948

NAME	AGE	RANK	DEPT.	LENGTH OF SERVICE With Instit.	ADVANCED DEGREES			SUPPORT (in case of Western members)
					Degree	Institution	Date	
* Liu Hsi-meng (Miss)		Dorm Counselor		48	B.A.	Ginling	39	*Child Welfare Center
* Liu Gin-wei (Miss)	26	Dorm Counselor		48	B.A.	Ginling	48	* Soc. Dept.
Tso Chi (Miss)	25	Office Sec to Dean of Students		8.48		Hangchow Coll	44-46	
* Kwoh, Edwin		Dean of Bus. Admin.		1.47	See Teaching Faculty list.			
Tsen, Mrs S.F.	72	Supt. of dorms, 24-42 Supt. of Rehab., Adviser to Business Office		2.24	Nurse's Certificate		1897	
Hwang, Chung-chu (Mr)		Business Manager		8.48	B.A.	Hangchow	48	
Chung Ming (Mr)				7.48	B.A.	Hangchow	48	
Yeh Tien-chih (Mr)		Clerk in Bus. Office		2.41	Normal	School grad.	31	
Mrs Wang				8.38	Bible	Training Sch.	15	
1 Watson, Miss Mary C.		Librarian		9.48	B.A.	U. of Ky. U. of Ill	40	Watson小姐 图书馆主任
2 Liu Hwa-chin (Miss)		Asst Librarian		2.46	B.A.	Hwa-Chung Library Training		刘华锦小姐 助理图书馆员
3 Liu En-hsuen (Miss)		Library staff		10-42		Ginling College		刘恩萱小姐 图书馆职员
4 Yang Shiao-ran (Mrs Ni)		Library Staff, P.E. Dept		9.48 30-34	B.A. M.A.	Ginling U of Calif		杨效让女士 图书馆职员
5 Chang Deh-shwen (Miss)		Library staff		4.46	Middle	Sch. grad	42	张德顺小姐 图书馆职员
6 Chang, Bao-cheng (Miss)		Library Staff		9.48	B.A.	Cheeloo		常宝贞小姐 图书馆职员
Wang Mei-yuen		Resident Nurse		9.47	Nurses Training school			

6 常宝贞小姐 图书馆职员 1948年9月进校 1943年齐鲁大学文学学士

图 6-16 常宝贞小姐 1948 年 9 月进入金女大图书馆工作①

齐鲁大学是 1904 年至 1952 年在中国山东省办学的一所教会大学,由来自美国、英国以及加拿大的多个基督教教会和美北长老会共同筹款联合开办。与金女大一样,它是当年外国人在中国创办的十三所教会大学之一,时有"南齐(齐鲁大学)北燕(燕京大学)"之称。根据齐鲁大学的线索,翻阅该校出版物《齐鲁大学校刊》,可获得两则与常宝贞小姐相关的信息(见图 6-17、图 6-18)。

① 图片来源:耶鲁大学神学院图书馆数字档案 RG011-134-2706 第 61 页。

甲骨學研究之經過及其論著之成績
甲骨學年表
追記

本屆畢業生名錄

文學院

姓名	性別	籍貫	學系
李青	男	貴州仁懷	中國文學
馬惠珍	女	陝西長安	同右
白雪嬌	女	福建安溪	同右
孫蘭豐	女	四川巴縣	同右
張文清	男	四川華陽	同右
龔希僧	男	河南安陽	歷史社會
艾琴生	女	河南許昌	同右
常寶貞	女	河南開封	同右
程濟如	女	江蘇吳縣	同右
周佩琳	女	山東蓬萊	同右
顧[illegible]芝	女	遼寧西豐	同右
白麗華	女	山東益都	同右
滕慶瑗	女	安徽蕪湖	同右
王佩貞	女	山東益都	同右
楊思光	女	湖北漢口	同右
安世民	男	山西太谷	政治經濟
姜萬里	男	山東[illegible]縣	同右
朱祖權	男	湖北武昌	同右

齊魯大學校刊

图 6－17　1943 年齐鲁大学毕业生名录中常宝贞的信息①

這是應諸校友之託，寫一篇簡短的報告，新[illegible]校刊。

附名單於後

姓名	職業	通訊處
張匯泉	河南大學醫學院院長	開封河南大學醫學院
夏經如	中州醫院院長	開封雙廟街中州醫院
林葉如	福音醫院院長	開封南關福音醫院
趙宗禮	鐵路醫院大夫	開封河道街鐵路醫院
張西華	慈民醫院院長	開封市後街慈民醫院
謝景奎	河南大學教授	開封河南大學醫學院
黃文興	河南大學講師	開封河南大學醫學院
高耀辰	施育中學校長	開封南門施育中學
馬子春	濟汴中學訓育主任	開封濟汴中學
段伯屏	豫中中學教員	開封豫中中學
張應漢	私立伊洛中學校長	開封濟汴中學
劉欣庭	河南省銀行行員	開封河南省銀行
王君湘	河南大學學生	開封河南大學
趙竹軒	浸禮會牧師	開封南關紅洋樓
楊道義	聖公會牧師	開封聖公會
常寶貞		開封南關西維街13號

△校友朱文長由西雅圖來函▽

图 6－18　1948 年 4 月 30 日版《齐鲁大学校刊》中校友常宝贞的信息②

① 图片来源:《齐鲁大学校刊》1943 年第 33 期第 9 页。

② 图片来源:《齐鲁大学校刊》1948 年第 65 期第 9 页。

在《齐鲁大学校刊》1943年第33期第9页“本届毕业生名录”中常宝贞的信息是“常宝贞，女，河南开封人，文学院中国文学专业”（见图6-17）。在1948年4月30日出版的《齐鲁大学校刊》第65期第9页的校友通讯“开封校友会成立”的信息中常宝贞当时的通讯地址为开封市南关区四维街，但未注明职业（见图6-18）。

中国第二历史档案馆保存着一份常宝贞登记于1948年4月的个人履历表，从中可知其在工作于金女大图书馆之前曾在华西协合大学图书馆和开封的一所中学工作过。

九　杨效让（Yang Hsiao-Rang，倪夫人）［1948—1951］

杨效让（Yang Hsiao-Rang，1899.9—不详），女，江苏松江（今上海市）人，基督教教徒。1918年从江苏省立第一女子师范学校[①]毕业后，进入上海基督教女青年会[②]体育师范学校[③]学习，1925年该校并入金女大体育系。1927年杨效让从金女大毕业，并获得学士学位。1927—1929年在杭州中学任体育教员。1930年2月回到母校金女大工作，任体育系教

① 江苏省立第一女子师范学校开办于1912年5月，校址设于江苏南京。前身为光绪三十一年（1905年）成立的旅宁第一女学堂，后更名为官立粹敏第一女学、宁垣属女子师范学堂。辛亥革命时一度停办，民国元年5月复办，定名为江苏省立第一女子师范学校。现为南京市中华中学。

② 上海基督教女青年会（YWCA，Young Women's Christian Association）成立于1908年，是国际性的基督教妇女团体之一，总部是设在瑞士日内瓦的世界基督教女青年会。它是全国最早的一个市会，“文革”期间停办，1984年复会。

③ 上海基督教女青年会体育师范学校（YWCA Normal School of Hygiene and Physical Education），创立于1915年，是由基督教女青年会单独开办的一所女子体育专门学校，它以培养发展中国女子体育教育的领袖人物为担当。首任校长是美国人梅爱培（Abby Shaw Mayhew），副校长是陈英梅（1890—1938，生于香港，就读于上海中西女塾，1906年赴美，1913年毕业于美国韦尔斯利学院，获体育学士学位。回国后，成为我国第一位女体育教师）。1925年并入金陵女子文理学院体育系。

员直至1934年去美国留学。1937年获得南加州大学体育教育学硕士学位。同年回国，任金陵大学体育教育学教授、女生部主任至1940年。1941—1943年任西迁成都的光华大学体育教育学教授，1943—1945年兼职任成都金女大体育系教员。抗战胜利后，于1946—1948年任中央大学体育教育学教授，并于1947—1948学年兼任金女大体育系教员。1948年秋季学期开始，杨效让再次回到金女大工作，任图书馆职员直至1951年并校。之后信息不详。

图6-19　杨效让(拍摄于1916年)①

1920年，正在上海基督教女青年会体育师范学校学习的杨效让撰写文章《研究:体育的新研究》，该文章刊载于《江苏省立第一女子师范学校校友会杂志》1920年第3期第17—20页。1923年，她曾在体育研究会上发表主题演讲，讲演稿《妇女体育》刊载于《江苏省立第一女子师范学校校友会杂志》1923年第2卷1、2合期第6—8页。1931年，在金女大工作期间，杨效让曾出版译著《土风舞》②。1933年，她还在《生活画报(上海)》1933年第1期第21页上刊载作品《健身运动:南京金陵女子文理院体育系学生义演行意舞蹈之一种》。

---

① 图片来源:上海图书馆“全国报刊索引”数据库收录，《江苏省立第一女子师范学校校友会杂志》1917年第2期第1页。

② Cecil J.Sharp.土风舞[M].杨效让，徐瑞芝，译.上海:女青年会全国协会编辑部，1931.

LIST OF FACULTY AND ADMINISTRATIVE STAFF—2

Ginling College ~~UNIVERSITY~~ ~~(ON LEAVE)~~ Serving during current semester Fall 1948

NAME	AGE	RANK	DEPT.	LENGTH OF SERVICE With Instit.	ADVANCED DEGREES Degree	Institution	Date	SUPPORT (in case of Western members)
* Liu Hsi-meng (Miss)		Dorm Counselor		48	B.A.	Ginling	39	*Child Welfare Center
* Liu Gin-wei (Miss)	26	Dorm Counselor		48	B.A.	Ginling	48	* Soc. Dept.
Tso Chi (Miss)	25	Office Sec to Dean of Students		8.48		Hangchow Coll	44-46	
* Kwoh, Edwin		Dean of Bus. Admin.		1.47	See Teaching Faculty list.			
Tsen, Mrs S.F.	72	Supt. of dorms, 24-42 Supt. of Rehab., Adviser to Business Office		2.24	Nurse's Certificate		1897	
Hwang, Chung-chü (Mr)		Business Manager		8.48	B.A.	Hangchow	48	
Chung Ming (Mr)				7.48	B.A.	Hangchow	48	
[illegible]		Asst in Treasurer's office		[illegible]	Yu Chun Mid. Sch.		42	
1 Watson, Miss Mary C.		Librarian		9.48	B.A.	U. of Ky.	31	College
					[illegible]	U. of Ill	40	
2 Liu Hwa-chin (Miss)		Asst Librarian		2.46	B.A.	Hwa-Chung	30	
3 Liu En-hsuen (Miss)		Library staff		10-42	Library Training	Ginling College	31-33	
4 Yang Shiao-ran (Mrs Ni)		Library Staff, P.E. Dept		9.48 30-34	B.A. M.A.	Ginling U of Calif	27 37	
5 Chang Deh-shwen (Miss)		Library staff		4.46	Middle Sch. grad		43	
6 Chang, Bao-cheng (Miss)		Library Staff		9.48	B.A.	Cheeloo	43	
[illegible]		Resident Nurse		9.47	Nurses Training school			

杨效让（倪夫人） 1948年9月进校，任图书馆职员 1927年金女大文学学士
1930-1934年任职金女大体育系 1937年加州大学文学硕士

图 6-20 1948 年 9 月杨效让任职于金女大图书馆①

Ginling College 教职员名录中，1929—1934 年和 1943—1945 年两段时期 Yang Hsiao-Rang（杨效让）在校的任职均为 Physical Education（体育教育）教员，未提及她在图书馆的工作经历。《金陵女子大学校史》一书中杨效让分别于 1929—1934 年、1943—1945 年、1947—1950 年任教于金女大体育系②，同样也未提及她任职于图书馆。然而，在官方档案记载的 1948 年秋季金女大教职员名录中，杨效让进入金女大担任体育教员的时间是 1930—1934 年，再次进入金女大的时间是 1948 年 9 月，任图书馆职员（如图 6-20），因此 *Ginling College* 和《金陵女子大学校史》两本书中记载的杨效让女士在金女大任职的信息中均遗漏了她曾

① 图片来源：耶鲁大学神学院图书馆数字档案 RG011-134-2706 第 61 页。

② 张连红.金陵女子大学校史[M].南京：江苏人民出版社，2005：282.

任职于图书馆。

在上海图书馆“全国报刊索引”之“晚清和民国期刊全文库”中，检索“杨效让”，意外获得一张拍摄于1916年的珍贵历史照片。1917年《江苏省立第一女子师范学校校友会杂志》第2期上刊载信息“本校派赴上海女青年会体育女子师范学校学习之学生杨效让最近摄影民国五年”并附图(见图6-19)。这张照片拍摄于1916年，此时正在位于南京的江苏省立第一女子师范学校读中学的杨效让被学校选派到上海基督教女青年会体育师范学校继续深造。

《图画时报》1927年第414期刊载了屠哲隐拍摄的照片，是一张中国队取得杭州全城网球中西女子比赛胜利后双方选手的合影照(见图6-21，右二为杨效让)。从《图画时报》1928年第470期上刊载的徐雁影拍摄的照片中可以看到杨效让参加杭州青年会中西女子网球比赛时的飒爽英姿(见图6-22)。

图6-21　杨效让(右二)参加杭州全城网球中西女子比赛(拍摄于1927年)①

① 图片来源于上海图书馆“全国报刊索引”数据库，自右而左为密立根女士、杨效让女士、施菊瓶女士、黄汪琪女士。

图 6 - 22　1928 年杨效让赛场英姿定格①

1927 年 8 月 1 日出版的金女大校刊上刊载了第九届毕业生的信息。在“丁卯年毕业生题名”中，杨效让的籍贯是江苏松江（见图6 - 23）。另

丁卯年畢業生題名

陳德貞	江蘇上海
陳　式	江蘇松江
邱麗英	浙江吳興
張才茂	浙江鄞縣
朱慧貞	湖北梅州
黃麗明	廣東花縣
黃友荃	湖南長沙
孔貝靈	江西九江
茅純玉	江蘇丹徒
謝文蓮	浙江紹興
錢逸雲	江蘇吳江
蔡　葵	浙江杭州
徐珠寶	江蘇南京
徐紹德	安徽合肥
王承瑋	泰　[illegible]
王秀蘭	江西永新
王耀雲	湖北蘄春
楊效讓	江蘇松江

金陵女子大學

第九次畢業典禮

秩序單

（一）	整隊入堂	
（二）	向國旗黨旗及總理遺像行最敬禮	
（三）	恭讀遺囑	
（四）	校歌	本校全體
（五）	演講	
（六）	唱詩	本校唱詩班
（七）	來賓演講	
（八）	畢業生答辭	畢業生謝文蓮
（九）	唱詩	本校唱詩班
（十）	給憑	德校長
（十一）	散會	

图 6 - 23　1927 年金女大毕业生名录中杨效让的信息②

① 图片来源于上海图书馆“全国报刊索引”数据库，图为杨效让女士参加网球比赛时的姿势。

② 图片来源：耶鲁大学神学院图书馆数字档案 RG011-129-2643 第 6 页。

外,中国第二历史档案馆中,1944 年教职员名录中杨效让名后的备注信息是“女,49,江苏松江”。按照此年龄推算,她应出生于 1896 年左右,而南京师范大学档案馆中保存的她于 1954 年登记的信息中出生年月则为 1899 年 9 月。

图 6 - 24　杨效让是 1937 年美国南加州大学中国留学生俱乐部成员

耶鲁大学神学院图书馆数字档案编号为 RG011-217-3689 的卷宗第 9 页保存了一份 1935 年 5 月 22 日心理学教授倪清源[①]先生写给纽约中国联合大学秘书处的信,信中提及他的夫人杨效让女士,此时夫妇俩一起在美国留学,住在加州伯克利。在 *University of Southern California Yearbook—Class of 1937* 中有一份 1937 年美国南加州大学中国留学生俱乐部成员的名单,倪清源和倪杨效让(Hsiao Rang Ni)夫妇均是该俱乐部成员。

1934 年杨效让去美国留学时,《勤奋体育月报》1934 年第 1 卷第 1 期上曾发布一则题为“一月来之体育人事:杨效让女士赴美攻体育”的信息:“杨效让女士赴美攻体育,体育专家杨效让女士,任职金陵女子文理

① 倪清源(Tsing yuan Ni),男,浙江新市人。1927 年毕业于金陵大学,1932 年赴美留学,1934 年获得加州大学硕士学位,1937 年获得南加州大学心理学博士学位。回国后任母校金陵大学心理学教授、总务长。1943 年曾在成都金女大兼职教授逻辑学,后任金陵大学文学院院长。

学院体育系，成绩卓著。编译《基本体操》及《各国土风舞》等书，风行全国。并受教部之聘，编辑《初中女生体育教受细目》。近杨女士为再求深造起见，于七月中旬，乘柯立芝总统号赴美，进加州大学，研究体育卫主云。”①1937 年，杨效让获得南加州大学硕士学位，硕士论文题为“Recreation for modern Chinese women”（现代中国女性娱乐），电子版现收藏于南加州大学数字图书馆系统中②。

杨效让留美回国时，正值国内抗战时期，在西迁成都的金陵大学和光华大学任职的她曾于 1943—1945 年兼职任教于金女大体育系。抗战胜利后，在南京中央大学任教的她，也曾于 1947—1948 年在金女大体育系兼职教学。1948 年 9 月，杨效让开始进入金女大图书馆工作，全职工作至 1951 年并校。

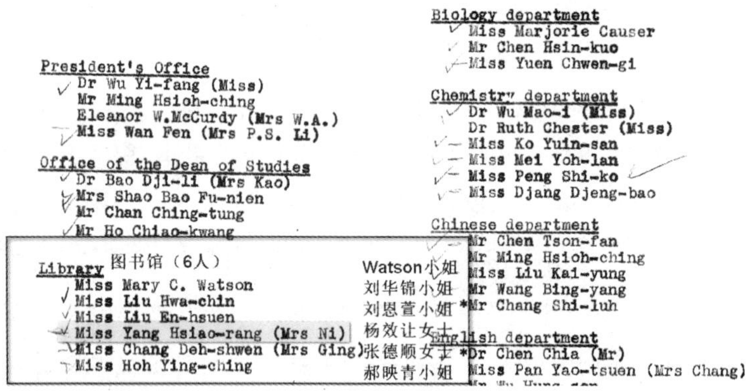
GINLING COLLEGE
FACULTY LIST
Fall Semester
1950

1950年秋季学期金女大教职员名录

President's Office
Dr Wu Yi-fang (Miss)
Mr Ming Hsioh-ching
Eleanor W.McCurdy (Mrs W.A.)
Miss Wan Fen (Mrs P.S. Li)

Office of the Dean of Studies
Dr Bao Dji-li (Mrs Kao)
Mrs Shao Bao Fu-nien
Mr Chan Ching-tung
Mr Ho Chiao-kwang

Library 图书馆（6人）
Miss Mary C. Watson　Watson小姐
Miss Liu Hwa-chin　刘华锦小姐
Miss Liu En-hsuen　刘恩萱小姐
Miss Yang Hsiao-rang (Mrs Ni)　杨效让女士
Miss Chang Deh-shwen (Mrs Ging)　张德顺女士
Miss Hoh Ying-ching　郝映青小姐

Biology department
Miss Marjorie Causer
Mr Chen Hsin-kuo
Miss Yuen Chwen-gi

Chemistry department
Dr Wu Mao-i (Miss)
Dr Ruth Chester (Miss)
Miss Ko Yuin-san
Miss Mei Yoh-lan
Miss Peng Shi-ko
Miss Djang Djeng-bao

Chinese department
Mr Chen Tson-fan
Mr Ming Hsioh-ching
Miss Liu Kai-yung
Mr Wang Bing-yang
*Mr Chang Shi-luh

English department
*Dr Chen Chia (Mr)
Miss Pan Yao-tsuen (Mrs Chang)

图 6－25　1950 年秋季学期金女大教职员名录中的图书馆人员情况③

① 见《勤奋体育月报》1934 年第 1 卷第 11 期第 71—72 页。

② 见 http://digitallibrary.usc.edu/cdm/ref/collection/p15799coll38/id/526191。

③ 图片来源：耶鲁大学神学院图书馆数字档案 RG011-134-2706 第 68 页。

杨效让是金陵大学心理学系著名教授倪清源先生的夫人,两人同留学于美国,并在1937年分别获得硕士和博士学位。王光纶所著的《情系山河 张光斗传》一书中“伯克利加州大学的水利工程学硕士”一节记载了张光斗先生①在加州大学学习期间与倪清源、杨效让夫妇交往的一段情景:

> 每到周末,几位华人好朋友一起到倪清源夫妇家聚会、聚餐,分头买菜,倪嫂主勺,餐后大家动手,洗碗、打扫干净。然后围坐在一起讨论国家大事、人生观、将来的工作等,虽然不理解什么是资本主义或社会主义,看法也不一致,但是要爱国、要建设国家、要为老百姓谋福利,则是大家一致的看法。②

1937年回国后,杨效让跟倪清源先生一起任职于金陵大学,抗战期间随校迁往成都。1939年3月,金陵大学改组学校行政系统,据1940年3月10日《金大校刊》第271号中的信息,杨效让时任金陵大学女生生活指导委员会主席,倪清源先生任金陵大学总务长③。在成都期间,倪清源先生也曾在金女大兼职教学。因此,金陵大学和金女大的师生尊称杨效让为倪夫人。

---

① 张光斗(1912.5.1—2013.6.21),男,江苏常熟人,九三学社社员,水利水电工程专家和工程教育家,中国水利水电事业的主要开拓者之一,清华大学原副校长,中国科学院和中国工程院资深院士。1934年毕业于上海交通大学,获得学士学位;1936年获得美国加州大学土木工程硕士学位;1937年获得哈佛大学工程力学硕士学位,同时获得全额奖学金攻读博士学位。1955年当选为中国科学院院士,1994年当选为中国工程院院士。

② 王光纶.情系山河 张光斗传[M].北京:中国科学技术出版社,2014:35.

③ 南京大学高教研究所校史编写组.金陵大学史料集[M].南京:南京大学出版社,1989:113.

十 郝映青（Hoh Ying-Tsing, Phoebe Hoh）[1950—1951]

图 6-26 郝映青 1920 年金女大毕业照①

郝映青（1885—1965），女，1885 年 3 月 18 日出生于湖北麻城，基督教教徒。中学就读于武昌圣希尔达中学（St. Hilda's School）。1916 年成为金女大第二届学生，1920 年获得该校社会学学士学位。1920—1921 年曾在北京大学深造。1921—1923 年任上海基督教女青年会体育师范学校教员、副校长。1922 年 5 月 2 日至 11 日，曾作为特约会员参加在上海召开的基督教全国大会②。1923 年秋季学期回到母校金女大，担任中文系教员，并帮助学校图书馆管理中文书籍，同时担任校刊中文部顾问。郝映青是首位回校服务的金女大校友③。1927 年秋季，她自费留学美国，在哥伦比亚大学攻读教育学硕士学位。1928 年正在美国读书的她曾被金女大首任校长德本康夫人推荐为金女大第二任校长候选人。留美回国后，自 1931 年起，她一直从事乡村社会服务工作。1935 年她在江西农村实验区服务时，被民国政府经济委员会江西农村服务区管理处委任为妇孺工作主任指导员。1938 年 5 月 20 日至 25 日，53 岁的她参加了宋美龄在庐山召开的"全国妇女座谈会"④，作为年龄最长的代表，她

---

① 图片来源：《金陵女子大学校刊》1928 年第 10 期第 61 页。

② 全绍武，等.基督教全国大会报告书[M].上海：协和书局，1923：8.

③ 见 http://ptr.chaoxing.com/nodedetailcontroller/visitnodedetail? knowledgeId=633520。

④ 见 1938 年 5 月 25 日、6 月 8 日《申报》的"本市消息"。

受到宋美龄的赞美[①]。抗战期间，她再度回到西迁成都的金女大，负责学校的乡村服务项目，她带领学生深入边远农村进行社会实践，帮扶乡村建设，大力推行金女大服务社会的办学理念。抗战胜利后，返回南京的郝映青继续从事金女大的乡村建设服务工作。中华人民共和国成立后，她从事了一年的社会教育工作。1950 年秋季学期开始，郝映青在金女大图书馆工作。1955 年，她被聘为江苏省文史馆馆员。1965 年去世[②]，享年 80 岁。

有关 1921—1923 年郝映青任职于上海基督教女青年会体育师范学校期间及其前后的经历，可参见台湾“中央研究院”近代史研究所出版的《近代中国妇女史研究》2007 年 12 月第 16 期上刊载的美国坦帕大学 Elizabeth A. Littell-Lamb 的论著 *Gospel of the Body, Temple of the Nation: The YWCA Movement and Women's Physical Culture in China, 1915—1925*。

“吴贻芳网上纪念馆”网站之“金女大中国教师名录(1915—1951)”中，郝映青在金女大的工作经历分为 1923—1927 年、1938—1945 年、1946—1949 年、1950—1951 年四个时期，任教系别为“中文”，后三个阶段还标注了“从事乡村服务工作”，未见其任职于图书馆的信息。综合耶鲁大学神学院图书馆数字档案和中国第二历史档案馆资料，郝映青在金女大的工作经历主要有如下四个阶段。

第一阶段：1923—1927 年，成为金女大第一位回到母校服务的毕业生。

---

① 林养志.中国国民党党务发展史料 妇女工作[M].中国国民党中央委员会党史委员会，1996:272.

② 江苏省文史研究馆.江苏省文史研究馆建馆三十五周年 纪念册 1953—1988[M].江苏省文史研究馆，1988:44.

“吴贻芳网上纪念馆”网站“金女大创办初期师资结构及其变化”中有如下记载：

> 据统计，1915—1921 年间金女大的中国教师共有 9 名，其中女性仅 2 人，9 人中竟有 6 人任教中文系科，而男教师多为兼职。1923 年，金女大 1920 届校友郝映青回母校担任中文系教师，并负责管理图书馆内的中文书籍，成为首位回校任教的金女大校友。此后校友教师人数逐年增加。

而 1923—1927 年间，官方档案中记载的金女大图书馆在册管理人员分别 Miss Anna R. Clark [1923—1925]、Mrs. L. H. Caldwell[1925—1926]和余舜芝[1926—1929]。未见有郝映青女士兼职参与管理图书馆的记载。但 1923—1926 年间是两位外籍人士管理图书馆，她们管理外文图书应是得心应手的，但对中文图书的管理由于语言障碍可能还是需要中国教职员协助。且金女大 1920 年度公报中“Library and Laboratories”(图书馆和实验室)里记载：当时金女大图书馆馆藏英文图书已达1 600册，比上年增加 400 册；中文图书达 1 300 册，比上年增加 800 册。① 1923 年 6 月，金女大已从绣花巷原校址搬迁至陶谷随园新校址，按年度中文图书增长量和时间推算，新校址的过渡图书馆 1923 年中文图书的馆藏量应接近 3 000 册，要对这么大数量的中文图书进行分类、编目管理，一定需要中方员工的协助。因此，1923 年回到母校任职的郝映青在教学的同时，正好兼职帮助图书馆管理中文书籍，直至 1927 年秋季去美留学。

1926 年，在金女大任教的郝映青曾与署名一飞的作者合作发表《赴穆德会议的观感》一文，该文章刊载于《金陵女子大学校刊》1926 年第 6

---

① 见耶鲁大学神学院图书馆数字档案 RG011-128-2632 第 54—55 页。

期;同年,她还翻译诗作《给姿势的诗》,作品刊载于《女青年报》1926 年第 7 期。

赴美留学期间,在留学生中表现较为突出的郝映青曾登上《寰球中国学生会周刊》1928 年 5 月 20 日第 314 期头版,该刊以题为“郝映青女士在美之荣誉”报道了她的信息。由此可获悉她于 1927 年秋季留学美国时,用名 Phoebe Hoh Y.T.,在纽约哥伦比亚大学研究教育学和政治学,成绩名列前茅,还被学校选赴参加波士顿教育大会(见图 6-27)。

中華民國十七年五月二十日（星期六）　寰球中國學生會週刊　（電話西一一六四）（第三一四期）（第一版）

THE WORLD'S CHINESE STUDENTS' FEDERATION WEEKLY

No. 314 May 12, 1928. Published Every Saturday, 55 Carter Road Shanghai

寰球中國學生會周刊

每份售大洋一分半（會員送閱）　第三一四期　上海卡德路五十九號 寰球中國學生會出版部發行

會務

遊學招待部

▲郝映青女士在美之榮譽　郝女士映青、畢業於金陵女子大學、去歲自費赴美、入紐約哥倫比亞大學研究教育與政治、本季考試、名列前茅、且已經被選赴波士頓教育大會云、

國外大學調查錄

▲羅倫絲大學 Lawrence College

▲校址　Appleton, Wisconsin, U.S.A.

▲校長姓名　Dr. Wriston.

▲全校學生總數　約七百人

▲中國學生人數　二人（歷史科一人、文學科一人、）

▲一年分幾學期　二學期（九月廿日爲第一學期始業日、二月六日爲第二學期始業日）

▲全校共分幾科　文科、理科、音樂、哲學四科、

▲著名科目　音樂科、

图 6-27　1928 年郝映青在美国获得的荣誉①

① 图片来源:上海图书馆“全国报刊索引”数据库。

留美回国的郝映青一直从事乡村服务工作。1935年，她在江西农村实验区服务期间，曾发表文章《教书读书的趣味》于《农村服务通讯》1935年第1期。

第二阶段：1938—1945年，就任西迁成都的金女大乡村与社会服务专员。

1938年金女大西迁成都，虽然避难办学期间困难重重，但吴贻芳校长还是希望能继续实施金女大"帮扶乡村、服务社会"的办学方针。因此，她在成都金女大特别设立了"乡村与社会服务专员"(rural and social service special staff)岗位，积极推动西部地区乡村建设服务工作。此时，郝映青已再次回到金女大工作，吴贻芳校长委任她主要负责乡村项目(见图6-28)。此外，郝映青还与吴贻芳校长一起担任战时儿童保育总会成都分会负责人。

郝映青负责乡村项目期间，积极筹办了社会服务处短期小学。她仿效大学制度设校长、训导长、教务长各一名，隔一周开一次校务会议，为学生分年级、分班，采用复式教学法，开展各种课程的教授，这产生了良好的办学效果。她数年如一日，与金女大熊亚拿、徐幼芝、李季谋等教师一起远离繁华都市，带领学生深入偏僻乡村，结合社会实践，从事乡村服务工作，坚定地贯彻执行金女大的办学方针①。成都金女大的社会服务工作得到了当地百姓的认可和赞许。《民国史料丛刊858史地·地理》有这样一段记载："郝映青女士在汶川，可说是每家的好朋友，每人都认识她且爱和她说家常话。甚至在最后的时间，汶川县的老百姓愿意到郝女士面前来诉讼，每人都得到了圆满的解决，真

① 金一虹，等.吴贻芳的教育思想与实践[M].南京：江苏人民出版社，2005：135—136.

是奇妙!”①

GINLING COLLEGE

Faculty and Staff in Chengtu, 1938-39

1938—1939学年成都金女大教职员名录

Administrators and Staff:

		Date joined Ginling
Wu Yi-fang	B.A. Ginling M.S., Ph.D. Michigan	President of Ginling, June 1928-
Chen Er-chang Assistant Treasurer	B.A. University of Nanking	January 1928 -
Chen Lan-ying Registrar	B.A. Ginling	August, 1937-
Hoh, Phoebe Y.T. Rural Project 郝映青 乡村项目	B.A. Ginling 金女大文学学士 M.A. Columbia University 哥伦比亚大学文学硕士 National Peking University 国立北京大学	1923 - 1927 1938 -
Ming Hsioh-ching Chinese Secretary	University of Nanking Special Chinese Course	1930 -

图 6 - 28　1938—1939 学年郝映青负责成都金女大乡村项目②

在成都工作期间,郝映青于 1942 年发表文章《请看日本人怎样毒化中国:附图》刊载于《田家半月报》1940 年第 7 卷第 7 期。另外,她还在 1942 年与宾汉(Bunhur)合作发表文章《忠实的人有福了》(刊载于《希望月刊》1942 年第 14 卷第 6 期)及《忠实的人有福了(续)》(刊载于《希望月刊》1942 年第 14 卷第 7、8 合期)。

第三阶段:1946—1949 年,继续在南京金女大从事乡村服务和社会教育工作。

抗战胜利后,金女大在南京复校,郝映青继续从事金女大的乡村服务工作。1949 年秋季学期,她开始从事社会教育工作。其间,她还热衷于宗教的宣教工作,并在《金陵神学志》上发表了多篇与宗教相关的文章(见表 6 - 2)。

① 张研,孙燕京.民国史料丛刊 858 史地 · 地理[M].郑州:大象出版社,2009:406.

② 图片来源:耶鲁大学神学院图书馆数字档案 RG011-134-2705 第 52 页。

表 6-2 1947—1950 年郝映青发表的宗教文章

题名	作者	刊卷期
传道人的责任即信徒的责任	郝映青	《金陵神学志》1947 年第 23 卷第 1、2 合期 33—35 页
基督教在国际现状中的辩证：安姆司特丹大会中，柏格瑞主教讲词	郝映青译	《金陵神学志》1948 年第 24 卷第 1 期 2—5 页
囚禁中的自由：柏格瑞大主教的经历	郝映青	《金陵神学志》1948 年第 24 卷第 2 期 15—16 页
上帝果真是这样的吗？	郝映青	《金陵神学志》1950 年第 25 卷第 2 期 44—50 页
复活节在加利利：一出大斋期内公演的剧本	艾士佛 卫尔士 郝映青	《金陵神学志》1950 年第 25 卷第 3 期 35—41 页
祝金陵神学院四十年纪念：[诗歌]	郝映青	《金陵神学志》1950 年第 26 卷第 1、2 合期第 1 页

第四阶段：1950—1951 年，担任金女大图书馆职员。

1950 年秋季学期金女大教职员名录中，郝映青的名字出现在图书馆员工栏目中（见图 6-25）。此时她已 65 岁，这是她继 1923—1927 年帮助图书馆管理中文书籍，相隔 20 多年后，再一次服务于金女大图书馆。这一次，她的名字被官方档案记载于图书馆职位中。然而按照当下，60 多岁应是退休颐养天年之时，她却选择了继续工作。且据《江苏省文史研究馆建馆三十五周年纪念册 1953—1988》记载，她还于 1955 年被聘为江苏省文史研究馆馆员，继续为文史研究事业做贡献。

在耶鲁大学神学院图书馆数字馆藏库中保存着几张跟郝映青在金女大学习、工作相关的珍贵老照片。

第一张标注的是"Old Ginling——Members of 1919 and 1920, Phoebe Hoh and Wu Yi-fang at upper right"。在这张金女大 1919 级和 1920 级学生的合影照中，站在右上角位置的是郝映青（后排右一）（见图

6－29)。

图 6－29　金女大 1919 级和 1920 级学生合影①

第二张标注的是“Nanking——Group of faculty and alumnae-students of first three classes, taken at 20th Anniv. of College”,是 1935 年拍摄的参加金女大 20 周年校庆的教职员和前三届部分毕业生的合影照,其中前排右一为郝映青,她此时正在江西从事乡村服务工作,她是金女大第二届毕业生(见图 6－30)。

第三张标注的是“Ginling in Chengtu——Hoh Ying-tsing (Phoebe) Ginling 1920, returning from Paochi trip”。照片中是年过半百的郝映青坐着军车,带领学生刚从从事乡村服务工作的宝鸡风尘仆仆地回到成都华西坝金女大(见图 6－31)。

① 图片来源:http://findit.library.yale.edu/catalog/digcoll:1484516。

图6－30 参加1935年20周年校庆的师生①

图6－31 从宝鸡坐军车回到成都金女大的郝映青(车中年长妇人)②

① 图片来源：http://findit.library.yale.edu/catalog/digcoll：1464038。

② 图片来源：http://findit.library.yale.edu/catalog/digcoll：1463855。

第四张标注的是"1947 February, Postwar——Wu Mao-i and Phoebe Hoh on former tennis court... Wooden buildings in background were left by Japanese and are used as classrooms for Middle School"。1947年2月,战后回到南京金女大校园的吴懋仪(化学系主任)和郝映青(右),走在已荒废多年的原网球场上,背后是日军留下的木结构房子,此时已用作金女大附中的教室(见图6-32)。

图6-32　1947年2月吴懋仪和郝映青(右)在金女大原网球场上[①]

郝映青在金女大受教四年,为之服务了近二十年,她用自己的方式感恩母校,并将毕生奉献给了苦难祖国的农村服务和社会教育事业。1928年,郝映青在校刊上曾以"An Appreciation"为题,感恩校长德本康夫人创建并领导下的金女大,并祝福金陵精神永生[②]。1934年《金陵女子文理学院校刊》刊载的"本校十九周年成立纪念及大礼堂图书馆落成

① 图片来源:http://findit.library.yale.edu/catalog/digcoll:1484303。

② Phoebe Hoh. An Appreciation[J]. 金陵女子大学校刊,1928(10):87.

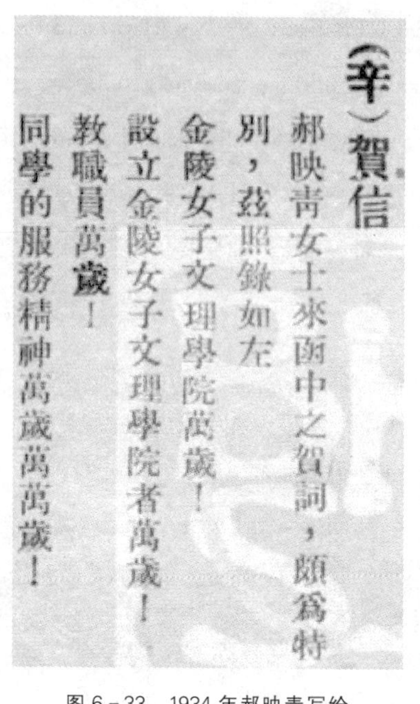

（辛）賀信
郝映青女士來函中之賀詞，頗爲特別，玆照錄如左
金陵女子文理學院萬歲！
設立金陵女子文理學院者萬歲！
教職員萬歲！
同學的服務精神萬歲萬萬歲！

图 6－33　1934 年郝映青写给母校的贺信原文①

典礼贺件汇录：（辛）贺信”中，原文照录了郝映青女士写给母校的用语颇为特别的贺信（见图 6－33），这封信体现了郝映青对母校的挚爱之情。1935 年 10 月 6 日，正在江西农村实验区服务的她，欣然接受吴贻芳校长的邀请，回母校参加校庆纪念活动并做朝会演讲，她以“实地农村服务经验”为题，向母校师生报告了她对中国农村改造的认识②。1946 年，当看到战后回迁南京的金女大百废待兴时，她毅然捐出自己的积蓄。《金陵百屋房　金陵女子大学》大事年表中有这样的记载：“1946 年 11 月 9—10 日，本校举行建校 31 周年纪念活动。郝映青先生捐赠 100 万元，全体同学捐款 70 万元，以助学校添加设备。”③这就是金女大厚生精神的一种传承，它激励着一辈又一辈的金陵女儿，在走出校门之后，自觉地以各自不同的方式回馈母校的教育之恩。

十一　透过数据看战后图书馆恢复过程

1945 年 8 月 15 日，日本向同盟国无条件投降，宣告战争结束。1945

① 图片来源：上海图书馆“全国报刊索引”数据库。
② 见《金陵女子文理学院校刊》1935 年第 35 期第 11—12 页。
③ 孙海英.金陵百屋房 金陵女子大学[M].石家庄：河北教育出版社，2004：131.

年秋季学期,成都金女大图书馆有孙雁征和刘恩萱两位在册员工,馆藏文献总量为 12 563 册,其中英文图书 2 933 册,中文图书 9 630 册。1946 年 4 月 16 日,金女大师生开始从成都分批回迁南京,同时回迁的还有八年累积下来的一万多册馆藏图书。但由于图书、仪器、设备等使用的是长江拖驳船运输,费时较长,待运抵南京时,已是当年的 10 月 20 日[①]。而南京金女大图书馆也分别于 1946 年 1 月、4 月聘请了刘华锦和张德顺两位馆员到岗,先期清理在战争中遭受严重浩劫的图书馆。待到是年秋季学期金女大在南京复校开学时,图书馆配备的人员已陆续增加至五位。在刘华锦主任的带领下,刘恩萱、张德顺、熊爱涟、邱玉瑛等馆员齐心协力,及时抢救、整理战争中遗失的文献,到年底统计文献时,被洗劫一空的图书馆从无到有,陆续找回和回购的图书,加上从成都运回的书籍,总共已达到了 35 000 册,其中中文图书约 20 000 册,英文图书 15 000 册(见表 6-3)。但与战前 1936 年统计的五万多册(其中中文 28 000 册)馆藏量相比,还有较大的差距。经过四年建设,到了 1950 年,根据当年统计,图书馆馆藏中文善本图书 6 种 266 册、普通图书 559 种 12 730 册、精装图书 6 174 种 10 450 册、报纸 9 种、杂志 507 种 9 168 册,外文图书 15 000 种 18 939 册、报纸 1 种、杂志 127 种 11 830 册。合计图书 42 385 册、期刊 20 998 册。总馆藏已恢复并超过战前水平。馆藏图书中的四分之三为本校购买,四分之一为友人赠送[②]。此外,由表6-4可知,金女大在 1946—1947 学年和 1947—1948 学年对图书馆投入了充足的经费,两个学年年度图书馆实际支出费用占当年学校总支出费用的比例分别为 5.46%、6.11%。

---

① 见《金陵女子文理学院校刊》1946 年第 135 期第 1—2 页。

② 见南京师范大学档案馆编《历史上的今天》。

表 6-3　1946—1951 年金女大图书馆馆藏建设情况

年份	注册学生数（人）	馆藏图书量（册）	订购期刊（册）	小册子（册）	生均图书拥有量（册/人）
1946	349	35 000 其中:20 000(中) +15 000(西)	80(中) +108(西)	500	100.3
1947	341	27 559	—	560	80.8
1948	440	36 500	—	1 000	83.0
1949	482	36 500	—	1 200	75.7
1950	169	42 385	20 998	—	—
1951	223	97 000①	—		

表 6-4　1946—1951 年金女大图书馆费用支出情况

统计时间	图书馆年度支出（中国元）	学校年度支出（中国元）	图书馆年度支出在学校支出中占比%
1946/7/1	1540100	91 999 917	1.67
1947/7/1	47 177 727	864 240 655	5.46
1948/7/1	1 480 709	24 233 098	6.11
1949/7/1	1 388 013.9(JMP)	36 262 183.19(JMP)	3.83
1950/7/1	—	—	—
1951/7/1	—	—	—

表 6-3、表 6-4 中 1946—1949 年的数据来源于耶鲁大学神学院图书馆数字化档案 RG011-127-2625 中保存的 1944—1949 年部分年度金女大填报给美国纽约州教育部门的“金女大受托人年度财务报告”(Annual Financial Report of the Trustees of Ginling College)。表 6-3 中,1946 年馆藏量统计为 35 000 册,而 1947 年馆藏量则为27 559册,不升反而下降了,因此有可能 1946 年的填报数据为估算数据,因为当时刚

① 孙海英.金陵百屋房 金陵女子大学[M].石家庄:河北教育出版社,2004:139.

刚从成都回迁南京，回收和回购的流失文献还未被清理出来。此外，1949年馆藏量与1948年一样，而1948年10月25日图书馆主任报告中馆藏量就已达37 733册，因此，1949年填报的数据不准确。表6-4中，1946—1948年货币单位为CN＄(中国元)，1949年货币单位则为JMP(人民币，现为RMB)。

有关战后图书馆恢复过程中的馆藏文献建设情况，1948年9月出版的校刊对“图书馆概况”曾有记载：

> 本校于胜利复员时，关于图书馆部分，外观虽尚完整，而内部文物设备荡然无存！当即着手对旧有设备及书籍等，一面分向各处搜寻、征集或估价购回，一面择要征求购置，惨淡经营，实无异于新建之图书馆，现在中文书籍已两万册，英文书籍已有二万〇四百余册，中英文杂志等共二百余种，其他一切设备，差堪敷用，但限于经费，未能立即恢复战前原状。至上学期西书新购及赠送共约千余册，中书约二千册，倘每学期均能如此增进，则前途发展极有希望。[①]

除了及时抢救战争中遗失的文献和利用有限的经费重新购买中西文书刊外，图书馆的文献建设还取得了社会各界的捐赠支持。1946年，孙中山的夫人宋庆龄女士曾赠送给金女大图书馆大批医学书籍。1947年，图书馆收到赠刊《华中通讯》时曾写过受赠感谢信，该信被刊载于当年的《华中通讯》上，内容为“敬启者顷承惠赠中华通讯一册，除登记编目，以供众览外，谨此鸣谢，顺颂公绥。金陵女子文理学院图书馆启六月二十四日”[②]。1947年年底，联合国教育科学文化组织将之前接受的美

① 见《金陵女子文理学院校刊》1948年9月第152期第2页。

② 佚名.金陵女子文理学院图书馆来函[J].华中通讯，1947(1)：8.

国芝加哥大英百科全书出版社所捐赠的大百科全书共计 45 部，分别捐赠给了中国的各教育文化机关，民国政府教育部根据该组织所制定的分配原则，并参照全国各院校图书馆实际馆藏情况进行了分配，金女大图书馆获赠一部。图书馆曾于 1948 年 1 月出版的校刊上发布，该百科全书的入藏信息："本校获赠大英百科全书一部。年初已运抵学校，收藏于图书馆，供读者阅览。"①

经过 1946 年秋季学期的恢复性建设，金女大行政管理工作也逐步走上正轨。1947 年春季学期，学校各部门委员会先后恢复成立，并展开了工作。1947 年 3 月出版的《金陵女子文理学院校刊》第 139 期刊载了学校各委员会的组成情况，包括校务委员会、图书馆委员会、奖助金委员会、招生委员会、宗教委员会、健康委员会、交际委员会、教职员宿舍委员会、校舍委员会、校具委员会、金大金女大联席会议、儿童福利委员会等 12 个组织。其中，首次将图书馆委员会紧列在校务委员会之后，首次在图书馆委员会成员名单中将图书馆主任的名字列在名单的首位，且将图书馆主任与教务主任同列为当然委员。同时，金陵大学和金女大办学联盟的两校行政管理层联席会议组织也恢复建立，两校在普通行政、学校行政、教学、图书、事务、宗教活动等六个方面将继续开展协作。金女大方面担任联盟"图书"委员的是时任英文系主任、教授克馥兰博士。克馥兰博士早在十多年前的 1933—1934 学年就开始担任金女大图书馆委员会委员。1948—1949 学年，金女大图书馆委员会委员有六位，两位当然委员为教务主任蔡路德博士和图书馆主任 Watson 小姐，其他四位委员分别为图书馆馆员刘华锦小姐、英文系主任克馥兰博士、历史系教授王

① 见《金陵女子文理学院校刊》1948 年 1 月第 147 期第 3 页。

栻先生[①]和数理系教授李绪文先生[②]。

金女大行政管理层非常重视图书馆工作，有关图书馆的建设与管理问题常被列入学校会议议题中，并通过会议决议方式有效地进行处理。1947 年 5 月 13 日下午，学校召开了教务工作会议，时任图书馆主任的刘华锦先生应邀参加此会。此次会议决议的九项议题中有四项涉及图书馆事宜，其中：第六项议题为“去年录孙中山夫人首赠送本校图书馆大批医学书籍，本校并不需要，现兰州中卫生部实验院西北分院需用，该种书应否转送案”，会议决议“请校长致函，因本校不需用医学书，故转送该分院”；第七项议题为“各系所购各种书籍应否归入图书馆案”，会议决议“各系所购各种书籍如用图书费购买应照图书馆订购新书手续办理，到后应先由图书馆登录编目，然后始能借阅，其他教科书、音乐谱等不用图书费购买者则不归入图书馆”；第八项议题为“暑假期间图书馆将彻底清理所有图书，须停止借书二星期案”，会议决议“通过”；第九项议题为“学生自治会请求图书馆延长星期六开放时间案”，会议决议“通过，图书馆设法实行”。

第一个议题是有关赠书收藏问题，我们今天的图书馆也都曾遇到过如何处理不适宜本馆收藏的受赠文献的问题，在七十年前，金女大图书馆遇到这个问题时，管理层就明确给出了图书转赠处理的指示。第二个议题是有关如何处理院系购买的文献，这是如今还在困扰着不少高校图

① 王栻(1912—1983)，原名王载栻，字抱冲，男，浙江平阳人，是平阳先贤王理孚之子，著名历史学家。1935 年毕业于清华大学历史系。曾在温州师范学校任教。1939 年从清华大学研究院毕业后，受聘成都金女大，任历史系教授至 1951 年并校。1952 年院系调整后，转任南京大学历史系教授。著有《慈禧太后传》《国耻史讲话》《严复传》《维新运动》等。

② 李绪文(1905—1987)，男，民盟委员。1930 年毕业于中央大学，获学士学位。1939 年进入金女大工作，任数理系教授。1952 年全国院系调整后，曾先后任南京师范学院、江苏师范学院、徐州师范学院数学系教授。

书馆的问题。其实,不管是学校的哪一级部门,只要是以图书费明目(包括学校下拨的专门图书经费和各类不同项目中规定的所占一定比例图书资料费)采购的图书均应纳入学校图书馆资产管理,由图书馆登记、编目,进行统一的流通服务管理。当然,对于院系和教研人员选购的图书,可以在图书馆完成资产管理手续后,优先服务于院系和教研人员。第三个议题是有关图书馆的馆藏清点工作。一次馆藏清点就是一次图书资产盘查,图书馆实行全开架借阅服务后,定期进行馆藏清点工作尤为必要。金女大图书馆自创立起,就引入美国的图书馆管理模式,推行全开架的图书借阅服务制。“女大的图书馆,是采用开放性质,不关不锁,要借就拿,看完仍置原架,这种制度,能维持下去,是全靠全体同学的合作与爱好公物的习惯”①。如此虽方便了读者,但长时间下来,难免会有图书放错书架甚至丢失的情况发生。因此,金女大图书馆利用暑假进行馆藏清点是十分必要的。现今,随着 RFID 技术的应用,计算机、机器人的帮助可以省去大量的人力劳动,图书清点工作越来越智能化。然而,相比于传统的条形码识别技术,RFID 装备的价格相对昂贵,因此,目前还有很多图书馆没有采用,而进行馆藏图书清点,需要耗费大量的时间和人力。且当下高校图书馆年度均有相当大的纸质图书采购量,不少图书馆馆藏量达几百万册,做一次全面馆藏清点确实不易。虽然不易,但作为图书馆的一项常规工作,各馆的馆藏清点工作还是要持续做好。第四个议题是有关图书馆的开放时间。满足读者需求是图书馆承诺的服务。对于读者的需求问题,图书馆可以想方设法去解决,在力所能及的范围内尽量满足读者的需求。但如果条件不具备时,硬要去实现承诺的话,则会带来一系列的后续问题,管理者们需要充分地衡量利弊。如今的高

① 宛宛.清凉山麓的女儿国:金陵女大[J].青年学刊,1936,3(2):67—68.

校图书馆每周七天均开放,每天开放都在十多个小时,已是常态。然而,即使如此,读者还是希望图书馆再延长开放时间。但是让馆员24小时轮流值班,全天候开放图书馆,显然是不现实的。对24小时开放图书馆的问题,有不少高校图书馆采用折中方式,设置专门的24小时开放的自修室,且将这个自修室与图书馆藏书阅览空间做了分隔,在图书馆留有一个相对独立的又能满足读者需求的连续开放的空间,同时又确保了图书馆闭馆后其余空间的安全。当然,随着自助式服务的普及,未来"无人图书馆"也将兴起,图书馆实体空间的开放在时间上该不会存在问题了。纵观这四个议题中的问题,我们现今的图书馆也常会遇到,然而在学校层面的工作会议上拍板处理图书馆日常事宜却是不多见的。

恢复正常运转的金女大图书馆一如既往地重视新生入馆教育。早在1933年,《新闽前锋》杂志上就曾刊载文章介绍金女大的新生"入学周"活动:"甲,新生入学周——秋季开学前一周规定为新生入学周……让她们在上课之前知道图书馆的藏书制度,注册的手续。"[①]1947年秋季学期开学时,金女大新生辅导周中有关图书馆利用指导的部分列在两天的计划中。第一天(9月11日)上午,由时任图书馆主任的刘华锦先生讲解如何利用图书馆。第二天(9月12日)上午,再由刘华锦先生带领新生参观图书馆[②]。图书馆主任亲自为新生讲解如何利用图书馆,指导她们利用图书馆的方法,并带领她们实地参观图书馆,是金女大建校以来的惯例。

根据1948年10月25日时任图书馆主任的Mary Caldwell Watson小姐撰写的《1947—1948学年图书馆年度报告》可知,此时,图书馆馆藏图书合计37 733册,其中中文图书19 228册,西文图书18 505册,按当

---

① 浩德.私立金陵女子文理学院概况[J].新闽前锋,1933,2(3):72.

② 见《金陵女子文理学院校刊》1947年9月第143期第5页。

年在校生 440 人计，生均拥有图书量已上升至 86 册。年度新增中文图书3 620 册、西文图书 1 894 册。年度借阅中文图书 4 000 册，其中教职员工借阅 1 500 册、学生借阅 2 500 册。年度借阅西文图书 3 000 册，其中教职员借阅 2 000 册、学生借阅 1 000 册。年度预约图书量为 1 865 册，其中中文图书 640 册、西文图书 1 225 册。年度中文图书支出 88 448 250 中国元，西文图书支出 2 000 美元，中文期刊支出 52 503 200 中国元，西文期刊支出1 650美元。报告中还高度评价了前任图书馆主任刘华锦小姐的领导力：在她的带领下，馆员齐心协力，因战争受损的图书馆设施已恢复正常运行。Mary Caldwell Watson 小姐在报告中期望图书馆不要只停留于恢复性建设，而要为全校师生提供更加可靠的现代化的利用工具，且图书馆的每一位员工都应正确认识自己的责任目标①。

1950 年 6 月，朝鲜战争爆发。10 月，中国人民志愿军进入朝鲜，全国掀起了“抗美援朝，保家卫国”的运动。12 月，随着国内外环境与形势的变化，外籍教师开始陆续撤离中国各教会大学。1951 年年初，图书馆主任 Watson 小姐不得不离开金女大回国。因此，1951 年春季学期开学时，金女大图书馆的在册员工由 6 位减少为 5 位，她们是刘华锦、刘恩萱、杨效让、张德顺、郝映青。是年，她们以金陵女子文理学院图书馆的名义编辑出版了专著《抗美援朝运动参考资料索引》。目前该书在中国国家图书馆、上海图书馆、南京图书馆和国内几十所高校图书馆均有收藏。

战后南京金女大图书馆留给 1946—1951 年的在校学生怎样的记忆呢？透过她们的回忆可见一斑。

2010 年 12 月，时间已过去了 59 年，1948 年进校的金女大 1951 届毕业生陆源回忆起她在学校的学习生活时，说她最喜欢的是母校的图书

① 见耶鲁大学神学院图书馆数字档案 RG011-129-2644 第 4—6 页。

馆,“宽敞明亮的图书馆,一排排高大的书架上好像是挤着许多位沉睡的精灵,随手抽下一本,轻启书扉,醉心于书中的千姿百态,任凭自己畅游在另一个美妙的世界。她说那些在金女大图书馆一坐就是一整天的日子不仅让她回味无穷,也让她在漫漫人生路上受益匪浅”①。她说在校时由于时局动荡,所以分外珍惜那些能够安静读书的日子。

1946年考入金女大外文系,后转入社会学系的朱文曼印象最深的也是母校的图书馆:“图书馆里的藏书是能够满足学生需要的。而且一贯开架管理(从来没听说过偷书的事),学生可以随便找书看。必要的检索工具(文摘索引之类)使用也很方便。图书馆冬暖夏凉。南京的冬天很冷,但图书馆的中央有一个巨大的火炉,在图书馆看书就不那么冷了。金女大的建筑是中国宫廷式的,有大屋顶和较厚的墙,而图书馆大厅直达房顶,阅览室设在四周,上、下、南、北通透,人又不多,所以夏天也不会太热。在里面看书还是比较舒适的。有些课程用国外出版的教科书和参考书,在国内买不到,图书馆能根据实际需要准备足够的数量,供有关学生借用。这个图书馆对学生的学习起很大的作用。”②“当时金女大的图书馆是开架管理,所以学生可以自由地在里面找自己要看的参考资料,这既方便又有privacy。这也是我说的‘自由学习空间’的一方面。我认为这对学生很有帮助。在图书馆开架管理这一点上,金女大至少比如今我们许多大学图书馆先走了大半个世纪。”③从金女大毕业后,朱文曼

① 戴迪,于璐.非常人 平常心——访金女大老校友陆源[EB/OL].(2010-12-16)[2017-07-16].金陵女子学院《校友通讯》第22期.http://ginling.njnu.edu.cn/wzattach/115320_624992.doc.

② 丁冬.悄然绽放的金陵玫瑰——朱文曼[EB/OL].(2010-12-16)[2017-07-16].金陵女子学院《校友通讯》第21期.http://ginling.njnu.edu.cn/wzattach/115159_406432.doc.

③ 朱文曼.大学生需要自由的学习空间[EB/OL].(2010-12-16)[2017-07-16].金陵女子学院《校友通讯》第21期.http://ginling.njnu.edu.cn/wzattach/115320_624992.doc.

走上了图书馆的工作岗位，她曾先后担任中国科学院吉林物理研究所图书馆负责人、长春物理研究所第十研究室主任兼图书馆馆长。20世纪80年代，她调任上海科学技术大学图书馆馆长后，汲取母校金女大图书馆和国外图书馆的经验，改变当时国内图书馆普遍实行的闭架借阅管理模式，开放书库，并四处奔波游说筹款，为图书馆购买计算机设备，并兴建图书馆大楼——嘉定校区联合图书馆，把上海科学技术大学图书馆办成了一个现代化的图书馆，在当时全国院校图书馆中处于先进水平①。

1948年秋季入学的潘耀南在六十年以后的回忆文章"永恒的回忆"中说："母校的图书馆绝对是一流的。当时就是开放式的。藏书很丰富，古典文字、世界名著应有尽有。坐在窗明几净、幽雅寂静的环境中，徜徉在知识的海洋中，六十年后的今天每每想起都感到无比幸福。"②

19世纪末哈佛大学校长查尔斯·威廉·艾略特(Charles William Eliot)曾用"图书馆是大学的心脏"(The Library is the Heart of the University)来比喻图书馆在大学的重要地位。金女大图书馆经历了三次校园变迁和四次文献大搬迁，遭受过战争的无情摧毁，却依然以顽强的生命力支撑学校的教学工作。在学校管理层的大力支持下，在社会各界人士和机构的捐赠襄助下，金女大图书馆不断地发展壮大，这颗"大学的心脏"始终充满着活力。战后复建，图书馆从无到有，从不足到超越，凝聚了九位在册馆员、诸多不知名的教职员和勤工生们的辛劳，是他们用双手和智慧重新丰富馆藏，创造了温馨的阅览环境，为金女大学生营造了一个幸福的知识殿堂。

---

① 见许又文所写的《今天我们在一起纪念我妈妈的一生》一文，文章刊载于金陵女子学院《校友通讯》第25期。

② 潘耀南.永恒的回忆[EB/OL](2010-12-16)[2017-07-16].金陵女子学院《校友通讯》第21期.http://ginling.njnu.edu.cn/wzattach/115159_406432.doc.

第七章

金女大图书馆员工结构解析

根据前面章节对人员情况的一一梳理、考证,可以将金女大图书馆在册员工的情况,包括其性别、图书馆任职年限、担任图书馆主任及代理主任时的年龄、进校工作前的学历、图书馆学专业教育背景等进行汇总(见表 7-1)。1915—1951 年金女大官方档案记载中,在册图书馆员工共计 30 位,其中西方员工 8 位,中方员工 22 位。最早在金女大图书馆任职的是美国欧柏林学院毕业生 Adelaide Gundlach 小姐,她在 28 岁时担任图书馆主任,任职 3 年。在金女大图书馆任职时间最长的是曾于 1931—1933 年在金女大学习的刘恩萱小姐,她自 1942 年秋季学期起工作于成都金女大图书馆,经历金女大图书馆从成都回迁南京,至 1951 年金女大与金陵大学合并,共计工作了 9 年。任职时间达到 3 年及以上时间的图书馆馆员有 10 位,占总人数的 33.3%,而任职时间只有 1 年的,有 12 位,占总人数的 40%。说明金女大图书馆员工的流动性较大。

1915—1951 年的 36 年里，只有三分之一的员工能相对稳定地工作一段时间(3 年及以上时间)。除西方员工因受派遣期限限制外，对于中方员工，频繁的人员流动与民国时期中国教育机构人才流动有较大的自由度相关，但也与当时整个中国社会动荡不安的环境分不开，由于战争不断，社会不稳定，人们没有可以长久安逸之处。

表 7-1　金女大图书馆员工结构情况表

序号	姓名	性别	在册任职年度及年限	主任/代主任及任职时的年龄	进校工作前的学历
1	Adelaide Gundlach	女	1918—1921，3 年	是，28 岁	欧柏林学院(学士)
2	Narola E. Rivenburg	女	1921—1922，1 年	是，33 岁	瓦瑟学院(学士)、哈特福得神学院(学士)
3	Marion J. Ewing	女	1922—1923，1 年	是，37 岁	西蒙斯学院(学士)、波士顿大学(硕士)
4	Anna R. Clark	女	1923—1925，2 年	是，33 岁	印第安纳大学(学士)
5	Mrs.L.H. Caldwell	女	1925—1926，1 年	是，30 岁	西蒙斯学院(学士)
6	余舜芝	女	1926—1929，3 年	是，24 岁	波蒙纳学院(学士)
7	张肖松	女	1929—1930，1935—1936，2 年	是，29 岁	金女大(学士)、密西根大学(博士)
8	钱存训	男	1930—1932，2 年	是，20 岁	金陵大学(在读学生)
9	Mrs. B. Burgoyne Chapman(Goucher 小姐)	女	1930—1932，2 年	是，47 岁	高切尔学院(学士)、哥伦比亚大学(硕士)
10	朱家治	男	1931—1932，1 年		金陵大学(学士)、纽约州立大学(学士)
11	沙鸥	女	1931—1933，2 年		文华图专(讲习班学员)
12	吴光清	男	1932—1935，3 年	是，27 岁	金陵大学(学士)、哥伦比亚大学(图书馆学，学士)、密西根大学(图书馆学，硕士)

续表

序号	姓名	性别	在册任职年度及年限	主任/代主任及任职时的年龄	进校工作前的学历
13	吴元清	女	1933—1940,7年	是,26岁	文华图专(学士)
14	刘椿年	男	1935—1937,1年		中学毕业(五卅中学)
15	Alice Ellzey Morris	女	1936—1937,2年	是,25岁	西蒙斯学院(学士)
16	王仁慈	女	1938—1939,1年	是,未知	金女大(学士)
17	Mr. S.F.Liu	男	1939—1940,1年	是,未知	金陵大学(学士)
18	孙雁征	女	1940—1946,6年	是,23岁	文华图专(学士)
19	袁競化	女	1940—1942,2年		中学毕业(南京汇文女中)
20	沈荣锦	女	1942—1943,1年		未知
21	刘恩萱	女	1942—1951,9年		金女大本科肄业
22	刘华锦	女	1946—1951,5年	是,42岁	文华图专(学士)
23	张德顺	女	1946—1951,5年		中学毕业(淮阴 Chen Tse 中学)
24	熊爱涟	女	1946—1947,1年		中学毕业(南京金女大附中)
25	(宋)邱玉瑛	女	1946—1948,2年		“国立体育师范专科学校”
26	陈德华	女	1947—1948,1年		金陵大学图书馆学专修科
27	Mary C. Watson	女	1948—1951,3年	是,38岁	伊利诺伊大学(图书学,学士)
28	杨效让	女	1948—1951,3年		金女大(学士)、南加州大学(硕士)
29	常宝贞	女	1948—1949,1年		齐鲁大学(学士)
30	郝映青	女	1950—1951,1年		金女大(学士)

一　性别及教育程度

金女大图书馆在册的30位员工中有25位女性,占总人数的83.3%,男性有5位,只占16.7%。当然,在一所私立女子大学,女性为主流群体,图书馆员工中女性偏多是很正常的现象。在金女大从事过图书馆管理和教学的几位男士中有三位后来成为中国和美国图书馆界颇有建树的知名学者。按照他们工作于金女大的先后顺序,第一位是先以勤工生身份勤工俭学于金女大图书馆,后又担任图书馆代理主任一年的钱存训先生,他于1978年从美国芝加哥大学东亚图书馆馆长职位上荣休,是著名华人汉学家、中国书史和文化史研究泰斗;第二位是在金女大开设一年也是唯一开设图书馆学课程的朱家治先生,他从南京工学院(今东南大学)图书馆副馆长职位上荣休,是中国著名的图书馆学家;第三位是留学美国获得图书馆学硕士学位,回国后立即被聘为金女大图书馆主任的吴光清先生,他于1975年从美国国会图书馆东方部主任职位上荣休,是著名的华人图书馆学家。在三位学者早期的从业经历中,金女大和金女大图书馆成为他们锻炼成长的一个重要舞台。钱存训先生在他的回忆录中总结自己担任金女大图书馆一年代理主任的收获时,曾以"这一年的行政经验,对我后来的工作却很有帮助"来概述,经历虽短暂,但获益匪浅。

中华人民共和国国家教育委员会1987年7月25日公布的《普通高等学校图书馆规程》第四章中对工作人员的要求是:专业人员应具有中专(高中)毕业以上文化程度,其中大专以上文化程度的应逐步达到60%以上。而在这个规程出台前的40至70多年间,金女大图书馆员工的学历情况是怎样的呢?从表7-1金女大图书馆员工结构情况表中可知,除了1942—1943学年工作于成都金女大图书馆的沈荣锦一人未在档案资料中找到学历背景外,其他29位人员中,有4位是中学毕业生,其余的25位都受过高等教育(含3位专科、1位本科肄业和1位本科在读者),约占员工总数的86.2%。女性员工中,受过高等教育的比例约为87.5%。30位员工中已获得学士及以上学位的有20位,约占67%。获得硕士学位的有 4 位，获得博士学位的有 1 位。这个比例比 20 世纪 80 年代和 90 年初期我国高校图书馆员工中受过高等教育的比例要高得多。1956 年，江苏省高等学校图书馆大专以上文化程度从业人员约占 38.5％。1988 年江苏省图书馆工作委员会对本省 64 所高校图书馆进行了调研，具有研究生双学位学历的员工约占 0.7％，本科学历的约占 20％，大专学历的占 36.2％，中专（含高中）学历的占 34.5％，初中及以下学历的占 8.9％[①]。也就是说，到了 20 世纪 80 年代末期，江苏省高校图书馆从业人员中，受过高等教育的只有 56.9％，未达到《普通高等学校图书馆规程》中 60％的要求。而民国时期，中国女子有机会接受教育的人本身就很少，能有机会接受高等教育的则更少。金女大图书馆 87.5％的女性员工都受过高等教育，这么多知识女性集中工作于此，离不开金女大魅力的吸引。金女大图书馆是幸运的，在这样的图书馆里学习，享受天使般的馆员服务的读者更幸运。

二　专业教育背景

高等学校的图书馆工作是学校教学科研的重要组成部分，要有一支适应工作需要的专业队伍。一所大学图书馆所需的人才，应具备一定的文化素养，具有一定的专业基础，通晓图书馆学必备的知识，具有管理图书馆的技能。因此，高等学校图书馆应根据工作需要，组建一支人员数量足够、素质较好、结构合理的专业队伍。1988 年，计算机已开始应用于图书馆工作中，此时江苏高校图书馆人员中，图书情报专业的占 25％，文史专业的占 17％，理工专业的占 30％，外语专业的占 7％，计算机专业的占 1％，其他专业的占 20％。而当时，图书馆界学者认为，图书

① 陈乃林，等.江苏高等学校图书馆年鉴[M].南京：南京大学出版社，1990：224.

馆从业人员专业结构较为理想的比例是图书馆学占30%,能覆盖院校开设专业且占35%,外语及计算机专业各占15%,其他专业合占5%[①]。而1915—1951年,金女大开设的专业以文史、数理、宗教、社会学、艺术等为主。因学校教职人员历年都比较紧缺,特别是办学初期,学校没有聘请专职的图书馆管理人员,图书馆主任和馆员的职责由学校的教员兼职承担,这些教员的专业背景涉及人文、数理、宗教、心理学。但在很长一段时间内,在册记载的图书馆人员只有一位,图书馆日常事务性的工作则由学校聘请的大量勤工俭学的学生承担。1946—1951年间,虽然同时在册的有5—6位馆员,但也不可能像今天这样有一支学历背景能覆盖各学科的专业馆员队伍。

然而纵观金女大图书馆29位在册员工的专业教育背景,他们中在工作于金女大图书馆之前就已接受过图书馆学教育和培训的,计有12位,占41.4%,分别来自于国内外六所设有图书馆学专业的院校和图书馆学教育的专门学校,这个比例超过20世纪80、90年代中国高校图书馆界30%的理想比例。六所学校中有四所是美国大学。一是美国西蒙斯学院(Simmons College)图书馆学校(School of Library Science),有3位本科毕业生,她们分别是1910年毕业的Marion J. Ewing、1918年毕业的Mrs.L.H. Caldwell和1934年毕业的Alice Ellzey Morris。二是美国伊利诺伊大学图书馆学本科专业,有1位毕业生,即1940年毕业的Mary C. Watson。三是美国哥伦比亚大学图书馆学本科专业,四是美国密西根大学图书馆学硕士专业,有1位毕业生,即分别于1931年和1932年先后于两校毕业的吴光清先生。另外两所是国内的学校。一是金陵大学文学院所设图书馆学辅修专业,有3位本科毕业生和1位专修科毕

① 陈乃林,等.江苏高等学校图书馆年鉴[M].南京:南京大学出版社,1990:225.

业生。他们分别为1920年毕业的朱家治先生,1927年毕业的吴光清先生,1932年毕业的钱存训先生和1944年毕业于西迁成都的金陵大学图书馆学专修科的陈德华小姐。另一所是武昌文华图书馆学专科学校(Boone Library School),有4位毕业生,她们分别是1930年本科毕业的刘华锦、1933年本科毕业的吴元清、1940年本科毕业的孙雁征和1930年第一期培训班结业的沙鸥。

工作于金女大图书馆的六所学校的毕业生中,占该馆总员工数量比例较大的有三所,培养了推动金女大图书馆建设与发展的主力军。这三所学校分别是美国西蒙斯学院、南京金陵大学和武昌文华图书馆学专科学校。三所学校的11位毕业生先后服务于金女大,将图书馆学专业知识应用、传播于金女大,为金女大图书馆的建设与发展做出了贡献,而这一切与他们母校图书馆学的教育理念分不开。

1. 美国西蒙斯学院图书馆学教育的影响

建于1899年的西蒙斯学院是一所知名的女子大学,位于美国马萨诸塞州波士顿市。该校规模虽小,但女性学生在这里可以得到更多的发展机遇。目前,该校设有图书馆和信息科学学院,专门培养图书馆学和信息科学专业研究生。打开图书馆和信息科学学院(School of Library and Information Science,简称SLIS)的主页,“关于我们”栏目介绍了学院的声誉和办学特色。该学院的Library and Information Science(简称LIS)硕士专业在“U.S. News & World Report”排名中居世界前10位。学院创建于1902年,从早期的图书馆学学士专业培训到如今的LIS专业硕士培养,学院一直致力于为学生在专业领域建立卓越的职业生涯。学院的教师和校友是他们各自领域的杰出专家,并在专业协会中担任着高层领导的职务。学院提供从一流的项目实践到学期实习、从实习到预就业机会等多种用于体验式学习的选择。学院还提供灵活性的全日制和非全日制学习模式选择，开设晚间和周末班，提供混合式课程、在线课程和图书馆学硕士后学习机会。学院还拥有业界最大的校友网络平台，为校友提供终身的专业合作和支持①。

图 7－1　西蒙斯学院校园建筑图②

以上是西蒙斯学院建院 110 多年后的自我评价。那么，百年前的西蒙斯学院图书馆学专业又是怎样的呢？Charles C. Williamson 于 1923 年发表的“Training for Library Service”（即著名的“威廉森报告”）中，有关西蒙斯学院图书馆学校（Simmons College School of Library Science）是这样描述的：“西蒙斯学院图书馆学校是学院的八个院系之一。图书馆学专业提供了两种课程模式：一种是修完四年课程，可获得理学学士

① Why Simmons SLIS? [OL].（2016-07-12）. http://www.simmons.edu/academics/schools/school-of-library-and-information-science/about.

② 图片来源：*Simmons College—Microcosm Yearbook* (*Boston*，*MA*)—*Class of 1906* 第 55 页。

学位；另一种是为其他学院的毕业生或至少有三年其他学术研究的妇女提供一年专业课程培训。"大约有三分之二的西蒙斯学院图书馆学毕业生采取的是将图书馆培训作为大学课程的一部分①。1918 年，被誉为"中国现代图书馆运动之皇后"的韦棣华女士(Mary Elizabeth Wood，1861—1931)就曾利用这种学习模式，在该校接受过一年的图书馆学专业培训。这个专业培训对其回中国后发展文华图专有着深远的影响。另外，当时的西蒙斯学院图书馆学专业还要求学生学习德语、法语等多种语言，目的是让她们将来更好地服务于公共和学术图书馆②。

在 1934 年的 *Simmons College Bulletin* 第 45 页上有这样一段话："Because library work demands more than average intellectual ability those who have always been among the outstanding students in their classes are advised to consider this career."(由于图书馆工作的要求超过了平均智力需求，因此建议成绩优秀的同学考虑从事图书馆职业)正是这样的鼓励，不少优秀的西蒙斯学子在大学四年级选择修学图书馆学，同时也有许多其他学校的毕业生选择到西蒙斯学院修习一年的图书馆学。西蒙斯学院图书馆学的办学宗旨传承了百年，它对图书馆学和图书馆职业如此重要的定位，激励着它的毕业生们将图书馆学知识和服务理念传播于世界各地。1919 年，在西蒙斯学院图书馆学进修了一年的韦棣华回到了她创建的文华图专，同她的学生沈祖荣、胡庆生一起，开展了轰轰烈烈的"新图书馆运动"，宣传先进的图书馆管理模式和为读者服务

① TRAINING FOR LIBRARY SERVICE[OL].(2016-7-19). https://archive.org/stream/trainingforlibra011790mbp/trainingforlibra011790mbp_djvu.txt.

② Boston Athenaeum library card[OL].(2016-07-12). http://slis. simmons. edu/alice/exhibits/show/alice%27s-life-and-times/library-science/course-offerings.

的理念[①]。之后的1922年至1937年,三位同专业校友Marion J. Ewing、Mrs.L.H. Caldwell、Alice Ellzey Morris也同她一样远渡重洋,来到大洋彼岸的中国,将西蒙斯学院的图书馆学知识和服务理念应用于一所东方女子学校——金陵女子大学。

表7-2　三位曾工作于金女大的西蒙斯学院图书馆学专业毕业生

姓名	性别	毕业时间	在金女大图书馆工作的时间	工作的图书馆
Marion J. Ewing	女	1910年	1922—1923年	绣花巷校园图书馆
Mrs. L. H. Caldwell	女	1918年	1925—1926年	陶谷新校园文学楼内的过渡图书馆
Alice Ellzey Morris	女	1934年	1936—1937年	陶谷校园1934年落成的新图书馆

Marion J. Ewing、Mrs. L. H. Caldwell和Alice Ellzey Morris同韦棣华女士一样,将西蒙斯学院的图书馆学知识传播、应用于中国,助力中国图书馆事业的发展。金女大图书馆采用了杜威十进制分类法进行图书分类,并推行全开架的图书服务模式;与金陵大学图书馆开通馆际互借服务;重视新生入馆教育;致力于为学生创造宁静而舒适的阅览环境。这些人性化的服务举措在当时的中国图书馆界颇具前瞻性和影响力,这与西方员工带来并应用于实践的西方图书馆学教育和服务理念是分不开的。沈祖荣先生1933年发表于《中华图书馆协会会报》第9卷第2期中的《中国图书馆及图书馆教育调查报告》里对于金女大图书馆有如下描述:“该馆采用开架制,管理因之颇感困难。又为鼓励寒素学生工读起见,图书馆有学生助手若干人。”[②]可见,我们当下实行的全开架服务模

① 董中锋.华大精神与人文底蕴 学人学术学养[M].武汉:华中师范大学出版社,2013:403.
② 沈祖荣.沈祖荣文集[M].武汉:武汉大学出版社,2013:234.

式和聘用勤工生参与图书馆管理的措施，早在80多年前的金女大图书馆就已经采用。《历史上的金陵女子大学图书馆：办馆特色与现实启迪》一文中是这样概括金女大图书馆的办馆特色的："金女大图书馆面向世界，无论是建筑风格、服务方式、管理模式，还是聘用的馆员，无不体现中西合璧之特点。"[①]的确，正是这样的中西合璧推动了金女大图书馆的发展。

三位西蒙斯学院图书馆学专业的毕业生虽然都只在金女大图书馆工作了一年时间，但在西蒙斯学院严格的专业教育和对理想馆员的高品质要求的指导下，她们弘扬的职业精神潜移默化地影响着金女大图书馆的建设与发展。正如程焕文馆长在他的《美国图书馆学教育史》一文中认为的，美国图书馆学教育的历史从1887年算起，至今已经历了近130年，在这百年多的历史中，美国的图书馆学教育不仅为美国图书馆学和图书馆事业的发展与繁荣做出了巨大的贡献，也对世界其他国家，尤其是中国近代图书馆学教育的兴起和现代图书馆学教育的发展产生了广泛的影响[②]。因此，对于那些受过美国图书馆学专业教育，远涉重洋，将知识传播于中国，将先进的服务理念实践于中国的前辈们，历史的记忆需为他们留下一笔。

2. 金陵大学图书馆学教育的影响

金陵大学前身是1888年在南京成立的汇文书院（Nanking University，1888—1910），由美国基督教会美以美会（Methodist Church）在南京创办，院址设在南京干河沿（今金陵中学校址）。1910年，美国教会合并汇文书院、宏育书院（Union Christian College，1907年由南京的基

---

① 平保兴.历史上的金陵女子大学图书馆：办馆特色与现实启迪[J].河南科技学院学报（社会科学版），2015(5)：72—76.

② 程焕文.美国图书馆学教育史[J].四川图书馆学报，1990(2)：106.

督书院和益智书院合并而成)成立金陵大学堂(University of Nanking,1915年改名为金陵大学校)。大学部开始设于干河沿汇文书院院址,大学部图书馆当时有西文书2 250册,放置在青年会楼(Cooper Hall)二层;附中设于宏育书院院址;小学设于益智书院院址。

1916年,大学部开始迁入鼓楼西南坡的新校舍(今南京大学鼓楼校区校址北园)。1917年夏季,大学部图书馆迁到新校舍科学馆(东大楼)三楼,占两间房。1920年夏季,行政院(即北大楼,又称塔楼,今南京大学鼓楼校区行政楼)落成,图书馆迁至该院第三层,占房四间,并逐年扩充书库,增加房间。1929年,学校获得民国政府捐赠三十万元,用于建造专门的图书馆大楼。据1937年6月统计,金陵大学图书馆藏书量达322 369册,其中中文图书有106 769册。新图书馆大楼始建于1936年,由基泰工程司建筑师杨廷宝设计,陈明记营造厂承建。

1937年7月抗日战争全面爆发,金陵大学被迫西迁,在四川成都华西坝艰苦办学。随迁的图书仅占图书馆馆藏的十分之一,而留存于南京的大量图书于1942年被伪中央大学占用。1945年9月,金陵大学在南京复课。建成于1937年的新图书馆大楼(现为南京大学老图书馆和校史博物馆)才得以为学校所使用,直至1951年9月,私立金陵大学与私立金陵女子文理学院合并为公立金陵大学。

自1913年金女大建立后,金陵大学多予以辅助与合作,特别在金女大建校之初图书文献资源紧缺时,慷慨相助,为金女大师生全面开放图书馆。在金女大图书馆建设发展的过程中,金陵大学又输送了多位专业人才。他们中有的是先在金陵大学接受了图书馆学基础课程学习,留学美国后又专修了图书馆学的毕业生,如朱家治、吴光清两位先生;有的是将自己辅修的图书馆学专业知识应用于实践的在校大学生,如钱存训先生;有的是已在金陵大学图书馆获得工作经验的员工,如刘椿年先生;有的是在战争年代得益于金陵大学增设图书馆学专修科而获得宝贵学习机会，并接受了专业培训的专门人才，如陈德华小姐。

图 7-2　1910 年在汇文书院干河沿原址建立的金陵大学堂①

图 7-3　1910—1917 年金陵大学图书馆位于干河沿青年会楼二层，后用作中学图书馆②

① 图片来源：http://findit.library.yale.edu/catalog/digcoll:1461185。

② 图片来源：http://findit.library.yale.edu/catalog/digcoll:1603975。

图 7-4　1920 年鼓楼校园行政楼(左)部分空间用作图书馆①

图 7-5　1937 年建成的新图书馆大楼②

① 图片来源:http://findit.library.yale.edu/catalog/digcoll:1463713。

② 图片来源:http://findit.library.yale.edu/catalog/digcoll:1460961。

1913年，美国普林斯顿大学图书馆参考部主任克乃文(William Harry Clemons，1879—1968，美国著名图书馆学家)来华，担任金陵大学外文系主任的同时兼职管理图书馆，并在金陵大学文科开设图书馆学课程，成为在华开设图书馆学课程的第一人，开了中国现代图书馆教学活动的先河。克乃文先生通过金陵大学讲台，直接向中国青年学子输入西方近代图书馆学知识。金陵大学早期图书馆学课程的开设，为一批后来在国内外有影响力的图书馆学家奠定了学科专业基础。如1916年毕业于金陵大学且获得文学学士学位的洪范五(又名洪有丰，Hung Yu-feng，1893—1963，著名图书馆学家，最早在美国国会图书馆任职之华人，中国图书馆事业开拓者和专家)；1920年毕业于金陵大学且获得文学学士学位的李国栋先生(又名李小缘，Li Siao-Yuen，1897—1959，图书馆学家、目录学家)、朱家治先生(1894—1977，图书馆学家)、刘国钧先生(Liu Kwoh-Chuin，1899—1980，图书馆学家、图书馆学教育家)和获得科学学士学位的万国鼎先生(1897—1963，农史学家，中国农史学科主要创始人之一)、毛雍先生(1924年主编出版《中国农书目录汇编》)；1923年毕业并获得文学学士学位的陈长伟先生(1895—1955，图书馆学教授)；1927年毕业并获得文学学士学位的吴光清先生(1905—2000，著名华人图书馆学家)。他们中有两位后来服务于金女大，朱家治先生于1931—1932学年在金女大首次开设图书馆学课程，吴光清先生于1932—1935年担任金女大图书馆主任。

1914年，开始担任金陵大学图书馆主任的克乃文先生，除了积极致力于图书馆的各项事务外，还热心于馆内青年人才的培养，并积极推荐他们到美国留学，从而使得馆内一批骨干人员的业务能力和知识层次在早期的中国图书馆界出类拔萃。出色的图书馆藏书和业务管理制度，一度让金陵大学图书馆成为当时东南知识重镇，乃至中国图书馆学研究和专业教育的东南中心①。1918年,洪有丰先生与克乃文主任搭档出任金陵大学图书馆副主任;1919年李小缘先生加入金陵大学图书馆队伍,任图书馆助理;1920年刘国钧先生也加入,任图书馆助理馆员。后来,他们相继出国深造,回国后,为中国早期图书馆学教育事业的发展做出了卓越的贡献。他们不仅在金陵大学,而且在整个中国的图书馆学专业教育史上,都有着杰出的地位。

1920年3月,韦棣华、沈祖荣先生等在武昌文华大学创办图书科,标志着中国图书馆学正规教育的开始。文华图专早期的教学,在继承了美国图书馆学教育体系的基础上,加强了学生图书馆实务的训练。1922年,东南大学开办暑期图书馆讲习科,此后至1926年每年连续开班。1925—1926年,时任金陵大学图书馆馆长的李小缘先生也提出了立足本土的图书馆学教育思想。1927年,在李小缘、刘国钧、万国鼎等几位先生的积极推动和主持下,金陵大学图书馆学辅系正式建制,成为又一个中国图书馆学专业教育的重镇。1930年8月初版、1931年7月再版的《私立金陵大学文学院概况》②中说,1931—1932学年金陵大学文学院教育系下设教育学组、心理学组和图书馆学组。教员名录中图书馆学专职教员有两位先生,一位是金陵大学文学学士,曾任学校图书馆流通部主任及代理馆长的陈长伟先生,另一位是金陵大学文学学士,曾任学校图书馆中文编目主任的曹祖彬先生。此时,图书馆学组虽暂未被列为主系,但规定的辅修专业课程系统且实用,1931—1932学年金陵大学图书馆学课程设置情况如表7-3所示。

① 徐雁.读者为本,书籍至上;学贯古今,术通中西——克乃文先生在金陵大学首开图书馆学课程百年纪念[C]//2005转型期信息管理学科建设学术研讨会.2005.

② 见耶鲁大学神学院图书馆数字档案RG011-201-3434B第53—55页。

表 7-3　1931—1932 学年金陵大学图书馆学课程设置情况表

课程代码	课程名称	学分	每周课时	课程类型
图书馆学 140	图书馆学大纲	4 学分	4 小时	必修
图书馆学 141	参考书使用法	3 学分	3 小时	必修
图书馆学 144	目录学	3 学分	3 小时	必修
图书馆学 151	分类法	3 学分	3 小时	必修,预修 140
图书馆学 152	编目法	3 学分	3 小时	必修,预修 140
图书馆学 153	图书流通法	2 学分	2 小时	必修,预修 140
图书馆学 154	杂志报纸政府公文	2 学分	2 小时	选修,预修 141
图书馆学 155	特种图书馆	3 学分	3 小时	选修,预修 140
图书馆学 160	书史学	2 学分	2 小时	三、四年级生选修
图书馆学 163	图书选择之原理	2 学分	2 小时	选修

1931—1932 学年,金陵大学文学院三年级学生中有 2 人辅修图书馆学,四年级学生中有 1 人辅修,3 人均为男生。其中就有后来以《书于竹帛》著称海内外的中国书史专家钱存训先生。此时的他正兼任金女大图书馆代理主任一职。他一边学习专业知识,一边在图书馆工作实践,学以致用。关于这一时期金陵大学图书馆学系的地位,1931 年 12 月 31 日发行的《中华图书馆协会会报》有这样一则报道和评价:

> 金陵大学图书馆学系,在今日图书馆界中,颇占相当地位,在中国各大学中,除文华专科外,设立图书(馆)学系,可称仅见。该研究图书馆学者,若刘国钧先生对于分类,李小缘先生对于编目,万国鼎先生对于检字法,均系国内一时权威学者,担任该系教授,实为难得。他若洪有丰、沈学植、朱家治诸先生均在国内主持各大图书馆。而留美专攻此学者,则有吴光清诸君。当今中国图书馆界人材与学术,两形贫乏之时,该校图书馆学系之贡献,实属重大。现该校又有添办图书馆专修科之新计划,将来发展,实未可量。该系同学有鉴于此,特于上学期组织"图书馆学会"。本学期开始,改选彭耀南、钱

存训、周德洪、毕慕康、高小夫五君为执行委员。敦请刘国钧、李小缘、万国鼎、陈长伟、曹祖彬诸先生为顾问，并议决本学期工作大纲如下：(一)征求会员；(二)出版刊物；(三)学术讲演；(四)参观各大图书馆；(五)建议学校当局扩充图书馆学系；(六)工作及实习；(七)会务进行等项。①

1940年秋，西迁成都的金陵大学又创办了图书馆学专修科(Short Course of Library Science of University of Nanking)，学制两年，以训练图书馆管理的专门人才，设在华西坝的金陵大学图书馆和华西协合大学图书馆成为该科学生的实习场所②。1947—1948学年应聘工作于金女大图书馆的陈德华小姐曾于1942—1944年在该专修科学习，她是图书馆学专修科1943年春至1944年春的8位毕业生之一。

表7-4　四位曾工作于金女大的金陵大学辅修或短期专修图书馆课程的毕业生

姓名	性别	毕业时间	在金女大工作的时间	职位
朱家治	男	1920年	1931—1932年	教授图书馆学课程
吴光清	男	1927年	1932—1935年	图书馆主任
钱存训	男	1932年	1930—1932年	图书馆代理主任
陈德华	女	1944年	1947—1948年	图书馆职员

四位曾工作于金女大的金陵大学毕业生，分别得益于该校初始设置的图书馆学课程、图书馆学辅系教育建制和增设的两年制图书馆学专修科等三个教育阶段。从他们的事业发展轨迹看，无论是作为辅修课程选择图书馆学，还是通过专门的短期培训获得专业技能，他们都从金陵大学的图书馆学教育中获益终生。

1923年毕业于金陵大学的政治家、外交家、社会活动家杭立武先

---

① 见《中华图书馆协会会报》1931年第7卷第3期52—53页。

② 南京大学信息管理系.李小缘纪念文集1898—2008年[M]//李小缘.金陵大学图书馆概况(1948年).南京大学信息管理系，2007：290.

生，在回忆文章《文学院的人和事》中阐述母校金陵大学的影响时，特别强调了"人才"培养方面的引领作用和贡献，其中他特别提及金陵大学图书馆学教育的影响。他说："在文学院范畴里，有一项意外的收获，是关于图书馆人才的训练。母校原来没有图书馆学系，但历任图书馆主任，尤其是从克拉门斯（即克乃文）先生开始，对于图书管理的人才，很能注意训练。所以一二十年后，全国各大学图书馆纷纷设立的时候，颇多借才于母校图书馆。后来为应付日益增加的需要，复在文学院内附设图书馆专修科，更大量造就图书馆学人才，和文华图书专科学校媲美一时。"①

3. 文华图专图书馆学教育的影响

图 7-6　文华图专②

享誉海内外的文华图专是文华图书馆学专科学校（Boone Library School）的简称，它的前身是美国圣火会传教士、著名图书馆学教育家韦棣华女士和中国图书馆学家沈祖荣先生、胡庆生先生共同发起并于1920 年 3 月创办的文华大学图书科。1929 年 9 月，经民国政府教育部

① 张宏生，丁帆.走近南大[M]//杭立武.文学院的人和事.成都：四川人民出版社，2000：284.
② 图片来源：http://lib.ccnu.edu.cn/en/Special_Areas1/About_The_Boone_Library.htm。

批准，学校正式独立并更名为私立武昌文华图书馆学专科学校，直至1951年学校改制。1951年8月，中南军政委员会教育部接办文华图专，改为公立学校。1953年并入武汉大学，改为图书馆专修科。后以该科为基础成立了武汉大学图书馆学系，为今武汉大学信息管理学院的一部分。

文华图专借鉴美国图书馆学教育模式，仿效美国图书馆学研究与教学的成果和经验，并结合我国实际情况，不断创新与完善。它是中国近代图书馆学专业教育的开辟者，培养的学生成为推动20世纪上半叶我国图书馆事业和图书馆学发展的主力军①。

文华图专出版的刊物(前后名为《文华图书科季刊》《文华图书馆学专科学校季刊》)与中华图书馆协会出版的《中国图书馆协会会报》《图书馆学季刊》为民国三大图书馆学重要期刊。《文华图书馆学专科学校季刊》从1929年到1937年，共发行9卷36期，刊载了许多重要的图书馆学、文献目录学论文，对当今图书馆界从事学术研究具有重要的参考价值。

表7-5　四位来自文华图专的金女大图书馆馆员

姓名	文华图专学习时间	在金女大图书馆工作的时间
刘华锦	1928.9—1930.6(本科第八届)	1946—1951年
吴元清	1931.9—1933.6(本科第十届)	1933—1940年
孙雁征	1938.9—1940.6(本科第十六届)	1940—1946年
沙鸥	1930.9—1931.6(讲习班第一届)	1931—1933年

文华图专毕业生中先后有四位工作于金女大图书馆，且承担图书馆主任职责。文华图专“中与西结合、教与学结合、教与研结合”②的教学特色，为四位学生走向社会打下了坚实的专业和学术基础。从1931年

① 高雄.筚路蓝缕　春华秋实——文华图专对我国图书馆学专业教育的贡献[J].河北科技图苑，2015(3)：3—5.

② 谢灼华.特点和影响：20世纪上半叶的文华图书馆学专科学校[J].图书·情报·知识，2009(1)：125—129.

金女大过渡图书馆“不甚合用空间”的艰难管理，到新图书馆开馆前的繁重搬迁，从抗战时期逃难成都保障继续办学的艰辛，到战后南京复校重整被劫一空的图书馆的急迫，在金女大图书馆建设与发展的几次重要时期，四位文华图专毕业生相继进校，将校训“智慧与服务”中体现的文华精神完美诠释，给予了金女大图书馆强有力的支撑。无论世事多么艰难，她们总是积极、乐观、向上，如天使般用她们的智慧和辛劳，为读者营造着温馨、舒适、如天堂一般美丽的图书馆。

三　图书馆主任情况

金女大图书馆记载在册的30位员工中，曾有17位先后担任过图书馆主任和代理主任。虽然金女大图书馆相对于同时期的其他教会大学图书馆，规模不算大，但麻雀虽小，五脏俱全。由于教职员短缺，因此，在早期相当长的一段时间里，金女大图书馆主任都是身兼数职，既要独自一人承担图书馆的管理事务，又要负责学校或系科的行政管理事务，同时还要完成学科课程的教学任务。在金女大快速发展时期，学生数量猛增，图书馆馆舍面积进一步扩大，文献资源馆藏量不断增长，此时的图书馆主任领导多位员工和十多位勤工生共同建设新图书馆，使金女大图书馆获得全面发展并闻名于世。战争年代和战后恢复时期，图书馆主任们克服重重困难，依然将图书馆服务工作做得有声有色。

馆长是图书馆工作的组织者，是从事领导管理活动的人，他们的素质不仅是图书馆群体素质的重要体现，还直接关系到群体素质的形成和提高。馆长对搞好图书馆工作应负有主要责任。因此，馆长必须具备强烈的事业心、责任感，广博的知识及从事领导与管理活动所需的各种能力①。

① 陈乃林，等.江苏高等学校图书馆年鉴[M].南京：南京大学出版社，1990：226.

从表 7－1 中可知，金女大 17 位图书馆主任和代理主任中，除 2 位无法获得年龄信息外，其余 15 位的平均年龄为 31 岁，其中最大的 47 岁，最年轻的只有 20 岁。17 位主任和代理主任在馆任职的平均年限为 2.6 年，最长的达 7 年，主任任职年限最长的为 6 年。17 位主任和代理主任中，女性有 14 位，占多数，有 3 位为男性，他们是钱存训、吴光清和 Mr. S.F.Liu，除目前无法获得 Mr. S.F.Liu 的信息外，钱存训、吴光清两位先生后来均成为华裔美国图书馆杰出贡献者。17 位主任和代理主任在任职前全部受过高等教育，均有本科及以上学历，有的获得了硕士和博士学位，其中 9 位受过图书馆学专业高等教育或培训，约占 53%。也就是说，金女大图书馆历任主任中有一半以上具有图书馆学专业背景，且大多在工作于金女大图书馆前曾有过其他图书馆工作的经历，具备组织管理图书馆的能力。

四　中华图书馆协会会员

中华图书馆协会（Library Association of China）是中国近现代图书馆专业学术团体，1925 年 4 月 25 日在上海成立，宗旨是研究图书馆学术、发展图书馆事业并谋图书馆之协助。第一任董事部部长为梁启超，书记为袁同礼；执行部部长为戴志骞，副部长为杜定友、何日章。协会设有分类、编目、索引、出版、图书馆教育、图书馆建筑等专门委员会。协会会员有机构会员、个人会员、赞助会员和名誉会员。协会曾先后于 1929 年（南京）、1933 年（北平）、1936 年（青岛）、1938 年（重庆）、1942 年（重庆）和 1945 年（重庆）召开了 6 次年会，编辑出版有《图书馆学季刊》（1926—1937）、《中华图书馆协会会报》（1925—1948）两种刊物，同时还出版了目录学丛书、中国图书馆概况报告以及图书馆学专题论文集等文献。1949 年中华人民共和国成立前夕，协会自行解散。中华图书馆协会是中国历史上第一个以图书馆事业为主要研究对象的学术组织，也是中国历史上第一个全国性的图书馆协会。它的存在是中国图书馆史上具有特殊意义的一段历程，因为其产生于民智渐开的“五四运动”之后，发展于内忧外患的战争年代，解散于激荡变化的新旧社会交替之间，其成立的难能可贵与艰辛、发展的动荡和坚韧以及解散后的走向和余音，无疑对中国图书馆事业的发展走向、学术研究的领域和方法等都产生了极为重要的影响[①]。

《中华图书馆协会会报》1930 年第 5 卷第 5 期上刊载了 1929 年 12 月第三次修订的“全国图书馆调查表”，其中首次列出了金女大图书馆——“金陵女子大学图书馆，南京东瓜市”[②]。《中华图书馆协会会报》1932 年第 7 卷第 6 期上刊载了 1931 年 6 月核定的“中华图书馆协会会员录”，其中机构会员以“地方图书馆协会—图书馆学校—“国立及省立”图书馆—地方图书馆—私立图书馆—教育馆图书部—大学图书馆—中小学图书馆—特殊学校图书馆—机关附属图书馆”顺序列出。设在金陵大学图书馆内的南京图书馆协会列在首位，在“大学图书馆”下首次列入了金女大图书馆——“金陵女子文理学院图书馆，南京陶谷”[③]。由此标志着金女大图书馆正式成为中华图书馆协会的一员。

《中华图书馆协会会报》1948 年第 21 卷 3、4 合期上刊载了一份截至 1947 年 12 月的中华图书馆协会个人会员名录，会员姓名按所在地记录，且特别标注了名誉会员和永久会员。名录中有曾工作于金女大图书馆的会员 8 位，其中刘华锦先生和钱存训先生为永久会员[④]。

---

① 王阿陶，姚乐野.中华图书馆协会研究综述[J].图书馆建设，2011(12):24.

② 见《中华图书馆协会会报》1930 年第 5 卷第 5 期第 18 页。

③《中华图书馆协会会报》1932 年第 7 卷第 6 期第 14 页。

④《中华图书馆协会会报》1948 年第 21 卷 3、4 合期第 3—4 页。

表 7-6　曾工作于金女大图书馆的中华图书馆协会会员情况表

序号	会员所在地	会员姓名	国内毕业学校	备注
1	南京市	刘华锦	文华图专	永久会员
2	南京市	朱家治	金陵大学	
3	重庆市	刘椿年	金陵大学	
4	四川省	孙雁征	文华图专	
5	北平市	沙讱言(沙鸥)	东南大学、文华图专	
6	美国	吴元清	文华图专	
7	美国	吴光清	金陵大学	
8	美国	钱存训	金陵大学	永久会员

由上表可知,金女大图书馆员工中加入中华图书馆协会成为会员的主要还是文华图专和金陵大学的毕业生,而这两所学校均为国内较早设置图书馆学专业的大学。因此,接受过专业教育的从业人员对行业社会组织和专业学术团体的认同度一般较高,他们有强烈的行业归属感,自愿加入行业团体并接受行业团体在工作和学术研究上的指导。

五　没有记载在册的天使

在金女大 36 年的办学历史上,虽然官方档案记录在册的只有 30 位图书馆员工,但还有不少教职员在完成她们的本职工作之余默默无闻地承担了图书馆的不少日常工作,如中西文书刊的采选、编目工作,馆藏文献目录的编制工作,整理图书,清理书架和阅览桌等,然而遗憾的是在现有的官方档案中没有将这些从业人员的信息记载在册。同样,图书馆每学期都使用了大量的勤工生,他们协助图书馆管理员维护图书馆的运行秩序,承担了图书馆日常运行的大量基础性工作,他们自食其力,在实践中锻炼自己,他们的名字也没有被官方档案记载下来。值得欣慰的是,在后世与金女大和图书馆有关联的记忆文献中,可以获得几位没有被记载在册的天使的点滴线索。

1. 教职员天使

第三章介绍陶谷新校园过渡图书馆时期的员工时，从 1925—1926 学年担任主任的 Mrs. L. H. Caldwell 的年谱中可以了解到她曾于 1921—1925 年间在金陵大学和金女大图书馆兼职工作过；1930—1932 年担任代理主任、助理馆员的钱存训先生在回忆文章中也记载了他于 1927 年开始就已在金女大图书馆兼职工作；另外，1925—1930 年金女大年度教职员薪酬支出项目中就已有"助理馆员薪酬支出"项目的记载，但在官方档案中没有记载与此相对应的人员信息。Mrs. L. H. Caldwell 和钱存训先生兼职工作时期的信息在现有的官方档案中找不到相关记录。

据庄文亚先生 1934 年编写的《全国文化机关一览》中"金陵女子文理学院图书馆"一节的记载，当时的金女大图书馆"主任一人，馆员若干人"，然而在官方档案中，1934 年金女大图书馆在册记载的有姓名信息的只有吴光清主任和吴元清助理馆员两位，因而当时一定有其他几位兼职承担馆员职责的教职员未被记载在册。

自 1932 年吴光清先生担任金女大图书馆主任开始，金女大图书馆运行与管理信息开始频繁见于校刊，特别是有关文献的采购与入藏的信息。然而在此之前，金女大图书馆长期只有一位兼职的图书馆主任，在有限的图书经费条件下既要少花钱、多买书，同时又要对购置的新书及时进行分类编目和上架管理，特别是要处理外文图书的采购和中文图书的分类编目事宜，是谁在帮助图书馆做这些事呢？且当时的外文图书采购不像今天的图书馆有代理书商的一条龙服务，当时的金女大主要是由休假回国的外籍教员或委托设在纽约的中国基督教大学联合董事会托事部的金女大委员会帮助采选。因此，在金女大工作过的不少外籍教职员都曾义务地帮助图书馆采选过图书，包括首任校长德本康夫人和教务长魏特琳女士。《金陵女子大学校史》一书中记载:“1925 年华群(即魏特琳女士)又借第二次例行回美休假之机,进入芝加哥大学教育系继续进修。忙于选课学习、撰写报告的同时,她还直接负责在美购买图书、甄选教职员以及策划新课程等事务。”①

根据官方档案记载,自 1919 年开始,金女大图书馆开始增加中文图书的采购量,至 1922 年,中文图书馆藏量已达到 2 850 册,接近外文图书的馆藏量。而 1922 年前后,一直是外籍教职员在管理图书馆,因此,这么多中文图书的分类管理,应该是有中方教职员在帮助处理。然而在官方档案中没有找到帮助图书馆管理中文图书的中方员工信息。直到 1955 年出版的 *Ginling College* 一书中“教员的增加”一节中才记载了一点线索:1923 至 1924 学年教员的总人数为 28 人。这一年,第一个校友加入了教工的行列,她就是 1920 级的郝映青小姐。郝小姐在中文系和教育系工作,并负责管理图书馆内的中文书籍。

洪焕椿先生②是 20 世纪中国著名的方志学家,他于 1985 年秋撰文《我在江南的半个多世纪》,回忆自己学习、工作的成长经历时曾有如下记载:“一九四九年五月杭州解放。这年初冬,我应聘到南京金陵女子大学任历史系助教。校长吴贻芳博士是海内外有名的女教育家。她对青年人是那样热情和信任,使我十分感动。当时我还兼学校图书馆的一点

---

① 张连红.金陵女子大学校史[M].南京:江苏人民出版社,2005:52.

② 洪焕椿(1920—1989),男,浙江瑞安人,历史学家,方志学家。原南京大学历史系教授、明清史研究室主任,中国地方史志协会理事,江苏历史学会秘书长。1949 年之前,曾任职于浙江图书馆、浙江通志馆,从事历史文献学和方志学的研究。1949 年之后,曾任教于金陵女子大学,南京大学历史系。其主要著作有《明末农民战争史略论》(江苏人民出版社 1962 年出版),《宋辽夏金史话》(中国青年出版社 1980 年出版),《浙江地方志考录》(科学出版社 1958 年出版),《浙江文献丛考》(浙江人民出版社 1983 年出版),《浙江方志考》(浙江人民出版社 1984 年出版),《明清苏州农村经济资料》(江苏古籍出版社 1989 年出版),《明清史偶存》(南京大学出版社)。

工作。她把全校中文图书的采购权交给了我，领导的信任，更加激励我做好工作。"[①]此外，图书馆学家曹祖彬先生[②] 1923 年还在金陵大学读书时就已在本校图书馆兼职工作，任金陵大学图书馆中文书编目员并兼管中学图书部。1927 年，他为金陵女子大学图书馆编纂中文图书目录油印本《金陵女子大学图书馆图书目录(初编)》[③]。根据金陵大学与金女大早期合作办学的记载，金女大图书馆作为金陵大学图书馆的分馆，在业务工作方面一定接受过金陵大学图书馆的帮助与指导，这本保存至今的油印本《金陵女子大学图书馆图书目录(初编)》就是一个证明。虽然郝映青 1950—1951 年任职于图书馆的信息被记载在册，但其 1923—1927 年在学校担任中文系教员时曾兼职帮助图书馆管理中文图书的信息未被记载在那些年度教职员名录中的图书馆职位上。同样的，洪焕椿先生帮助图书馆采购中文图书和曹祖彬先生帮助图书馆编印书目等兼职工作的信息也未有与金女大图书馆职位相关联的官方档案记载。

1938 年，金女大战时校园留守者们一边冒着生命危险捍卫校园，拯救难民，一边想方设法充分利用校园条件组织难民生产自救，他们为难民中的成年女子开办了工艺班，为南京周边无处可上学的女中学生开办实验学校。1938 年 12 月 10 日，金女大实验学校图书馆开馆。这个依托南京金女大图书馆资源特别开放的图书馆，为战争沦陷区中的难民学生

① 洪焕椿.我在江南的半个多世纪[J].文献，1986(4)：125—126。

② 曹祖彬(Tsu-pingTsao)，男，字又彬，1902 年生，安徽青阳人，图书馆学家。1927 年获得金陵大学文学学士学位。大学期间半工半读，任金陵大学图书馆中文书编目员并兼管中学图书部。1925 年 4—5 月，参与接待美国图书馆协会代表鲍士伟先生访华的筹备事宜。1929 年代表金陵大学图书馆参加中华图书馆协会第一次年会。1933 年当选中华图书馆协会分类委员会书记。1935 年编著出版《金陵大学图书馆丛书子目备检：著者之部》。1935 年出国留学，1936 年 7 月获得哥伦比亚大学图书馆学硕士学位。回国后曾任"国立四川省图书馆"馆长，任金陵大学图书馆学专科主任并兼任该校图书馆主任等。

③ 杨家骆.图书年鉴：创刊本[M].南京：中国图书大词典馆，1935.

汲取知识提供了保障。管理这个图书馆的，除了一位不知名的同样是逃难等待救助的曾经的图书馆管理员外，都是当时的教职员。《魏特琳日记》中有记载："1939年8月20日，星期天——25日，星期五。瑟斯顿夫人忙于财务工作。鲁丝忙着整理图书，清理书桌和书架。我忙着开秋季校务会议，还要写信聘请教师。"[①]这位默默帮助图书馆清理图书的鲁丝小姐就是金女大化学系美籍女教授蔡路得博士（Miss Ruth M. Chester），后来她成为校图书馆委员会委员。

2. 勤工生天使

除了上述未被记载在册的教职员帮助过图书馆采选、管理图书以外，还有大量的勤工生服务于图书馆，参与图书馆日常事务性工作，她们的名字也未被官方档案记载在图书馆的职位上。庄文亚先生1934年编写的《全国文化机关一览》中，"金陵女子文理学院图书馆"一节有"吴光清（主任），馆员及工作学生等共二十人"的记载，这近二十位学生在图书馆做勤工生的具体信息现在已无法查询，目前只能从后世的回忆文章中找到一点与图书馆勤工生相关的信息。

1946级历史系本科生陈尚璆在《兹母爱，师生情——我的精神支柱》一文中说，她是位贫穷的残疾人，家中无法负担学校昂贵的学杂费。自己申请的微薄奖助学金，远远不够缴纳学校的各项费用。她只有刻苦节约，艰难度日，并利用所有的课余时间，在学校图书馆打工贴补完成学业[②]。

1950级本科生汪安琳在《母校金女大办学有特色》一文中感恩母校校长和教师对她无微不至的关怀。她说当吴贻芳校长得知她的家庭变故后，不仅安慰她、开导她，要她努力学习，以优秀成绩来报答父母，而且

---

① 魏特琳.魏特琳日记[M].南京师范大学南京大屠杀研究中心，译.南京：江苏人民出版社，2015：495.

② 黄进.金陵女儿：续集[M].南京：南京师范大学金陵女子学院出版社，2000：58.

亲自为她在图书馆安排了每天下午一小时的工作，还建议她利用课余时间给金女大附中的学生补习英文。不久，汪安琳联系到三个初中生，为其补习英文。有了这两份工作，汪安琳得以生活自助，缓解了家中的经济困难，最终顺利完成学业，按时毕业①。

1933年沈祖荣先生发表的《中国图书馆及图书馆教育调查报告》中曾特别提及金女大鼓励贫困学生勤工俭学的事例。当时的金女大图书馆同时用了多位勤工生当管理助手，虽然时有勤工生因紧张的学业安排与图书馆工作交接时发生冲突而给图书馆管理者造成不便，但学生工们承担了图书馆大量重复性的日常事务性工作，在图书馆人手不足的开放服务中起到了一定的积极作用。因此，勤工生在图书馆员工队伍中是一支不可或缺的力量。自1933—1934学年开始，金女大正式将图书馆勤工生的薪酬预算和实际支出项目列入学校年度经费报告中，这也是学校对这支力量的肯定与支持保障。

六　造就未来天使

以"厚生"精神为根本的金女大始终坚持"培养人格、造福社会"的办学理念，不仅在学校图书馆吸引并活跃着一批天使馆员，还为社会培养和输送了图书馆从业人才。曾任上海科技大学图书馆馆长的金女大毕业生朱文曼女士回忆说，金女大留给她们的最宝贵的财富就是"厚生"精神。每一位校友都像一颗螺丝钉，牢牢地拧在她被安排的岗位上，兢兢业业，踏踏实实地工作了一生，表现出高度的责任感和适应能力。正是因为在道德方面有"厚生"精神，在才能方面又有比较扎实的基础，所以她们能根据需要不断汲取新知识，适应工作的要求。她认为这就是金女

① 见金陵女子学院《校友通讯》第23期。

大教育的特色[①]。虽然金女大未设置图书馆学专业教学体系，但金女大的教育理念和图书馆的人性化服务，指引着莘莘学子踏上天使馆员之路。她们有的将毕生献给了图书馆事业，在国内外图书馆舞台上熠熠生辉；有的慷慨解囊，回馈母校建设图书馆，她们是金女大造就的未来天使。

图 7－7　喻娴才女士[②]

喻娴才，女，出生于天津。父亲喻传鉴先生是天津南开中学第一届毕业生，北京大学毕业后，返母校服务，将自己的一生都献给了南开的教育事业。喻娴才女士 1941 年进入金女大英文系学习，1944 年毕业。1948 年成为联合国正式职员，独自管理当时设在上海的联合国亚洲和远东经济委员会内部图书馆。1956 年赴美国哥伦比亚大学攻读图书馆专业硕士学位。1957 年学成后被调入联合国总部图书馆，任职 35 年。退休后做义工服务社会，并为中美文化教育交流而终日忙碌。喻娴才女士对母校怀有深厚的感情，虽然身在异国他乡，但她一直关心和支持着金陵女子学院[③]（简称金女院）的建设和发展。1998 年她以姐姐喻娴文的名义出资专为金女院英语系师生设立“喻娴文奖学、奖教

① 见丁冬 2008 年 8 月 2 日的采访稿《悄然绽放的金陵玫瑰——朱文曼》。

② 图片来源：http://ptr.chaoxing.com/nodedetailcontroller/visitnodedetail? knowledgeId＝2582428。

③ 1987 年，经江苏省人民政府批准，在南京师范大学校内恢复成立了金陵女子学院。

金”。2004年她又在亚洲基督教高等教育联合董事会专为金女院英语系设立了永久基金。2007年又设立了“喻娴才教师科研奖”基金。2010年、2011年她还为金女院教师出国进修提供资金帮助。除南京的金女院，她捐赠的对象还有台湾金女中、天津南开中学和重庆南开中学。喻娴才女士平时生活节俭，她将自己的辛苦所得全部积攒下来，一旦有机会便慷慨解囊。这样的无私奉献无疑是“厚生”精神的写照，她也无愧于“厚生精神传人”之美誉①。

图7-8　朱文曼女士②

朱文曼（1928—2013），女，出生于上海。1946年考入金女大外文系，后转社会工作系。毕业后曾任职于中国科学院、长春中科院物理所图书馆，后任上海科技大学图书馆馆长。在校学习期间，母校金女大图书馆良好的硬件学习环境留给她的印象最深。20世纪80年代中期，她调入上海科技大学（简称上科大）图书馆主持工作时，国内不少高校图书馆还处于闭架借阅的模式，而她的母校金女大图书馆早在世纪初开始办学时就实行全开架管理模式。因此，她认为“金女大至少比如

① 见　http://ptr.chaoxing.com/nodedetailcontroller/visitnodedetail?knowledgeId=2582428。

② 图片来源：http://ptr.chaoxing.com/nodedetailcontroller/visitnodedetail?knowledgeId=2544663。

今我们许多大学图书馆先走了大半个世纪”[1]。她汲取金女大图书馆以人为本的服务理念,改变上科大图书馆传统的管理模式,开放书库,实行开架借阅服务。她四处奔波游说筹集资金,兴建图书馆大楼,扩大馆舍空间,为上科大图书馆配备当时刚刚起步使用的计算机设备,把上科大图书馆建成了一座在当时国内高校图书馆中处于领先地位的现代化图书馆[2]。

图7-9　严彩韵女士[3]

严彩韵(Daisy Yen,1902—1993),女,浙江慈溪人,生物化学家,是中国最早从事生物化学研究的女学者。1921年毕业于金女大。后赴美留学,1923年获得哥伦比亚大学化学硕士学位。回国后任教于北京协和医学院,其间与丈夫吴宪先生[4]一同参与创立了中国生物化学学科。1936年,金女大从南京政府获得增拨土地五十亩,严彩韵女士和妹妹严

① 朱文曼.大学生需要自由的学习空间[EB/OL].金陵女子学院《校友通讯》第21期,(2010-12-16)[2017-07-16].http://ginling.njnu.edu.cn/wzattach/115320_624992.doc.

② 见许又文所写的《今天我们在一起纪念我妈妈的一生》一文,文章刊载于金陵女子学院《校友通讯》第25期。

③ 图片来源:http://ptr.chaoxing.com/nodedetailcontroller/visitnodedetail? knowledgeId=633515。

④ 吴宪(1893—1959),男,福建福州人,著名生物化学家、营养学家、医学教育家。早年考入北京清华留美预备学校,1912年赴美入麻省理工学院攻读造船工程,后改学化学,1916年获理学学士学位后留校任助教。1919年获得哈佛大学医学院博士学位。1920年回国,任教于北京协和医学院。1944年在重庆中央卫生实验院组建营养研究所。1946年任中央卫生实验院北平分院院长兼营养研究所所长。1947年应联合国教科文组织的邀请出席英国第17届国际生理学会议。后被美国哥伦比亚大学聘为客座教授及研究员,1949年聘为亚拉巴马大学客座教授。1959年8月8日在波士顿去世,享年66岁。

莲韵(金女大 1924 年毕业生)、严幼韵(复旦大学 1929 年毕业生)、严华韵共同捐资,在 700 号楼西后侧(现随园校区电教楼处)为学校兴建了一所医院。医院内有待疗室、诊察室、配料室、普病室、隔离室、护士室,病房设有十多个床位。严彩韵女士于 1949 年移居美国并任教于埃拉马医学院。1960 年起在联合国儿童基金会食品保藏部任职。1959 年 8 月吴宪先生病逝后,她花费许多精力整理出版了吴宪教授的遗著《科学生活导论》,还修订出版了吴宪教授早年的著作《营养概论》。1964 年,她应邀到新成立的哥伦比亚大学人类营养研究所工作。她为该研究所建起了一个新图书馆,同时指导研究生,为他们上营养学课,并与该所所长联名发表《核黄素缺乏症的全球分布》一文。1971 年她从该研究所退休,但她之后又应聘担任纽约圣路加医院中心医学部营养及代谢组顾问。她为该中心收集了 5 000 多篇有价值的论文,还筹建了一个图书馆,为这个机构闻名于美国做出了重要贡献。她每周到该中心工作三天,直到 1987 年 9 月她年满 85 周岁为止[①]。1987 年金陵女子学院恢复建立后,严氏姐妹及亲属又出资 5 万多美元,设立了"光泩图书室""彩韵莲韵幼韵室"和"彩韵婉莲室",使金女院的教学设施配备日趋完善。另外,严彩韵女士还在美国哈佛大学捐建了一所以吴宪先生名字命名的生物化学研究室,在北京中国医学科学院捐建"吴宪图书室"。

① 见宋路霞、徐景灿所写的《我国首位营养学女专家严彩韵》一文,文章刊载于金陵女子学院《校友通讯》第 25 期。

| 附录 |

金女大图书馆大事记

年份	日期	事件
1914 年	4 月 17 日	学校正式定名为 Ginling College，中文名 Gin Ling Nu Dzi Da Hsioh（金陵女子大学）。学校管理委员会会议表决通过的第一项政策是共享利用金陵大学教堂和图书馆。此时，金陵大学图书馆位于南京城中心区域的干河沿原汇文书院（今南京金陵中学）基督教青年会堂二层。图书馆馆藏4 585 册英文图书、200 本小册子和约 800 册中文书。报刊和参考书存放在单独的阅览室内，提供在室阅览服务。在青年会堂楼内还有一间独立的期刊阅览室，由在南京的中方和外方教员负责管理运作，该室藏有丰富的外文杂志和出版物，一周七天均对外开放。①
1915 年	6 月 30 日	1915—1916 学年图书馆预算办公及期刊经费 M. $ 400。
	9 月 17 日	金女大在绣花巷校园（位于南京城东南角）正式开学。图书馆位于学校大门附近，有一大间作阅览室，并设有一小间主任（馆长）室，馆藏不足 40 册图书，包括美国纽约的 Bleeker Van Wagenen 先生捐赠的一套 22 卷册《新国际百科全书》。馆内木板墙面呈暗褐色，学生们在灰暗的室内阅读只能靠窗边的自然采光。

① University of Nanking. The University of Nanking 1914—1915. http://divinity-adhoc.library.yale.edu/UnitedBoard/University_of_Nanking/RG011-197-3384.pdf.

续表

年份	日期	事件
	—	金女大在年度公报中感恩金陵大学图书馆的帮助。金女大师生可以使用金陵大学图书馆资源。金女大图书馆是金陵大学图书馆的分馆,学生特殊需求使用的图书可从金陵大学图书馆借出存放于金女大图书馆阅览室内。此时,金陵大学图书馆馆藏英文图书 5 484 册、中文图书 3 190 册,还有3 162册外文小册子和几千册未装订的期刊。平常开放时间未变,但增加了假期开放时间,除周日,假期中每天均开放 6 小时。馆内所有图书和期刊均可预约在室阅览,且借出的书刊如被预约,馆员有权在读者借出一周后进行催还。①
1916 年	6 月 30 日	1915—1916 学年图书馆支出图书费用 M. $ 492.33。 1916—1917 学年图书馆预算办公及期刊经费 M. $ 1 075。
	—	金女大宣传册中刊载了一张手绘绣花巷校园平面布局规划图,该图中编号 D 为 Library(图书馆),正对着学校大门。
1917 年	6 月 30 日	1916—1917 学年图书馆支出图书费用 M. $ 1 170.25、办公费用 M. $ 21.8。 1917—1918 学年图书馆预算图书经费 M. $ 500、办公及期刊经费 M. $ 100。
	夏季	金陵大学图书馆从干河沿校园搬迁至鼓楼西南坡的新校园内(今南京大学鼓楼校区北园)。此时,金陵大学图书馆馆藏英文图书 6 167 册、中文图书 5 306 册、小册子 17 748 册和一些未装订的期刊②。从绣花巷校园到金陵大学新校园利用图书馆的路程加大。
1918 年	6 月 30 日	1917—1918 学年图书馆支出图书费用 M. $ 407.65、办公费用 M. $ 77.93。 1918—1919 学年图书馆预算图书经费 M. $ 500。
	8 月	Adelaide Gundlach 小姐任图书馆主任(她是目前所能查找到的官方档案记载中第一位金女大图书馆主任)。她于 1918 年从欧柏林学院毕业后即受教会派遣来到中国南京,任金女大注册主任和办公室秘书,并兼职管理图书馆事务。

① University of Nanking. Bulletin 1915—1916. http://divinity-adhoc.library.yale.edu/UnitedBoard/University_of_Nanking/RG011-197-3385.pdf.

② University of Nanking. Bulletin 1917. http://divinity-adhoc.library.yale.edu/UnitedBoard/University_of_Nanking/RG011-197-3385.pdf.

续表

年份	日期	事件
	9月	金女大在《1918—1919学年学生手册》中发布图书馆借阅规则，共计9项。规则1：规定上午和晚上各有15分钟处理图书借还事宜。规则2：除系科留作参考资料之外，文学作品和传记类图书可外借一个月。因文学课中可能需要不定期地使用中文图书，故图书续借事务由图书馆主任负责处理。规则3：经图书馆主任特别许可的参考书方可在晚上10点至第二天早晨7点间借出使用，且须在规定的时间内由图书馆主任亲自办理手续。规则4：参考书须由学生直接归位于参考书架上，除字典和百科全书以外，其他图书阅览后须放到图书馆主任办公桌上。规则5：字典和百科全书不得拿出馆外，使用后须及时归架。规则6：杂志未经图书馆主任特别许可不得拿出馆外。规则7：规定图书遗失或损坏赔偿责任。规则8：规定移动过的阅览座椅需归位到阅览桌边且须自左侧依次摆放，个人物品不得滞留在馆内。规则9：馆藏图书采用杜威十进制分类法分类，学生须学会使用书目系统，以便能查找到自己需要的图书。
1919年	3月	绣花巷校园图书馆木板墙面刷上了白漆用来反射从天窗透过来的少量光线，馆内显得亮堂了些，学生们可以在相对明亮的阅览室内看书。
	6月30日	1918—1919学年图书馆支出图书费用M.$466.12、办公费用M.$133.88。 1919—1920学年图书馆预算办公及期刊经费M.$140。
	—	随着学校招生人数的增多，原有图书馆空间不能满足需求，校务委员会会议决定将活动室内的一间偏房用作临时图书馆。
	7月	学校年度公报中记载，图书馆馆藏超过1 200册英文图书和500册中文图书，且根据学校教学需求不断地增加图书，同时可共享利用金陵大学图书馆馆藏和阅览室。此时，金陵大学图书馆馆藏英文图书7 919册、中文图书7 457册、小册子10 135册和几千册未装订的期刊①。
	7月9日	纽约—上海墨菲＆德纳建筑事务所绘制金女大新校园规划图，新图书馆大楼位于校园中轴线靠近校门一端的北侧，与南侧的礼堂大楼对称分布。
1920年	6月30日	1919—1920学年图书馆支出图书费用M.$648.79、办公费用M.$277.18。 1920—1921学年图书馆预算办公及期刊经费M.$200。

① University of Nanking. Bulletin 1919—1920. http://divinity-adhoc.library.yale.edu/UnitedBoard/University_of_Nanking/RG011-197-3386.pdf.

续表

年份	日期	事件
	7月	金女大年度公报中“图书馆和实验室”部分记载，学校拥有一个精心挑选的图书馆，馆藏英文图书超过1 600册、中文图书1 300册，订购杂志和期刊超过35种，覆盖教育、社会、宗教、科学和综合等学科。同时，可共享利用金陵大学图书馆馆藏和阅览室。
	—	金女大宣传手册中列有“教职员建设项目”，明确未来五年学校教职员配备将从1920年的14位增加到1925年的46位，其中图书馆将从1920年的无专职人员到1925年配备2名专职人员。
1921年	6月30日	1920—1921学年图书馆支出图书费用M. $812.6、办公费用M. $225.57。 1921—1922学年图书馆预算办公及期刊经费M. $250。
	8月	正在休假的金女大宗教系主任Narola Elizabeth Rivenburg小姐接替Adelaide Gundlach小姐任图书馆主任。她于1916年获得哈特福得神学院神学学士学位后即接受教会派遣来到中国，任职于金女大宗教系，在从事宗教教学和管理工作的同时，兼职管理图书馆。
1922年	6月30日	1921—1922学年图书馆支出图书费用M. $1 171.41、办公费用M. $370.69。 1922—1923学年图书馆预算办公及期刊经费M. $400。
	7月1日	馆藏统计：英文图书3 088册，中文图书2 850册，订购杂志和期刊65种。
	8月	Marion Jeanette Ewing小姐接替Narla Elizabeth Rivenburg小姐任图书馆主任。她是金女大图书馆第一位有图书馆学专业教育背景的人员。她于1910年获得西蒙斯学院图书馆学专业理学学士学位，1917年获得波士顿大学文学硕士学位。曾任加利福尼亚州波莫纳学院图书馆助理馆员。1922年，在她37岁时，接受教会派遣来到南京，管理金女大图书馆并兼职教学工作。
	—	金陵大学和金女大签订合作协议，确定两校合作领域和相关组织形式，包括行政管理、学术管理、教学项目、联合规划和图书馆设施共享、经营管理等。协议中设立图书馆委员会，由两校两位图书馆主任/馆长和每校各两位教师代表共计六人组成，图书馆主任/馆长是该委员会的当然主席。图书馆委员会职责包括四个方面：一是结合效益建立和维护图书馆管理规则；二是根据图书馆的既定目标分配使用图书馆经费；三是协调不同学科书刊订单以避免重复采购；四是制订图书馆预算方案。

续表

年份	日期	事件
1923年	6月	金女大开始由绣花巷校园向陶谷新校园(今南京师范大学随园校区)搬迁。图书馆设在文学楼(今随园校区300号)内过渡。该楼设有16间普通教室和1间播放室,建筑面积1 491.75平方米。
	6月30日	1922—1923学年图书馆实际支出费用共计M.$1 399.91,其中图书支出M.$957.93、办公支出M.$441.98。 1923—1924学年图书馆预算经费合计M.$2 841,其中薪酬M.$1 500、图书M.$330、办公和期刊M.$550、设备M.$200、家具M.$261。
	7月1日	馆藏统计:图书5 938册,其中中文书2 850册;订购期刊65种。
	8月	Anna Rebecca Clark小姐接受教会委派从杭州来到南京,应聘工作于金女大,接替Marion Jeanette Ewing小姐任图书馆主任,同时兼职数学教学工作。她于1915年获得印第安纳大学数学专业学士学位,1920年来到中国,一直在杭州浸信会工作。
	9月	过渡图书馆在文学楼(300号)第二层设阅览室及书库、杂志报纸室、办公室等,该楼第三层为书报储藏室。馆内配置的书报杂志架、目录柜、借书台及所有桌椅用具均为当时新款式。 金女大第二届毕业生郝映青小姐回到母校金女大工作,她是金女大第一位服务于母校的毕业生。她在任中文系教员的同时兼职帮助图书馆管理中文书籍。
1924年	6月30日	1923—1924学年图书馆实际支出费用共计M.$2 226.14,其中图书支出M.$1 536.83、办公支出M.$689.31。
	10月30日	金女大校务顾问委员会会议决议,推荐Marion Jeanette Ewing小姐继续担任图书馆主任。
1925年	6月4日	金女大顾问委员会建议校管理委员会接受Thomas小姐和Ewing小姐有关培养和支持余舜芝小姐作为图书馆主任的提议。(That we desire to accept Miss Thomas' and Miss Ewing's offer of training and support for Miss Yü as librarian)
	6月30日	1924—1925学年图书馆总支出M.$3 794.17,其中图书M.$2 753.74、办公及期刊订购M.$771.88、主任和助理馆员薪酬M.$268.55。 1925—1926学年图书馆预算经费合计M.$4 160,其中主任薪酬M.$720、助理馆员薪酬M.$330、图书M.$2 155、办公M.$810、期刊订购M.$145。

续表

年份	日期	事件
	8 月	Mrs. L. H. Caldwell(原名 Marjorie Russell Rockwood)接替 Anna Rebecca Clark 小姐任图书馆主任。她于 1918 年获得西蒙斯学院图书馆学专业学士学位。1921 年 9 月 5 日与 Leonard Hathaway Caldwell 先生结婚后即来到中国南京。她与赛珍珠女士及其他在南京的外国妇女共同建立了一个读书会,同时在金陵大学和金女大图书馆兼职工作。
	9 月 10 日	馆藏统计:图书 9 000 册,其中中文图书 4 000 册;订购期刊 50 种。馆藏图书资产总额 M. $ 5 733.96。
1926 年	1 月 16 日	金女大聘任委员会会议决议,聘请一位专职图书馆主任。
	春季	在金女大教学委员会会议上,学校教学委员会委员们深感要保持学校的大学学术水准,学校图书馆必须配备一名全职的且受过专业训练的图书馆主任(Librarian——The committee feels deeply the need for a full time trained librarian in order to maintain the academic standard of the college)。 余舜芝小姐接替 Mrs. L. H. Caldwell 任图书馆主任。她是金女大第一位中方图书馆主任。她于 1925 年获得美国加州波莫纳学院学士学位。
	6 月 30 日	1925—1926 学年图书馆总支出 M. $ 2 949.43,其中图书 M. $ 1 723.56、办公 M. $ 44.86、期刊订购 M. $ 583.86、主任薪酬 M. $ 475、助理馆员薪酬 M. $ 122.15。 1926—1927 学年图书馆预算经费合计 M. $ 4 775,其中主任薪酬 M. $ 1 500、助理馆员薪酬 M. $ 300、图书 M. $ 2 500、办公及期刊订购 M. $ 475。
	7 月 1 日	馆藏统计:图书 11 856 册。馆藏图书资产总额M. $ 6 345.99。
	夏季	南京图书馆协会进行改选,金女大图书馆主任余舜芝小姐与东南大学洪有丰先生、金陵大学刘国钧先生和李小缘先生、江苏省教育厅江恒源先生等当选协会干事。 金女大图书馆开始参考金陵大学刘国钧先生编的《中国图书分类法》对馆藏中文图书重新进行分类,并开始编制卡片式目录。
	9 月	金女大教职员需求计划首次对图书馆馆员/主任的配备提出了要求,希望这位馆员/主任是一位训练有素的、能够掌控和发展学校图书馆的专业馆员(Librarian,A trained librarian is needed to take charge of and develop the college library)。

续表

年份	日期	事件
	10月24日	南京图书馆协会选购委员会在位于门帘桥(今南京太平巷至马府街一带)的江苏省第四师范学校召开会议,会议决定由委员会成员联合编写农村图书馆及中小学图书馆书目,金女大余舜芝小姐承担了文学类书目的选编任务。
1927年	6月30日	1926—1927学年图书馆总支出M. $2 825.3,其中图书M. $1 340.72、办公M. $10.3、期刊订购M. $566.78、主任薪酬M. $550、助理馆员薪酬M. $357.5。 1927—1928学年图书馆预算经费合计M. $5 400,其中主任薪酬M. $1 500、助理馆员薪酬300、图书M. $3 000、办公及期刊订购M. $600。
	7月1日	馆藏图书资产总额M. $7 710.34。
	秋季	刚进入金陵大学读书的钱存训先生开始在金女大图书馆做勤工生,从事图书编目工作。
	12月	金陵大学曹祖彬先生历时两个月完成编纂《金陵女子大学图书馆图书目录(初编)》,并发行油印本一册。该书目为金女大图书馆首部书本式分类目录。
1928年	6月30日	1927—1928学年图书馆总支出M. $4 597.86,其中图书M. $3 165.79、办公及期刊订购M. $633.82、主任薪酬M. $660、助理馆员薪酬M. $138.35。 1928—1929学年图书馆预算经费合计M. $4 900,其中主任薪酬M. $1 500、助理馆员薪酬300、图书M. $2 500、办公及期刊订购M. $600。
	7月1日	馆藏统计:图书12 500册,其中中文图书6 000册;订购期刊100种。馆藏图书资产总额M. $8 920.72。
1929年	1月28日	中华图书馆协会第一次年会在南京召开,参会女代表住宿于金女大。图书馆主任余舜芝小姐以金女大图书馆代表身份参会。
	2月1日	中华图书馆协会第一次年会全体参会代表参观金女大。
	2月23日	金女大行政管理委员会会议"教职员需求"议题中有关于图书馆主任的配备要求,会议决议再一次重申并请吴贻芳校长向校务委员会呼吁,金女大图书馆迫切地需要一位训练有素的外籍图书馆主任。(It was voted to emphasize again the urgent need for a trained foreign librarian, and to request Dr. Wu to appeal to the Ginling College committee.)
	6月1日	图书馆主任余舜芝小姐作为金女大代表参加了孙中山先生在南京中山陵的奉安仪式。

续表

年份	日期	事件
	6月27日	金女大行政管理委员会会议决议，由于在美国的候选人事秘书未能物色到1929—1930学年学校所需求的教职员(含图书馆馆员/主任)，建议由吴贻芳校长选择人员进行填补。
	6月30日	1928—1929学年图书馆总支出M.＄4 395.5，其中图书M.＄2 541.70、办公及期刊订购M.＄628.89、主任薪酬M.＄600、助理馆员薪酬M.＄624.91。 1929—1930学年图书馆预算经费合计M.＄6 128，其中主任薪酬M.＄1 728、助理馆员薪酬700、图书M.＄2 500、办公M.＄700、期刊订购M.＄500。
	7月1日	馆藏图书资产总额M.＄10 674.01。
	7月	金女大历史系教员张肖松小姐接替余舜芝小姐任图书馆主任。她于1926年获得金女大历史学专业学士学位后留校任教。
	12月	中华图书馆协会第三次修订的“全国图书馆调查表”中，金陵女子大学图书馆名列其中。
	—	图书馆预订购《万有文库》一部，计1 000种2 000册(陆续出书)。
1930年	6月30日	1929—1930学年图书馆总支出M.＄6 314.15，其中图书M.＄3 944.21、办公及期刊订购M.＄1 192.27、主任薪酬M.＄590、助理馆员薪酬M.＄587.67。 1930—1931学年图书馆预算经费合计M.＄6 128，其中主任薪酬M.＄1 728、助理馆员薪酬700、图书M.＄2 500、办公M.＄700、期刊订购M.＄500。
	7月1日	馆藏图书资产总额M.＄11 382.57。
	9月	金陵大学学生钱存训先生应邀担任金女大图书馆代理主任。同时，Mrs. B. Burgoyne Chapman(贾溥萌夫人)再次回到金女大，兼职任图书馆代理主任和承担艺术课程的教学工作。贾溥萌夫人本名Elizabeth Ellsworth Goucher(伊丽莎白·埃尔斯沃兹·高切尔)，1905年毕业于高切尔学院，1913年获得哥伦比亚大学硕士学位，1913年来到中国，是金女大最早确定的三位教师之一。
	10月13日	金陵大学陈长伟先生带领该校文学院图书馆学班16位学生参观金女大图书馆及国学图书馆。
	12月	金女大最终完成民国政府教育部的要求，正式注册立案，并更名为金陵女子文理学院。学校逐渐形成了一套较为完善的组织管理体系。图书馆正式隶属于教务处，设主任1人、馆员2—3人。

续表

年份	日期	事件
	12 月	《金陵女子文理学院校刊》年刊上刊载了钱存训先生发表的《本校图书馆概况》。馆藏统计：中文图书 8 976 册，西文图书8 000 册，合计 16 976 册；期刊 300 余种，其中西文约 160 种、中文约 140 种；订购刊 98 种，交换刊 30 余种，其余为赠送刊；中文报纸 9 份，西文报纸 2 份，按月装订。重要期刊成卷后装订，已装订 50 种、450 册。分类体系：西文图书采用杜威十进制分类法，著者名取著者姓氏首字母，加 1 位数字区分同号不同著者，加字母区分同著者同类作品；中文图书分类根据刘衡如（国钧）编的《中文图书馆分类法》，著者号编排根据金陵大学万国鼎先生编的《著者号码表》。每种书制著者片、书名片、标题片三张普通卡片，另中文书用书名片、西文书用著者片再制作排架片一张。查检用的卡片目录混合著者片、书名片、标题片等，按字典式排列，西文书依字母顺序，中文书依《康熙字典》之部首法顺序。流通服务：除星期日和假期外，图书馆每日开放 12 小时。1930 年 10 月至 12 月两月共计借出中文图书 315 册、西文图书1 216 册，其中教职员借出 277 册、学生借出 874 册、校外读者借出 88 册，合计 1 531 册。
1931 年	—	有 16 位人员参加金女大图书馆馆员岗位应聘，最终被聘用的是 Miss Sha Ou（沙鸥小姐）。
	6 月	武昌文华图书馆学专科学校第一期图书馆学讲习班毕业学员沙鸥小姐应聘进入金女大图书馆工作，与金陵大学学生钱存训先生一起任助理馆员，贾溥萌夫人任图书馆代理主任。此时，金女大图书馆共有三位在册人员。 《中华图书馆协会会报》会员录中，个人会员沙鸥小姐工作单位为“南京金陵女子大学图书馆”。个人会员吴光清先生名下标注“字子明，工作于南京金陵大学图书馆”。
	6 月 30 日	1930—1931 学年图书馆总支出 M. $ 5 137.58，其中图书 M. $ 2 281.59、办公 M. $ 272.59、期刊订购 M. $ 992.73、主任薪酬 M. $ 860、助理馆员薪酬 M. $ 730.67。 1931—1932 学年图书馆预算经费合计 M. $ 7 784.4，其中主任薪酬 M. $ 2 534.4、助理馆员薪酬 M. $ 600、图书 M. $ 3 150、办公 M. $ 500、期刊订购 M. $ 1 000。
	7 月 1 日	馆藏统计：图书 18 000 册，其中中文图书 10 000 册；订购期刊 190 种。馆藏图书资产总额 M. $ 12 882.57。
	9 月	任职于民国政府外交部图书馆的朱家治先生应金女大邀请在金女大开设图书馆学课程。该课程是 1931—1932 学年秋季学期金女大 19 门课程中的一门，每周 4 个课堂学时，学分计 4 分，共有 18 位学生参加该课程学习。
	12 月	《武昌文华图书科季刊》第 3 卷第 4 期刊载信息，金女大图书馆助理馆员沙欧女士为武昌文华图专自修室“捐献书库一座，于最近制造成功”。

续表

年份	日期	事件
1932年	4月30日	金女大助理馆员钱存训先生撰写的《东北事件之言论索引》刊载于《中华图书馆协会会报》1932年第7卷第5期。
	6月	早在1919年校园整体规划时就已确定筹建的图书馆行政楼和礼堂音乐楼终于开始动工,预计在1933年暑假落成。图书馆行政楼建筑由校园总规划师亨利·墨菲先生设计,金女大第一任校长德本康夫人任建造监督人,南京陈明记营造厂承建。 金女大图书馆助理馆员、金陵大学学生钱存训先生撰写的课程论文《图书馆与学术研究》入选刊载于《金陵大学文学院季刊》1932年第1卷第2期。 金女大图书馆助理馆员沙鸥小姐基于数据分析撰写的《图书馆概况及工作报告》刊载于《金陵女子文理学院年刊》1932年第1期。
	6月30日	1931—1932学年图书馆总支出M.＄6 417.07,其中图书M.＄3 150.00、办公M.＄484.17、期刊订购M.＄950.36、主任薪酬M.＄960、助理馆员薪酬M.＄622.54、图书馆学教学人员薪酬M.＄250。 1932—1933学年图书馆预算经费合计M.＄8 512,其中主任薪酬M.＄2 112、助理馆员薪酬700、图书M.＄4 200、办公M.＄500、期刊订购M.＄1 000。
	7月1日	馆藏图书资产总额M.＄14 224.07。
	8月	刚刚留美回国的吴光清先生就任金女大图书馆主任。他于1927年获得金陵大学文学学士学位,1931年获得哥伦比亚大学图书馆学学士学位,1932年获得密西根大学图书馆学硕士学位。
	12月	中华图书馆协会召开本年度第一次执行委员会会议,会议决议改组各委员会会员。金女大图书馆主任吴光清先生被选为中华图书馆协会建筑委员会书记。
1933年	2月15日	图书馆主任吴光清先生在南京国际关系俱乐部(The International Relations Club, Nanking, China)出版物*Bulletin on China's Foreign Relations*上发表"Some Observations on the Resumption of the Sino-Soviet Relations"(《关于恢复中苏关系的几点看法》)。
	3月15日	图书馆主任吴光清先生著的"Lapse of the Sino-Japanese Tariff Treaty"(《中日关税条约的失效》)发表于*Bulletin on China's Foreign Relations*第12期。
	4月15日	图书馆主任吴光清先生著的"American and British Attitudes Toward the Sino-Japanese Dispute"(《美英对中日争端的态度》)发表于*Bulletin on China's Foreign Relations*第13期。
	6月15日	图书馆主任吴光清先生著的"The Problem of Sinkiang"(《新疆出现的问题》)发表于*Bulletin on China's Foreign Relations*第15期。

续表

年份	日期	事件
	6月	武昌文华图书馆学专科学校本科第十届毕业生吴元清小姐接替沙鸥小姐任图书馆助理馆员，与吴光清主任搭档管理金女大过渡图书馆。
	6月30日	1932—1933学年图书馆总支出M. $7 359.08，其中图书M. $2 818.17、办公M. $356.37、期刊订购M. $940.83、主任薪酬M. $2 660、助理馆员薪酬M. $583.71。 1933—1934学年图书馆预算经费合计M. $10 019，其中主任薪酬M. $2 820、助理馆员薪酬M. $600、图书M. $4 200、办公M. $500、期刊订购M. $1 000、勤工生薪酬M. $899。
	7月1日	馆藏统计：图书21 000册，其中中文图书11 500册；订购期刊300种。馆藏图书资产总额M. $34 598.82。
	8月15日	图书馆主任吴光清先生著的"Note and Commentaries"(《笔记和评论》)发表于*Bulletin on China's Foreign Relations*第17期。
	9月15日	图书馆主任吴光清先生著"China and the Banff Conference"(《中国与班夫会议》)发表于*Bulletin on China's Foreign Relations*第18期。
	秋季	金女大成立1933—1934学年新一届图书馆委员会，委员由学校行政人员、系主任、教授、教师代表和图书馆主任等五位人员组成。他们分别是外文系教授克馥兰小姐(Miss Kirk)、原校长现任学校顾问德本康夫人(Mrs. Thurston)、中文系主任缪镇藩先生(Mr. Miao)、数理系教师王明贞小姐(Miss Wang Ming-djen)和图书馆主任吴光清先生(Mr. K.T.Wu)。
	10月15日	图书馆主任吴光清先生著的"Exit UCHIDA;Enter HIROTA"(《去本田，进丰田》)发表于*Bulletin on China's Foreign Relations*第19期。
	11月15日	图书馆主任吴光清先生著的"The Autonomy Movement in Inner Mongolia"(《内蒙古的自治运动》)发表于*Bulletin on China's Foreign Relations*第20期。
	12月15日	图书馆主任吴光清先生著的"Russu-American Rapprochement and The Far East"(《俄美邦交与远东事务》)发表于*Bulletin on China's Foreign Relations*第21期。

续表

年份	日期	事件
1934年	1月	新图书馆大楼(图书馆行政楼)建筑完工,该楼使用面积1 396.32平方米,为学校行政办公和图书馆公用。楼高四层,第一层设校长办公室、教务处和各系科办公室;第二层、三层及四层阁楼为图书馆。图书馆内部结构设计参照了美国普林斯顿大学图书馆。
	1月15日	图书馆主任吴光清先生著的"China's Foreign Relations in 1933"(《1933年中国外交关系》)发表于 *Bulletin on China's Foreign Relations* 第11卷第1期。
	2月15日	图书馆主任吴光清先生著的"The Kuomintang Fourth Plenary Session"(《国民党第四次全国代表大会》)发表于 *Bulletin on China's Foreign Relations* 第11卷第2期。
	3月	图书馆在《金陵年刊》上发布馆藏图书分类表。总类6 217册、史地2 368册、文学3 712册、艺术2 282册、应用技术927册、自然科学1 405册、语文学350册、社会科学3 549册、宗教1 010册、哲学1 097册,总计22 927册。其中,西文图书12 700册、中文图书10 227册。
	3月27日	图书馆发布"图书馆征求义勇军——毋须出关杀贼,只要轮班搬家"倡议书,并在校园内多处设置报名登记点,号召全校师生利用3月29日"革命先烈纪念日"假期帮助图书馆搬运图书。
	3月29日	全校三分之二的师生响应图书馆号召,义务帮助图书馆搬迁,仅半天时间就已完成从过渡图书馆(今随园校区300号楼)向新图书馆大楼(今随园校区华夏图书馆)搬运万册西文图书。
	4月9日	新图书馆大楼正式启用。
	4月	庄文亚先生编译的《全国文化机关一览》一书中记载了金女大图书馆的基本情况:该馆新馆舍于1934年春落成,馆分三层,上层为储藏室,中层为杂志报章阅览室,下层为大阅书室。中文书一一七六五(11 765)册,西文书一〇〇三八(10 038)册,小册及杂志在外。西文书分类采用杜威十进制分类法,中文书分类采用金陵大学中国图书分类法,中文检字仍用康熙部首法,最近拟改良汉字排列法,英文卡片依字典式排列。每月阅览次数计两万两千八百余次,借书次数每月计八百余次。主任吴光清先生,有馆员及工作学生共计二十人。
	6月15日	图书馆主任吴光清先生著的"A Brief Study of Anti-Japanese Boycotts"(《抗日抵制研究》)发表于 *Bulletin on China's Foreign Relations* 第11卷第4期。

续表

年份	日期	事件
	6月30日	1933—1934学年图书馆总支出M.$9 387.31，其中购买图书M.$4 126.59、办公M.$363.43、期刊订购M.$1 242.87、馆员薪酬M.$2 840、勤工生薪酬M.$814.42。 1934—1935学年图书馆预算经费合计M.$7 780，占学校预算总额M.$140 497的5.54%。其中员工薪酬M.$2 980、学生工薪酬M.$700、办公运行费M.$500、装订费M.$300、西文期刊订购费M.$800、中文期刊订购费M.$300、专业图书采购费M.$2 000、一般图书采购费M.$200。
	7月15日	图书馆主任吴光清先生著的"The National Finance Conference"(《全国金融会议》)发表于*Bulletin on China's Foreign Relations*第11卷第5期。
	9月5日	金女大第十次举办"一年级生之入学周"活动，在为期一周的新生入学指导活动中，图书馆吴光清主任讲演了"图书馆使用方法"。
	11月5日	正值金女大校庆19周年纪念日之际，新图书馆大楼举行落成典礼，民国政府政要们纷纷发来贺信，社会各界送来了贺联、贺画、贺品和贺幛。
	—	金女大一位学生捐献1 000美元，用于为新图书馆大楼购置灯具。
	—	图书馆订购一套《古今图书集成》。
	11月	金女大图书馆主任吴光清先生被金陵大学聘为图书馆委员。
1935年	3月1日	金女大图书馆新增中文丛书数部，补充《知不足斋丛书》240本、《续皇清经解》320本、《武英殿聚珍版丛书》800本、《全唐诗》120本。 管理中英庚款董事会总干事杭立武先生向金女大图书馆赠送《清季外交史料》一部，学校国学讲座教授陈中凡先生赠送书籍多种，芜湖弋矶山医院赠送旧杂志多种。
	4月1日	金女大图书馆助理馆员吴元清小姐翻译华中大学美籍教员康明德先生撰写的《大学图书馆选用学生服务问题：怎样去选择》一文，该文刊载于1935年第19期《中央军校图书馆月报》。
	5月	中华图书馆协会成立十周年之际，正逢第二次国际图书馆大会即将召开，为便于大会交流，协会准备优先出版一册西文论文集。金女大图书馆吴光清主任应邀撰写"Ten years of classification and cataloguing in China"(中国分类编目十年之进展)刊载于*Libraries in China: papers prepared on the occasion of the tenth anniversary of the Library Association of China*(《中国图书馆：中华图书馆协会成立十周年纪念论文集》)。

续表

年份	日期	事件
	6月30日	1934—1935学年图书馆总支出合计M.$8 659.19,占学校总支出M.$135 262.77的6.4%。其中员工薪酬M.$2 840、学生工薪酬M.$814.42、办公运行费M.$429.65、装订费M.$92、设备费M.$42.45、期刊订购费M.$1 048.13、图书采购费M.$3 397.54。 1935—1936学年图书馆预算经费合计M.$7 020,占学校预算总额M.$152 602.44的4.6%。其中员工薪酬M.$2 620、学生工薪酬M.$800、办公运行费M.$600、装订费M.$300、设备费M.$100、西文期刊订购费M.$800、中文期刊订购费M.$400、专业图书采购费M.$1 000、中文图书采购费M.$400。
	7月1日	馆藏统计:图书总量22 524册。馆藏图书馆资产总额M.$50 288.18。
	8月	吴光清主任离校就任北平图书馆编目部主任,留美回国的张肖松博士再次兼任图书馆主任,同时担任1935—1936学年金女大图书馆委员会主席。她于1930年获得巴伯奖学金赴美留学,1931年、1935年分别获得密歇根大学心理学硕士和博士学位。同年回到母校金女大担任学校训导处主任并教授教育学课程。
	9月	金陵大学图书馆流通部助理馆员刘椿年先生进入金女大图书馆工作,任助理馆员。此时,金女大图书馆已有吴元清小姐和刘椿年先生两位全职助理馆员,主任为张肖松博士。
1936年	1月1日	金女大图书馆助理馆员吴元清小姐与其文华图专的同学童世纲先生在南京结婚。
	5月6日	金女大成功申请到Marion Jeanette Ewing小姐推荐的“Georgiea Grace Thomas Memorial Book Fund”基金资助项目,这笔额外的基金可支持图书馆每年采购参考书。
	6月30日	1935—1936学年图书馆总支出合计M.$8 879.30,占学校总支出M.$153 327.02的5.79%。其中员工薪酬M.$3 240、学生工薪酬M.$698.73、办公运行费M.$260.94、装订费M.$134.60、西文期刊订购费M.$1 010.65、中文期刊订购费M.$164.30、西文图书采购费M.$1 649.96、中文图书采购费M.$1 720.12。 1936—1937学年图书馆预算经费合计M.$5 220,占学校预算总额M.$156 661的3.3%。其中员工薪酬M.$2 520、学生工薪酬M.$800、办公运行费M.$400、装订费M.$300、西文期刊订购费M.$800、中文期刊订购费M.$400。
	9月	美国西蒙斯学院图书馆学专业1934届毕业生Alice Ellzey Morris(马爱丽)小姐接替张肖松博士任金女大图书馆主任。

续表

年份	日期	事件
	8 月 31 日	任职于上海交通大学图书馆的钱存训先生特地选择回到南京金女大,在金女大礼堂举办婚礼,与许文锦小姐喜结良缘。
	12 月 14 日	Marion Jeanette Ewing 小姐积极募集资金,并慷慨捐赠 50 美元,使金女大"Georgiea Grace Thomas Memorial Book Fund"永久基础基金达到 475 美元。
1937 年	2 月 10 日	Marion Jeanette Ewing 小姐再次捐赠 25 美元,使金女大"Georgiea Grace Thomas Memorial Book Fund"永久基础基金达到 500 美元。
	6 月 30 日	1935—1936 学年图书馆总支出合计 M. $ 8372.79,占学校总支出 M. $ 160 676.17 的 5.2%。其中员工薪酬 M. $ 1 940、学生工薪酬 M. $ 578.81、办公运行费 M. $ 147.29、装订费M. $ 113.30、西文期刊订购费 M. $ 829.27、中文期刊订购费 M. $ 206.53、西文图书 M. $ 4 096.97、中文图书 M. $ 460.62。
	7 月 1 日	馆藏统计:图书总量 50 000 册,其中中文图书 28 000 册。
	10 月	暑假在青岛度假的金女大图书馆主任 Alice Ellzey Morris 小姐因抗日战争爆发无法返回南京校园而滞留青岛,开始在青岛圣功女中(St.Giles British School)任二年级教员。
1938 年	1 月	南京沦陷,武汉吃紧,金女大武昌办学中心被迫停办并迁往成都,办学中心携带的图书资料随迁。
	3 月	金女大董事会决定关闭上海办学中心,集中于成都办学,随之西迁的还有上海分中心小型图书馆的图书资料。
	春季	金女大在成都华西坝借用华西协合大学校舍继续办学并免费使用他们的图书馆。同时将随带的图书资料组建了自己的小型图书馆,面向华西坝其他高校师生提供阅览和有限借阅服务。
	6 月 30 日	馆藏统计:图书 32 742 册、小册子 1 700 册(含南京与成都两地图书馆)。
	7 月 1 日	1937—1938 学年图书馆支出 M. $ 5 490.96,约占学校年度支出 M. $ 134 858.38的 4.1%。
	8 月 27 日	由于日军飞机频繁突袭南京城,为了防止炸弹损毁文献,金女大校园留守人员组织避难人员将存放于图书馆顶楼(第四层)的所有报纸、杂志移至第一层系科办公室暂存。
	10 月	金女大地理教员王仁慈女士任成都图书馆代理主任。她于 1933 年毕业于金女大,1935 年回母校工作。

续表

年份	日期	事件
	11 月 24 日	金女大教员袁柏樵博士在南京校园图书馆帮助包装转移贵重图书。
	11 月底	南京金女大校园留守人员夏季将从图书馆精心挑选的 300 包图书，经上海装船运至香港，再由香港运至昆明再转运至成都，抵达成都金女大图书馆。
	12 月 10 日	南京金女大校园留守人员为周边地区女子实验学校的女中学生开馆。一位逃难的图书馆馆员兼职管理该图书馆。
	—	因战争阻隔滞留青岛的金女大图书馆主任 Alice Ellzey Morris 小姐回到上海家中，开始襄助管理华东基督教联合大学图书馆。
1939 年	7 月 1 日	1938—1939 学年图书馆支出 M. $4 005.11，约占学校年度支出 M. $195 366.04的 2.1%。
	暑期	金女大重新修订了“学校行政组织大纲”，该大纲中与图书馆相关的款项有三条，其中在第四条明确了图书馆隶属于教务处，设图书馆主任一人、馆员若干人。在第十二条说明了教务会议的成员，图书馆主任为该会议成员之一，会议将讨论一切与教务相关的事项。在第十五条中声明了将设立图书馆委员会。
	9 月 16 日	本学期“新生周”活动中，上午安排讲解怎样看书和笔记。
	9 月 17 日	本学期“新生周”活动中，上午练习运用图书馆的方法。
	9 月	金女大图书馆助理馆员童吴元清女士随丈夫童世纲先生长途跋涉，到达华西坝金女大，接替王仁慈女士任成都金女大图书馆主任。 金陵大学毕业生 S. F. Liu 先生任南京金女大图书馆主任。
	11 月	新一届校图书馆委员会有五位委员，他们分别是教务长兼化学系主任蔡路得博士、图书馆主任童吴元清女士、社会学系主任龙冠海博士、历史宗教系主任师以法先生、中文系教员严恩纹先生。图书馆主任童吴元清女士还是校教务会议成员。
1940 年	6 月	孙雁征小姐接替童吴元清女士任成都金女大图书馆主任。她毕业于武昌文华图书馆学专科学校本科专业。
	6 月 30 日	成都金女大图书馆馆藏图书 3 411 册。
	7 月 1 日	1939—1940 学年图书馆支出 M. $5 909.18，约占学校年度支出 M. $226 015.37的 2.6%。
	9 月 7 日	本学期“新生周”活动中，上午安排图书馆利用指导。

续表

年份	日期	事件
	9月	新一届图书馆委员会由五位委员组成,他们分别是蔡路得博士、孙雁征女士、谢文梅(化学系教师)、龙冠海博士和严恩纹女士。
	10月	南京汇文女中毕业生袁巍化小姐逃难四川,进入金女大图书馆工作,任助理馆员。
1941年	6月30日	成都金女大图书馆馆藏图书4 580册、小册子280册,发行家用资料8 324册。
	7月1日	1940—1941学年图书馆支出M.$7 773.2,约占学校年度支出M.$461 305.37的1.7%。
	9月	新一届图书馆委员会有五位委员,他们分别是校长吴贻芳博士、教务长兼化学系主任蔡路得博士、图书馆主任孙雁征女士、中文系主任陈中凡先生、化学系教员谢文梅女士。
	9月20日	上午,先是图书馆主任孙雁征先生的半小时演讲"如何利用图书馆",然后由孙雁征主任和助理馆员袁巍化小姐带领参观图书馆。
	12月7日	日本袭击珍珠港,20多名日军士兵闯入南京校园,抢走一批中文书籍。
1942年	6月19日	因太平洋战争爆发,美国对日本宣战,南京金女大校园被日军强行占用,校内中外教职员或失去自由,或被逐出校园,无法保护校园中的一切,图书馆遭劫。
	6月30日	成都金女大图书馆馆藏图书4 900册、小册子350册,发行家用资料9 535册。
	7月1日	1941—1942学年图书馆支出M.$27 098.9,约占学校年度支出M.$1 110 223.45的2.4%。
	9月1日	图书馆主任孙雁征小姐进入金女大社会学系在职学习。她一边兼职管理图书馆,一边完成学业。
	9月17日	本学期"新生周"活动,蔡路得博士做题为"金陵的读书生活"的讲演,图书馆主任孙雁征女士带领新生参观图书馆并做题为"如何利用图书馆"的讲演。
	10月	刘恩萱小姐进入成都金女大图书馆工作,任助理馆员。她曾于1931—1933年在金女大学习。 沈荣锦小姐进入成都金女大图书馆工作,任助理馆员。此时成都金女大图书馆有三位在册员工,主任是孙雁征小姐。

续表

年份	日期	事件
1943年	2月15日	新生训练日的下午，在万德门大礼堂(The Vandeman Memorial，又名万德堂，建于1920年)图书馆主任孙雁征女士做“图书馆之应用”的讲座并带领新生参观图书馆。
	7月1日	成都金女大图书馆馆藏图书5 300册、小册子420册，发行家用资料10 950册。 1942—1943学年图书馆支出M.＄96 754.88，约占学校年度支出M.＄2 785 959.88的3.5％。
1944年	2月14日	新生训练秩序活动的下午，在万德门大礼堂图书馆主任孙雁征女士做“图书馆之应用”的讲座并带领新生参观图书馆。
	7月1日	1943—1944学年图书馆支出M.＄120 384，占学校年度支出M.＄6 951 252的1.7％。
1945年	7月1日	成都金女大图书馆馆藏图书12 553册，其中西文图书2 933册、中文图书9620册；发行家用资料29 500册。 1944—1945学年图书馆支出M.＄453 886，约占学校年度支出M.＄28 722 769的1.6％。
	9月1日	日军无条件投降后，南京校园由金女大留守负责人之一的程瑞芳女士收回。校内除了校舍，其余被洗劫一空。图书馆内全部图书被盗卖。在市政府的帮助下，开始陆续从各旧书店回收图书。
1946年	1月	百废待兴的南京金女大图书馆迎来了第一位专业管理者刘华锦小姐，她于1930年获得武昌文华图书馆学专科学校学士学位，曾任安徽省立图书馆编目部主任。
	2月	陆续回收的在战争中被日军盗卖的图书堆满了图书馆二楼大厅，急需组织专业人员进行清理。
	4月	张德顺小姐进入南京金女大图书馆，从事中文图书和期刊的编目工作。
	6月30日	1945—1946学年图书馆总支出1 540 100中国元，约占学校年度支出91 999 917中国元的1.67％。
	7月1日	馆藏统计：图书35 000册，其中中文图书20 000册，西文图书15 000册；中文期刊80种，西文期刊108种，小册子500册。
	10月	熊爱涟小姐和宋邱玉瑛女士进入金女大图书馆工作，为临时工作人员。此时，图书馆共有五位员工：主任刘华锦小姐，流通管理员刘恩萱小姐，中文图书和期刊编目员张德顺小姐，临时职员熊爱涟小姐和宋邱玉瑛女士。

续表

年份	日期	事件
	10月20日	通过长江拖驳船运输，从成都回迁南京的图书运抵南京。
	—	孙中山夫人宋庆龄女士赠送金女大图书馆大批医学书籍。
1947年	3月	学校新一届图书馆委员会有六位委员，他们分别是图书馆主任刘华锦先生，代理教务长、数理系主任陆慎仪先生，英文系主任克馥兰博士，家政系教授鲁桂珍博士，中文系主任陈中凡先生，历史系主任师以法先生。刘华锦先生和陆慎仪先生为当然委员。 金陵大学和金女大两校行政管理层联席会议组织恢复建立，两校在普通行政、学校行政、教学、图书、事务、宗教活动等六个方面将继续开展协作。金女大方面担任联盟“图书”委员的是英文系主任、教授克馥兰博士。
	5月13日	下午，学校召开了教务工作会议，图书馆主任刘华锦先生应邀参加此会。会议决议的九项议题中有四项涉及图书馆事宜。
	6月30日	1946—1947学年图书馆总支出47 177 727中国元，占学校年度支出864 240 655中国元的5.46%。
	7月1日	馆藏统计：图书27 559册，小册子560册。
	9月11日	本学期“新生周”活动中，上午图书馆主任刘华锦先生讲解如何利用图书馆。
	9月12日	本学期“新生周”活动中，上午图书馆主任刘华锦先生带领新生参观图书馆。
	秋季	陈德华小姐进入金女大图书馆工作。她曾于1942—1944年在金陵大学图书馆学短期课程班学习。
	12月	联合国教育科学文化组织将之前美国芝加哥大英百科全书出版社所捐赠的大百科全书共计四十五部，分别捐赠给中国的各教育文化机关，民国政府教育部根据该组织所制订的分配原则，并参照全国各院校图书馆实际馆藏情况进行了分配，金女大图书馆获赠一部。 中华图书馆协会个人会员名录中，金女大图书馆刘华锦先生为永久会员。
1948年	6月30日	1947—1948学年图书馆总支出1 480 709中国元，约占学校年度支出24 233 098中国元的6.11%。
	7月1日	馆藏统计：图书36 500册，期刊和小册子1 000册，其他7件。
	9月25日	Mary Caldwell Watson(卫德生)小姐应聘来到中国南京，进入金女大图书馆工作，接替刘华锦小姐任图书馆主任。她于1940年获得伊利诺伊大学图书馆学专业硕士学位，曾工作于美国高校和公共图书馆。

续表

年份	日期	事件
	9月	杨效让女士和常宝贞小姐进入金女大图书馆工作。杨效让女士1927年毕业于金女大,1937年获得南加州大学体育教育学硕士学位,曾任金女大体育系教员。常宝贞小姐于1943年毕业于西迁成都华西坝的齐鲁大学,曾工作于华西协合大学图书馆。此时,金女大图书馆共有六位工作人员:主任Mary Caldwell Watson,助理馆员刘华锦,职员刘恩萱、杨效让、张德顺和常宝贞。 校刊刊载的图书馆馆藏中,中文书籍20 000册,英文书籍20 400册,中英文杂志200余种,上半年新购及赠送的外文书1 000余册,中文书约2 000册。 1948—1949学年,新一届金女大图书馆委员会成员有六位,两位当然委员为教务长蔡路德博士和图书馆主任Watson小姐,其他四位委员分别为图书馆馆员刘华锦小姐、英文系主任克馥兰博士、历史系教授王栻先生和数理系教授李绪文先生。
	10月25日	图书馆主任Mary Caldwell Watson小姐撰写并发布"1947—1948学年图书馆年度报告"。此时,馆藏图书总量为37 733册,其中中文图书19 228册,西文图书18 505册。
1949年	6月30日	1948—1949学年图书馆总支出1 388 013.9中国元,约占学校年度支出36 262 183.19中国元的3.83%。
	冬季	洪焕椿先生应聘到金女大任历史系助教,并兼职负责图书馆中文图书采购工作。
1950年	9月	郝映青先生进入图书馆工作。她是1920年金女大第二届毕业生,1927年在哥伦比亚大学攻读教育学硕士学位,曾长期从事金女大乡村建设服务工作。
	—	馆藏统计:中文善本图书6种266册,普通图书559种12 730册,精装图书6 174种10 450册,报纸9种,杂志507种9 168册;外文图书15 000种18 939册,报纸1种,杂志127种11 830册,总计63 383册。全部图书中,四分之三为本校购买,四分之一为友人赠送。
1951年	春季	金女大图书馆编制并出版《抗美援朝运动参考资料索引》。
	8月	金女大图书馆报刊资料共计97 000册。
	9月	金陵大学和金陵女子文理学院在金陵大学礼堂隆重举行"公立金陵大学成立大会"。两校图书馆在合并后保持各自的馆舍不变,但名称统一更名为"公立金陵大学图书馆",原金女大图书馆称为"金陵大学宁部图书馆",原金陵大学图书馆称为"金陵大学津部图书馆"。两校读者可以自由使用两个图书馆。 公立金陵大学校务委员会第一次会议决议遴选李小缘为图书馆馆长。

续表

年份	日期	事件
	10 月 16 日	公立金陵大学校务会议通过各行政单位及系科负责人名单，图书馆负责人为馆长李小缘、馆务组主任陈长伟、编目组主任李小缘（兼）、流通组主任辛显铭、古物保管组主任李小缘（兼）。